Georg Büchner

Gesammelte Werke

Wilhelm Goldmann Verlag

Auf der Grundlage der handschriftlichen Überlieferung und der Textzeugen neu herausgegeben sowie mit einem Nachwort, einer Zeittafel, Anmerkungen und bibliographischen Hinweisen versehen von Professor Dr. Gerhard P. Knapp, The University of Utah, Salt Lake City
Umschlagbild: Szene aus »Dantons Tod« von Georg Büchner. Kohlezeichnung von Peter Trumm zur Aufführung des Dramas am 2. Juli 1929 im Prinzregententheater zu München

Made in Germany · 10/78 · 1. Auflage · 1110

Umschlagentwurf: Creativ Shop, A. + A. Bachmann, München
Umschlagbild: Theatermuseum
(Abteilung des Bayerischen Nationalmuseums), München
Satz: Mohndruck Reinhard Mohn GmbH, Gütersloh
Druck: Presse-Druck Augsburg
Verlagsnummer: 7510 · Vosseler/Hofmann
ISBN 3-442-07510-6

Inhalt

Georg Büchner
und
Friedrich Ludwig Weidig

Der
Hessische Landbote

in der Fassung vom Juli 1834

ERSTE BOTSCHAFT

Darmstadt, im Juli 1834.

Vorbericht

Dieses Blatt soll dem hessischen Lande die Wahrheit melden, aber wer die Wahrheit sagt, wird gehenkt, ja sogar der, welcher die Wahrheit liest, wird durch meineidige Richter vielleicht gestraft. Darum haben die, welchen dies Blatt zukommt, folgendes zu beobachten:

1) Sie müssen das Blatt sorgfältig außerhalb ihres Hauses vor der Polizei verwahren;
2) sie dürfen es nur an treue Freunde mitteilen;
3) denen, welchen sie nicht trauen, wie sich selbst, dürfen sie es nur heimlich hinlegen;
4) würde das Blatt dennoch bei Einem gefunden, der es gelesen hat, so muß er gestehen, daß er es eben dem Kreisrat habe bringen wollen;
5) wer das Blatt nicht gelesen hat, wenn man es bei ihm findet, der ist natürlich ohne Schuld.

Friede den Hütten! Krieg den Pallästen!

Im Jahr 1834 siehet es aus, als würde die Bibel Lügen gestraft. Es sieht aus, als hätte Gott die Bauern und Handwerker am 5ten Tage, und die Fürsten und Vornehmen am 6ten gemacht, und als hätte der Herr zu diesen gesagt: Herrschet über alles Getier, das auf Erden kriecht, und hätte die Bauern und Bürger zum Gewürm gezählt. Das Leben der Vornehmen ist ein langer Sonntag, sie wohnen in schönen Häusern, sie tragen zierliche Kleider, sie haben feiste Gesichter und reden eine eigne Sprache; das Volk aber liegt vor ihnen wie Dünger auf dem Acker. Der Bauer geht hinter dem Pflug, der Vornehme aber geht hinter ihm und dem Pflug und treibt ihn mit den Ochsen am Pflug, er nimmt das Korn und läßt ihm die Stoppeln. Das Leben des Bauern ist ein langer Werktag; Fremde verzehren seine Äcker vor seinen Augen, sein Leib ist eine Schwiele, sein Schweiß ist das Salz auf dem Tische des Vornehmen.

Im Großherzogtum Hessen sind 718,373 Einwohner, die geben an den Staat jährlich an 6,363,364 Gulden, als

1) Direkte Steuern	2,128,131 fl.
2) Indirekte Steuern	2,478,264 fl.
3) Domänen	1,547,394 fl.
4) Regalien	46,938 fl.
5) Geldstrafen	98,511 fl.
6) Verschiedene Quellen	64,198 fl.
	6,363,363 fl.

Dies Geld ist der Blutzehnte, der von dem Leib des Volkes genommen wird. An 700,000 Menschen schwitzen, stöhnen und hungern dafür. Im Namen des Staates wird es erpreßt, die Presser berufen sich auf die Regierung und die Regierung sagt, das sei nötig die Ordnung im Staat zu erhalten. Was ist denn nun das für gewaltiges Ding: der Staat? Wohnt eine Anzahl Menschen in einem Land und es sind Verordnungen oder Gesetze vorhanden, nach denen jeder sich richten muß, so sagt man, sie bilden einen Staat. Der Staat also sind Alle; die Ordner im Staate sind die Gesetze, durch welche das Wohl Aller gesichert wird, und die aus dem Wohl Aller hervorgehen sollen. – Seht nun, was man in dem Großherzogtum aus dem Staat gemacht hat; seht was es heißt: die Ordnung im Staate erhalten! 700,000 Menschen bezahlen dafür 6 Millionen, d. h. sie werden zu Ackergäulen und Pflugstieren gemacht, damit sie in Ordnung leben. In Ordnung leben heißt hungern und geschunden werden.

Wer sind denn die, welche diese Ordnung gemacht haben, und die wachen, diese Ordnung zu erhalten? Das ist die Großherzogliche Regierung. Die Regierung wird gebildet von dem Großherzog und seinen obersten Beamten. Die andern Beamten sind Männer, die von der Regierung berufen werden, um jene Ordnung in Kraft zu erhalten. Ihre Anzahl ist Legion: Staatsräte und Regierungsräte, Landräte und Kreisräte, Geistliche Räte und Schulräte, Finanzräte und Forsträte u. s. w. mit allem ihrem Heer von Sekretären u. s. w. Das Volk ist ihre Herde, sie sind seine Hirten, Melker und Schinder; sie haben die Häute der Bauern an, der Raub der Armen ist in ihrem Hause; die Tränen der Wittwen und Waisen sind das Schmalz auf ihren Gesichtern; sie herrschen frei und ermahnen das Volk zur Knechtschaft. Ihnen gebt ihr 6,000,000 fl. Abgaben; sie haben dafür die Mühe, euch zu regieren; d. h. sich von euch füttern zu lassen und euch eure Menschen- und Bürgerrechte zu rauben. Sehet, was die Ernte eures Schweißes ist.

Für das Ministerium des Innern und der Gerechtigkeitspflege werden bezahlt 1,110,607 Gulden. Dafür habt ihr einen Wust von Gesetzen, zusammengehäuft aus willkürlichen Verordnungen aller Jahrhunderte, meist geschrieben in einer fremden Sprache. Der Unsinn aller vorigen Geschlechter hat sich darin auf euch vererbt, der Druck, unter dem sie erlagen, sich auf euch fortgewälzt. Das Gesetz ist das Eigentum einer unbedeutenden Klasse von Vornehmen und Gelehrten, die sich durch ihr eignes Machwerk die Herrschaft zuspricht. Diese Gerechtigkeit ist nur ein Mittel, euch in Ordnung zu halten, damit man euch bequemer schinde; sie spricht nach Gesetzen, die ihr nicht versteht, nach Grundsätzen, von denen ihr nichts wißt, Urteile, von denen ihr nichts begreift. Unbestechlich ist sie, weil sie sich gerade teuer genug bezahlen läßt, um keine Bestechung zu brauchen. Aber die meisten ihrer Diener sind der Regierung mit Haut und Haar verkauft. Ihre Ruhestühle stehen auf einem Geldhaufen von 461,373 Gulden (so viel betragen die Ausgaben für die Gerichtshöfe und die Kriminalkosten). Die Fräcke, Stöcke und Säbel ihrer unverletzlichen Diener sind mit dem Silber von 197,502 Gulden beschlagen (so viel kostet die Polizei überhaupt, die Gensdarmerie u. s. w.). Die Justiz ist in Deutschland seit Jahrhunderten die Hure der deutschen Fürsten. Jeden Schritt zu ihr müßt ihr mit Silber pflastern, und mit Armut und Erniedrigung erkauft ihr ihre Sprüche. Denkt an das Stempelpapier, denkt an euer Bücken in den Amtsstuben, und euer Wachestehen vor denselben. Denkt an die Sporteln für Schreiber und Gerichtsdiener. Ihr dürft euern

Nachbar verklagen, der euch eine Kartoffel stiehlt; aber klagt einmal über den Diebstahl, der von Staatswegen unter dem Namen von Abgabe und Steuern jeden Tag an eurem Eigentum begangen wird, damit eine Legion unnützer Beamten sich von eurem Schweiße mästen: klagt einmal, daß ihr der Willkür einiger Fettwänste überlassen seid und daß diese Willkür Gesetz heißt, klagt, daß ihr die Ackergäule des Staates seid, klagt über eure verlorne Menschenrechte: Wo sind die Gerichtshöfe, die eure Klage annehmen, wo die Richter, die rechtsprächen? – Die Ketten eurer Vogelsberger Mitbürger, die man nach Rokkenburg schleppte, werden euch Antwort geben.

Und will endlich ein Richter oder ein andrer Beamte von den Wenigen, welchen das Recht und das gemeine Wohl lieber ist, als ihr Bauch und der Mamon, ein Volksrat und kein Volksschinder sein, so wird er von den obersten Räten des Fürsten selber geschunden.

Für das Ministerium der Finanzen 1,551,502 fl.

Damit werden die Finanzräte, Obereinnehmer, Steuerboten, die Untererheber besoldet. Dafür wird der Ertrag eurer Äcker berechnet und eure Köpfe gezählt. Der Boden unter euren Füßen, der Bissen zwischen euren Zähnen ist besteuert. Dafür sitzen die Herren in Fräcken beisammen und das Volk steht nackt und gebückt vor ihnen, sie legen die Hände an seine Lenden und Schultern und rechnen aus, wie viel es noch tragen kann, und wenn sie barmherzig sind, so geschieht es nur, wie man ein Vieh schont, das man nicht so sehr angreifen will.

Für das Militär wird bezahlt 914,820 Gulden.

Dafür kriegen eure Söhne einen bunten Rock auf den Leib, ein Gewehr oder eine Trommel auf die Schulter und dürfen jeden Herbst einmal blind schießen, und erzählen, wie die Herren vom Hof, und die ungeratenen Buben vom Adel allen Kindern ehrlicher Leute vorgehen, und mit ihnen in den breiten Straßen der Städte herumziehen mit Trommlen und Trompeten. Für jene 900,000 Gulden müssen eure Söhne den Tyrannen schwören und Wache halten an ihren Pallästen. Mit ihren Trommeln übertäuben sie eure Seufzer, mit ihren Kolben zerschmettern sie euch den Schädel, wenn ihr zu denken wagt, daß ihr freie Menschen seid. Sie sind die gesetzlichen Mörder, welche die gesetzlichen Räuber schützen, denkt an Södel! Eure Brüder, eure Kinder waren dort Brüder- und Vatermörder.

Für die Pensionen 480,000 Gulden.

Dafür werden die Beamten aufs Polster gelegt, wenn sie eine gewisse Zeit dem Staate treu gedient haben, d.h. wenn sie eifrige Handlanger bei der regelmäßig eingerichteten Schinderei gewesen, die man Ordnung und Gesetz heißt.

Für das Staatsministerium und den Staatsrat 174,600 Gulden.

Die größten Schurken stehen wohl jetzt allerwärts in Deutschland den Fürsten am nächsten, wenigstens im Großherzogtum: Kommt ja ein ehrlicher Mann in einen Staatsrat, so wird er ausgestoßen. Könnte aber auch ein ehrlicher Mann jetzo Minister sein oder bleiben, so wäre er, wie die Sachen stehn in Deutschland, nur eine Drahtpuppe, an der die fürstliche Puppe zieht und an dem fürstlichen Popanz zieht wieder ein Kammerdiener oder ein Kutscher oder seine Frau und ihr Günstling, oder sein Halbbruder – oder alle zusammen. In Deutschland stehet es jetzt, wie der Prophet Micha schreibt, Cap. 7, V. 3 und 4: »Die Gewaltigen raten nach ihrem Mutwillen, Schaden zu tun, und drehen es, wie sie es wollen. Der Beste unter ihnen ist wie ein Dorn, und der Redlichste wie eine Hecke.« Ihr müßt die Dörner und Hecken teuer bezahlen; denn ihr müßt ferner für das großherzogliche Haus und den Hofstaat 827,772 Gulden bezahlen.

Die Anstalten, die Leute, von denen ich bis jetzt gesprochen, sind nur Werkzeuge, sind nur Diener. Sie tun nichts in ihrem Namen, unter der Ernennung zu ihrem Amt, steht ein L. das bedeutet Ludwig von Gottes Gnaden und sie sprechen mit Ehrfurcht: »im Namen des Großherzogs.« Dies ist ihr Feldgeschrei, wenn sie euer Gerät versteigern, euer Vieh wegtreiben, euch in den Kerker werfen. Im Namen des Großherzogs sagen sie, und der Mensch, den sie so nennen, heißt: unverletzlich, heilig, souverain, königliche Hoheit. Aber tretet zu dem Menschenkinde und blickt durch seinen Fürstenmantel. Es ißt, wenn es hungert, und schläft wenn sein Auge dunkel wird. Sehet, es kroch so nackt und weich in die Welt, wie ihr und wird so hart und steif hinausgetragen, wie ihr, und doch hat es seinen Fuß auf eurem Nacken, hat 700,000 Menschen an seinem Pflug, hat Minister die verantwortlich sind, für das, was es tut, hat Gewalt über euer Eigentum durch die Steuern, die es ausschreibt, über euer Leben, durch die Gesetze, die es macht, es hat adliche Herrn und Damen um sich, die man Hofstaat heißt, und seine göttliche Gewalt vererbt sich auf seine Kinder mit Weibern, welche aus eben so übermenschlichen Geschlechtern sind.

Wehe über euch Götzendiener! – Ihr seid wie die Heiden, die das Krokodil anbeten, von dem sie zerrissen werden. Ihr setzt ihm eine Krone auf, aber es ist eine Dornenkrone, die ihr euch selbst in den Kopf drückt; ihr gebt ihm ein Scepter in die Hand, aber es ist eine Rute, womit ihr gezüchtigt werdet; ihr setzt ihn auf euern Thron, aber es ist ein Marterstuhl für euch und eure Kinder. Der Fürst ist der Kopf des Blutigels, der über euch hinkriecht, die Minister sind seine Zähne und die Beamten sein Schwanz. Die hungrigen Mägen aller vornehmen Herren, denen er die hohen Stellen verteilt, sind Schröpfköpfe, die er dem Lande setzt. Das L. was unter seinen Verordnungen steht, ist das Malzeichen des Tieres, das die Götzendiener unserer Zeit anbeten. Der Fürstenmantel ist der Teppich, auf dem sich die Herren und Damen vom Adel und Hofe in ihrer Geilheit übereinander wälzen – mit Orden und Bändern decken sie ihre Geschwüre und mit kostbaren Gewändern bekleiden sie ihre aussätzigen Leiber. Die Töchter des Volks sind ihre Mägde und Huren, die Söhne des Volks ihre Laquaien und Soldaten. Geht einmal nach Darmstadt und seht, wie die Herren sich für euer Geld dort lustig machen, und erzählt dann euern hungernden Weibern und Kindern, daß ihr Brot an fremden Bäuchen herrlich angeschlagen sei, erzählt ihnen von den schönen Kleidern, die in ihrem Schweiß gefärbt, und von den zierlichen Bändern, die aus den Schwielen ihrer Hände geschnitten sind, erzählt von den stattlichen Häusern, die aus den Knochen des Volks gebaut sind; und dann kriecht in eure rauchigen Hütten und bückt euch auf euren steinichten Äckern, damit eure Kinder auch einmal hingehen können, wenn ein Erbprinz mit einer Erbprinzessin für einen andern Erbprinzen Rat schaffen will, und durch die geöffneten Glastüren das Tischtuch sehen, wovon die Herren speisen und die Lampen riechen, aus denen man mit dem Fett der Bauern illuminiert. Das alles duldet ihr, weil euch Schurken sagen: »diese Regierung sei von Gott.« Diese Regierung ist nicht von Gott, sondern vom Vater der Lügen. Diese deutschen Fürsten sind keine rechtmäßige Obrigkeit, sondern die rechtmäßige Obrigkeit, den deutschen Kaiser, der vormals vom Volk frei gewählt wurde, haben sie seit Jahrhunderten verachtet und endlich gar verraten. Aus Verrat und Meineid, und nicht aus der Wahl des Volkes ist die Gewalt der deutschen Fürsten hervorgegangen, und darum ist ihr Wesen und Tun von Gott verflucht; ihre Weisheit ist Trug, ihre Gerechtigkeit ist Schinderei. Sie zertreten das Land und zerschlagen die Person des Elenden. Ihr lästert Gott, wenn ihr einen dieser Fürsten einen Gesalbten des Herrn nennt, das heißt: Gott habe die Teufel gesalbt und zu Fürsten über die deutsche Erde gesetzt. Deutschland, unser liebes Vaterland, haben diese Fürsten zerrissen, den Kaiser, den unsere freien Voreltern wählten, haben diese Fürsten verraten und nun fordern diese Verräter und Menschenquäler Treue von euch! – Doch das Reich der Finsternis neiget sich zum Ende. Über ein Kleines und Deutschland, das jetzt die Fürsten schinden, wird als ein Freistaat mit einer vom Volk gewählten Obrigkeit wieder auferstehn. Die heilige Schrift sagt: Gebet dem Kaiser, was des Kaisers ist. Was ist aber dieser Fürsten, der Verräter? – Das Teil von Judas!

Für die Landstände 16,000 Gulden.

Im Jahr 1879 war das Volk in Frankreich müde, länger die Schindmähre seines Königs zu sein. Es erhob sich und berief Männer, denen es vertraute, und die Männer traten zusammen und sagten, ein König sei ein Mensch wie ein anderer auch, er sei nur der erste Diener im Staat, er müsse sich vor dem Volk verantworten und wenn er sein Amt schlecht verwalte, könne er zur Strafe gezogen werden. Dann erklärten sie die Rechte des Menschen: »Keiner erbt vor dem andern mit der Geburt ein Recht oder einen Titel, keiner erwirbt mit dem Eigentum ein Recht vor dem andern. Die höchste Gewalt ist in dem Willen Aller oder der Mehrzahl. Dieser Wille ist das Gesetz, er tut sich kund durch die Landstände oder die Vertreter des Volks, sie werden von Allen gewählt und Jeder kann gewählt werden; diese Gewählten sprechen den Willen ihrer Wähler aus, und so entspricht der Wille der Mehrzahl unter ihnen dem Willen der Mehrzahl unter dem Volke; der König hat nur für die Ausübung der von ihnen erlassenen Gesetze zu sorgen.« Der König schwur dieser Verfassung treu zu sein, er wurde aber meineidig an dem Volke und das Volk richtete ihn, wie es einem Verräter geziemt. Dann schafften die Franzosen die erbliche Königswürde ab und wählten frei eine neue Obrigkeit, wozu jedes Volk nach der Vernunft und der heiligen Schrift das Recht hat. Die Männer, die über die Vollziehung der Gesetze wachen sollten, wurden von der Versammlung der Volksvertreter ernannt, sie bildeten die neue Obrigkeit. So waren Regierung und Gesetzgeber vom Volk gewählt und Frankreich war ein Freistaat.

Die übrigen Könige aber entsetzten sich vor der Gewalt des französischen Volkes, sie dachten, sie könnten alle über der ersten Königsleiche den Hals brechen und ihre mißhandelten Untertanen möchten bei dem Freiheitsruf der Franken erwachen. Mit gewaltigem Kriegsgerät und reisigem Zeug stürzten sie von allen Seiten auf Frankreich und ein großer Teil der Adligen und Vornehmen im Lande stand auf und schlug sich zu dem Feind. Da ergrimmte das Volk und erhob sich in seiner Kraft. Es erdrückte die Verräter und zerschmetterte die Söldner der Könige. Die junge Freiheit wuchs im Blut der Tyrannen und vor ihrer Stimme bebten die Throne und jauchzten die Völker. Aber die Franzosen verkauften selbst ihre junge Freiheit für den Ruhm, den ihnen Napoleon darbot, und erhoben ihn auf den Kaiserthron. – Da ließ der Allmächtige das Heer des Kaisers in Rußland erfrieren und züchtigte Frankreich durch die Knute der Kosacken und gab den Franzosen die dickwanstigen Bourbonen wieder zu Königen, damit Frankreich sich bekehre vom Götzendienst der erblichen Königsherrschaft und dem Gotte diene, der die Menschen frei und gleich geschaffen. Aber als die Zeit seiner Strafe verflossen war, und tapfere Männer im Julius 1830 den meineidigen König Karl den Zehnten aus dem Lande jagten, da wendete dennoch das befreite Frankreich sich abermals zur halberblichen Königsherrschaft und band sich in dem Heuchler Louis Philipp eine neue Zuchtrute auf. In Deutschland und ganz Europa aber war große Freude als der zehnte Karl vom Thron gestürzt ward, und die unterdrückten deutschen Länder richteten sich zum Kampf für die Freiheit. Da ratschlagten die Fürsten, wie sie dem Grimm des Volkes entgehen sollten und die listigen unter ihnen sagten: Laßt uns einen Teil unserer Gewalt abgeben, daß wir das Übrige behalten. Und sie traten vor das Volk und sprachen: Wir wollen euch die Freiheit schenken um die ihr kämpfen wollt. – Und zitternd vor Furcht warfen sie einige Brocken hin und sprachen von ihrer Gnade. Das Volk traute ihnen leider und legte sich zur Ruhe. – Und so ward Deutschland betrogen wie Frankreich.

Denn was sind diese Verfassungen in Deutschland? Nichts als leeres Stroh, woraus die Fürsten die Körner für sich herausgeklopft haben. Was sind unsere Landtage? Nichts als langsame Fuhrwerke, die man einmal oder zweimal wohl der Raubgier der Fürsten und ihrer Minister in den Weg schieben, woraus man aber nimmermehr eine feste Burg für deutsche Freiheit bauen kann. Was sind unsere Wahlgesetze? Nichts als Verletzungen der Bürger- und Menschenrechte der meisten Deutschen. Denkt an das Wahlgesetz im Großherzogtum, wonach keiner gewählt werden kann, der nicht hoch begütert ist, wie rechtschaffen und gutgesinnt er auch sei, wohl aber der Grolmann, der euch um die zwei Millionen bestehlen wollte. Denkt an die Verfassung des Großherzogtums. – Nach den Artikeln derselben ist der Großherzog unverletzlich, heilig und unverantwortlich. Seine Würde ist erblich in seiner Familie, er hat das Recht Krieg zu führen und ausschließliche Verfügung über das Militär. Er beruft die Landstände, vertagt sie oder löst sie auf. Die Stände dürfen keinen Gesetzes-Vorschlag machen, sondern sie müssen um das Gesetz bitten, und dem Gutdünken des Fürsten bleibt es unbedingt überlassen, es zu geben oder zu verweigern. Er bleibt im Besitz einer fast unumschränkten Gewalt, nur darf er keine neuen Gesetze machen und keine neuen Steuern ausschreiben ohne Zustimmung der Stände. Aber teils kehrt er sich nicht an diese Zustimmung, teils genügen ihm die alten Gesetze, die das Werk der Fürstengewalt sind, und er bedarf darum keiner neuen Gesetze. Eine solche Verfassung ist ein elend jämmerlich Ding. Was ist von Ständen zu erwarten, die an eine solche Verfassung gebunden sind? Wenn unter den Gewählten auch keine Volksverräter und feige Memmen wären, wenn sie aus lauter entschlossenen Volksfreunden bestünden?! Was ist von Ständen zu erwarten, die kaum die elenden Fetzen einer armseligen Verfassung zu verteidigen vermögen! – Der einzige Widerstand, den sie zu leisten vermochten, war die Verweigerung der zwei Millionen Gulden, die sich der Großherzog von dem überschuldeten Volke wollte schenken lassen zu Bezahlung seiner Schulden. Hätten aber auch die Landstände des Großherzogtums genügende Rechte, und hätte das Großherzogtum, aber nur das Großherzogtum allein, eine wahrhafte Verfassung, so würde die Herrlichkeit doch bald zu Ende sein. Die Raubgeier in Wien und Berlin würden ihre Henkerskrallen ausstrecken und die kleine Freiheit mit Rumpf und Stumpf ausrotten. Das ganze deutsche Volk muß sich die Freiheit erringen. Und diese Zeit, geliebte Mitbürger, ist nicht ferne. – Der Herr hat das schöne deutsche Land, das viele Jahrhunderte das herrlichste Reich der Erde war, in die Hände der fremden und einheimischen Schinder gegeben, weil das Herz des deutschen Volkes von der Freiheit und Gleichheit seiner Voreltern und von der Furcht des Herrn abgefallen war, weil ihr dem Götzendienste der vielen Herrlein, Kleinherzoge und Däumlings-Könige euch ergeben hattet.

Der Herr, der den Stecken des fremden Treibers Napoleon zerbrochen hat, wird auch die Götzenbilder unserer einheimischen Tyrannen zerbrechen durch die Hände des Volks. Wohl glänzen diese Götzenbilder von Gold und Edelsteinen, von Orden und Ehrenzeichen, aber in ihrem Innern stirbt der Wurm nicht und ihre Füße sind von Lehm. – Gott wird euch Kraft geben ihre Füße zu zerschmeißen, sobald ihr euch bekehret von dem Irrtum eures Wandels und die Wahrheit erkennet: »daß nur Ein Gott ist und keine Götter neben ihm, die sich Hoheiten und Allerhöchste, heilig und unverantwortlich nennen lassen, daß Gott alle Menschen frei und gleich in ihren Rechten schuf und daß keine Obrigkeit von Gott zum Segen verordnet ist, als die, welche auf das Vertrauen des Volkes sich gründet und vom Volke ausdrücklich oder stillschweigend erwählt ist; daß dagegen die Obrigkeit, die Gewalt, aber kein Recht über ein Volk hat, nur also von Gott ist, wie der Teufel auch von Gott ist, und daß der Gehorsam gegen eine solche Teufels-Obrigkeit nur so lange gilt, bis ihre Teufelsgewalt gebrochen werden kann; – daß der Gott, der ein Volk durch Eine Sprache zu Einem Leibe vereinigte, die Gewaltigen die es zerfleischen und vierteilen, oder gar in dreißig Stücke zerreißen, als Volksmörder und Tyrannen hier zeitlich und dort ewiglich strafen wird, denn die Schrift sagt: was Gott vereinigt hat, soll der Mensch nicht trennen; und daß der Allmächtige, der aus der Einöde ein Paradies schaffen kann, auch ein Land des Jammers und des Elends wieder in ein Paradies umschaffen kann, wie unser teuerwertes Deutschland war, bis seine Fürsten es zerfleischten und schunden.«

Weil das deutsche Reich morsch und faul war, und die Deutschen von Gott und von der Freiheit abgefallen waren, hat Gott das Reich zu Trümmern gehen lassen, um es zu einem Freistaat zu verjüngen. Er hat eine Zeitlang »den Satans-Engeln« Gewalt gegeben, daß sie Deutschland mit Fäusten schlügen, er hat den »Gewaltigen und Fürsten, die in der Finsternis herrschen, den bösen Geistern unter dem Himmel« (Ephes. 6), Gewalt gegeben, daß sie Bürger und Bauern peinigten und ihr Blut aussaugten und ihren Mutwillen trieben mit Allen, die Recht und Freiheit mehr lieben als Unrecht und Knechtschaft. – – Aber ihr Maß ist voll!

Sehet an das von Gott gezeichnete Scheusal, den König Ludwig von Baiern, den Gotteslästerer, der redliche Männer vor seinem Bilde niederzuknien zwingt, und die, welche die Wahrheit bezeugen, durch meineidige Richter zum Kerker verurteilen läßt; das Schwein, das sich in allen Lasterpfützen von Italien wälzte, den Wolf, der sich für seinen Baals-Hofstaat für immer jährlich fünf Millionen durch meineidige Landstände verwilligen läßt, und fragt dann: »Ist das eine Obrigkeit von Gott zum Segen verordnet?«

Ha! du wärst Obrigkeit von Gott?
Gott spendet Segen aus;
Du raubst, du schindest, kerkerst ein,
Du nicht von Gott, Tyrann!

Ich sage euch: sein und seiner Mitfürsten Maß ist voll. Gott, der Deutschland um seiner Sünden willen geschlagen hat durch diese Fürsten, wird es wieder heilen. »Er wird die Hecken und Dörner niederreißen und auf einem Haufen verbrennen.« (Jesaias 27,4)

So wenig der Höcker noch wächset, womit Gott diesen König Ludwig gezeichnet hat, so wenig werden die Schandtaten dieser Fürsten noch wachsen können. Ihr Maß ist voll. Der Herr wird ihre Zwingburgen zerschmeißen und in Deutschland wird dann

Leben und Kraft, der Segen der Freiheit wieder erblühen. Zu einem großen Leichenfelde haben die Fürsten die deutsche Erde gemacht, wie Ezechiel im 37. Capitel beschreibt: »Der Herr führte mich auf ein weites Feld, das voller Gebeine lag, und siehe, sie waren sehr verdorrt.« Aber wie lautet des Herrn Wort zu den verdorrten Gebeinen: »Siehe, ich will euch Adern geben und Fleisch lassen über euch wachsen, und euch mit Haut überziehen, und will euch Odem geben, daß ihr wieder lebendig werdet, und sollt erfahren, daß Ich der Herr bin.« Und des Herrn Wort wird auch an Deutschland sich wahrhaftig beweisen, wie der Prophet spricht: »Siehe, es rauschte und regte sich und die Gebeine kamen wieder zusammen, ein jegliches zu seinem Gebein. – Da kam Odem in sie und sie wurden wieder lebendig und richteten sich auf ihre Füße, und ihrer war ein sehr groß Heer.«

Wie der Prophet schreibet, also stand es bisher in Deutschland: eure Gebeine sind verdorrt, denn die Ordnung, in der ihr lebt, ist eitel Schinderei. 6 Millionen bezahlt ihr im Großherzogtum einer Handvoll Leute, deren Willkür euer Leben und Eigentum überlassen ist, und die anderen in dem zerrissenen Deutschland gleich also. Ihr seid nichts, ihr habt nichts! Ihr seid rechtlos. Ihr müsset geben, was eure unersättlichen Presser fordern, und tragen, was sie euch aufbürden. So weit ein Tyrann blicket – und Deutschland hat deren wohl dreißig – verdorret Land und Volk. Aber wie der Prophet schreibet, so wird es bald stehen in Deutschland: der Tag der Auferstehung wird nicht säumen. In dem Leichenfelde wird sichs regen und wird rauschen und der Neubelebten wird ein großes Heer sein.

Hebt die Augen auf und zählt das Häuflein eurer Presser, die nur stark sind durch das Blut, das sie euch aussaugen und durch eure Arme, die ihr ihnen willenlos leihet. Ihrer sind vielleicht 10,000 im Großherzogtum und Eurer sind es 700,000 und also verhält sich die Zahl des Volkes zu seinen Pressern auch im übrigen Deutschland. Wohl drohen sie mit dem Rüstzeug und den Reisigen der Könige, aber ich sage euch: Wer das Schwert erhebt gegen das Volk, der wird durch das Schwert des Volkes umkommen. Deutschland ist jetzt ein Leichenfeld, bald wird es ein Paradies sein. Das deutsche Volk ist Ein Leib ihr seid ein Glied dieses Leibes. Es ist einerlei, wo die Scheinleiche zu zucken anfängt.

Wann der Herr euch seine Zeichen gibt durch die Männer, durch welche er die Völker aus der Dienstbarkeit zur Freiheit führt, dann erhebet euch und der ganze Leib wird mit euch aufstehen.

Ihr bücktet euch lange Jahre in den Dornäckern der Knechtschaft, dann schwitzt ihr einen Sommer im Weinberge der Freiheit, und werdet frei sein bis ins tausendste Glied.

Ihr wühltet ein langes Leben die Erde auf, dann wühlt ihr euren Tyrannen ein Grab. Ihr bautet die Zwingburgen, dann stürzt ihr sie, und bauet der Freiheit Haus. Dann könnt ihr eure Kinder frei taufen mit dem Wasser des Lebens. Und bis der Herr euch ruft durch seine Boten und Zeichen, wachet und rüstet euch im Geiste und betet ihr selbst und lehrt eure Kinder beten: »Herr, zerbrich den Stecken unserer Treiber und laß dein Reich zu uns kommen, das Reich der Gerechtigkeit. Amen.«

Dantons Tod

EIN DRAMA

PERSONEN

GEORG DANTON
LEGENDRE
CAMILLE DESMOULINS
HÉRAUT-SÉCHELLES
LACROIX
PHILIPPEAU
FABRE D'ÉGLANTINE
MERCIER
THOMAS PAYNE
} Deputierte des Nationalkonvents

ROBESPIERRE
ST. JUST
BARÉRE
COLLOT D'HERBOIS
BILLAUD-VARENNES
} Mitglieder des Wohlfahrtsausschusses

CHAUMETTE, Prokurator des Gemeinderats
DILLON, ein General
FOUQUIER-TINVILLE, öffentlicher Ankläger

AMAR
VOULAND
} Mitglieder des Sicherheitsausschusses

HERMAN
DUMAS
} Präsidenten des Revolutionstribunales

PARIS, ein Freund Dantons
SIMON
WEIB SIMONS
LAFLOTTE
JULIE, Dantons Gattin
LUCILE, Gattin des Camille Desmoulins

ROSALIE
ADELAIDE
MARION
} Grisetten

Damen am Spieltisch, Herren und Damen sowie junger Herr und Eugenie auf einer Promenade, Bürger, Bürgersoldaten, Lyoner und andere Deputierte, Jakobiner, Präsidenten des Jakobinerklubs und des Nationalkonvents, Schließer, Henker und Fuhrleute, Männer und Weiber aus dem Volk, Grisetten, Bänkelsänger, Bettler usw.

Erster Akt

[Erste Szene]

Hérault-Séchelles, einige Damen (am Spieltisch). Danton, Julie (etwas weiter weg, Danton auf einem Schemel zu den Füßen von Julie).

DANTON. Sieh die hübsche Dame, wie artig sie die Karten dreht! Ja wahrhaftig, sie versteht's; man sagt, sie halte ihrem Manne immer das cœur und andern Leuten das carreau hin. Ihr könntet einen noch in die Lüge verliebt machen.

JULIE. Glaubst du an mich?

DANTON. Was weiß ich? Wir wissen wenig voneinander. Wir sind Dickhäuter, wir strecken die Hände nacheinander aus, aber es ist vergebliche Mühe, wir reiben nur das grobe Leder aneinander ab, – wir sind sehr einsam.

JULIE. Du kennst mich, Danton.

DANTON. Ja, was man so kennen heißt. Du hast dunkle Augen und lockiges Haar und einen feinen Teint und sagst immer zu mir: lieb Georg! Aber *(er deutet ihr auf Stirn und Augen)* da, da, was liegt hinter dem? Geh, wir haben grobe Sinne. Einander kennen? Wir müßten uns die Schädeldecken aufbrechen und die Gedanken einander aus den Hirnfasern zerren. –

EINE DAME *(zu Hérault).* Was haben Sie nur mit Ihren Fingern vor?

HÉRAULT. Nichts.

DAME. Schlagen Sie den Daumen nicht so ein, es ist nicht zum Ansehn!

HÉRAULT. Sehn Sie nur, das Ding hat eine ganz eigne Physiognomie. –

DANTON. Nein, Julie, ich liebe dich wie das Grab.

JULIE *(sich abwendend).* O!

DANTON. Nein, höre! Die Leute sagen im Grab sei Ruhe, und Grab und Ruhe seien eins. Wenn das ist, lieg ich in deinem Schoß schon unter der Erde. Du süßes Grab, deine Lippen sind Totenglocken, deine Stimme ist mein Grabgeläute, deine Brust mein Grabhügel und dein Herz mein Sarg. –

DAME. Verloren!

HÉRAULT. Das war ein verliebtes Abenteuer, es kostet Geld wie alle andern.

DAME. Dann haben Sie Ihre Liebeserklärungen, wie ein Taubstummer, mit den Fingern gemacht.

HÉRAULT. Ei, warum nicht? Man will sogar behaupten, gerade die würden am leichtesten verstanden. Ich zettelte eine Liebschaft mit einer Kartenkönigin an, meine Finger waren in Spinnen verwandelte Prinzen, Sie, Madame, waren die Fee; aber es ging schlecht, die Dame lag immer in den Wochen, jeden Augenblick bekam sie einen Buben. Ich würde meine Tochter dergleichen nicht spielen lassen, die Herren und Damen fallen so unanständig übereinander und die Buben kommen gleich hinten nach.

Camille Desmoulins und Philippeau treten ein.

HÉRAULT. Philippeau, welch trübe Augen! Hast du dir ein Loch in die rote Mütze gerissen? Hat der heilige Jakob ein böses Gesicht gemacht? Hat es während des Guillotinierens geregnet? Oder hast du einen schlechten Platz bekommen und nichts sehen können?

CAMILLE. Du parodierst den Socrates. Weißt du auch, was der Göttliche den Alcibiades fragte, als er ihn eines Tages finster und niedergeschlagen fand: »Hast du deinen Schild auf dem Schlachtfeld verloren? Bist du im Wettlauf oder im Schwertkampf besiegt worden? Hat ein Andrer besser gesungen oder besser die Cither geschlagen?« Welche klassischen Republikaner! Nimm einmal unsre Guillotinenromantik dagegen!

PHILIPPEAU. Heute sind wieder zwanzig Opfer gefallen. Wir waren im Irrtum, man hat die Hebertisten nur aufs Schafott geschickt, weil sie nicht systematisch genug verführen, vielleicht auch weil die Dezemvirn sich verloren glaubten, wenn es nur eine Woche Männer gegeben hätte, die man mehr fürchtete, als sie.

HÉRAULT. Sie möchten uns zu Antediluvianern machen. St. Just säh' es nicht ungern, wenn wir wieder auf allen Vieren kröchen, damit uns der Advokat von Arras nach der Mechanik des Genfer Uhrmachers Fallhütchen, Schulbänke und einen Herrgott erfände.

PHILIPPEAU. Sie würden sich nicht scheuen zu dem Behuf an Marats Rechnung noch einige Nullen zu hängen. Wie lange sollen wir noch schmutzig und blutig sein wie neugeborne Kinder, Särge zur Wiege haben und mit Köpfen spielen? Wir müssen vorwärts: der Gnadenausschuß muß durchgesetzt, die ausgestoßnen Deputierten müssen wieder aufgenommen werden.

HÉRAULT. Die Revolution ist in das Stadium der Reorganisation gelangt.

Die Revolution muß aufhören, und die Republik muß anfangen.

In unsern Staatsgrundsätzen muß das Recht an die Stelle der Pflicht, das Wohlbefinden an die der Tugend und die Notwehr an die der Strafe treten. Jeder muß sich geltend machen und seine Natur durchsetzen können. Er mag nun vernünftig oder unvernünftig, gebildet oder ungebildet, gut oder böse sein, das geht den Staat nichts an. Wir Alle sind Narren es hat Keiner das Recht einem Andern seine eigentümliche Narrheit aufzudringen.

Jeder muß in seiner Art genießen können, jedoch so, daß Keiner auf Unkosten eines Andern genießen oder ihn in seinem eigentümlichen Genuß stören darf.

CAMILLE. Die Staatsform muß ein durchsichtiges Gewand sein, das sich dicht an den Leib des Volkes schmiegt. Jedes Schwellen der Adern, jedes Spannen der Muskeln, jedes Zucken der Sehnen muß sich darin abdrücken. Die Gestalt mag nun schön oder häßlich sein, sie hat einmal das Recht zu sein wie sie ist, wir sind nicht berechtigt, ihr ein Röcklein nach Belieben zuzuschneiden.

Wir werden den Leuten, welche über die nackten Schultern der allerliebsten Sünderin Frankreich den Nonnenschleier werfen wollen, auf die Finger schlagen.

Wir wollen nackte Götter, Bacchantinnen, olympische Spiele und von melodischen Lippen: ach, die gliederlösende, böse Liebe!

Wir wollen den Römern nicht verwehren sich in die Ecke zu setzen und Rüben zu kochen, aber sie sollen uns keine Gladiatorspiele mehr geben wollen.

Der göttliche Epicur und die Venus mit dem schönen Hintern müssen statt der Heiligen Marat und Chalier die Türsteher der Republik werden.
Danton, du wirst den Angriff im Konvent machen.

DANTON. Ich werde, du wirst, er wird. Wenn wir bis dahin noch leben, sagen die alten Weiber. Nach einer Stunde werden sechzig Minuten verflossen sein. Nicht wahr, mein Junge?

CAMILLE. Was soll das hier? das versteht sich von selbst.

DANTON. O, es versteht sich Alles von selbst. Wer soll denn all die schönen Dinge ins Werk setzen?

PHILIPPEAU. Wir und die ehrlichen Leute.

DANTON. Das *und* dazwischen ist ein langes Wort, es hält uns ein wenig weit auseinander; die Strecke ist lang, die Ehrlichkeit verliert den Atem, eh wir zusammenkommen. Und wenn auch! – den ehrlichen Leuten kann man Geld leihen, man kann bei ihnen Gevatter stehn und seine Töchter an sie verheiraten, aber das ist Alles!

CAMILLE. Wenn du das weißt, warum hast du den Kampf begonnen?

DANTON. Die Leute waren mir zuwider. Ich konnte dergleichen gespreizte Katone nie ansehn, ohne ihnen einen Tritt zu geben. Mein Naturell ist einmal so. *(Er erhebt sich.)*

JULIE. Du gehst?

DANTON *(zu Julie)*. Ich muß fort, sie reiben mich mit ihrer Politik noch auf.
(Im Hinausgehn:) Zwischen Tür und Angel will ich euch prophezeien: die Statue der Freiheit ist noch nicht gegossen, der Ofen glüht, wir Alle können uns noch die Finger dabei verbrennen. *(Ab.)*

CAMILLE. Laßt ihn! Glaubt ihr, er könne die Finger davon lassen, wenn es zum Handeln kömmt?

HÉRAULT. Ja, aber bloß zum Zeitvertreib, wie man Schach spielt.

[Zweite Szene]

EINE GASSE

Simon. Sein Weib.

SIMON *(schlägt das Weib).* Du Kuppelpelz, du runzliche Sublimatpille, du wurmstichischer Sündenapfel!

WEIB. He Hülfe! Hülfe!

Es kommen LEUTE *gelaufen.* Reißt sie auseinander, reißt sie auseinander!

SIMON. Nein, laßt mich, Römer! Zerschellen will ich dies Geripp! Du Vestalin!

WEIB. Ich eine Vestalin? Das will ich sehen, ich.

SIMON. So reiß ich von den Schultern dein Gewand.
Nackt in die Sonne schleudr' ich dann dein Aas.
Du Hurenbett, in jeder Runzel deines Leibes nistet Unzucht.
(Sie werden getrennt.)

ERSTER BÜRGER. Was gibt's?

SIMON. Wo ist die Jungfrau? Sprich! Nein, so kann ich nicht sagen. Das Mädchen! nein, auch das nicht. Die Frau, das Weib! Auch das, auch das nicht! Nur noch e i n Name; o, der erstickt mich! Ich habe keinen Atem dafür.

ZWEITER BÜRGER. Das ist gut, sonst würde der Name nach Schnaps riechen.

SIMON. Alter Virginius verhülle dein kahl Haupt – der Rabe Schande sitzt darauf und hackt nach deinen Augen. Gebt mir ein Messer, Römer! *(Er sinkt um.)*

WEIB. Ach, er ist sonst ein braver Mann, er kann nur nicht viel vertragen, der Schnaps stellt ihm gleich ein Bein.

ZWEITER BÜRGER. Dann geht er mit dreien.

WEIB. Nein, er fällt.

ZWEITER BÜRGER. Richtig, erst geht er mit dreien, und dann fällt er auf das dritte, bis das dritte selbst wieder fällt.

SIMON. Du bist die Vampirzunge, die mein wärmstes Herzblut trinkt.

WEIB. Laßt ihn nur, das ist so die Zeit, worin er immer gerührt wird; es wird sich schon geben.

ERSTER BÜRGER. Was gibts denn?

WEIB. Seht ihr: ich saß da so auf dem Stein in der Sonne und wärmte mich, seht ihr – denn wir haben kein Holz, seht ihr –

ZWEITER BÜRGER. So nimm deines Mannes Nase.

WEIB. Und meine Tochter war da hinunter gegangen um die Ecke – sie ist ein braves Mädchen und ernährt ihre Eltern.

SIMON. Ha sie bekennt!

WEIB. Du Judas! hättest du nur ein paar Hosen hinaufzuziehen, wenn die jungen Herren die Hosen nicht bei ihr hinunterließen? Du Branntweinfaß, willst du verdursten, wenn das Brünnlein zu laufen aufhört, he? – Wir arbeiten mit allen Gliedern, warum denn nicht auch damit; ihre Mutter hat damit geschafft wie sie zur Welt kam und es hat ihr weh getan; kann sie für ihre Mutter nicht auch damit schaffen, he? und tut's ihr auch weh dabei, he? Du Dummkopf!

SIMON. Ha, Lucretia! ein Messer, gebt mir ein Messer, Römer! Ha, Appius Claudius!

ERSTER BÜRGER. Ja ein Messer, aber nicht für die arme Hure! Was tat sie? Nichts! Ihr Hunger hurt und bettelt. Ein Messer für die Leute, die das Fleisch unserer Weiber und Töchter kaufen! Weh über die, so mit den Töchtern des Volkes huren! Ihr habt Kollern im Leib, und sie haben Magendrücken, ihr habt Löcher in den Jacken, und sie haben warme Röcke, ihr habt Schwielen in den Fäusten, und sie haben Samthände. Ergo ihr arbeitet und sie tun nichts, ergo ihr habt's erworben und sie haben's gestohlen, ergo: wenn ihr von eurem gestohlnen Eigentum ein paar Heller wieder haben wollt, müßt ihr huren und bettlen, ergo: sie sind Spitzbuben, und man muß sie totschlagen!

DRITTER BÜRGER. Sie haben kein Blut in den Adern, als was sie uns ausgesaugt haben. Sie haben uns gesagt: schlagt die Aristokraten tot, das sind Wölfe! Wir haben die Aristokraten an die Laternen gehängt. Sie haben gesagt: das Veto frißt euer Brot! wir haben das Veto totgeschlagen. Sie haben gesagt: die Girondisten hungern euch aus; wir haben die Girondisten guillotiniert. Aber sie haben die Toten ausgezogen, und wir laufen wie zuvor auf nackten Beinen und frieren. Wir wollen ihnen die Haut von den Schenkeln ziehen und uns Hosen daraus machen, wir wollen ihnen das Fett auslassen und unsere Suppen mit schmelzen. Fort! Totgeschlagen, wer kein Loch im Rock hat!

ERSTER BÜRGER. Totgeschlagen, wer lesen und schreiben kann!

ZWEITER BÜRGER. Totgeschlagen, wer auswärts geht!

ALLE *(schreien)*. Totgeschlagen! Totgeschlagen!

Einige schleppen einen jungen Menschen herbei.

EINIGE STIMMEN. Er hat ein Schnupftuch! ein Aristokrat! an die Laterne! an die Laterne!

ZWEITER BÜRGER. Was? er schneuzt sich die Nase nicht mit den Fingern? An die Laterne! *(Eine Laterne wird herunter gelassen.)*

JUNGER MENSCH. Ach, meine Herren!

ZWEITER BÜRGER. Es gibt hier keine Herren! An die Laterne!

EINIGE *singen:*

Die da liegen in der Erden,
Von de Würm gefresse werden.
Besser hangen in der Luft,
Als verfaulen in der Gruft!

JUNGER MENSCH. Erbarmen!

DRITTER BÜRGER. Nur ein Spielen mit einer Hanflocke um den Hals! 's ist nur ein Augenblick, wir sind barmherziger als ihr. Unser Leben ist der Mord durch Arbeit; wir hängen sechzig Jahre lang am Strick und zapplen, aber wir werden uns losschneiden.
An die Laterne!

JUNGER MENSCH. Meinetwegen, ihr werdet deswegen nicht heller sehen.

DIE UMSTEHENDEN. Bravo! Bravo!

EINIGE STIMMEN. Laßt ihn laufen! *(Er entwischt.)*

Robespierre tritt auf, begleitet von Weibern und Ohnehosen.

ROBESPIERRE. Was gibt's da Bürger?

DRITTER BÜRGER. Was wird's geben? Die paar Tropfen Bluts vom August und September haben dem Volk die Backen nicht rot gemacht. Die Guillotine ist zu langsam. Wir brauchen einen Platzregen.

ERSTER BÜRGER. Unsere Weiber und Kinder schreien nach Brot, wir wollen sie mit Aristokratenfleisch füttern. He! totgeschlagen, wer kein Loch im Rock hat!

ALLE. Totgeschlagen! Totgeschlagen!

ROBESPIERRE. Im Namen des Gesetzes!

ERSTER BÜRGER. Was ist das Gesetz?

ROBESPIERRE. Der Wille des Volks.

ERSTER BÜRGER. Wir sind das Volk, und wir wollen, daß kein Gesetz sei; ergo: ist dieser Wille das Gesetz, ergo: im Namen des Gesetzes gibt's kein Gesetz mehr, ergo: totgeschlagen!

EINIGE STIMMEN. Hört den Aristides, hört den Unbestechlichen!

EIN WEIB. Hört den Messias, der gesandt ist zu wählen und zu richten; er wird die Bösen mit der Schärfe des Schwertes schlagen. Seine Augen sind die Augen der Wahl, und seine Hände sind die Hände des Gerichts.

ROBESPIERRE. Armes, tugendhaftes Volk! Du tust deine Pflicht, du opferst deine Feinde. Volk! du bist groß. Du offenbarst dich unter Blitzstrahlen und Donnerschlägen. Aber Volk, deine Streiche dürfen deinen eignen Leib nicht verwunden; du mordest dich selbst in deinem Grimm. Du kannst nur durch deine eigne Kraft fallen, das wissen deine Feinde. Deine Gesetzgeber wachen, sie werden deine Hände führen, ihre Augen sind untrügbar, deine Hände sind unentrinnbar. Kommt mit zu den Jakobinern! Eure Brüder werden euch ihre Arme öffnen, wir werden ein Blutgericht über unsere Feinde halten.

VIELE STIMMEN. Zu den Jakobinern! Es lebe Robespierre! *(Alle ab.)*

SIMON. Weh mir, verlassen! *(Er versucht sich aufzurichten.)*

WEIB. Da! *(Sie unterstützt ihn.)*

SIMON. Ach, meine Baucis, du sammelst Kohlen auf mein Haupt.

WEIB. Da steh!

SIMON. Du wendest dich ab? Ha, kannst du mir vergeben, Portia? Schlug ich dich? Das war nicht meine Hand, war nicht mein Arm, mein Wahnsinn tat es.

Sein Wahnsinn ist des armen Hamlet Feind.
Hamlet tat's nicht, Hamlet verleugnet's.

Wo ist unsre Tochter, wo ist mein Sannchen?

WEIB. Dort um das Eck herum.

SIMON. Fort zu ihr! Komm mein tugendreich Gemahl.

Beide ab.

[Dritte Szene]

DER JAKOBINERKLUBB

EIN LYONER. Die Brüder von Lyon senden uns, um in eure Brust ihren bittern Unmut auszuschütten. Wir wissen nicht, ob der Karren, auf dem Ronsin zur Guillotine fuhr, der Totenwagen der Freiheit war, aber wir wissen, daß seit jenem Tage die Mörder Chaliers wieder so fest auf den Boden treten, als ob es kein Grab für sie gäbe. Habt ihr vergessen, daß Lyon ein Flecken auf dem Boden Frankreichs ist, den man mit den Gebeinen der Verräter zudecken muß? Habt ihr vergessen, daß diese Hure der Könige ihren Aussatz nur in dem Wasser der Rhone abwaschen kann? Habt ihr vergessen, daß dieser revolutionäre Strom die Flotten Pitts im Mittelmeere auf den Leichen der Aristokraten muß stranden machen? Eure Barmherzigkeit mordet die Revolution. Der Atemzug eines Aristokraten ist das Röcheln der Freiheit. Nur ein Feigling stirbt für die Republik, ein Jakobiner tötet für sie. Wißt: finden wir in euch nicht mehr die Spannkraft der Männer des 10. August, des September und des 31. Mai, so bleibt uns, wie dem Patrioten Gaillard, nur der Dolch des Cato. *(Beifall und verwirrtes Geschrei.)*

EIN JAKOBINER. Wir werden den Becher des Socrates mit euch trinken!

LEGENDRE *(schwingt sich auf die Tribüne).* Wir haben nicht nötig unsere Blicke auf Lyon zu werfen. Die Leute, die seidne Kleider tragen, die in Kutschen fahren, die in den Logen im Theater sitzen und nach dem Dictionär der Akademie sprechen, tragen seit einigen Tagen die Köpfe fest auf den Schultern. Sie sind witzig und sagen, man müsse Marat und Chalier zu einem doppelten Märtyrertum verhelfen und sie in effigie guillotinieren. *(Heftige Bewegung in der Versammlung.)*

EINIGE STIMMEN. Das sind tote Leute, ihre Zunge guillotiniert sie.

LEGENDRE. Das Blut dieser Heiligen komme über sie! Ich frage die anwesenden Mitglieder des Wohlfahrtsausschusses, seit wann ihre Ohren so taub geworden sind ...

COLLOT D'HERBOIS *(unterbricht ihn).* Und ich frage dich Legendre, wessen Stimme solchen Gedanken Atem gibt, daß sie lebendig werden und zu sprechen wagen? Es ist Zeit die Masken abzureißen. Hört! Die Ursache verklagt ihre Wirkung, der Ruf sein Echo, der Grund seine Folge. Der Wohlfahrtsausschuß versteht mehr Logik, Legendre. Sei ruhig. Die Büsten der Heiligen werden unberührt bleiben, sie werden wie Medusenhäupter die Verräter in Stein verwandlen.

ROBESPIERRE. Ich verlange das Wort.

DIE JAKOBINER. Hört, hört den Unbestechlichen!

ROBESPIERRE. Wir warteten nur auf den Schrei des Unwillens, der von allen Seiten ertönt, um zu sprechen. Unsere Augen waren offen, wir sahen den Feind sich rüsten und sich erheben, aber wir haben das Lärmzeichen nicht gegeben; wir ließen das Volk sich selbst bewachen, es hat nicht geschlafen, es hat an die Waffen geschlagen. Wir ließen den Feind aus seinem Hinterhalt hervorbrechen, wir ließen ihn anrücken, jetzt steht er frei und ungedeckt in der Helle des Tages, jeder Streich wird ihn treffen, er ist tot, sobald ihr ihn erblickt habt.

Ich habe es euch schon einmal gesagt: in zwei Abteilungen, wie in zwei Heereshaufen, sind die inneren Feinde der Republik zerfallen. Unter Bannern von verschiedener Farbe und auf den verschiedensten Wegen eilen sie alle dem nämlichen Ziele zu. Die eine dieser Faktionen ist nicht mehr. In ihrem affektierten Wahnsinn suchte sie die erprobtesten Patrioten als abgenutzte Schwächlinge bei Seite zu werfen, um die Republik ihrer kräftigsten Arme zu berauben. Sie erklärte der Gottheit und dem Eigentum den Krieg, um eine Diversion zugunsten der Könige zu machen. Sie parodierte das erhabne Drama der Revolution, um dieselbe durch studierte Ausschweifungen bloß zu stellen. Héberts Triumph hätte die Republik in ein Chaos verwandelt, und der Despotismus war befriedigt. Das Schwert des Gesetzes hat den Verräter getroffen. Aber was liegt den Fremden daran, wenn ihnen Verbrecher einer anderen Gattung zur Erreichung des nämlichen Zwecks bleiben? Wir haben nichts getan, wenn wir noch eine andere Faktion zu vernichten haben.

Sie ist das Gegenteil der vorhergehenden. Sie treibt uns zur Schwäche, ihr Feldgeschrei heißt: Erbarmen! Sie will dem Volk seine Waffen und die Kraft, welche die Waffen führt, entreißen, um es nackt und entnervt den Königen zu überantworten. Die Waffe der Republik ist der Schrecken, die Kraft der Republik ist die Tugend – die Tugend, weil ohne sie der Schrecken verderblich, der Schrecken, weil ohne ihn die Tugend ohnmächtig ist. Der Schrecken ist ein Ausfluß der Tugend, er ist nichts anders als die schnelle, strenge und unbeugsame Gerechtigkeit. Sie sagen: der Schrecken sei die Waffe einer despotischen Regierung, die unsrige gliche also dem Despotismus. Freilich, aber so, wie das Schwert in den Händen eines Freiheitshelden dem Säbel gleicht, womit der Satellit des Tyrannen bewaffnet ist. Regiere der Despot seine tierähnlichen Untertanen durch den Schrecken, er hat Recht als Despot. Zerschmettert durch den Schrecken die Feinde der Freiheit, und ihr habt als Stifter der Republik nicht minder Recht. Die Revolutionsregierung ist der Despotismus der Freiheit gegen die Tyrannei.

Erbarmen mit den Royalisten! rufen gewisse Leute. Erbarmen mit Bösewichtern? Nein! Erbarmen für die Unschuld, Erbarmen für die Schwäche, Erbarmen für die Unglücklichen, Erbarmen für die Menschheit! Nur dem friedlichen Bürger gebührt von Seiten der Gesellschaft Schutz. In einer Republik sind nur Republikaner Bürger; Royalisten und Fremde sind Feinde. Die Unterdrücker der Menschheit bestrafen, ist Gnade, ihnen verzeihen, ist Barbarei. Alle Zeichen einer falschen Empfindsamkeit scheinen mir Seufzer, welche nach England oder nach Östreich fliegen.

Aber nicht zufrieden, den Arm des Volkes zu entwaffnen, sucht man noch die heiligsten Quellen seiner Kraft durch das Laster zu vergiften. Dies ist der feinste, gefährlichste und abscheulichste Angriff auf die Freiheit. Das Laster ist das Kainszeichen des Aristokratismus. In einer Republik ist es nicht nur ein moralisches, sondern auch ein politisches Verbrechen; der Lasterhafte ist der politische Feind der Freiheit, er ist ihr um so gefährlicher je größer die Dienste sind, die er ihr scheinbar erwiesen. Der gefährlichste Bürger ist derjenige, welcher leichter ein Dutzend rote Mützen verbraucht, als eine gute Handlung vollbringt.

Ihr werdet mich leicht verstehen, wenn ihr an Leute denkt,

welche sonst in Dachstuben lebten und jetzt in Karossen fahren und mit ehemaligen Marquisinnen und Baronessen Unzucht treiben. Wir dürfen wohl fragen: ist das Volk geplündert, oder sind die Goldhände der Könige gedrückt worden, wenn wir Gesetzgeber des Volks mit allen Lastern und allem Luxus der ehemaligen Höflinge Parade machen, wenn wir diese Marquis und Grafen der Revolution reiche Weiber heiraten, üppige Gastmähler geben, spielen, Diener halten und kostbare Kleider tragen sehen? Wir dürfen wohl staunen, wenn wir sie Einfälle haben, schöngeistern und so etwas vom guten Ton bekommen hören. Man hat vor Kurzem auf eine unverschämte Weise den Tacitus parodiert, ich könnte mit dem Sallust antworten und den Catilina travestieren; doch ich denke, ich habe keine Striche mehr nötig, die Porträts sind fertig.
Keinen Vertrag, keinen Waffenstillstand mit den Menschen, welche nur auf Ausplündrung des Volkes bedacht waren, welche diese Ausplündrung ungestraft zu vollbringen hofften, für welche die Republik eine Spekulation und die Revolution ein Handwerk war! In Schrecken gesetzt durch den reißenden Strom der Beispiele, suchen sie ganz leise die Gerechtigkeit abzukühlen. Man sollte glauben, jeder sage zu sich selbst: »Wir sind nicht tugendhaft genug, um so schrecklich zu sein. Philosophische Gesetzgeber! erbarmt euch unsrer Schwäche; ich wage euch nicht zu sagen, daß ich lasterhaft bin; ich sage euch also lieber: seid nicht grausam!«
Beruhige dich tugendhaftes Volk, beruhigt euch ihr Patrioten, sagt euren Brüdern zu Lyon: das Schwert des Gesetzes roste nicht in den Händen, denen ihr es anvertraut habt. – Wir werden der Republik ein großes Beispiel geben. *(Allgemeiner Beifall.)*

VIELE STIMMEN. Es lebe die Republik! Es lebe Robespierre!

PRÄSIDENT. Die Sitzung ist aufgehoben.

[Vierte Szene]

EINE GASSE

Lacroix. Legendre.

LACROIX. Was hast du gemacht, Legendre! Weißt du auch, wem du mit deinen Büsten den Kopf herunter wirfst?
LEGENDRE. Einigen Stutzern und eleganten Weibern, das ist Alles.
LACROIX. Du bist ein Selbstmörder, ein Schatten, der sein Original und somit sich selbst ermordet.
LEGENDRE. Ich begreife nicht.
LACROIX. Ich dächte: Collot hätte deutlich gesprochen.
LEGENDRE. Was macht das? Er war wieder betrunken.
LACROIX. Narren, Kinder und – nun? – Betrunkne sagen die Wahrheit. Wen glaubst du denn, daß Robespierre mit dem Catilina gemeint habe?
LEGENDRE. Nun?
LACROIX. Die Sache ist einfach. Man hat die Atheisten und Ultrarevolutionärs aufs Schafott geschickt; aber dem Volk ist nicht geholfen, es läuft noch barfuß in den Gassen und will sich aus Aristokratenleder Schuhe machen. Der Guillotinenthermometer darf nicht fallen; noch einige Grade, und der Wohlfahrtsausschuß kann sich sein Bett auf dem Revolutionsplatz suchen.
LEGENDRE. Was haben damit meine Büsten zu schaffen?
LACROIX. Siehst du's noch nicht? Du hast die Contrerevolution offiziell bekannt gemacht, du hast die Dezemvirn zur Energie gezwungen, du hast ihnen die Hand geführt. Das Volk ist ein Minotaurus, der wöchentlich seine Leichen haben muß, wenn er sie nicht auffressen soll.
LEGENDRE. Wo ist Danton?
LACROIX. Was weiß ich! Er sucht eben die mediceische Venus stückweise bei allen Grisetten des Palais Royal zusammen; er macht Mosaik, wie er sagt. Der Himmel weiß, bei welchem Glied er gerade ist. Es ist ein Jammer, daß die Natur die Schön-

heit, wie Medea ihren Bruder, zerstückt und sie so in Fragmenten in die Körper gesenkt hat.
Gehn wir ins Palais Royal!

Beide ab.

[Fünfte Szene]

EIN ZIMMER

Danton. Marion.

MARION. Nein, laß mich! So zu deinen Füßen. Ich will dir erzählen.
DANTON. Du könntest deine Lippen besser gebrauchen.
MARION. Nein, laß mich einmal so.
Meine Mutter war eine kluge Frau; sie sagte mir immer: die Keuschheit sei eine schöne Tugend. Wenn Leute ins Haus kamen und von manchen Dingen zu sprechen anfingen, hieß sie mich aus dem Zimmer gehn; frug ich was die Leute gewollt hätten, so sagte sie mir, ich solle mich schämen; gab sie mir ein Buch zu lesen, so mußt ich fast immer einige Seiten überschlagen. Aber die Bibel las ich nach Belieben, da war Alles heilig; aber es war etwas darin, was ich nicht begriff. Ich mochte auch niemand fragen, ich brütete über mir selbst. Da kam der Frühling, es ging überall etwas um mich vor, woran ich keinen Teil hatte. Ich geriet in eine eigne Atmosphäre, sie erstickte mich fast. Ich betrachtete meine Glieder, es war mir manchmal, als wäre ich doppelt und verschmölze dann wieder in Eins. Ein junger Mensch kam zu der Zeit ins Haus; er war hübsch und sprach oft tolles Zeug, ich wußte nicht recht, was er wollte, aber ich mußte lachen. Meine Mutter hieß ihn öfters kommen, das war uns Beiden recht. Endlich sahen wir nicht ein, warum wir nicht eben so gut zwischen zwei Bettüchern bei einander liegen, als auf zwei Stühlen neben einander sitzen durften. Ich fand dabei mehr Vergnügen als bei seiner Unterhaltung und sah nicht ab, warum man mir das Geringere gewähren und das

Größere entziehen wollte. Wir taten's heimlich. Das ging so fort. Aber ich wurde wie ein Meer, was Alles verschlang und sich tiefer und tiefer wühlte. Es war für mich nur ein Gegensatz da, alle Männer verschmolzen in e i n e n Leib. Meine Natur war einmal so, wer kann da drüber hinaus? Endlich merkt' er's. Er kam eines Morgens und küßte mich, als wollte er mich erstikken; seine Arme schnürten sich um meinen Hals, ich war in unsäglicher Angst. Da ließ er mich los und lachte und sagte: er hätte fast einen dummen Streich gemacht; ich solle mein Kleid nur behalten und es brauchen, es würde sich schon von selbst abtragen, er wolle mir den Spaß nicht vor der Zeit verderben, es wäre doch das Einzige, was ich hätte. Dann ging er, ich wußte wieder nicht, was er wollte. Den Abend saß ich am Fenster, ich bin sehr reizbar und hänge mit Allem um mich nur durch eine Empfindung zusammen; ich versank in die Wellen der Abendröte. Da kam ein Haufe die Straße herab, die Kinder liefen voraus, die Weiber sahen aus den Fenstern. Ich sah hinunter: sie trugen ihn in einem Korb vorbei, der Mond schien auf seine bleiche Stirn, seine Locken waren feucht, er hatte sich ersäuft. Ich mußte weinen. Das war der einzige Bruch in meinem Wesen. Die andern Leute haben Sonn- und Werktage, sie arbeiten sechs Tage und beten am siebenten, sie sind jedes Jahr auf ihren Geburtstag einmal gerührt und denken jedes Jahr auf Neujahr einmal nach. Ich begreife nichts davon; ich kenne keinen Absatz, keine Veränderung. Ich bin immer nur Eins, ein ununterbrochenes Sehnen und Fassen, eine Glut, ein Strom. Meine Mutter ist vor Gram gestorben; die Leute weisen mit Fingern auf mich. Das ist dumm. Es läuft auf eins hinaus, an was man seine Freude hat, an Leibern, Christusbildern, Blumen oder Kinderspielsachen; es ist das nämliche Gefühl; wer am meisten genießt, betet am meisten.

DANTON. Warum kann ich deine Schönheit nicht ganz in mich fassen, sie nicht ganz umschließen?

MARION. Danton, deine Lippen haben Augen.

DANTON. Ich möchte ein Teil des Äthers sein, um dich in meiner Flut zu baden, um mich auf jeder Welle deines schönen Leibes zu brechen.

Lacroix, Adelaide, Rosalie treten ein.

LACROIX *(bleibt in der Tür stehn).* Ich muß lachen, ich muß lachen.

DANTON *(unwillig).* Nun?

LACROIX. Die Gasse fällt mir ein.

DANTON. Und?

LACROIX. Auf der Gasse waren Hunde, eine Dogge und ein Bologneser Schoßhündlein, die quälten sich.

DANTON. Was soll das?

LACROIX. Das fiel mir nun grade so ein, und da mußt ich lachen. Es sah erbaulich aus! Die Mädel guckten aus den Fenstern; man sollte vorsichtig sein und sie nicht einmal in der Sonne sitzen lassen, die Mücken treiben's ihnen sonst auf den Händen; das macht Gedanken.
Legendre und ich sind fast durch alle Zellen gelaufen, die Nönnlein von der Offenbarung durch das Fleisch hingen uns an den Rockschößen und wollten den Segen. Legendre gibt einer die Disziplin, aber er wird einen Monat dafür zu fasten bekommen. Da bringe ich zwei von den Priesterinnen mit dem Leib.

MARION. Guten Tag, demoiselle Adelaide! guten Tag, demoiselle Rosalie!

ROSALIE. Wir hatten schon lange nicht das Vergnügen.

MARION. Es war mir recht Leid.

ADELAIDE. Ach Gott, wir sind Tag und Nacht beschäftigt.

DANTON *(zu Rosalie).* Ei, Kleine, du hast ja geschmeidige Hüften bekommen.

ROSALIE. Ach ja, man vervollkommnet sich täglich.

LACROIX. Was ist der Unterschied zwischen dem antiken und einem modernen Adonis?

DANTON. Und Adelaide ist sittsam-interessant geworden; eine pikante Abwechslung. Ihr Gesicht sieht aus wie ein Feigenblatt, das sie sich vor den ganzen Leib hält. So ein Feigenbaum an einer so gangbaren Straße gibt einen erquicklichen Schatten.

ADELAIDE. Ich wäre ein Herdweg, wenn Monsieur . . .

DANTON. Ich verstehe, nur nicht böse mein Fräulein!

LACROIX. So höre doch. Ein moderner Adonis wird nicht von einem Eber, sondern von Säuen zerrissen; er bekommt seine Wunde nicht am Schenkel, sondern in den Leisten, und aus seinem Blut sprießen nicht Rosen hervor, sondern schießen Quecksilberblüten an.

DANTON. Fräulein Rosalie ist ein restaurierter Torso, woran nur die Hüften und Füße antik sind. Sie ist eine Magnetnadel: was der Pol Kopf abstößt, zieht der Pol Fuß an; die Mitte ist ein Äquator, wo jeder eine Sublimattaufe bekömmt, der die Linie passiert.

LACROIX. Zwei barmherzige Schwestern; jede dient in einem Spital, d.h. in ihrem eignen Körper.

ROSALIE. Schämen Sie sich, unsere Ohren rot zu machen!

ADELAIDE. Sie sollten mehr Lebensart haben.

(Adelaide und Rosalie ab.)

DANTON. Gute Nacht, ihr hübschen Kinder.

LACROIX. Gute Nacht, ihr Quecksilbergruben.

DANTON. Sie dauern mich, sie kommen um ihr Nachtessen.

LACROIX. Höre Danton, ich komme von den Jakobinern.

DANTON. Nichts weiter?

LACROIX. Die Lyoner verlasen eine Proklamation; sie meinten es bliebe ihnen nichts übrig, als sich in die Toga zu wickeln. Jeder machte ein Gesicht, als wollte er zu seinem Nachbar sagen: Paetus es schmerzt nicht!

Legendre rief: man wolle Chaliers und Marats Büsten zerschlagen. Ich glaube, er will sich das Gesicht wieder rot machen; er ist ganz aus der terreur herausgekommen, die Kinder zupfen ihn auf der Gasse am Rock.

DANTON. Und Robespierre?

LACROIX. Fingerte auf der Tribüne und sagte: die Tugend muß durch den Schrecken herrschen. Die Phrase machte mir Halsweh.

DANTON. Sie hobelt Bretter für die Guillotine.

LACROIX. Und Collot schrie wie besessen, man müsse die Masken abreißen.

DANTON. Da werden die Gesichter mitgehen.

Paris tritt ein.

LACROIX. Was gibt's Fabricius?

PARIS. Von den Jakobinern weg ging ich zu Robespierre; ich verlangte eine Erklärung. Er suchte eine Miene zu machen wie Brutus, der seine Söhne opfert. Er sprach im allgemeinen von den Pflichten, sagte: der Freiheit gegenüber kenne er keine Rücksicht, er würde Alles opfern, sich, seinen Bruder, seine Freunde.

DANTON. Das war deutlich; man braucht nur die Skala herumzukehren, so steht er unten und hält seinen Freunden die Leiter. Wir sind Legendre Dank schuldig, er hat sie sprechen gemacht.

LACROIX. Die Hebertisten sind noch nicht tot, das Volk ist materiell elend, das ist ein furchtbarer Hebel. Die Schale des Blutes darf nicht steigen, wenn sie dem Wohlfahrtsausschuß nicht zur Laterne werden soll; er hat Ballast nötig, er braucht einen schweren Kopf.

DANTON. Ich weiß wohl – die Revolution ist wie Saturn, sie frißt ihre eignen Kinder. *(Nach einigem Besinnen.)* Doch, sie werden's nicht wagen.

LACROIX. Danton, du bist ein toter Heiliger; aber die Revolution kennt keine Reliquien, sie hat die Gebeine aller Könige auf die Gasse und alle Bildsäulen von den Kirchen geworfen. Glaubst du man würde dich als Monument stehen lassen?

DANTON. Mein Name! das Volk!

LACROIX. Dein Name! Du bist ein Gemäßigter, ich bin einer, Camille, Philippeau, Hérault. Für das Volk sind Schwäche und Mäßigung eins; es schlägt die Nachzügler tot. Die Schneider von der Sektion der roten Mütze werden die ganze römische Geschichte in ihrer Nadel fühlen, wenn der Mann des September ihnen gegenüber ein Gemäßigter war.

DANTON. Sehr wahr, und außerdem – das Volk ist wie ein Kind, es muß Alles zerbrechen, um zu sehen was darin steckt.

LACROIX. Und außerdem Danton, sind wir lasterhaft, wie Robespierre sagt, d.h. wir genießen; und das Volk ist tugendhaft, d.h. es genießt nicht, weil ihm die Arbeit die Genußorgane stumpf macht, es besäuft sich nicht, weil es kein Geld hat, und es geht nicht ins Bordell, weil es nach Käs und Hering aus dem Hals stinkt und die Mädel davor einen Ekel haben.

DANTON. Es haßt die Genießenden wie ein Eunuch die Männer.

LACROIX. Man nennt uns Spitzbuben und *(sich zu den Ohren Dantons neigend)* es ist, unter uns gesagt, so halbwegs was Wahres dran. Robespierre und das Volk werden tugendhaft sein. St. Just wird einen Roman schreiben, und Barère wird eine Carmagnole schneidern und dem Konvent das Blutmäntelchen umhängen und – ich sehe Alles.

DANTON. Du träumst. Sie hatten nie Mut ohne mich, sie werden keinen gegen mich haben; die Revolution ist noch nicht fertig, sie könnten mich noch nötig haben, sie werden mich im Arsenal aufheben.

LACROIX. Wir müssen handeln.

DANTON. Das wird sich finden.

LACROIX. Es wird sich finden, wenn wir verloren sind.

MARION *(zu Danton).* Deine Lippen sind kalt geworden, deine Worte haben deine Küsse erstickt.

DANTON *(zu Marion).* So viel Zeit zu verlieren! Das war der Mühe wert!
(Zu Lacroix.) Morgen geh ich zu Robespierre, ich werde ihn ärgern, da kann er nicht schweigen. Morgen also! Gute Nacht, meine Freunde, gute Nacht, ich danke euch!

LACROIX. Packt euch, meine guten Freunde, packt euch! Gute Nacht, Danton! Die Schenkel der Demoiselle guillotinieren dich, der mons Veneris wird dein tarpejischer Fels. *(Ab.)*

[Sechste Szene]

EIN ZIMMER

Robespierre. Danton. Paris.

ROBESPIERRE. Ich sage dir, wer mir in den Arm fällt, wenn ich das Schwert ziehe, ist mein Feind – seine Absicht tut nichts zur Sache; wer mich verhindert, mich zu verteidigen, tötet mich so gut, als wenn er mich angriffe.

DANTON. Wo die Notwehr aufhört fängt der Mord an; ich sehe keinen Grund, der uns länger zum Töten zwänge.

ROBESPIERRE. Die soziale Revolution ist noch nicht fertig; wer eine Revolution zur Hälfte vollendet, gräbt sich selbst sein Grab. Die gute Gesellschaft ist noch nicht tot, die gesunde Volkskraft muß sich an die Stelle dieser nach allen Richtungen abgekitzelten Klasse setzen. Das Laster muß bestraft werden, die Tugend muß durch den Schrecken herrschen.

DANTON. Ich verstehe das Wort Strafe nicht.

Mit deiner Tugend, Robespierre! Du hast kein Geld genommen, du hast keine Schulden gemacht, du hast bei keinem Weibe geschlafen, du hast immer einen anständigen Rock getragen und dich nie betrunken. Robespierre du bist empörend rechtschaffen. Ich würde mich schämen dreißig Jahre lang mit der nämlichen Moralphysiognomie zwischen Himmel und Erde herumzulaufen, bloß um des elenden Vergnügens willen, Andre schlechter zu finden als mich.

Ist denn nichts in dir, was dir nicht manchmal ganz leise, heimlich sagte: du lügst, du lügst!

ROBESPIERRE. Mein Gewissen ist rein.

DANTON. Das Gewissen ist ein Spiegel, vor dem ein Affe sich quält; jeder putzt sich wie er kann, und geht auf seine eigne Art auf seinen Spaß dabei aus. Das ist der Mühe wert, sich darüber in den Haaren zu liegen. Jeder mag sich wehren, wenn ein Andrer ihm den Spaß verdirbt. Hast du das Recht aus der Guillotine einen Waschzuber für die unreine Wäsche anderer Leute und aus ihren abgeschlagenen Köpfen Fleckkugeln für ihre schmutzigen Kleider zu machen, weil du immer einen sauber gebürsteten Rock trägst? Ja, du kannst dich wehren, wenn sie dir drauf spucken oder Löcher hineinreißen, aber was geht es dich an, solang sie dich in Ruhe lassen? Wenn sie sich nicht genieren, so herum zu gehn, hast du deswegen das Recht, sie ins Grabloch zu sperren? Bist du der Polizeisoldat des Himmels? Und kannst du es nicht eben so gut mitansehn, als dein lieber Herrgott, so halte dir dein Schnupftuch vor die Augen.

ROBESPIERRE. Du leugnest die Tugend?

DANTON. Und das Laster. Es gibt nur Epicureer, und zwar grobe und feine; Christus war der feinste; das ist der einzige Unter-

schied, den ich zwischen den Menschen heraus bringen kann. Jeder handelt seiner Natur gemäß, d.h. er tut, was ihm wohltut.
Nicht wahr Unbestechlicher, es ist grausam dir die Absätze so von den Schuhen zu treten?

ROBESPIERRE. Danton, das Laster ist zu gewissen Zeiten Hochverrat.

DANTON. Du darfst es nicht proskribieren, ums Himmels willen nicht, das wäre undankbar, du bist ihm zu viel schuldig, durch den Kontrast nämlich.
Übrigens, um bei deinen Begriffen zu bleiben, unsere Streiche müssen der Republik nützlich sein, man darf die Unschuldigen nicht mit den Schuldigen treffen.

ROBESPIERRE. Wer sagt dir denn, daß ein Unschuldiger getroffen worden sei?

DANTON. Hörst du Fabricius? Es starb kein Unschuldiger! *(Er geht; im Hinausgehn zu Paris.)* Wir dürfen keinen Augenblick verlieren, wir müssen uns zeigen! *(Danton und Paris ab.)*

ROBESPIERRE *(allein).* Geh nur! Er will die Rosse der Revolution am Bordell halten machen, wie ein Kutscher seine dressierten Gäule; sie werden Kraft genug haben, ihn zum Revolutionsplatz zu schleifen.
Mir die Absätze von den Schuhen treten! Um bei deinen Begriffen zu bleiben!
Halt! Halt! Ist's das eigentlich? – Sie werden sagen: seine gigantische Gestalt hätte zu viel Schatten auf mich geworfen, ich hätte ihn deswegen aus der Sonne gehen heißen.
Und wenn sie Recht hätten?
Ist's denn so notwendig? Ja, ja, die Republik! Er muß weg.
Es ist lächerlich, wie meine Gedanken einander beaufsichtigen.
Er muß weg. Wer in einer Masse, die vorwärts drängt, stehen bleibt, leistet so gut Widerstand, als trät er ihr entgegen, er wird zertreten.
Wir werden das Schiff der Revolution nicht auf den seichten Berechnungen und den Schlammbänken dieser Leute stranden lassen; wir müssen die Hand abhauen, die es zu halten wagt, und wenn er es mit den Zähnen packte!

Weg mit einer Gesellschaft, die der toten Aristokratie die Kleider ausgezogen und ihren Aussatz geerbt hat!
Keine Tugend! Die Tugend ein Absatz meiner Schuhe! Bei meinen Begriffen!
Wie das immer wieder kommt.
Warum kann ich den Gedanken nicht los werden? Er deutet mit blutigem Finger immer da, da hin! Ich mag so viel Lappen darum wickeln als ich will, das Blut schlägt immer durch. –
(Nach einer Pause.) Ich weiß nicht, was in mir das Andere belügt.
(Er tritt ans Fenster.) Die Nacht schnarcht über der Erde und wälzt sich im wüsten Traum. Gedanken, Wünsche, kaum geahnt, wirr und gestaltlos, die scheu sich vor des Tages Licht verkrochen, empfangen jetzt Form und Gewand und stehlen sich in das stille Haus des Traums. Sie öffnen die Türen, sie sehen aus den Fenstern, sie werden halbwegs Fleisch, die Glieder strecken sich im Schlaf, die Lippen murmeln. –
Und ist nicht unser Wachen ein hellerer Traum? sind wir nicht Nachtwandler? ist nicht unser Handeln wie das im Traum, nur deutlicher, bestimmter, durchgeführter? Wer will uns darum schelten? In einer Stunde verrichtet der Geist mehr Taten des Gedankens, als der träge Organismus unsres Leibes in Jahren nachzutun vermag. Die Sünde ist im Gedanken. Ob der Gedanke Tat wird, ob ihn der Körper nachspielt, das ist Zufall.

St. Just tritt ein.

ROBESPIERRE. He, wer da im Finstern? He, Licht, Licht!
ST. JUST. Kennst du meine Stimme?
ROBESPIERRE. Ah du, St. Just!
(Eine Dienerin bringt Licht.)
ST. JUST. Warst du allein?
ROBESPIERRE. Eben ging Danton weg.
ST. JUST. Ich traf ihn unterwegs im Palais Royal. Er machte seine revolutionäre Stirn und sprach in Epigrammen; er duzte sich mit den Ohnehosen, die Grisetten liefen hinter seinen Waden drein, und die Leute blieben stehn und zischelten sich in die Ohren, was er gesagt hatte.

Wir werden den Vorteil des Angriffs verlieren. Willst du noch länger zaudern? Wir werden ohne dich handeln. Wir sind entschlossen.

ROBESPIERRE. Was wollt ihr tun?

ST. JUST. Wir berufen den Gesetzgebungs-, den Sicherheits- und den Wohlfahrtsausschuß zu feierlicher Sitzung.

ROBESPIERRE. Viel Umstände.

ST. JUST. Wir müssen die große Leiche mit Anstand begraben, wie Priester, nicht wie Mörder; wir dürfen sie nicht zerstücken, all ihre Glieder müssen mit hinunter.

ROBESPIERRE. Sprich deutlicher.

ST. JUST. Wir müssen ihn in seiner vollen Waffenrüstung beisetzen und seine Pferde und Sklaven auf seinem Grabhügel schlachten: Lacroix –

ROBESPIERRE. Ein ausgemachter Spitzbube, gewesener Advokatenschreiber, gegenwärtig Generallieutnant von Frankreich. Weiter!

ST. JUST. Hérault-Séchelles –

ROBESPIERRE. Ein schöner Kopf!

ST. JUST. Er war der schöngemalte Anfangsbuchstaben der Konstitutionsakte, wir haben dergleichen Zierat nicht mehr nötig, er wird ausgewischt.
Philippeau, Camille –

ROBESPIERRE. Auch den?

ST. JUST *(überreicht ihm ein Papier)*. Das dacht ich. Da lies!

ROBESPIERRE. Aha, ›Der alte Franziskaner‹, sonst nichts? Er ist ein Kind, er hat über euch gelacht.

ST. JUST. Lies hier, hier! *(Er zeigt ihm eine Stelle.)*

ROBESPIERRE *(liest)*. »Dieser Blutmessias Robespierre auf seinem Kalvarienberge zwischen den beiden Schächern Couthon und Collot, auf dem er opfert und nicht geopfert wird. Die Guillotinen-Betschwestern stehen wie Maria und Magdalena unten. St. Just liegt ihm wie Johannes am Herzen und macht den Konvent mit den apokalyptischen Offenbarungen des Meisters bekannt; er trägt seinen Kopf wie eine Monstranz.«

ST. JUST. Ich will ihn den seinigen wie St. Denis tragen machen.

ROBESPIERRE *(liest weiter)*. »Sollte man glauben, daß der saubre Frack des Messias das Leichenhemd Frankreichs ist, und daß

seine dünnen, auf der Tribüne herumzuckenden Finger Guillotinenmesser sind?
Und du Barère, der du gesagt hast, auf dem Revolutionsplatz werde Münze geschlagen! Doch – ich will den alten Sack nicht aufwühlen. Er ist eine Witwe, die schon ein halb Dutzend Männer hatte und sie alle begraben half. Wer kann was dafür? Das ist so seine Gabe, er sieht den Leuten ein halbes Jahr vor dem Tode das hippokratische Gesicht an. Wer mag sich auch zu Leichen setzen und den Gestank riechen?« Also auch du Camille?
Weg mit ihnen! Rasch! nur die Toten kommen nicht wieder.
Hast du die Anklage bereit?

ST. JUST. Es macht sich leicht. Du hast die Andeutungen bei den Jakobinern gemacht.

ROBESPIERRE. Ich wollte sie schrecken.

ST. JUST. Ich brauche nur durchzuführen, die Fälscher geben das Ei und die Fremden den Apfel ab.
Sie sterben an der Mahlzeit, ich gebe dir mein Wort.

ROBESPIERRE. Dann rasch, morgen! Keinen langen Todeskampf! Ich bin empfindlich seit einigen Tagen. Nur rasch! *(St. Just ab.)*

ROBESPIERRE *(allein)*. Ja wohl, Blutmessias, der opfert und nicht geopfert wird. Er hat sie mit seinem Blut erlöst, und ich erlöse sie mit ihrem eignen. Er hat sie sündigen gemacht, und ich nehme die Sünde auf mich. Er hatte die Wollust des Schmerzes, und ich habe die Qual des Henkers. Wer hat sich mehr verleugnet, ich oder er? – Und doch ist was von Narrheit in dem Gedanken. –
Was sehen wir nur immer nach dem Einen? Wahrlich, der Menschensohn wird in uns Allen gekreuzigt, wir ringen Alle im Gethsemanegarten im blutigen Schweiß, aber es erlöst Keiner den Andern mit seinen Wunden.
Mein Camille! – Sie gehen Alle von mir – es ist Alles wüst und leer – ich bin allein.

Zweiter Akt

[Erste Szene]

EIN ZIMMER

Danton, Lacroix, Philippeau, Paris, Camille Desmoulins.

CAMILLE. Rasch Danton, wir haben keine Zeit zu verlieren!

DANTON *(er kleidet sich an).* Aber die Zeit verliert uns. Das ist sehr langweilig immer das Hemd zuerst und dann die Hosen drüber zu ziehen und des Abends ins Bett und morgens wieder heraus zu kriechen und einen Fuß immer so vor den andern zu setzen, da ist gar kein Absehen wie es anders werden soll. Das ist sehr traurig, und daß Millionen es schon so gemacht haben, und daß Millionen es wieder so machen werden, und daß wir noch obendrein aus zwei Hälften bestehen, die beide das nämliche tun, so daß Alles doppelt geschieht – das ist sehr traurig.

CAMILLE. Du sprichst in einem ganz kindlichen Ton.

DANTON. Sterbende werden oft kindisch.

LACROIX. Du stürzest dich durch dein Zögern ins Verderben, du reißest alle deine Freunde mit dir. Benachrichtige die Feiglinge, daß es Zeit ist, sich um dich zu versammeln, fordere sowohl die vom Tale als die vom Berge auf. Schreie über die Tyrannei der Dezemvirn, sprich von Dolchen, rufe Brutus an, dann wirst du die Tribunen erschrecken und selbst die um dich sammeln, die man als Mitschuldige Héberts bedroht. Du mußt dich deinem Zorn überlassen. Laßt uns wenigstens nicht entwaffnet und erniedrigt wie der schändliche Hébert sterben!

DANTON. Du hast ein schlechtes Gedächtnis, du nanntest mich einen toten Heiligen. Du hattest mehr Recht, als du selbst glaubtest. Ich war bei den Sektionen; sie waren ehrfurchtsvoll, aber wie Leichenbitter. Ich bin eine Reliquie, und Reliquien wirft man auf die Gasse, du hattest Recht.

LACROIX. Warum hast du es dazu kommen lassen?

DANTON. Dazu? Ja wahrhaftig, es war mir zuletzt langweilig. Immer im nämlichen Rock herumzulaufen und die nämlichen Falten zu ziehen! Das ist erbärmlich. So ein armseliges Instrument zu sein, auf dem eine Saite immer nur einen Ton angibt! – 's ist nicht zum Aushalten. Ich wollte mir's bequem machen. Ich hab es erreicht, die Revolution setzt mich in Ruhe, aber auf andere Weise, als ich dachte.

Übrigens, auf was sich stützen? Unsere Huren könnten es noch mit den Guillotinen-Betschwestern aufnehmen; sonst weiß ich nichts. Es läßt sich an den Fingern herzählen: die Jakobiner haben erklärt, daß die Tugend an der Tagesordnung sei, die Cordeliers nennen mich Héberts Henker, der Gemeinderat tut Buße, der Konvent – das wäre noch ein Mittel! aber es gäbe einen 31. Mai, sie würden nicht gutwillig weichen. Robespierre ist das Dogma der Revolution, es darf nicht ausgestrichen werden. Es ginge auch nicht. Wir haben nicht die Revolution, sondern die Revolution hat uns gemacht.

Und wenn es ginge – ich will lieber guillotiniert werden als guillotinieren lassen. Ich hab es satt; wozu sollen wir Menschen mit einander kämpfen? Wir sollten uns neben einander setzen und Ruhe haben. Es wurde ein Fehler gemacht, wie wir geschaffen wurden; es fehlt uns etwas, ich habe keinen Namen dafür, aber wir werden es einander nicht aus den Eingeweiden herauswühlen, was sollen wir uns drum die Leiber aufbrechen? Geht, wir sind elende Alchymisten!

CAMILLE. Pathetischer gesagt, würde es heißen: wie lange soll die Menschheit in ewigem Hunger ihre eignen Glieder fressen? oder: wie lange sollen wir Schiffbrüchige auf einem Wrack in unlöschbarem Durst einander das Blut aus den Adern saugen? oder: wie lange sollen wir Algebraisten im Fleisch beim Suchen nach dem unbekannten, ewig verweigerten X unsere Rechnungen mit zerfetzten Gliedern schreiben?

DANTON. Du bist ein starkes Echo.

CAMILLE. Nicht wahr, ein Pistolenschuß schallt gleich wie ein Donnerschlag. Desto besser für dich, du solltest mich immer bei dir haben.

PHILIPPEAU. Und Frankreich bleibt seinen Henkern?

DANTON. Was liegt daran? Die Leute befinden sich ganz wohl dabei. Sie haben Unglück; kann man mehr verlangen, um gerührt,

edel, tugendhaft oder witzig zu sein oder um überhaupt keine Langeweile zu haben?
Ob sie nun an der Guillotine oder am Fieber oder am Alter sterben! Es ist noch vorzuziehen, sie treten mit gelenken Gliedern hinter die Coulissen und können im Abgehen noch hübsch gestikulieren und die Zuschauer klatschen hören. Das ist ganz artig und paßt für uns, wir stehen immer auf dem Theater, wenn wir auch zuletzt im Ernst erstochen werden.
Es ist recht gut, daß die Lebenszeit ein wenig reduziert wird, der Rock war zu lang, unsere Glieder konnten ihn nicht ausfüllen. Das Leben wird ein Epigramm, das geht an; wer hat auch Atem und Geist genug für ein Epos in fünfzig oder sechzig Gesängen? 's ist Zeit, daß man das bißchen Essenz nicht mehr aus Zübern, sondern aus Liqueurgläschen trinkt, so bekommt man doch das Maul voll, sonst konnte man kaum einige Tropfen in dem plumpen Gefäß zusammenrinnen machen.
Endlich – ich müßte schreien, das ist mir der Mühe zuviel, das Leben ist nicht die Arbeit wert, die man sich macht, es zu erhalten.

PARIS. So flieh Danton!

DANTON. Nimmt man das Vaterland an den Schuhsohlen mit? Und endlich – und das ist die Hauptsache: sie werden's nicht wagen. *(Zu Camille.)* Komm, mein Junge, ich sage dir: sie werden's nicht wagen. Adieu! Adieu!

Danton und Camille ab.

PHILIPPEAU. Da geht er hin.

LACROIX. Und glaubt kein Wort von dem, was er gesagt hat. Nichts als Faulheit! Er will sich lieber guillotinieren lassen, als eine Rede halten.

PARIS. Was tun?

LACROIX. Heim gehn und als Lucretia auf einen anständigen Fall studieren.

[Zweite Szene]

EINE PROMENADE

Spaziergänger.

EIN BÜRGER. Meine gute Jaqueline – ich wollte sagen Corn . . . wollt ich: Cor . . .

SIMON. Cornelia, Bürger, Cornelia.

BÜRGER. Meine gute Cornelia hat mich mit einem Knäblein erfreut.

SIMON. Hat der Republik einen Sohn geboren.

BÜRGER. Der Republik, das lautet zu allgemein, man könnte sagen . . .

SIMON. Das ist's gerade, das Einzelne muß sich dem Allgemeinen . . .

BÜRGER. Ach ja, das sagt meine Frau auch.

BÄNKELSÄNGER.

Was doch ist, was doch ist
Aller Männer Freud und Lüst?

BÜRGER. Ach mit den Namen, da komm ich gar nicht ins Reine.

SIMON. Tauf ihn Pike, Marat!

BÄNKELSÄNGER.

Unter Kummer, unter Sorgen
Sich bemühn vom frühen Morgen,
Bis der Tag vorüber ist.

BÜRGER. Ich hätte gern drei; es ist doch was mit der Zahl Drei; und dann was Nützliches und was Rechtliches; jetzt hab ich's: Pflug, Robespierre.
Und dann das dritte?

SIMON. Pike.

BÜRGER. Ich dank Euch, Nachbar; Pike, Pflug, Robespierre, das sind hübsche Namen, das macht sich schön.

SIMON. Ich sage dir, die Brust deiner Cornelia wird wie das Euter der römischen Wölfin – nein, das geht nicht, Romulus war ein Tyrann, das geht nicht. *(Gehn vorbei.)*

EIN BETTLER *(singt).* Eine Handvoll Erde und ein wenig Moos . . .
Liebe Herren, schöne Damen!

ERSTER HERR. Kerl arbeite, du siehst ganz wohlgenährt aus!

ZWEITER HERR. Da! *(Er gibt ihm Geld.)* Er hat eine Hand wie Sammet. Das ist unverschämt.

BETTLER. Mein Herr, wo habt Ihr Euren Rock her?

ZWEITER HERR. Arbeit, Arbeit! Du könntest den nämlichen haben; ich will dir Arbeit geben, komm zu mir, ich wohne . . .

BETTLER. Herr, warum habt Ihr gearbeitet?

ZWEITER HERR. Narr, um den Rock zu haben.

BETTLER. Ihr habt Euch gequält, um einen Genuß zu haben, denn so ein Rock ist ein Genuß, ein Lumpen tut's auch.

ZWEITER HERR. Freilich, sonst geht's nicht.

BETTLER. Daß ich ein Narr wäre. Das hebt einander.
Die Sonne scheint warm an das Eck, und das geht ganz leicht. *(Singt.)* Eine Handvoll Erde und ein wenig Moos . . .

ROSALIE *(zu Adelaiden).* Mach fort, da kommen Soldaten. Wir haben seit gestern nichts Warmes in den Leib gekriegt.

BETTLER. Ist auf dieser Erde einst mein letztes Los! Meine Herren, meine Damen!

SOLDAT. Halt! Wo hinaus, meine Kinder? *(Zu Rosalie.)* Wie alt bist du?

ROSALIE. So alt wie mein kleiner Finger.

SOLDAT. Du bist sehr spitz.

ROSALIE. Und du sehr stumpf.

SOLDAT. So will ich mich an dir wetzen. *(Er singt.)*

Christinlein, lieb Christinlein mein,
Tut dir der Schaden weh, Schaden weh,
Schaden weh, Schaden weh?

ROSALIE *(singt.)*

Ach nein, ihr Herrn Soldaten,
Ich hätt es gerne meh, gerne meh,
Gerne meh, gerne meh!

Danton und Camille treten auf.

DANTON. Geht das nicht lustig?
Ich wittre was in der Atmosphäre, es ist, als brüte die Sonne Unzucht aus.
Möchte man nicht drunter springen, sich die Hosen vom Leibe reißen und sich über den Hintern begatten wie die Hunde auf der Gasse? *(Gehn vorbei.)*

JUNGER HERR. Ach, Madame, der Ton einer Glocke, das Abendlicht an den Bäumen, das Blinken eines Sterns . . .

MADAME. Der Duft einer Blume, diese natürlichen Freuden, dieser reine Genuß der Natur! *(Zu ihrer Tochter.)* Sieh, Eugenie, nur die Tugend hat Augen dafür.

EUGENIE *(küßt ihrer Mutter die Hand)*. Ach, Mama, ich sehe nur Sie.

MADAME. Gutes Kind!

JUNGER HERR *(zischelt Eugenien ins Ohr)*. Sehen Sie dort die hübsche Dame mit dem alten Herrn?

EUGENIE. Ich kenne sie.

JUNGER HERR. Man sagt, ihr Friseur habe sie à l'enfant frisiert.

EUGENIE *(lacht)*. Böse Zunge!

JUNGER HERR. Der alte Herr geht neben bei, er sieht das Knöspchen schwellen und führt es in die Sonne spazieren und meint er sei der Gewitterregen, der es habe wachsen machen.

EUGENIE. Wie unanständig! Ich hätte Lust rot zu werden.

JUNGER HERR. Das könnte mich blaß machen. *(Gehn ab.)*

DANTON *(zu Camille)*. Mute mir nur nichts Ernsthaftes zu. Ich begreife nicht, warum die Leute nicht auf der Gasse stehen bleiben und einander ins Gesicht lachen. Ich meine, sie müßten zu den Fenstern und zu den Gräbern heraus lachen, und der Himmel müsse bersten, und die Erde müsse sich wälzen vor Lachen. *(Gehn ab.)*

ERSTER HERR. Ich versichre Sie, eine außerordentliche Entdekkung. Alle technischen Künste bekommen dadurch eine andere Physiognomie. Die Menschheit eilt mit Riesenschritten ihrer hohen Bestimmung entgegen.

ZWEITER HERR. Haben Sie das neue Stück gesehen? Ein babylonischer Turm! Ein Gewirr von Gewölben, Treppchen, Gängen, und das Alles so leicht und kühn in die Luft gesprengt. Man schwindelt bei jedem Tritt. Ein bizarrer Kopf. *(Er bleibt verlegen stehn.)*

ERSTER HERR. Was haben Sie denn?

ZWEITER HERR. Ach nichts! Ihre Hand, Herr! die Pfütze – so! Ich danke Ihnen. Kaum kam ich vorbei; das konnte gefährlich werden!

ERSTER HERR. Sie fürchteten doch nicht?

ZWEITER HERR. Ja, die Erde ist eine dünne Kruste, ich meine immer, ich könnte durchfallen, wo so ein Loch ist.
Man muß mit Vorsicht auftreten, man könnte durchbrechen.
Aber gehn Sie ins Theater, ich rat es Ihnen.

[Dritte Szene]

EIN ZIMMER

Danton. Camille. Lucile.

CAMILLE. Ich sage euch, wenn sie nicht Alles in hölzernen Kopien bekommen, verzettelt in Theatern, Konzerten und Kunstausstellungen, so haben sie weder Augen noch Ohren dafür. Schnitzt Einer eine Marionette, wo man den Strick hereinhängen sieht, an dem sie gezerrt wird und deren Gelenke bei jedem Schritt in fünffüßigen Jamben krachen – welch ein Charakter, welche Konsequenz! Nimmt einer ein Gefühlchen, eine Sentenz, einen Begriff, und zieht ihm Rock und Hosen an, macht ihm Hände und Füße, färbt ihm das Gesicht und läßt das Ding sich drei Akte hindurch herumquälen, bis es sich zuletzt verheiratet oder sich totschießt – ein Ideal! Fiedelt einer eine Oper, welche das Schweben und Senken im menschlichen Gemüt wieder gibt wie eine Tonpfeife mit Wasser die Nachtigall – ach die Kunst!
Setzt die Leute aus dem Theater auf die Gasse: die erbärmliche Wirklichkeit!

Sie vergessen ihren Herrgott über seinen schlechten Kopisten. Von der Schöpfung, die glühend, brausend und leuchtend, um und in ihnen, sich jeden Augenblick neu gebiert, hören und sehen sie nichts. Sie gehen ins Theater, lesen Gedichte und Romane, schneiden den Fratzen darin die Gesichter nach und sagen zu Gottes Geschöpfen: wie gewöhnlich!
Die Griechen wußten, was sie sagten, wenn sie erzählten Pygmalions Statue sei wohl lebendig geworden, habe aber keine Kinder bekommen.

DANTON. Und die Künstler gehn mit der Natur um wie David, der im September die Gemordeten, wie sie aus der Force auf die Gasse geworfen wurden, kaltblütig zeichnete und sagte: ich erhasche die letzten Zuckungen des Lebens in diesen Bösewichtern. *(Danton wird hinausgerufen.)*

CAMILLE. Was sagst du Lucile?

LUCILE. Nichts, ich seh dich so gern sprechen.

CAMILLE. Hörst mich auch?

LUCILE. Ei freilich!

CAMILLE. Hab ich Recht? Weißt du auch, was ich gesagt habe?

LUCILE. Nein wahrhaftig nicht. *(Danton kömmt zurück.)*

CAMILLE. Was hast du?

DANTON. Der Wohlfahrtsausschuß hat meine Verhaftung beschlossen. Man hat mich gewarnt und mir einen Zufluchtsort angeboten.
Sie wollen meinen Kopf; meinetwegen. Ich bin der Hudeleien überdrüssig. Mögen sie ihn nehmen. Was liegt daran? Ich werde mit Mut zu sterben wissen; das ist leichter, als zu leben.

CAMILLE. Danton, noch ist's Zeit.

DANTON. Unmöglich – aber ich hätte nicht gedacht . . .

CAMILLE. Deine Trägheit!

DANTON. Ich bin nicht träg, aber müde; meine Sohlen brennen mich.

CAMILLE. Wo gehst du hin?

DANTON. Ja, wer das wüßte!

CAMILLE. Im Ernst, wohin?

DANTON. Spazieren, mein Junge, spazieren. *(Er geht.)*

LUCILE. Ach Camille!

CAMILLE. Sei ruhig, lieb Kind.

LUCILE. Wenn ich denke, daß sie dies Haupt! – Mein Camille! das ist Unsinn, gelt, ich bin wahnsinnig?

CAMILLE. Sei ruhig, Danton und ich sind nicht Eins.

LUCILE. Die Erde ist weit und es sind viel Dinge drauf – warum denn gerade das eine? Wer sollte mir's nehmen? Das wäre arg. Was wollten sie auch damit anfangen?

CAMILLE. Ich wiederhole dir: du kannst ruhig sein. Gestern sprach ich mit Robespierre; er war freundlich. Wir sind ein wenig gespannt, das ist wahr, verschiedne Ansichten, sonst nichts!

LUCILE. Such ihn auf.

CAMILLE. Wir saßen auf einer Schulbank. Er war immer finster und einsam. Ich allein suchte ihn auf und machte ihn zuweilen lachen. Er hat mir immer große Anhänglichkeit gezeigt. Ich gehe.

LUCILE. So schnell, mein Freund? Geh! Komm! Nur das *(sie küßt ihn)* und das! Geh! Geh! *(Camille ab.)*
Das ist eine böse Zeit. Es geht einmal so. Wer kann da drüber hinaus? Man muß sich fassen.
(Singt.) Ach Scheiden, ach Scheiden, ach Scheiden,
Wer hat sich das Scheiden erdacht?
Wie kommt mir grad das in Kopf? Das ist nicht gut, daß es den Weg so von selbst findet.
Wie er hinaus ist, war mirs, als könnte er nicht mehr umkehren und müsse immer weiter weg von mir, immer weiter.
Wie das Zimmer so leer ist; die Fenster stehn offen, als hätte ein Toter drin gelegen. Ich halt es da oben nicht aus. *(Sie geht.)*

[Vierte Szene]

FREIES FELD

DANTON. Ich mag nicht weiter. Ich mag in dieser Stille mit dem Geplauder meiner Tritte und dem Keuchen meines Atems nicht Lärmen machen.
(Er setzt sich nieder; nach einer Pause.)
Man hat mir von einer Krankheit erzählt, die einem das Ge-

dächtnis verlieren mache. Der Tod soll etwas davon haben. Dann kommt mir manchmal die Hoffnung, daß er vielleicht noch kräftiger wirke und einem Alles verlieren mache. Wenn das wäre!
Dann lief ich wie ein Christ um einen Feind d.h. mein Gedächtnis zu retten.
Der Ort soll sicher sein, ja für mein Gedächtnis, aber nicht für mich; mir gibt das Grab mehr Sicherheit, es schafft mir wenigstens Vergessen. Es tötet mein Gedächtnis. Dort aber lebt mein Gedächtnis und tötet mich. Ich oder es? Die Antwort ist leicht. *(Er erhebt sich und kehrt um.)*
Ich kokettiere mit dem Tod; es ist ganz angenehm, so aus der Ferne mit dem Lorgnon mit ihm zu liebäugeln.
Eigentlich muß ich über die ganze Geschichte lachen. Es ist ein Gefühl des Bleibens in mir, was mir sagt: es wird morgen sein wie heute, und übermorgen und weiter hinaus ist Alles wie eben. Das ist leerer Lärm, man will mich schrecken, sie werden's nicht wagen. *(Ab.)*

[Fünfte Szene]

EIN ZIMMER

Es ist Nacht.

DANTON *(am Fenster).* Will denn das nie aufhören? Wird das Licht nie ausglühn und der Schall nie modern? Will's denn nie still und dunkel werden, daß wir uns die garstigen Sünden einander nicht mehr anhören und ansehen?
– September! –
JULIE *(ruft von innen).* Danton! Danton!
DANTON. He?
JULIE *(tritt ein).* Was rufst du?
DANTON. Rief ich?
JULIE. Du sprachst von garstigen Sünden, und dann stöhntest du: September!
DANTON. Ich, ich? Nein, ich sprach nicht, das dacht ich kaum, das waren nur ganz leise heimliche Gedanken.

JULIE. Du zitterst Danton!

DANTON. Und soll ich nicht zittern, wenn so die Wände plaudern? Wenn mein Leib so zerschellt ist, daß meine Gedanken unstät, umirrend mit den Lippen der Steine reden? Das ist seltsam.

JULIE. Georg, mein Georg!

DANTON. Ja Julie, das ist sehr seltsam. Ich möchte nicht mehr denken, wenn das gleich so spricht. Es gibt Gedanken, Julie, für die es keine Ohren geben sollte. Das ist nicht gut, daß sie bei der Geburt gleich schreien wie Kinder; das ist nicht gut.

JULIE. Gott erhalte dir deine Sinne –
Georg, Georg, erkennst du mich?

DANTON. Ei warum nicht, du bist ein Mensch und dann eine Frau und endlich meine Frau, und die Erde hat fünf Weltteile, Europa, Asien, Afrika, Amerika, Australien, und zwei mal zwei macht vier. Ich bin bei Sinnen, siehst du. Schrie's nicht September? Sagtest du nicht so was?

JULIE. Ja Danton, durch alle Zimmer hört ich's.

DANTON. Wie ich ans Fenster kam – *(er sieht hinaus.)* die Stadt ist ruhig, alle Lichter aus ...

JULIE. Ein Kind schreit in der Nähe.

DANTON. Wie ich ans Fenster kam – durch alle Gassen schrie und zetert' es: September!

JULIE. Du träumtest Danton. Faß dich.

DANTON. Träumtest? ja ich träumte; doch das war anders, ich will dir es gleich sagen, mein armer Kopf ist schwach, gleich! so jetzt hab ich's: Unter mir keuchte die Erdkugel in ihrem Schwung, ich hatte sie wie ein wildes Roß gepackt, mit riesigen Gliedern wühlt ich in ihren Mähnen und preßt ich ihre Rippen, das Haupt abwärts gewandt, die Haare flatternd über dem Abgrund; so ward ich geschleift. Da schrie ich in der Angst, und ich erwachte. Ich trat ans Fenster – und da hört ich's, Julie.
Was das Wort nur will? Warum gerade das? Was hab ich damit zu schaffen! Was streckt es nach mir die blutigen Hände? Ich hab es nicht geschlagen.
O hilf mir Julie, mein Sinn ist stumpf. War's nicht im September, Julie?

JULIE. Die Könige waren nur noch vierzig Stunden von Paris ...

DANTON. Die Festungen gefallen, die Aristokraten in der Stadt . . .

JULIE. Die Republik war verloren.

DANTON. Ja verloren. Wir konnten den Feind nicht im Rücken lassen, wir wären Narren gewesen, zwei Feinde auf einem Brett; wir oder sie, der Stärkere stößt den Schwächeren hinunter, ist das nicht billig?

JULIE. Ja, ja.

DANTON. Wir schlugen sie, das war kein Mord, das war Krieg nach innen.

JULIE. Du hast das Vaterland gerettet.

DANTON. Ja, das hab ich; das war Notwehr, wir mußten. Der Mann am Kreuze hat sich's bequem gemacht: es muß ja Ärgernis kommen, doch wehe dem, durch welchen Ärgernis kommt!

Es muß; das war dies Muß. Wer will der Hand fluchen, auf die der Fluch des Muß gefallen? Wer hat das Muß gesprochen, wer? Was ist das, was in uns hurt, lügt, stiehlt und mordet? Puppen sind wir, von unbekannten Gewalten am Draht gezogen; nichts, nichts wir selbst! die Schwerter, mit denen Geister kämpfen – man sieht nur die Hände nicht, wie im Märchen. Jetzt bin ich ruhig.

JULIE. Ganz ruhig, lieb Herz?

DANTON. Ja Julie, komm zu Bette!

[Sechste Szene]

STRASSE VOR DANTONS HAUS

Simon. Bürgersoldaten.

SIMON. Wie weit ist's in der Nacht?

ERSTER BÜRGER. Was in der Nacht?

SIMON. Wie weit ist die Nacht?

ERSTER BÜRGER. So weit als zwischen Sonnenuntergang und Sonnenaufgang.

SIMON. Schuft, wieviel Uhr?

ERSTER BÜRGER. Sieh auf dein Zifferblatt; es ist die Zeit, wo die Perpendikel unter den Bettdecken ausschlagen.

SIMON. Wir müssen hinauf! Fort Bürger! Wir haften mit unseren Köpfen dafür. Tot oder lebendig! Er hat gewaltige Glieder. Ich werde vorangehn, Bürger. Der Freiheit eine Gasse!
Sorgt für mein Weib! Eine Eichenkrone werd ich ihr hinterlassen.

ERSTER BÜRGER. Eine Eichelkrone? Es sollen ihr ohnehin jeden Tag Eicheln genug in den Schoß fallen.

SIMON. Vorwärts Bürger, ihr werdet euch um das Vaterland verdient machen!

ZWEITER BÜRGER. Ich wollte das Vaterland machte sich um uns verdient; über all den Löchern, die wir in andrer Leute Körper machen, ist noch kein einziges in unsern Hosen zugegangen.

ERSTER BÜRGER. Willst du, daß dir dein Hosenlatz zuginge? Hä, hä, hä.

DIE ANDERN. Hä, hä, hä.

SIMON. Fort, fort! *(Sie dringen in Dantons Haus.)*

[Siebente Szene]

DER NATIONALKONVENT

Eine Gruppe von Deputierten

LEGENDRE. Soll denn das Schlachten der Deputierten nicht aufhören?
Wer ist noch sicher, wenn Danton fällt?

EIN DEPUTIERTER. Was tun?

EIN ANDERER. Er muß vor den Schranken des Konvents gehört werden.
Der Erfolg dieses Mittels ist sicher; was sollten sie seiner Stimme entgegensetzen?

EIN ANDERER. Unmöglich, ein Dekret verhindert uns.

LEGENDRE. Es muß zurückgenommen oder eine Ausnahme gestattet werden.
Ich werde den Antrag machen; ich rechne auf eure Unterstützung.

DER PRÄSIDENT. Die Sitzung ist eröffnet.

LEGENDRE *(besteigt die Tribüne).* Vier Mitglieder des Nationalkonvents sind verflossene Nacht verhaftet worden. Ich weiß, daß Danton einer von ihnen ist, die Namen der übrigen kenne ich nicht. Mögen sie übrigens sein, wer sie wollen, so verlange ich, daß sie vor den Schranken gehört werden.
Bürger, ich erkläre es: ich halte Danton für eben so rein wie mich selbst, und ich glaube nicht, daß mir irgendein Vorwurf gemacht werden kann. Ich will kein Mitglied des Wohlfahrts- oder des Sicherheitsausschusses angreifen, aber gegründete Ursachen lassen mich fürchten, Privathaß und Privatleidenschaften möchten der Freiheit Männer entreißen, die ihr die größten Dienste erwiesen haben. Der Mann, welcher im Jahr 1792 Frankreich durch seine Energie rettete, verdient gehört zu werden; er muß sich erklären dürfen, wenn man ihn des Hochverrats anklagt.
(Heftige Bewegung.)

EINIGE STIMMEN. Wir unterstützen Legendres Vorschlag.

EIN DEPUTIERTER. Wir sind hier im Namen des Volkes, man kann uns ohne den Willen unserer Wähler nicht von unseren Plätzen reißen.

EIN ANDERER. Eure Worte riechen nach Leichen, ihr habt sie den Girondisten aus dem Mund genommen. Wollt ihr Privilegien? Das Beil des Gesetzes schwebt über allen Häuptern.

EIN ANDERER. Wir können unsern Ausschüssen nicht erlauben, die Gesetzgeber aus dem Asyl des Gesetzes auf die Guillotine zu schicken.

EIN ANDERER. Das Verbrechen hat kein Asyl, nur gekrönte Verbrecher finden eins auf dem Thron.

EIN ANDERER. Nur Spitzbuben appellieren an das Asylrecht.

EIN ANDERER. Nur Mörder erkennen es nicht an.

ROBESPIERRE. Die seit langer Zeit in dieser Versammlung unbekannte Verwirrung beweist, daß es sich um große Dinge handelt. Heute entscheidet sich's, ob einige Männer den Sieg über das Vaterland davontragen werden.
Wie könnt ihr eure Grundsätze weit genug verleugnen, um heute einigen Individuen das zu bewilligen, was ihr gestern Chabot, Delaunai und Fabre verweigert habt? Was soll dieser

Unterschied zugunsten einiger Männer? Was kümmern mich die Lobsprüche, die man sich selbst und seinen Freunden spendet? Nur zu viele Erfahrungen haben uns gezeigt, was davon zu halten sei. Wir fragen nicht, ob ein Mann diese oder jene patriotische Handlung vollbracht habe; wir fragen nach seiner ganzen politischen Laufbahn.
Legendre scheint die Namen der Verhafteten nicht zu wissen; der ganze Konvent kennt sie. Sein Freund Lacroix ist darunter. Warum scheint Legendre das nicht zu wissen? Weil er wohl weiß, daß nur die Schamlosigkeit Lacroix verteidigen kann. Er nannte nur Danton, weil er glaubt, an diesen Namen knüpfe sich ein Privilegium. Nein, wir wollen keine Privilegien, wir wollen keine Götzen! *(Beifall.)*
Was hat Danton vor Lafayette, vor Dumouriez, vor Brissot, Fabre, Chabot, Hébert voraus? Was sagt man von diesen, was man nicht auch von ihm sagen könnte? Habt ihr sie gleichwohl geschont? Wodurch verdient er einen Vorzug vor seinen Mitbürgern? Etwa, weil einige betrogne Individuen und Andere, die sich nicht betrügen ließen, sich um ihn reihten, um in seinem Gefolge dem Glück und der Macht in die Arme zu laufen? – Je mehr er die Patrioten betrogen hat, welche Vertrauen in ihn setzten, desto nachdrücklicher muß er die Strenge der Freiheitsfreunde empfinden.
Man will euch Furcht einflößen vor dem Mißbrauche einer Gewalt, die ihr selbst ausgeübt habt. Man schreit über den Despotismus der Ausschüsse, als ob das Vertrauen, welches das Volk euch geschenkt und das ihr diesen Ausschüssen übertragen habt, nicht eine sichre Garantie ihres Patriotismus wäre. Man stellt sich, als zittre man. Aber ich sage euch, wer in diesem Augenblicke zittert, ist schuldig, denn nie zittert die Unschuld vor der öffentlichen Wachsamkeit. *(Allgemeiner Beifall.)*
Man hat auch mich schrecken wollen, man gab mir zu verstehen, daß die Gefahr, indem sie sich Danton nähere, auch bis zu mir dringen könne. Man schrieb mir, Dantons Freunde hielten mich umlagert in der Meinung, die Erinnerung an eine alte Verbindung, der blinde Glauben an erheuchelte Tugenden könnten mich bestimmen, meinen Eifer und meine Leidenschaft für die Freiheit zu mäßigen.

So erkläre ich denn: nichts soll mich aufhalten, und sollte auch Dantons Gefahr die meinige werden. Wir Alle haben etwas Mut und etwas Seelengröße nötig. Nur Verbrecher und gemeine Seelen fürchten Ihresgleichen an ihrer Seite fallen zu sehen, weil sie, wenn keine Schar von Mitschuldigen sie mehr versteckt, sich dem Licht der Wahrheit ausgesetzt sehen. Aber wenn es dergleichen Seelen in dieser Versammlung gibt, so gibt es in ihr auch heroische. Die Zahl der Schurken ist nicht groß; wir haben nur wenige Köpfe zu treffen und das Vaterland ist gerettet. *(Beifall.)* Ich verlange, daß Legendres Vorschlag zurückgewiesen werde. *(Die Deputierten erheben sich sämtlich zum Zeichen allgemeiner Beistimmung.)*

ST. JUST. Es scheint in dieser Versammlung einige empfindliche Ohren zu geben, die das Wort *Blut* nicht wohl vertragen können. Einige allgemeine Betrachtungen mögen sie überzeugen, daß wir nicht grausamer sind als die Natur und als die Zeit. Die Natur folgt ruhig und unwiderstehlich ihren Gesetzen; der Mensch wird vernichtet, wo er mit ihnen in Konflikt kommt. Eine Änderung in den Bestandteilen der Luft, ein Auflodern des tellurischen Feuers, ein Schwanken in dem Gleichgewicht einer Wassermasse und eine Seuche, ein vulkanischer Ausbruch, eine Überschwemmung begraben Tausende. Was ist das Resultat? Eine unbedeutende, im großen Ganzen kaum bemerkbare Veränderung der physischen Natur, die fast spurlos vorüber gegangen sein würde, wenn nicht Leichen auf ihrem Wege lägen.

Ich frage nun: soll die geistige Natur in ihren Revolutionen mehr Rücksicht nehmen als die physische? Soll eine Idee nicht eben so gut wie ein Gesetz der Physik vernichten dürfen, was sich ihr widersetzt? Soll überhaupt ein Ereignis, was die ganze Gestaltung der moralischen Natur, d.h. der Menschheit umändert, nicht durch Blut gehen dürfen? Der Weltgeist bedient sich in der geistigen Sphäre unserer Arme eben so, wie er in der physischen Vulkane und Wasserfluten gebraucht. Was liegt daran ob sie nun an einer Seuche oder an der Revolution sterben?

Die Schritte der Menschheit sind langsam, man kann sie nur nach Jahrhunderten zählen, hinter jedem erheben sich die Grä-

ber von Generationen. Das Gelangen zu den einfachsten Erfindungen und Grundsätzen hat Millionen das Leben gekostet, die auf dem Wege starben. Ist es denn nicht einfach, daß zu einer Zeit, wo der Gang der Geschichte rascher ist, auch mehr Menschen außer Atem kommen?
Wir schließen schnell und einfach: Da Alle unter gleichen Verhältnissen geschaffen werden, so sind Alle gleich, die Unterschiede abgerechnet, welche die Natur selbst gemacht hat. Es darf daher jeder Vorzüge und darf daher keiner Vorrechte haben, weder ein Einzelner noch eine geringere oder größere Klasse von Individuen. Jedes Glied dieses in der Wirklichkeit angewandten Satzes hat seine Menschen getötet. Der 14. Juli, der 10. August, der 31. Mai sind seine Interpunktionszeichen. Er hatte vier Jahre Zeit nötig, um in der Körperwelt durchgeführt zu werden, und unter gewöhnlichen Umständen hätte er ein Jahrhundert dazu gebraucht und wäre mit Generationen interpunktiert worden. Ist es da so zu verwundern, daß der Strom der Revolution bei jedem Absatz, bei jeder neuen Krümmung seine Leichen ausstößt?
Wir werden unserm Satze noch einige Schlüsse hinzuzufügen haben; sollen einige hundert Leichen uns verhindern sie zu machen?
Moses führte sein Volk durch das rote Meer und in die Wüste bis die alte verdorbne Generation sich aufgerieben hatte, eh er den neuen Staat gründete. Gesetzgeber! Wir haben weder das rote Meer noch die Wüste, aber wir haben den Krieg und die Guillotine.
Die Revolution ist wie die Töchter des Pelias: sie zerstückt die Menschheit um sie zu verjüngen. Die Menschheit wird aus dem Blutkessel wie die Erde aus den Wellen der Sündflut mit urkräftigen Gliedern sich erheben, als wäre sie zum ersten Male geschaffen. *(Langer, anhaltender Beifall. Einige Mitglieder erheben sich im Enthusiasmus.)*
Alle geheimen Feinde der Tyrannei, welche in Europa und auf dem ganzen Erdkreise den Dolch des Brutus unter ihren Gewändern tragen, fordern wir auf diesen erhabnen Augenblick mit uns zu teilen. *(Die Zuhörer und die Deputierten stimmen die Marseillaise an.)*

Dritter Akt

[Erste Szene]

DAS LUXEMBOURG. EIN SAAL MIT GEFANGNEN

Chaumette, Payne, Mercier, Hérault de Séchelles und andre Gefangne.

CHAUMETTE *(zupft Payne am Ärmel)*. Hören Sie Payne, es könnte doch so sein, vorhin überkam es mich so, ich habe heute Kopfweh, helfen Sie mir ein wenig mit Ihren Schlüssen, es ist mir ganz unheimlich zu Mut.

PAYNE. So komm Philosoph Anaxagoras, ich will dich katechisieren.

Es gibt keinen Gott, denn: entweder hat Gott die Welt geschaffen oder nicht. Hat er sie nicht geschaffen, so hat die Welt ihren Grund in sich und es gibt keinen Gott, da Gott nur dadurch Gott wird, daß er den Grund alles Seins enthält. Nun kann aber Gott die Welt nicht geschaffen haben, denn entweder ist die Schöpfung ewig wie Gott, oder sie hat einen Anfang. Ist Letzteres der Fall, so muß Gott sie zu einem bestimmten Zeitpunkt geschaffen haben, Gott muß also nachdem er eine Ewigkeit geruht einmal tätig geworden sein, muß also einmal eine Veränderung in sich erlitten haben, die den Begriff *Zeit* auf ihn anwenden läßt, was beides gegen das Wesen Gottes streitet. Gott kann also die Welt nicht geschaffen haben. Da wir nun aber sehr deutlich wissen, daß die Welt oder daß unser Ich wenigstens vorhanden ist und daß sie dem Vorhergehenden nach also auch ihren Grund in sich oder in etwas haben muß, das nicht Gott ist, so kann es keinen Gott geben. Quod erat demonstrandum.

CHAUMETTE. Ei wahrhaftig, das gibt mir wieder Licht, ich danke, danke.

MERCIER. Halten Sie Payne! Wenn aber die Schöpfung ewig ist?

PAYNE. Dann ist sie schon keine Schöpfung mehr, dann ist sie Eins mit Gott oder ein Attribut desselben, wie Spinoza sagt, dann ist Gott in Allem, in Ihnen Wertester, im Philosoph Anaxagoras und in mir. Das wäre so übel nicht, aber Sie müssen mir zugestehen, daß es gerade nicht viel um die himmlische Majestät ist, wenn der liebe Herrgott in jedem von uns Zahnweh kriegen, den Tripper haben, lebendig begraben werden oder wenigstens die sehr unangenehmen Vorstellungen davon haben kann.

MERCIER. Aber eine Ursache muß doch da sein.

PAYNE. Wer leugnet dies? Aber wer sagt Ihnen denn, daß diese Ursache das sei, was wir uns als Gott d.h. als das Vollkommne denken? Halten Sie die Welt für vollkommen?

MERCIER. Nein.

PAYNE. Wie wollen Sie denn aus einer unvollkommnen Wirkung auf eine vollkommne Ursache schließen?
Voltaire wagte es eben so wenig mit Gott als mit den Königen zu verderben, deswegen tat er es. Wer einmal nichts hat als Verstand und ihn nicht einmal konsequent zu gebrauchen weiß oder wagt, ist ein Stümper.

MERCIER. Ich frage dagegen, kann eine vollkommne Ursache eine vollkommne Wirkung haben d.h. kann etwas Vollkommnes was Vollkommnes schaffen? Ist das nicht unmöglich, weil das Geschaffne doch nie seinen Grund in sich haben kann, was doch wie Sie sagten zur Vollkommenheit gehört?

CHAUMETTE. Schweigen Sie! Schweigen Sie!

PAYNE. Beruhige dich, Philosoph!
Sie haben Recht; aber muß denn Gott einmal schaffen, kann er nur was Unvollkommnes schaffen, so läßt er es gescheuter ganz bleiben. Ist's nicht sehr menschlich, uns Gott nur als schaffend denken zu können? Weil wir uns immer regen und schütteln müssen, um uns nur immer sagen zu können: wir sind! müssen wir Gott auch dies elende Bedürfnis andichten?
Müssen wir, wenn sich unser Geist in das Wesen einer harmonisch in sich ruhenden, ewigen Seligkeit versenkt, gleich annehmen sie müsse die Finger ausstrecken und über Tisch Brotmännchen kneten? aus überschwänglichem Liebesbedürfnis, wie wir uns ganz geheimnisvoll in die Ohren sagen. Müssen wir das Alles, bloß um uns zu Göttersöhnen zu machen? Ich nehme mit einem geringern Vater vorlieb, wenigstens werd ich

ihm nicht nachsagen können, daß er mich unter seinem Stande in Schweineställen oder auf den Galeeren habe erziehen lassen.

Schafft das Unvollkommne weg, dann allein könnt ihr Gott demonstrieren, Spinoza hat es versucht. Man kann das Böse leugnen, aber nicht den Schmerz; nur der Verstand kann Gott beweisen, das Gefühl empört sich dagegen. Merke dir es, Anaxagoras: warum leide ich? Das ist der Fels des Atheismus. Das leiseste Zucken des Schmerzes, und rege es sich nur in einem Atom, macht einen Riß in der Schöpfung von oben bis unten.

MERCIER. Und die Moral?

PAYNE. Erst beweist ihr Gott aus der Moral und dann die Moral aus Gott! Was wollt ihr denn mit eurer Moral? Ich weiß nicht ob es an und für sich was Böses oder was Gutes gibt, und habe deswegen doch nicht nötig, meine Handlungsweise zu ändern. Ich handle meiner Natur gemäß; was ihr angemessen, ist für mich gut und ich tue es und was ihr zuwider, ist für mich bös und ich tue es nicht und verteidige mich dagegen, wenn es mir in den Weg kommt. Sie können, wie man so sagt, tugendhaft bleiben und sich gegen das sogenannte Laster wehren, ohne deswegen Ihre Gegner verachten zu müssen, was ein gar trauriges Gefühl ist.

CHAUMETTE. Wahr, sehr wahr!

HÉRAULT. O Philosoph Anaxagoras, man könnte aber auch sagen: damit Gott Alles sei, müsse er auch sein eignes Gegenteil sein, d. h. vollkommen und unvollkommen, bös und gut, selig und leidend; das Resultat freilich würde gleich Null sein, es würde sich gegenseitig heben, wir kämen zum Nichts.

Freue dich, du kömmst glücklich durch, du kannst ganz ruhig in Madame Momoro das Meisterstück der Natur anbeten, wenigstens hat sie dir die Rosenkränze dazu in den Leisten gelassen.

CHAUMETTE. Ich danke Ihnen verbindlichst, meine Herren! *(Ab.)*

PAYNE. Er traut noch nicht, er wird sich zu guter Letzt noch die Ölung geben, die Füße nach Mecca zu legen, und sich beschneiden lassen, um ja keinen Weg zu verfehlen.

Danton, Lacroix, Camille, Philippeau werden hereingeführt.

HÉRAULT *(läuft auf Danton zu und umarmt ihn.)* Guten Morgen! Gute Nacht sollte ich sagen. Ich kann nicht fragen, wie hast du geschlafen? Wie wirst du schlafen?

DANTON. Nun gut, man muß lachend zu Bett gehn.

MERCIER *(zu Payne).* Diese Dogge mit Taubenflügeln! Er ist der böse Genius der Revolution, er wagte sich an seine Mutter, aber sie war stärker als er.

PAYNE. Sein Leben und sein Tod sind ein gleich großes Unglück.

LACROIX *(zu Danton).* Ich dachte nicht, daß sie so schnell kommen würden.

DANTON. Ich wußt es, man hatte mich gewarnt.

LACROIX. Und du hast nichts gesagt?

DANTON. Zu was? Ein Schlagfluß ist der beste Tod; wolltest du zuvor krank sein? Und – ich dachte nicht, daß sie es wagen würden.

(Zu Hérault.) Es ist besser sich in die Erde legen als sich Leichdörner auf ihr laufen; ich habe sie lieber zum Kissen, als zum Schemel.

HÉRAULT. Wir werden wenigstens nicht mit Schwielen an den Fingern der hübschen Dame Verwesung die Wangen streicheln.

CAMILLE *(zu Danton).* Gib dir nur keine Mühe, du magst die Zunge noch so weit zum Hals heraushängen, du kannst dir damit doch nicht den Todesschweiß von der Stirne lecken.

O Lucile! das ist ein großer Jammer.

(Die Gefangnen drängen sich um die neu Angekommnen.)

DANTON *(zu Payne).* Was Sie für das Wohl Ihres Landes getan, habe ich für das meinige versucht. Ich war weniger glücklich, man schickt mich aufs Schafott; meinetwegen, ich werde nicht stolpern.

MERCIER *(zu Danton).* Das Blut der Zwei und zwanzig ersäuft dich.

EIN GEFANGENER *(zu Hérault).* Die Macht des Volkes und die Macht der Vernunft sind eins.

EIN ANDRER *(zu Camille).* Nun Generalprokurator der Laterne, deine Verbesserung der Straßenbeleuchtung hat in Frankreich nicht heller gemacht.

EIN ANDRER. Laßt ihn! Das sind die Lippen, welche das Wort *Erbarmen* gesprochen. *(Er umarmt Camille, mehrere Gefangne folgen seinem Beispiel.)*

PHILIPPEAU. Wir sind Priester, die mit Sterbenden gebetet haben; wir sind angesteckt worden und sterben an der nämlichen Seuche.

EINIGE STIMMEN. Der Streich, der euch trifft, tötet uns Alle.

CAMILLE. Meine Herren ich beklage sehr, daß unsere Anstrengungen so fruchtlos waren. Ich gehe aufs Schafott, weil mir die Augen über das Los einiger Unglücklichen naß geworden.

[Zweite Szene]

EIN ZIMMER

Fouquier-Tinville. Herman.

FOUQUIER. Alles bereit?

HERMAN. Es wird schwer halten; wäre Danton nicht darunter, so ginge es leicht.

FOUQUIER. Er muß vortanzen.

HERMAN. Er wird die Geschwornen erschrecken, er ist die Vogelscheuche der Revolution.

FOUQUIER. Die Geschwornen müssen wollen.

HERMAN. Ein Mittel wüßt ich, aber es wird die gesetzliche Form verletzen.

FOUQUIER. Nur zu.

HERMAN. Wir losen nicht, sondern suchen die Handfesten aus.

FOUQUIER. Das muß gehen. – Das wird ein gutes Heckefeuer geben. Es sind ihrer neunzehn. Sie sind geschickt zusammengewörfelt. Die vier Fälscher, dann einige Banquiers und Fremde. Es ist ein pikantes Gericht. Das Volk braucht dergleichen. Also zuverlässige Leute! Wer zum Beispiel?

HERMAN. Leroi. Er ist taub und hört daher nichts von all dem, was die Angeklagten vorbringen. Danton mag sich den Hals bei ihm rauh schreien.

FOUQUIER. Sehr gut, weiter!

HERMAN. Vilatte und Lumière. Der eine sitzt immer in der Trinkstube, und der andere schläft immer, beide öffnen den Mund nur, um das Wort: *Schuldig* zu sagen.
Girard hat den Grundsatz, es dürfe Keiner entwischen, der einmal vor das Tribunal gestellt sei. Renaudin . . .
FOUQUIER. Auch der? Er half einmal einigen Pfaffen durch.
HERMAN. Sei ruhig, vor einigen Tagen kommt er zu mir und verlangt, man solle allen Verurteilten vor der Hinrichtung zur Ader lassen, um sie ein wenig matt zu machen; ihre meist trotzige Haltung ärgere ihn.
FOUQUIER. Ach, sehr gut. Also ich verlasse mich.
HERMAN. Laß mich nur machen.

[Dritte Szene]

DIE CONCIERGERIE. EIN KORRIDOR

Lacroix, Danton, Mercier und andre Gefangne auf und ab gehend.

LACROIX *(zu einem Gefangnen)*. Wie, so viel Unglückliche, und in einem so elenden Zustande?
DER GEFANGNE. Haben Ihnen die Guillotinenkarren nie gesagt, daß Paris eine Schlachtbank sei?
MERCIER. Nicht wahr, Lacroix, die Gleichheit schwingt ihre Sichel über allen Häuptern, die Lava der Revolution fließt, die Guillotine republikanisiert! Da klatschen die Galerieen und die Römer reiben sich die Hände; aber sie hören nicht, daß jedes dieser Worte das Röcheln eines Opfers ist. Geht einmal euren Phrasen nach bis zu dem Punkt wo sie verkörpert werden. Blickt um euch, das Alles habt ihr gesprochen, es ist eine mimische Übersetzung eurer Worte. Diese Elenden, ihre Henker und die Guillotine sind eure lebendig gewordnen Reden. Ihr bautet eure Systeme, wie Bajazet seine Pyramiden, aus Menschenköpfen.
DANTON. Du hast Recht – man arbeitet heut zu Tag Alles in Menschenfleisch. Das ist der Fluch unserer Zeit. Mein Leib wird jetzt auch verbraucht.

Es ist grade ein Jahr, daß ich das Revolutionstribunal schuf. Ich bitte Gott und Menschen dafür um Verzeihung, ich wollte neuen Septembermorden zuvorkommen, ich hoffte die Unschuldigen zu retten, aber dies langsame Morden mit seinen Formalitäten ist gräßlicher und ebenso unvermeidlich. Meine Herren ich hoffte, Sie alle diesen Ort verlassen zu machen.

MERCIER. O, herausgehen werden wir.

DANTON. Ich bin jetzt bei Ihnen; der Himmel weiß, wie das enden soll.

[Vierte Szene]

DAS REVOLUTIONSTRIBUNAL

HERMAN *(zu Danton)*. Ihr Name, Bürger.

DANTON. Die Revolution nennt meinen Namen. Meine Wohnung ist bald im Nichts und mein Name im Pantheon der Geschichte.

HERMAN. Danton, der Konvent beschuldigt Sie, mit Mirabeau, mit Dumouriez, mit Orléans, mit den Girondisten, den Fremden und der Faktion Ludwigs des XVII. konspiriert zu haben.

DANTON. Meine Stimme, die ich so oft für die Sache des Volkes ertönen ließ, wird ohne Mühe die Verleumdung zurückweisen. Die Elenden, welche mich anklagen, mögen hier erscheinen und ich werde sie mit Schande bedecken. Die Ausschüsse mögen sich hierher begeben, ich werde nur vor ihnen antworten. Ich habe sie als Kläger und als Zeugen nötig. Sie mögen sich zeigen.

Übrigens, was liegt mir an euch und eurem Urteil? Ich hab es euch schon gesagt: das Nichts wird bald mein Asyl sein – das Leben ist mir zur Last, man mag mir es entreißen, ich sehne mich danach es abzuschütteln.

HERMAN. Danton, die Kühnheit ist dem Verbrecher, die Ruhe der Unschuld eigen.

DANTON. Privatkühnheit ist ohne Zweifel zu tadeln, aber jene Nationalkühnheit, die ich so oft gezeigt, mit welcher ich so oft für die Freiheit gekämpft habe, ist die verdienstvollste aller Tugenden. – Sie ist meine Kühnheit, sie ist es, der ich mich hier zum Besten der Republik gegen meine erbärmlichen Ankläger bediene. Kann ich mich fassen, wenn ich mich auf eine so niedrige Weise verleumdet sehe?

Von einem Revolutionär wie ich darf man keine kalte Verteidigung erwarten. Männer meines Schlages sind in Revolutionen unschätzbar, auf ihrer Stirne schwebt das Genie der Freiheit. *(Zeichen von Beifall unter den Zuhörern.)*

Mich klagt man an, mit Mirabeau, mit Dumouriez, mit Orléans konspiriert, zu den Füßen elender Despoten gekrochen zu haben; mich fordert man auf, vor der unentrinnbaren, unbeugsamen Gerechtigkeit zu antworten!

Du elender St. Just wirst der Nachwelt für diese Lästerung verantwortlich sein!

HERMAN. Ich fordere Sie auf mit Ruhe zu antworten; gedenken Sie Marats, er trat mit Ehrfurcht vor seine Richter.

DANTON. Sie haben die Hände an mein ganzes Leben gelegt, so mag es sich denn aufrichten und ihnen entgegentreten; unter dem Gewichte jeder meiner Handlungen werde ich sie begraben.

Ich bin nicht stolz darauf. Das Schicksal führt uns die Arme, aber nur gewaltige Naturen sind seine Organe.

Ich habe auf dem Marsfelde dem Königtume den Krieg erklärt, ich habe es am 10. August geschlagen, ich habe es am 21. Januar getötet und den Königen einen Königskopf als Fehdehandschuh hingeworfen. *(Wiederholte Zeichen von Beifall. – Er nimmt die Anklageakte.)* Wenn ich einen Blick auf diese Schandschrift werfe, fühle ich mein ganzes Wesen beben. Wer sind denn die, welche Danton nötigen mußten, sich an jenem denkwürdigen Tage (dem 10. August) zu zeigen? Wer sind denn die privilegierten Wesen, von denen er seine Energie borgte?

Meine Ankläger mögen erscheinen! Ich bin ganz bei Sinnen, wenn ich es verlange. Ich werde die platten Schurken entlarven und sie in das Nichts zurückschleudern, aus dem sie nie hätten hervorkriechen sollen.

HERMAN *(schellt)*. Hören Sie die Klingel nicht?

DANTON. Die Stimme eines Menschen, welcher seine Ehre und sein Leben verteidigt, muß deine Schelle überschreien.
Ich habe im September die junge Brut der Revolution mit den zerstückten Leibern der Aristokraten geätzt. Meine Stimme hat aus dem Golde der Aristokraten und Reichen dem Volke Waffen geschmiedet. Meine Stimme war der Orkan, welcher die Satelliten des Despotismus unter Wogen von Bajonetten begrub. *(Lauter Beifall.)*

HERMAN. Danton, Ihre Stimme ist erschöpft, Sie sind zu heftig bewegt. Sie werden das Nächstemal Ihre Verteidigung beschließen, Sie haben Ruhe nötig.
Die Sitzung ist aufgehoben.

DANTON. Jetzt kennt Ihr Danton: noch wenige Stunden – und er wird in den Armen des Ruhmes entschlummern.

[Fünfte Szene]

DAS LUXEMBOURG. EIN KERKER

Dillon. Laflotte. Ein Gefangenwärter.

DILLON. Kerl, leuchte mir mit deiner Nase nicht so ins Gesicht. Hä, hä, hä!

LAFLOTTE. Halte den Mund zu, deine Mondsichel hat einen Hof. Hä, hä, hä.

WÄRTER. Hä, hä, hä. Glaubt Ihr, Herr, daß Ihr bei ihrem Schein lesen könntet? *(Zeigt auf einen Zettel, den er in der Hand hält.)*

DILLON. Gib her!

WÄRTER. Herr, meine Mondsichel hat Ebbe bei mir gemacht.

LAFLOTTE. Deine Hosen sehen aus, als ob Flut wäre.

WÄRTER. Nein, sie zieht Wasser. *(Zu Dillon.)* Sie hat sich vor Eurer Sonne verkrochen, Herr; Ihr müßt mir was geben, das sie wieder feurig macht, wenn Ihr dabei lesen wollt.

DILLON. Da Kerl! Pack dich! *(Er gibt ihm Geld. Wärter ab. Dillon liest.)* Danton hat das Tribunal erschreckt, die Geschwornen schwanken, die Zuhörer murrten. Der Zudrang war außerordentlich. Das Volk drängte sich um den Justizpallast und stand bis zu den Brücken. Eine Hand voll Geld, ein Arm endlich – hm! hm! *(Er geht auf und ab und schenkt sich von Zeit zu Zeit aus einer Flasche ein.)* Hätt ich nur den Fuß auf der Gasse! Ich werde mich nicht so schlachten lassen. Ja, nur den Fuß auf der Gasse!

LAFLOTTE. Und auf dem Karren, das ist eins.

DILLON. Meinst du? Da lägen noch ein paar Schritte dazwischen, lang genug um sie mit den Leichen der Dezemvirn zu messen. Es ist endlich Zeit, daß die rechtschaffnen Leute das Haupt erheben.

LAFLOTTE *(für sich)*. Desto besser, um so leichter ist es zu treffen. Nur zu Alter, noch einige Gläser und ich werde flott.

DILLON. Die Schurken, die Narren, sie werden sich zuletzt noch selbst guillotinieren. *(Er läuft auf und ab.)*

LAFLOTTE *(bei Seite)*. Man könnte das Leben ordentlich wieder lieb haben, wie sein Kind, wenn man sich's selbst gegeben. Das kommt gerade nicht oft vor, daß man so mit dem Zufall Blutschande treiben und sein eigner Vater werden kann. Vater und Kind zugleich. Ein behaglicher Oedipus!

DILLON. Man füttert das Volk nicht mit Leichen; Dantons und Camilles Weiber mögen Assignaten unter das Volk werfen, das ist besser als Köpfe.

LAFLOTTE *(bei Seite)*. Ich würde mir hintennach die Augen nicht ausreißen; ich könnte sie nötig haben, um den guten General zu beweinen.

DILLON. Die Hand an Danton! Wer ist noch sicher? Die Furcht wird sie vereinigen.

LAFLOTTE *(bei Seite)*. Er ist doch verloren. Was ist's denn, wenn ich auf eine Leiche trete um aus dem Grab zu klettern?

DILLON. Nur den Fuß auf der Gasse! Ich werde Leute genug finden, alte Soldaten, Girondisten, Exadlige; wir erbrechen die Gefängnisse, wir müssen uns mit den Gefangnen verständigen.

LAFLOTTE *(bei Seite)*. Nun freilich, es riecht ein wenig nach Schufterei. Was tut's? Ich hätte Lust auch das zu versuchen; ich war bisher zu einseitig. Man bekommt Gewissensbisse, das ist doch eine Abwechslung; es ist nicht so unangenehm, seinen eignen Gestank zu riechen.

Die Aussicht auf die Guillotine ist mir langweilig geworden; so lang auf die Sache zu warten! Ich habe sie im Geist schon zwanzigmal durchprobiert. Es ist auch gar nichts Pikantes mehr dran, es ist ganz gemein geworden.

DILLON. Man muß Dantons Frau ein Billet zukommen lassen.

LAFLOTTE *(bei Seite)*. Und dann – ich fürchte den Tod nicht, aber den Schmerz. Es könnte wehe tun, wer steht mir dafür? Man sagt zwar, es sei nur ein Augenblick; aber der Schmerz hat ein feineres Zeitmaß, er zerlegt eine Tertie. Nein! Der Schmerz ist die einzige Sünde, und das Leiden ist das einzige Laster; ich werde tugendhaft bleiben.

DILLON. Höre Laflotte, wo ist der Kerl hingekommen? Ich habe Geld, das muß gehen; wir müssen das Eisen schmieden, mein Plan ist fertig.

LAFLOTTE. Gleich, gleich! Ich kenne den Schließer, ich werde mit ihm sprechen. Du kannst auf mich zählen General, wir werden aus dem Loch kommen *(für sich im Hinausgehn.)* um in ein anderes zu gehen: ich in das weiteste, die Welt, er in das engste, das Grab.

[Sechste Szene]

DER WOHLFAHRTSAUSSCHUSS

St. Just, Barère, Collot d'Herbois, Billaud-Varennes.

BARÈRE. Was schreibt Fouquier?

ST. JUST. Das zweite Verhör ist vorbei. Die Gefangnen verlangen das Erscheinen mehrerer Mitglieder des Konvents und des Wohlfahrtsausschusses, sie appellierten an das Volk, wegen Verweigerung der Zeugen. Die Bewegung der Gemüter soll unbeschreiblich sein.

Danton parodierte den Jupiter und schüttelte die Locken.

COLLOT. Um so leichter wird ihn Samson daran packen.

BARÈRE. Wir dürfen uns nicht zeigen, die Fischweiber und die Lumpensammler könnten uns weniger imposant finden.

BILLAUD. Das Volk hat einen Instinkt sich treten zu lassen, und wäre es nur mit Blicken; dergleichen insolente Physiognomien gefallen ihm. Solche Stirnen sind ärger als ein adliges Wappen, der feine Aristokratismus der Menschenverachtung sitzt auf ihnen, es sollte sie jeder einschlagen helfen, den es verdrießt einen Blick von oben herunter zu erhalten.

BARÈRE. Er ist wie der hörnene Siegfried, das Blut der Septembrisierten hat ihn unverwundbar gemacht.
Was sagt Robespierre?

ST. JUST. Er tut, als ob er etwas zu sagen hätte.
Die Geschwornen müssen sich für hinlänglich unterrichtet erklären und die Debatten schließen.

BARÈRE. Unmöglich, das geht nicht.

ST. JUST. Sie müssen weg, um jeden Preis, und sollten wir sie mit den eignen Händen erwürgen. Wagt! Danton soll uns das Wort nicht umsonst gelehrt haben. Die Revolution wird über ihre Leichen nicht stolpern, aber bleibt Danton am Leben, so wird er sie am Gewand fassen, und er hat etwas in seiner Gestalt, als ob er die Freiheit notzüchtigen könnte. *(St. Just wird hinausgerufen.)*

Ein Schließer tritt ein.

SCHLIESSER. In St. Pelagie liegen Gefangne am Sterben, sie verlangen einen Arzt.

BILLAUD. Das ist unnötig, so viel Mühe weniger für den Scharfrichter.

SCHLIESSER. Es sind schwangere Weiber dabei.

BILLAUD. Desto besser, da brauchen ihre Kinder keinen Sarg.

BARÈRE. Die Schwindsucht eines Aristokraten spart dem Revolutionstribunal eine Sitzung. Jede Arznei wäre contrerevolutionär.

COLLOT *(nimmt ein Papier)*. Eine Bittschrift, ein Weibername!

BARÈRE. Wohl eine von denen, die gezwungen sein möchten zwischen einem Guillotinenbrett und dem Bett eines Jakobiners zu wählen. Die wie Lucretia nach dem Verlust ihrer Ehre sterben, aber etwas später als die Römerin – im Kindbett oder am Krebs oder aus Altersschwäche.
Es mag nicht so unangenehm sein, einen Tarquinius aus der Tugendrepublik einer Jungfrau zu treiben.

COLLOT. Sie ist zu alt. Madame verlangt den Tod, sie weiß sich auszudrücken, das Gefängnis liege auf ihr wie ein Sargdeckel. Sie sitzt erst seit vier Wochen. Die Antwort ist leicht *(er schreibt und liest.)* »Bürgerin, es ist noch nicht lange genug, daß du den Tod wünschest.« *(Schließer ab.)*

BARÈRE. Gut gesagt. Aber Collot, es ist nicht gut, daß die Guillotine zu lachen anfängt; die Leute haben sonst keine Furcht mehr davor, man muß sich nicht so familiär machen.

St. Just kommt zurück.

ST. JUST. Eben erhalte ich eine Denunziation. Man konspiriert in den Gefängnissen; ein junger Mensch Namens Laflotte hat Alles entdeckt. Er saß mit Dillon im nämlichen Zimmer, Dillon hat getrunken und geplaudert.

BARÈRE. Er schneidet sich mit seiner Bouteille den Hals ab; das ist schon mehr vorgekommen.

ST. JUST. Dantons und Camilles Weiber sollen Geld unter das Volk werfen, Dillon soll ausbrechen, man will die Gefangnen befreien, der Konvent soll gesprengt werden.

BARÈRE. Das sind Märchen.

ST. JUST. Wir werden sie aber mit dem Märchen in Schlaf erzählen. Die Anzeige habe ich in Händen, dazu die Keckheit der Angeklagten, das Murren des Volks, die Bestürzung der Geschwornen; ich werde einen Bericht machen.

BARÈRE. Ja, geh St. Just und spinne deine Perioden, worin jedes Komma ein Säbelhieb und jeder Punkt ein abgeschlagner Kopf ist.

ST. JUST. Der Konvent muß dekretieren, das Tribunal solle ohne Unterbrechung den Prozeß fortführen und dürfe jeden Angeklagten, welcher die dem Gerichte schuldige Achtung verletzte oder störende Auftritte veranlaßte, von den Debatten ausschließen.

BARÈRE. Du hast einen revolutionären Instinkt, das lautet ganz gemäßigt und wird doch seine Wirkung tun. Sie können nicht schweigen, Danton muß schreien.

ST. JUST. Ich zähle auf eure Unterstützung. Es gibt Leute im Konvent, die ebenso krank sind wie Danton und welche die nämliche Kur fürchten. Sie haben wieder Mut bekommen, sie werden über Verletzung der Formen schreien ...

BARÈRE *(ihn unterbrechend)*. Ich werde ihnen sagen: Zu Rom wurde der Consul, welcher die Verschwörung des Catilina entdeckte und die Verbrecher auf der Stelle mit dem Tod bestrafte, der verletzten Förmlichkeit angeklagt. Wer waren seine Ankläger?

COLLOT *(mit Pathos)*. Geh St. Just. Die Lava der Revolution fließt. Die Freiheit wird die Schwächlinge, welche ihren mächtigen Schoß befruchten wollten, in ihren Umarmungen erstikken, die Majestät des Volks wird ihnen wie Jupiter der Semele unter Donner und Blitz erscheinen und sie in Asche verwandeln. Geh St. Just, wir werden dir helfen, den Donnerkeil auf die Häupter der Feiglinge zu schleudern! *(St. Just ab.)*

BARÈRE. Hast du das Wort *Kur* gehört? Sie werden noch aus der Guillotine ein Spezificum gegen die Lustseuche machen. Sie kämpfen nicht mit den Moderierten, sie kämpfen mit dem Laster.

BILLAUD. Bis jetzt geht unser Weg zusammen.

BARÈRE. Robespierre will aus der Revolution einen Hörsaal für Moral machen und die Guillotine als Katheder gebrauchen.

BILLAUD. Oder als Betschemel.

COLLOT. Auf dem er aber alsdann nicht stehen, sondern liegen soll.

BARÈRE. Das wird leicht gehen. Die Welt müßte auf dem Kopf stehen, wenn die sogenannten Spitzbuben von den sogenannten rechtlichen Leuten gehängt werden sollten.

COLLOT *(zu Barère)*. Wann kommst du wieder nach Clichy?

BARÈRE. Wenn der Arzt nicht mehr zu mir kommt.

COLLOT. Nicht wahr, über dem Ort steht ein Haarstern, unter dessen versengenden Strahlen dein Rückenmark ganz ausgedörrt wird?

BILLAUD. Nächstens werden die niedlichen Finger der reizenden Demahy es ihm aus dem Futterale ziehen und es als Zöpfchen über den Rücken hinunter hängen machen.

BARÈRE *(zuckt die Achseln)*. Pst! davon darf der Tugendhafte nichts wissen.

BILLAUD. Er ist ein impotenter Mahomet.

Billaud und Collot ab.

BARÈRE *(allein).* Die Ungeheuer!
»Es ist noch nicht lange genug, daß du den Tod wünschest!« Diese Worte hätten die Zunge müssen verdorren machen, die sie gesprochen.
Und ich?
Als die Septembriseurs in die Gefängnisse drangen, faßt ein Gefangner sein Messer, er drängt sich unter die Mörder, er stößt es in die Brust eines Priesters, er ist gerettet! Wer kann was dawider haben? Ob ich mich nun unter die Mörder dränge oder mich in den Wohlfahrtsausschuß setze, ob ich ein Guillotinen- oder ein Taschenmesser nehme? Es ist der nämliche Fall, nur mit etwas verwickelteren Umständen, die Grundverhältnisse sind sich gleich.
Und durft er einen morden: durfte er auch zwei, auch drei, auch noch mehr? wo hört das auf? Da kommen die Gerstenkörner, machen zwei einen Haufen, drei, vier, wieviel dann? Komm mein Gewissen, komm mein Hühnchen, komm, bi, bi, bi, da ist Futter!
Doch – war ich auch Gefangner? Verdächtig war ich, das läuft auf eins hinaus; der Tod war mir gewiß. *(Ab.)*

[Siebente Szene]

DIE CONCIERGERIE

Lacroix, Danton, Philippeau, Camille.

LACROIX. Du hast gut geschrieen, Danton; hättest du dich etwas früher so um dein Leben gequält, es wäre jetzt anders. Nicht wahr, wenn der Tod einem so unverschämt nahe kommt und so aus dem Hals stinkt und immer zudringlicher wird?

CAMILLE. Wenn er einen noch notzüchtigte und seinen Raub unter Ringen und Kampf aus den heißen Gliedern riß! Aber so in allen Formalitäten wie bei der Hochzeit mit einem alten Weibe, wie die Pakten aufgesetzt, wie die Zeugen gerufen, wie das Amen gesagt und wie dann die Bettdecke gehoben wird und es langsam hereinkriecht mit seinen kalten Gliedern!

DANTON. Wär es ein Kampf, daß die Arme und Zähne einander packten! aber es ist mir, als wäre ich in ein Mühlwerk gefallen, und die Glieder würden mir langsam systematisch von der kalten physischen Gewalt abgedreht. So mechanisch getötet zu werden!

CAMILLE. Und dann da liegen allein, kalt, steif in dem feuchten Dunst der Fäulnis: vielleicht, daß einem der Tod das Leben langsam aus den Fibern martert, mit Bewußtsein vielleicht sich wegzufaulen!

PHILIPPEAU. Seid ruhig, meine Freunde. Wir sind wie die Herbstzeitlose, welche erst nach dem Winter Samen trägt. Von Blumen, die versetzt werden, unterscheiden wir uns nur dadurch, daß wir über dem Versuch ein wenig stinken. Ist das so arg?

DANTON. Eine erbauliche Aussicht! Von einem Misthaufen auf den andern! Nicht wahr, die göttliche Klassentheorie? Von prima nach sekunda, von sekunda nach tertia und so weiter? Ich habe die Schulbänke satt, ich habe mir Gesäßschwielen wie ein Affe darauf gesessen.

PHILIPPEAU. Was willst du denn?

DANTON. Ruhe.

PHILIPPEAU. Die ist in Gott.

DANTON. Im Nichts: Versenke dich in was Ruhigers als das Nichts, und wenn die höchste Ruhe Gott ist, ist nicht das Nichts Gott? Aber ich bin ein Atheist. Der verfluchte Satz: etwas kann nicht zu nichts werden! und ich bin etwas, das ist der Jammer!
Die Schöpfung hat sich so breit gemacht, da ist nichts leer. Alles voll Gewimmels. Das Nichts hat sich ermordet, die Schöpfung ist seine Wunde, wir sind seine Blutstropfen, die Welt ist das Grab, worin es fault.
Das lautet verrückt, es ist aber doch was Wahres daran.

CAMILLE. Die Welt ist der ewige Jude, das Nichts ist der Tod, aber er ist unmöglich. Oh nicht sterben können, nicht sterben können, wie es im Lied heißt.

DANTON. Wir sind Alle lebendig begraben und wie Könige in drei- oder vierfachen Särgen beigesetzt, unter dem Himmel, in unsern Häusern, in unsern Röcken und Hemden.

Wir kratzen fünfzig Jahre lang am Sargdeckel. Ja wer an Vernichtung glauben könnte! dem wäre geholfen.
Da ist keine Hoffnung im Tod, er ist nur eine einfachere, das Leben eine verwickeltere, organisiertere Fäulnis, das ist der ganze Unterschied!
Aber ich bin gerad einmal an diese Art des Faulens gewöhnt, der Teufel weiß wie ich mit einer andern zurecht komme.
O Julie! Wenn ich allein ginge! Wenn sie mich einsam ließe!
Und wenn ich ganz zerfiele, mich ganz auflöste – ich wäre eine Handvoll gemarterten Staubes, jedes meiner Atome könnte nur Ruhe finden bei ihr.
Ich kann nicht sterben, nein, ich kann nicht sterben. Wir müssen schreien, sie müssen mir jeden Lebenstropfen aus den Gliedern reißen.

[Achte Szene]

EIN ZIMMER

Fouquier. Amar. Vouland.

FOUQUIER. Ich weiß nicht mehr, was ich antworten soll; sie fordern eine Kommission.
AMAR. Wir haben die Schurken, da hast du, was du verlangst. *(Er überreicht Fouquier ein Papier.)*
VOULAND. Das wird sie zufrieden stellen.
FOUQUIER. Wahrhaftig, das hatten wir nötig.
AMAR. Nun mache, daß wir und sie die Sache vom Hals bekommen.

[Neunte Szene]

DAS REVOLUTIONSTRIBUNAL

DANTON. Die Republik ist in Gefahr, und er hat keine Instruktion! Wir appellieren an das Volk, meine Stimme ist noch stark genug, um den Dezemvirn die Leichenrede zu halten.

Ich wiederhole es, wir verlangen eine Kommission, wir haben wichtige Entdeckungen zu machen. Ich werde mich in die Zitadelle der Vernunft zurückziehen, ich werde mit der Kanone der Wahrheit hervorbrechen und meine Feinde zermalmen. *(Zeichen des Beifalls.)*

Fouquier, Amar und Vouland treten ein.

FOUQUIER. Ruhe im Namen der Republik, Achtung dem Gesetz! Der Konvent beschließt:
In Betracht, daß in den Gefängnissen sich Spuren von Meutereien zeigen, in Betracht, daß Dantons und Camilles Weiber Geld unter das Volk werfen und daß der General Dillon ausbrechen und sich an die Spitze der Empörer stellen soll um die Angeklagten zu befreien; in Betracht endlich, daß diese selbst unruhige Auftritte herbei zu führen sich bemüht und das Tribunal zu beleidigen versucht haben, wird das Tribunal ermächtigt, die Untersuchung ohne Unterbrechung fortzusetzen und jeden Angeklagten, der die dem Gesetze schuldige Ehrfurcht außer Augen setzen sollte, von den Debatten auszuschließen.

DANTON. Ich frage die Anwesenden, ob wir dem Tribunal, dem Volke oder dem Nationalkonvent Hohn gesprochen haben?

VIELE STIMMEN. Nein! Nein!

CAMILLE. Die Elenden, sie wollen meine Lucile morden!

DANTON. Eines Tages wird man die Wahrheit erkennen. Ich sehe großes Unglück über Frankreich hereinbrechen. Das ist die Diktatur; sie hat ihren Schleier zerrissen, sie trägt die Stirne hoch, sie schreitet über unsere Leichen. *(Auf Amar und Vouland deutend.)* Seht da die feigen Mörder, seht da die Raben des Wohlfahrtsausschusses!
Ich klage Robespierre, St. Just und ihre Henker des Hochverrats an.
Sie wollen die Republik im Blut ersticken. Die Gleisen der Guillotinenkarren sind die Heerstraßen, auf welchen die Fremden in das Herz des Vaterlandes dringen sollen.
Wie lange sollen die Fußstapfen der Freiheit Gräber sein?
Ihr wollt Brot und sie werfen euch Köpfe hin. Ihr durstet und sie machen euch das Blut von den Stufen der Guillotine lecken.

(Heftige Bewegung unter den Zuhörern, Geschrei des Beifalls.)

VIELE STIMMEN. Es lebe Danton, nieder mit den Dezemvirn! *(Die Gefangnen werden mit Gewalt hinausgeführt.)*

[Zehnte Szene]

PLATZ VOR DEM JUSTIZPALLAST

Ein Volkshaufe.

EINIGE STIMMEN. Nieder mit den Dezemvirn! Es lebe Danton!

ERSTER BÜRGER. Ja das ist wahr, Köpfe statt Brot, Blut statt Wein!

EINIGE WEIBER. Die Guillotine ist eine schlechte Mühle und Samson ein schlechter Bäckerknecht, wir wollen Brot, Brot!

ZWEITER BÜRGER. Euer Brot, das hat Danton gefressen! Sein Kopf wird euch Allen wieder Brot geben; er hatte Recht.

ERSTER BÜRGER. Danton war unter uns am 10. August, Danton war unter uns im September. Wo waren die Leute, welche ihn angeklagt haben?

ZWEITER BÜRGER. Und Lafayette war mit euch in Versailles und war doch ein Verräter.

ERSTER BÜRGER. Wer sagt, daß Danton ein Verräter sei?

ZWEITER BÜRGER. Robespierre.

ERSTER BÜRGER. Und Robespierre ist ein Verräter!

ZWEITER BÜRGER. Wer sagt das?

ERSTER BÜRGER. Danton.

ZWEITER BÜRGER. Danton hat schöne Kleider, Danton hat ein schönes Haus, Danton hat eine schöne Frau, er badet sich in Burgunder, ißt das Wildpret von silbernen Tellern und schläft bei euren Weibern und Töchtern, wenn er betrunken ist. Danton war arm wie ihr. Woher hat er das alles? Das Veto hat es ihm gekauft, damit er ihm die Krone rette. Der Herzog von Orléans hat es ihm geschenkt, damit er ihm die Krone stehle. Der Fremde hat es ihm gegeben, damit er euch Alle verrate. Was hat Robespierre? Der tugendhafte Robespierre. Ihr kennt ihn Alle.

ALLE. Es lebe Robespierre! Nieder mit Danton! Ni
Verräter!

Vierter Akt

[Erste Szene]

EIN ZIMMER

Julie. Ein Knabe.

JULIE. Es ist aus. Sie zitterten vor ihm. Sie töten ihn aus Furcht. Geh! ich habe ihn zum letzten Mal gesehen; sag ihm, ich könne ihn nicht so sehen. *(Sie gibt ihm eine Locke.)* Da, bring ihm das und sag ihm, er würde nicht allein gehn. Er versteht mich schon, und dann schnell zurück, ich will seine Blicke aus deinen Augen lesen.

[Zweite Szene]

EINE STRASSE

Dumas. Ein Bürger.

BÜRGER. Wie kann man nach einem solchen Verhör soviel Unschuldige zum Tod verurteilen?

DUMAS. Das ist in der Tat außerordentlich, aber die Revolutionsmänner haben einen Sinn, der andern Menschen fehlt, und dieser Sinn trügt sie nie.

BÜRGER. Das ist der Sinn des Tigers.
Du hast ein Weib.

DUMAS. Ich werde bald eins gehabt haben.

BÜRGER. So ist es denn wahr?

UMAS. Das Revolutionstribunal wird unsere Ehescheidung aussprechen; die Guillotine wird uns von Tisch und Bett trennen.
BÜRGER. Du bist ein Ungeheuer!
DUMAS. Schwachkopf! du bewunderst Brutus?
BÜRGER. Von ganzer Seele.
DUMAS. Muß man denn gerade römischer Consul sein und sein Haupt mit der Toga verhüllen können um sein Liebstes dem Vaterlande zu opfern? Ich werde mir die Augen mit dem Ärmel meines roten Fracks abwischen; das ist der ganze Unterschied.
BÜRGER. Das ist entsetzlich.
DUMAS. Geh, du begreifst mich nicht. *(Sie gehen ab.)*

[Dritte Szene]

DIE CONCIERGERIE

Lacroix, Hérault auf einem Bett, Danton,
Camille auf einem andern.

LACROIX. Die Haare wachsen einem so und die Nägel, man muß sich wirklich schämen.
HÉRAULT. Nehmen Sie sich ein wenig in Acht, Sie niesen mir das ganze Gesicht voll Sand.
LACROIX. Und treten Sie mir nicht so auf die Füße, Bester, ich habe Hühneraugen.
HÉRAULT. Sie leiden noch an Ungeziefer.
LACROIX. Ach, wenn ich nur einmal die Würmer ganz los wäre.
HÉRAULT. Nun, schlafen Sie wohl, wir müssen sehen, wie wir mit einander zurecht kommen, wir haben wenig Raum.
Kratzen Sie mich nicht mit Ihren Nägeln im Schlaf.
So!
Zerren Sie nicht so am Leichtuch, es ist kalt da unten.
DANTON. Ja Camille, morgen sind wir durchgelaufne Schuhe, die man der Bettlerin Erde in den Schoß wirft.
CAMILLE. Das Rindsleder, woraus nach Platon die Engel sich Pantoffeln geschnitten und damit auf der Erde herumtappen. Es geht aber auch danach. – Meine Lucile!

DANTON. Sei ruhig, mein Junge.

CAMILLE. Kann ich's? Glaubst du Danton? Kann ich's? Sie können die Hände nicht an sie legen! Das Licht der Schönheit, das von ihrem süßen Leib sich ausgießt, ist unlöschbar. Sieh, die Erde würde nicht wagen sie zu verschütten, sie würde sich um sie wölben, der Grabdunst würde wie Tau an ihren Wimpern funkeln, Kristalle würden wie Blumen um ihre Glieder sprießen und helle Quellen in Schlaf sie murmeln.

DANTON. Schlafe, mein Junge, schlafe.

CAMILLE. Höre Danton, unter uns gesagt, es ist so elend sterben müssen. Es hilft auch zu nichts. Ich will dem Leben noch die letzten Blicke aus seinen hübschen Augen stehlen, ich will die Augen offen haben.

DANTON. Du wirst sie ohnehin offen behalten, Samson drückt einem die Augen nicht zu. Der Schlaf ist barmherziger. Schlafe, mein Junge, schlafe.

CAMILLE. Lucile, deine Küsse phantasieren auf meinen Lippen, jeder Kuß wird ein Traum, meine Augen sinken und schließen ihn fest ein. –

DANTON. Will denn die Uhr nicht ruhen? Mit jedem Picken schiebt sie die Wände enger um mich, bis sie so eng sind wie ein Sarg.
Ich las einmal als Kind so'ne Geschichte, die Haare standen mir zu Berg.
Ja als Kind! Das war der Mühe wert mich so groß zu füttern und mich warm zu halten. Bloß Arbeit für den Totengräber!
Es ist mir, als röch ich schon. Mein lieber Leib, ich will mir die Nase zuhalten und mir einbilden, du seist ein Frauenzimmer, was vom Tanzen schwitzt und stinkt, und dir Artigkeiten sagen. Wir haben uns sonst schon mehr mit einander die Zeit vertrieben.
Morgen bist du eine zerbrochne Fiedel, die Melodie darauf ist ausgespielt. Morgen bist du eine leere Bouteille, der Wein ist ausgetrunken, aber ich habe keinen Rausch davon und gehe nüchtern zu Bett. Das sind glückliche Leute, die sich noch besaufen können. Morgen bist du eine durchgerutschte Hose, du wirst in die Garderobe geworfen, und die Motten werden dich fressen, du magst stinken wie du willst.

Ach das hilft nichts. Ja wohl 's ist so elend sterben müssen. Der Tod äfft die Geburt; beim Sterben sind wir so hülflos und nackt wie neugeborne Kinder. Freilich, wir bekommen das Leichentuch zur Windel. Was wird es helfen? Wir können im Grab so gut wimmern, wie in der Wiege.

Camille! Er schläft, *(indem er sich über ihn bückt.)* ein Traum spielt zwischen seinen Wimpern. Ich will den goldnen Tau des Schlafes ihm nicht von den Augen streifen.

(Er erhebt sich und tritt ans Fenster.) Ich werde nicht allein gehn, ich danke dir, Julie. – Doch hätte ich anders sterben mögen, so ganz mühelos, so wie ein Stern fällt, wie ein Ton sich selbst aushaucht, sich mit den eignen Lippen totküßt, wie ein Lichtstrahl in klaren Fluten sich begräbt. –

Wie schimmernde Tränen sind die Sterne durch die Nacht gesprengt, es muß ein großer Jammer in dem Aug sein, von dem sie abträufelten.

CAMILLE. O! *(Er hat sich aufgerichtet und tastet nach der Decke.)*

DANTON. Was hast du Camille?

CAMILLE. O, o!

DANTON *(schüttelt ihn).* Willst du die Decke herunterkratzen?

CAMILLE. Ach du, du, o halt mich, sprich, du!

DANTON. Du bebst an allen Gliedern, der Schweiß steht dir auf der Stirne.

CAMILLE. Das bist du, das ich; so, das ist meine Hand! ja jetzt besinn ich mich. O Danton, das war entsetzlich.

DANTON. Was denn?

CAMILLE. Ich lag so zwischen Traum und Wachen. Da schwand die Decke und der Mond sank herein, ganz nahe, ganz dicht, mein Arm erfaßt' ihn. Die Himmelsdecke mit ihren Lichtern hatte sich gesenkt, ich stieß daran, ich betastete die Sterne, ich taumelte wie ein Ertrinkender unter der Eisdecke. Das war entsetzlich, Danton.

DANTON. Die Lampe wirft einen runden Schein an die Decke, das sahst du.

CAMILLE. Meinetwegen, es braucht grade nicht viel um einem das bißchen Verstand verlieren zu machen. Der Wahnsinn faßte

mich bei den Haaren. *(Er erhebt sich.)* Ich mag nicht mehr schlafen, ich mag nicht verrückt werden.
(Er greift nach einem Buch.)

DANTON. Was nimmst du?

CAMILLE. Die Nachtgedanken.

DANTON. Willst du zum voraus sterben? Ich nehme die Pucelle. Ich will mich aus dem Leben nicht wie aus dem Betstuhl, sondern wie aus dem Bett einer Barmherzigen Schwester wegschleichen. Es ist eine Hure, es treibt mit der ganzen Welt Unzucht.

[Vierte Szene]

PLATZ VOR DER CONCIERGERIE

Ein Schließer, zwei Fuhrleute mit Karren, Weiber.

SCHLIESSER. Wer hat euch herfahren geheißen?

ERSTER FUHRMANN. Ich heiße nicht Herfahren, das ist ein kurioser Namen.

SCHLIESSER. Dummkopf, wer hat dir die Bestallung dazu gegeben?

ERSTER FUHRMANN. Ich habe keine Stallung dazu kriegt, nichts als zehn sous für den Kopf.

ZWEITER FUHRMANN. Der Schuft will mich ums Brot bringen.

ERSTER FUHRMANN. Was nennst du dein Brot? *(Auf die Fenster der Gefangnen deutend.)* Das ist Wurmfraß.

ZWEITER FUHRMANN. Meine Kinder sind auch Würmer, und die wollen auch ihr Teil davon. O, es geht schlecht mit unsrem Metier, und doch sind wir die besten Fuhrleute.

ERSTER FUHRMANN. Wie das?

ZWEITER FUHRMANN. Wer ist der beste Fuhrmann?

ERSTER FUHRMANN. Der am weitesten und am schnellsten fährt.

ZWEITER FUHRMANN. Nun Esel, wer fährt weiter, als der aus der Welt fährt, und wer fährt schneller, als der 's in einer Viertelstunde tut? Genau gemessen ist's eine Viertelstunde von da bis zum Revolutionsplatz.

SCHLIESSER. Rasch, ihr Schlingel! Näher ans Tor; Platz da, ihr Mädel!

ERSTER FUHRMANN. Halt't Euren Platz vor! Um ein Mädel fährt man nit herum, immer in die Mitt 'nein.

ZWEITER FUHRMANN. Ja das glaub ich, du kannst mit Karren und Gäulen hinein, du findst gute Gleise, aber du mußt Quarantän halten, wenn du herauskommst. *(Sie fahren vor.)*

ZWEITER FUHRMANN *(zu den Weibern)*. Was gafft ihr?

EIN WEIB. Wir warten auf alte Kunden.

ZWEITER FUHRMANN. Meint ihr, mein Karren wär ein Bordell? Er ist ein anständiger Karren, er hat den König und alle vornehmen Herren aus Paris zur Tafel gefahren.

LUCILE *(tritt auf. Sie setzt sich auf einen Stein unter die Fenster der Gefangnen.)* Camille, Camille! *(Camille erscheint am Fenster.)* Höre Camille, du machst mich lachen mit dem langen Steinrock und der eisernen Maske vor dem Gesicht, kannst du dich nicht bücken? Wo sind deine Arme?
Ich will dich locken, lieber Vogel *(singt.)*

Es stehn zwei Sternlein an dem Himmel,
Scheinen heller als der Mond,
Der ein' scheint vor Feinsliebchens Fenster,
Der andre vor die Kammertür.

Komm, komm, mein Freund! Leise die Treppe herauf, sie schlafen Alle. Der Mond hilft mir schon lange warten. Aber du kannst ja nicht zum Tor herein, das ist eine unleidliche Tracht. Das ist zu arg für den Spaß, mach ein Ende. Du rührst dich auch gar nicht, warum sprichst du nicht? Du machst mir Angst. Höre! die Leute sagen, du müßtest sterben, und machen dazu so ernsthafte Gesichter. Sterben! ich muß lachen über die Gesichter. Sterben! Was ist das für ein Wort? Sag mir's, Camille. Sterben! Ich will nachdenken. Da, da ist's. Ich will ihm nachlaufen, komm, süßer Freund, hilf mir fangen, komm! komm! *(Sie läuft weg.)*

CAMILLE *(ruft)*. Lucile! Lucile!

[Fünfte Szene]

DIE CONCIERGERIE

Danton an einem Fenster, was in das nächste Zimmer geht. Camille, Philippeau, Lacroix, Hérault.

DANTON. Du bist jetzt ruhig, Fabre.

EINE STIMME *(von innen)*. Am Sterben.

DANTON. Weißt du auch, was wir jetzt machen werden?

DIE STIMME. Nun?

DANTON. Was du dein ganzes Leben hindurch gemacht hast – des vers.

CAMILLE *(für sich)*. Der Wahnsinn saß hinter ihren Augen. Es sind schon mehr Leute wahnsinnig geworden, das ist der Lauf der Welt. Was können wir dazu? Wir waschen unsere Hände. Es ist auch besser so.

DANTON. Ich lasse Alles in einer schrecklichen Verwirrung. Keiner versteht das Regieren. Es könnte vielleicht noch gehn, wenn ich Robespierre meine Huren und Couthon meine Waden hinterließe.

LACROIX. Wir hätten die Freiheit zur Hure gemacht!

DANTON. Was wäre es auch! Die Freiheit und eine Hure sind die kosmopolitischsten Dinge unter der Sonne. Sie wird sich jetzt anständig im Ehebett des Advokaten von Arras prostituieren. Aber ich denke, sie wird die Clytemnestra gegen ihn spielen; ich lasse ihm keine sechs Monate Frist, ich ziehe ihn mit mir.

CAMILLE *(für sich)*. Der Himmel verhelf ihr zu einer behaglichen fixen Idee. Die allgemeinen fixen Ideen, welche man die gesunde Vernunft tauft, sind unerträglich langweilig. Der glücklichste Mensch war der, welcher sich einbilden konnte, daß er Gott Vater, Sohn und heiliger Geist sei.

LACROIX. Die Esel werden schreien: »es lebe die Republik«, wenn wir vorbeigehen.

DANTON. Was liegt daran? Die Sündflut der Revolution mag unsere Leichen absetzen wo sie will; mit unsern fossilen Knochen wird man noch immer allen Königen die Schädel einschlagen können.

HÉRAULT. Ja, wenn sich gerade ein Simson für unsere Kinnbacken findet.

DANTON. Sie sind Kainsbrüder.

LACROIX. Nichts beweist mehr, daß Robespierre ein Nero ist, als der Umstand, daß er gegen Camille nie freundlicher war als zwei Tage vor dessen Verhaftung. Ist es nicht so Camille?

CAMILLE. Meinetwegen, was geht das mich an?
(Für sich.) Was sie an dem Wahnsinn ein reizendes Kind geboren hat. Warum muß ich jetzt fort? Wir hätten zusammen mit ihm gelacht, es gewiegt und geküßt.

DANTON. Wenn einmal die Geschichte ihre Grüfte öffnet, kann der Despotismus noch immer an dem Duft unsrer Leichen ersticken.

HÉRAULT. Wir stanken bei Lebzeiten schon hinlänglich.
Das sind Phrasen für die Nachwelt, nicht wahr Danton, uns gehn sie eigentlich nichts an.

CAMILLE. Er zieht ein Gesicht, als solle es versteinern und von der Nachwelt als Antike ausgegraben werden.
Das verlohnt sich auch der Mühe, Mäulchen zu machen und Rot aufzulegen und mit einem guten Akzent zu sprechen; wir sollten einmal die Masken abnehmen, wir sähen dann, wie in einem Zimmer mit Spiegeln, überall nur den einen uralten, zahllosen, unverwüstlichen Schafskopf, nichts mehr, nichts weniger. Die Unterschiede sind so groß nicht, wir Alle sind Schurken und Engel, Dummköpfe und Genies, und zwar das alles in Einem; die vier Dinge finden Platz genug in dem nämlichen Körper, sie sind nicht so breit, als man sich einbildet. Schlafen, Verdauen, Kinder machen, das treiben Alle; die übrigen Dinge sind nur Variationen aus verschiedenen Tonarten über das nämliche Thema. Da braucht man sich auf die Zehen zu stellen und Gesichter zu schneiden, da braucht man sich voreinander zu genieren! Wir haben uns Alle am nämlichen Tische krank gegessen und haben Leibgrimmen, was haltet ihr euch die Servietten vor das Gesicht? Schreit nur und greint, wie es euch ankommt. Schneidet nur keine so tugendhafte und so witzige und so heroische und so geniale Grimassen, wir kennen uns ja einander, spart euch die Mühe.

HÉRAULT. Ja Camille, wir wollen uns bei einander setzen und

schreien; nichts dummer, als die Lippen zusammenzupressen, wenn einem was weh tut.
Griechen und Götter schrieen, Römer und Stoiker machten die heroische Fratze.

DANTON. Die einen waren so gut Epikuräer wie die andern. Sie machten sich ein ganz behagliches Selbstgefühl zurecht. Es ist nicht so übel seine Toga zu drapieren und sich umzusehen, ob man einen langen Schatten wirft. Was sollen wir uns zerren? Ob wir uns nun Lorbeerblätter, Rosenkränze oder Weinlaub vor die Scham binden, oder das häßliche Ding offen tragen und es uns von den Hunden lecken lassen?

PHILIPPEAU. Meine Freunde, man braucht gerade nicht hoch über der Erde zu stehen um von all dem wirren Schwanken und Flimmern nichts mehr zu sehen und die Augen von einigen großen, göttlichen Linien erfüllt zu haben. Es gibt ein Ohr, für welches das Ineinanderschreien und der Zeter, die uns betäuben, ein Strom von Harmonien sind.

DANTON. Aber wir sind die armen Musikanten und unsere Körper die Instrumente. Sind denn die häßlichen Töne, welche auf ihnen herausgepfuscht werden, nur da, um höher und höher dringend und endlich leise verhallend wie ein wollüstiger Hauch in himmlischen Ohren zu sterben?

HÉRAULT. Sind wir wie Ferkel, die man für fürstliche Tafeln mit Ruten tot peitscht, damit ihr Fleisch schmackhafter werde?

DANTON. Sind wir Kinder, die in den glühenden Molochsarmen dieser Welt gebraten und mit Lichtstrahlen gekitzelt werden, damit die Götter sich über ihr Lachen freuen?

CAMILLE. Ist denn der Äther mit seinen Goldaugen eine Schüssel mit Goldkarpfen, die am Tisch der seligen Götter steht, und die seligen Götter lachen ewig und die Fische sterben ewig und die Götter erfreuen sich ewig am Farbenspiel des Todeskampfes?

DANTON. Die Welt ist das Chaos. Das Nichts ist der zu gebärende Weltgott.

Der Schließer tritt ein.

SCHLIESSER. Meine Herren, Sie können abfahren, die Wagen halten vor der Tür.

PHILIPPEAU. Gute Nacht meine Freunde, legen wir ruhig die große Decke über uns, worunter alle Herzen ausglühen und alle Augen zufallen. *(Sie umarmen einander.)*

HÉRAULT *(nimmt Camilles Arm).* Freue dich Camille, wir bekommen eine schöne Nacht. Die Wolken hängen am stillen Abendhimmel wie ein ausglühender Olymp mit verbleichenden, versinkenden Göttergestalten. *(Sie gehen ab.)*

[Sechste Szene]

EIN ZIMMER

JULIE. Das Volk lief in den Gassen, jetzt ist Alles still.
Keinen Augenblick möchte ich ihn warten lassen. *(Sie zieht eine Phiole hervor.)* Komm liebster Priester, dessen Amen uns zu Bette gehn macht. *(Sie tritt ans Fenster.)* Es ist so hübsch Abschied zu nehmen; ich habe die Türe nur noch hinter mir zuzuziehen. *(Sie trinkt.)*
Man möchte immer so stehn.
Die Sonne ist hinunter, der Erde Züge waren so scharf in ihrem Licht, doch jetzt ist ihr Gesicht so still und ernst wie einer Sterbenden. – Wie schön das Abendlicht ihr um Stirn und Wangen spielt. Stets bleicher und bleicher wird sie, wie eine Leiche treibt sie abwärts in der Flut des Äthers, will denn kein Arm sie bei den goldnen Locken fassen und aus dem Strom sie ziehen und sie begraben?
Ich gehe leise. Ich küsse sie nicht, daß kein Hauch, kein Seufzer sie aus dem Schlummer wecke.
Schlafe, schlafe. *(Sie stirbt.)*

[Siebente Szene]

DER REVOLUTIONSPLATZ

Die Wagen kommen angefahren und halten vor der Guillotine. Männer und Weiber singen und tanzen die Carmagnole. Die Gefangnen stimmen die Marseillaise an.

EIN WEIB MIT KINDERN. Platz! Platz! Die Kinder schreien, sie haben Hunger. Ich muß sie zusehen machen, daß sie still sind. Platz!

EIN WEIB. He Danton, du kannst jetzt mit den Würmern Unzucht treiben.

EINE ANDERE. Hérault, aus deinen hübschen Haaren laß ich mir eine Perücke machen.

HÉRAULT. Ich habe nicht Waldung genug für einen so abgeholzten Venusberg.

CAMILLE. Verfluchte Hexen! Ihr werdet noch schreien: »Ihr Berge, fallet auf uns!«

EIN WEIB. Der Berg ist auf euch, oder ihr seid ihn vielmehr hinunter gefallen.

DANTON *(zu Camille)*. Ruhig, mein Junge, du hast dich heiser geschrieen.

CAMILLE *(gibt dem Fuhrmann Geld)*. Da alter Charon, dein Karren ist ein guter Präsentierteller!
Meine Herren, ich will mich zuerst servieren. Das ist ein klassisches Gastmahl; wir liegen auf unsern Plätzen und verschütten etwas Blut als Libation. Adieu Danton. *(Er besteigt das Blutgerüst, die Gefangnen folgen ihm einer nach dem andern. Danton steigt zuletzt hinauf.)*

LACROIX *(zu dem Volk)*. Ihr tötet uns an dem Tage, wo ihr den Verstand verloren habt; ihr werdet sie an dem töten, wo ihr ihn wiederbekommt.

EINIGE STIMMEN. Das war schon einmal da; wie langweilig!

LACROIX. Die Tyrannen werden über unsern Gräbern den Hals brechen.

HÉRAULT *(zu Danton)*. Er hält seine Leiche für ein Mistbeet der Freiheit.

PHILIPPEAU *(auf dem Schafott).* Ich vergebe euch; ich wünsche, eure Todesstunde sei nicht bittrer als die meinige.

HÉRAULT. Dacht ich's doch, er muß sich noch einmal in den Busen greifen und den Leuten da unten zeigen, daß er reine Wäsche hat.

FABRE. Lebewohl, Danton. Ich sterbe doppelt.

DANTON. Adieu mein Freund. Die Guillotine ist der beste Arzt.

HÉRAULT *(will Danton umarmen).* Ach Danton, ich bringe nicht einmal einen Spaß mehr heraus. Da ist's Zeit. *(Ein Henker stößt ihn zurück.)*

DANTON *(zum Henker).* Willst du grausamer sein, als der Tod? Kannst du verhindern, daß unsere Köpfe sich auf dem Boden des Korbes küssen?

[Achte Szene]

EINE STRASSE

LUCILE. Es ist doch was wie Ernst darin. Ich will einmal nachdenken. Ich fange an, so was zu begreifen.

Sterben – Sterben – Es darf ja Alles leben, Alles, die kleine Mücke da, der Vogel. Warum denn er nicht? Der Strom des Lebens müßte stocken, wenn nur der eine Tropfen verschüttet würde. Die Erde müßte eine Wunde bekommen von dem Streich.

Es regt sich Alles, die Uhren gehen, die Glocken schlagen, die Leute laufen, das Wasser rinnt, und so, so Alles weiter bis da, dahin – nein, es darf nicht geschehen, nein, ich will mich auf den Boden setzen und schreien, daß erschrocken Alles stehn bleibt, Alles stockt, sich nichts mehr regt.

(Sie setzt sich nieder, verhüllt sich die Augen und stößt einen Schrei aus. Nach einer Pause erhebt sie sich.) Das hilft nichts, da ist noch Alles wie sonst, die Häuser, die Gasse, der Wind geht, die Wolken ziehen. Wir müssen's wohl leiden.

Einige Weiber kommen die Gasse herunter.

ERSTES WEIB. Ein hübscher Mann, der Hérault.

ZWEITES WEIB. Wie er beim Konstitutionsfest so am Triumphbogen stand, da dacht ich so, der muß sich gut auf der Guillotine ausnehmen, dacht ich. Das war so ne Ahnung.

DRITTES WEIB. Ja man muß die Leute in allen Verhältnissen sehen; es ist recht gut, daß das Sterben so öffentlich wird. *(Sie gehen vorbei.)*

LUCILE. Mein Camille! Wo soll ich dich jetzt suchen?

[Neunte Szene]

DER REVOLUTIONSPLATZ

Zwei Henker an der Guillotine beschäftigt.

ERSTER HENKER *(steht auf der Guillotine und singt).*

Und wann ich hame geh
Scheint der Mond so scheeh . . .

ZWEITER HENKER. He, holla! Bist bald fertig?

ERSTER HENKER. Gleich, gleich! *(Singt.)*

Scheint in meines Ellervaters Fenster
Kerl wo bleibst so lang bei de Menscher?

So! Die Jacke her! *(Sie gehn singend ab.)*

Und wann ich hame geh
Scheint der Mond so scheeh . . .

LUCILE *(tritt auf und setzt sich auf die Stufen der Guillotine).* Ich setze mich auf deinen Schoß, du stiller Todesengel. *(Sie singt.)*

Es ist ein Schnitter, der heißt Tod,
Hat Gewalt vom höchsten Gott.

Du liebe Wiege, die du meinen Camille in Schlaf gelullt, ihn unter deinen Rosen erstickt hast. Du Totenglocke, die du ihn mit deiner süßen Zunge zu Grabe sangst. *(Sie singt.)*

Viel hunderttausend ungezählt,
Was nur unter die Sichel fällt.

Eine Patrouille tritt auf.

EIN BÜRGER. He wer da?

LUCILE *(sinnend und wie einen Entschluß fassend, plötzlich).* Es lebe der König!

BÜRGER. Im Namen der Republik!

Sie wird von der Wache umringt und weggeführt.

Lenz

Den 20. *Januar* ging Lenz durchs Gebirg. Die Gipfel und hohen Bergflächen im Schnee, die Täler hinunter graues Gestein, grüne Flächen, Felsen und Tannen. Es war naßkalt, das Wasser rieselte die Felsen hinunter und sprang über den Weg. Die Äste der Tannen hingen schwer herab in die feuchte Luft. Am Himmel zogen graue Wolken, aber Alles so dicht, und dann dampfte der Nebel herauf und strich schwer und feucht durch das Gesträuch, so träg, so plump. Er ging gleichgültig weiter, es lag ihm nichts am Weg, bald auf- bald abwärts. Müdigkeit spürte er keine, nur war es ihm manchmal unangenehm, daß er nicht auf dem Kopfe gehn konnte. Anfangs drängte es ihm in der Brust, wenn das Gestein so wegsprang, der graue Wald sich unter ihm schüttelte, und der Nebel die Formen bald verschlang, bald die gewaltigen Glieder halb enthüllte; es drängte in ihm, er suchte nach etwas, wie nach verlornen Träumen, aber er fand nichts. Es war ihm Alles so klein, so nahe, so naß, er hätte die Erde hinter den Ofen setzen mögen, er begriff nicht, daß er so viel Zeit brauchte, um einen Abhang hinunter zu klimmen, einen fernen Punkt zu erreichen; er meinte, er müsse Alles mit ein Paar Schritten ausmessen können. Nur manchmal, wenn der Sturm das Gewölk in die Täler warf, und es den Wald herauf dampfte, und die Stimmen an den Felsen wach wurden, bald wie fern verhallende Donner, und dann gewaltig heran brausten, in Tönen, als wollten sie in ihrem wilden Jubel die Erde besingen, und die Wolken wie wilde, wiehernde Rosse heransprengten, und der Sonnenschein dazwischen durchging und kam und sein blitzendes Schwert an den Schneeflächen zog, so daß ein helles, blendendes Licht über die Gipfel in die Täler schnitt; oder wenn der Sturm das Gewölk abwärts trieb und einen lichtblauen See hineinriß und dann der Wind verhallte und tief unten aus den Schluchten, aus den Wipfeln der Tannen wie ein Wiegenlied und Glockengeläute heraufsummte, und am tiefen Blau ein leises Rot hinaufklomm, und kleine Wölkchen auf silbernen Flügeln durchzogen und alle Berggipfel scharf und fest, weit über das Land hin glänzten und blitzten, riß es ihm in der Brust, er stand, keuchend, den Leib vorwärts gebogen, Augen und Mund weit offen, er meinte, er müsse den Sturm in sich ziehen, Alles in sich fassen, er dehnte sich aus und lag über der Erde, er wühlte sich in das All hinein, es war eine Lust, die ihm wehe tat; oder er stand still und legte das Haupt ins Moos und schloß die Augen halb, und dann zog es weit von ihm, die Erde wich unter ihm, sie wurde klein wie ein wandelnder Stern und tauchte sich in einen brausenden Strom, der seine klare Flut unter ihm zog. Aber es waren nur Augenblicke, und dann erhob er sich nüchtern, fest, ruhig, als wäre ein Schattenspiel vor ihm vorübergezogen, er wußte von nichts mehr. Gegen Abend kam er auf die Höhe des Gebirgs, auf das Schneefeld, von wo man wieder hinabstieg in die Ebene nach Westen, er setzte sich oben nieder. Es war gegen Abend ruhiger geworden; das Gewölk lag fest und unbeweglich am Himmel; so weit der Blick reichte, nichts als Gipfel, von denen sich breite Flächen hinabzogen, und alles so still, grau, dämmernd; es wurde ihm entsetzlich einsam, er war allein, ganz allein, er wollte mit sich sprechen, aber er konnte nicht, er wagte kaum zu atmen, das Biegen seines Fußes tönte wie Donner unter ihm, er mußte sich niedersetzen; es faßte ihn eine namenlose Angst in diesem Nichts, er war im Leeren, er riß sich auf und flog den Abhang hinunter. Es war finster geworden, Himmel und Erde verschmolzen in Eins. Es war als ginge ihm was nach, und als müsse ihn was Entsetzliches erreichen, etwas das Menschen nicht ertragen können, als jage der Wahnsinn auf Rossen hinter ihm. Endlich hörte er Stimmen, er sah Lichter, es wurde ihm leichter, man sagte ihm, er hätte noch eine halbe Stunde nach W a l d b a c h. Er ging durch das Dorf, die Lichter schienen durch die Fenster, er sah hinein im Vorbeigehen, Kinder am Tische, alte Weiber, Mädchen, Alles ruhige, stille Gesichter, es war ihm, als müsse das Licht von ihnen ausstrahlen, es ward ihm leicht, er war bald in Waldbach im Pfarrhause. Man saß am Tisch, er hinein; die blonden Locken hingen ihm um das bleiche Gesicht, es zuckte ihm in den Augen und um den Mund, seine Kleider waren zerrissen. O b e r l i n hieß ihn willkommen, er hielt ihn für einen Handwerker. »Sein Sie mir willkommen, obschon Sie mir unbekannt.« – »Ich bin ein Freund von *Kaufmann* und bringe Ihnen Grüße von ihm.« – »Der Name, wenn's beliebt?« – »L e n z.« – »Ha, ha, ha, ist er nicht gedruckt? Habe ich nicht einige Dramen gelesen, die einem Herrn dieses Namens zugeschrieben werden?« – »Ja, aber belieben Sie, mich nicht darnach zu beurteilen.« Man sprach weiter, er suchte nach Worten und erzählte rasch, aber auf der Folter; nach und nach wurde er ruhig, das heimliche Zimmer und die stillen Gesichter, die aus dem Schatten hervortraten, das helle Kindergesicht, auf dem alles Licht zu ruhen schien und das neugierig, vertraulich aufschaute, bis zur Mutter, die hinten im Schatten engelgleich stille saß. Er fing an zu erzählen, von seiner Heimat; er zeichnete allerhand Trachten, man drängte sich teilnehmend um ihn, er war gleich zu Haus, sein blasses Kindergesicht, das jetzt lächelte, sein lebendiges Erzählen; er wurde ruhig, es war ihm als träten alte Gestalten, vergessene Gesichter wieder aus dem Dunkeln, alte Lieder wachten auf, er war weg, weit weg. Endlich war es Zeit zum Gehen, man führte ihn über die Straße, das Pfarrhaus war zu eng, man gab ihm ein Zimmer im Schulhause. Er ging hinauf, es war kalt oben, eine weite Stube, leer, ein hohes Bett im Hintergrund, er stellte das Licht auf den Tisch, und ging auf und ab, er besann sich wieder auf den Tag, wie er hergekommen, wo er war, das Zimmer im Pfarrhause mit seinen Lichtern und lieben Gesichtern, es war ihm wie ein Schatten, ein Traum, und es wurde ihm leer, wieder wie auf dem Berg, aber er konnte es mit nichts mehr ausfüllen, das Licht war erloschen, die Finsternis verschlang Alles; eine unnennbare Angst erfaßte ihn, er sprang auf, er lief durchs Zimmer, die Treppe hinunter, vors Haus; aber umsonst, Alles finster, nichts, er war sich selbst ein Traum, einzelne Gedanken huschten auf, er hielt sie fest, es war ihm als müsse er immer »Vater unser« sagen; er konnte sich nicht mehr finden, ein dunkler Instinkt trieb ihn, sich zu retten, er stieß an die Steine, er riß sich mit den Nägeln; – der Schmerz fing an, ihm das Bewußtsein wiederzugeben, er stürzte sich in den Brunnenstein, aber das Wasser war nicht tief, er patschte darin. Da kamen Leute, man hatte es gehört, man rief ihm zu. Oberlin kam gelaufen; Lenz war wieder zu sich gekommen, das ganze Bewußtsein seiner Lage stand vor ihm, es war ihm wieder leicht. Jetzt schämte er sich und war betrübt, daß er den guten Leuten Angst gemacht, er sagte ihnen, daß er gewohnt sei kalt zu baden, und ging wieder hinauf; die Erschöpfung ließ ihn endlich ruhen.

Den andern Tag ging es gut. Mit Oberlin zu Pferde durch das

Tal: breite Bergflächen, die aus großer Höhe sich in ein schmales, gewundnes Tal zusammenzogen, das in mannichfachen Richtungen sich hoch an den Bergen hinaufzog, große Felsenmassen, die sich nach unten ausbreiteten, wenig Wald, aber alles im grauen, ernsten Anflug, eine Aussicht nach Westen in das Land hinein und auf die Bergkette, die sich grad hinunter nach Süden und Norden zog, und deren Gipfel gewaltig, ernsthaft oder schweigend still, wie ein dämmernder Traum standen. Gewaltige Lichtmassen, die manchmal aus den Tälern wie ein goldner Strom schwollen, dann wieder Gewölk, das an dem höchsten Gipfel lag und dann langsam den Wald herab in das Tal klomm oder in den Sonnenblitzen sich wie ein fliegendes silbernes Gespinst herabsenkte und hob; kein Lärm, keine Bewegung, kein Vogel, nichts als das bald nahe, bald ferne Wehen des Windes. Auch erschienen Punkte, Gerippe von Hütten, Bretter mit Stroh gedeckt, von schwarzer ernster Farbe. Die Leute, schweigend und ernst, als wagten sie die Ruhe ihres Tales nicht zu stören, grüßten ruhig, wie sie vorbeiritten. In den Hütten war es lebendig, man drängte sich um Oberlin, er wies zurecht, gab Rat, tröstete; überall zutrauensvolle Blicke, Gebet. Die Leute erzählten Träume, Ahnungen. Dann rasch ins praktische Leben, Wege angelegt, Kanäle gegraben, die Schule besucht. Oberlin war unermüdlich, Lenz fortwährend sein Begleiter, bald in Gespräch, bald tätig am Geschäft, bald in die Natur versunken. Es wirkte alles wohltätig und beruhigend auf ihn, er mußte Oberlin oft in die Augen sehen, und die mächtige Ruhe, die uns über der ruhenden Natur, im tiefen Wald, in mondhellen, schmelzenden Sommernächten überfällt, schien ihm noch näher in diesem ruhigen Auge, diesem ehrwürdigen ernsten Gesicht. Er war schüchtern, aber er machte Bemerkungen, er sprach. Oberlin war sein Gespräch sehr angenehm, und das anmutige Kindergesicht Lenzens machte ihm große Freude. Aber nur so lange das Licht im Tale lag, war es ihm erträglich; gegen Abend befiel ihn eine sonderbare Angst, er hätte der Sonne nachlaufen mögen; wie die Gegenstände nach und nach schattiger wurden, kam ihm Alles so traumartig, so zuwider vor, es kam ihm die Angst an wie Kindern, die im Dunkeln schlafen; es war ihm als sei er blind; jetzt wuchs sie, der Alp des Wahnsinns setzte sich zu seinen Füßen, der rettungslose Gedanke, als sei Alles nur sein Traum, öffnete sich vor ihm, er klammerte sich an alle Gegenstände, Gestalten zogen rasch an ihm vorbei, er drängte sich an sie, es waren Schatten, das Leben wich aus ihm und seine Glieder waren ganz starr. Er sprach, er sang, er rezitierte Stellen aus Shakespeare, er griff nach Allem, was sein Blut sonst hatte rascher fließen machen, er versuchte Alles, aber kalt, kalt. Er mußte dann hinaus ins Freie – das wenige, durch die Nacht zerstreute Licht, wenn seine Augen an die Dunkelheit gewöhnt waren, machte ihm besser; er stürzte sich in den Brunnen, die grelle Wirkung des Wassers machte ihm besser, auch hatte er eine geheime Hoffnung auf eine Krankheit, er verrichtete sein Bad jetzt mit weniger Geräusch. Doch jemehr er sich in das Leben hineinlebte, ward er ruhiger, er unterstützte Oberlin, zeichnete, las die Bibel; alte vergangne Hoffnungen gingen in ihm auf; das neue Testament trat ihm hier so entgegen, und [– – –] Wie Oberlin ihm erzählte, wie ihn eine unsichtbare Hand auf der Brücke gehalten hätte, wie auf der Höhe ein Glanz seine Augen geblendet hätte, wie er eine Stimme gehört hätte, wie es in der Nacht mit ihm gesprochen, und wie Gott so ganz bei ihm eingekehrt, daß er kindlich seine Lose aus der Tasche holte, um zu wissen, was er tun sollte – dieser Glaube, dieser ewige Himmel im Leben, dies Sein in Gott: jetzt erst ging ihm die heilige Schrift auf. Wie den Leuten die Natur so nah trat, alles in himmlischen Mysterien; aber nicht gewaltsam majestätisch, sondern noch vertraut.

Eines Morgens ging er hinaus, die Nacht war Schnee gefallen, im Tal lag heller Sonnenschein, aber weiterhin die Landschaft halb im Nebel. Er kam bald vom Weg ab und eine sanfte Höhe hinauf, keine Spur von Fußtritten mehr, neben einem Tannenwalde hin, die Sonne schnitt Kristalle, der Schnee war leicht und flockig, hie und da Spur von Wild leicht auf dem Schnee, die sich ins Gebirg hinzog. Keine Regung in der Luft als ein leises Wehen, als das Rauschen eines Vogels, der die Flocken leicht vom Schwanze stäubte. Alles so still, und die Bäume weithin mit schwankenden weißen Federn in der tiefblauen Luft. Es wurde ihm heimlich nach und nach, die einförmigen gewaltigen Flächen und Linien, vor denen es ihm manchmal war, als ob sie ihn mit gewaltigen Tönen anredeten, waren verhüllt, ein heimliches Weihnachtsgefühl beschlich ihn, er meinte manchmal, seine Mutter müsse hinter einem Baume hervortreten, groß, und ihm sagen, sie hätte ihm dies Alles beschert; wie er hinunterging, sah er, daß um seinen Schatten sich ein Regenbogen von Strahlen legte, es wurde ihm, als hätte ihn was an der Stirn berührt, das Wesen sprach ihn an. Er kam hinunter. Oberlin war im Zimmer, Lenz kam heiter auf ihn zu und sagte ihm, er möge wohl einmal predigen. – »Sind Sie Theologe?« – »Ja!« – »Gut, nächsten Sonntag.«

Lenz ging vergnügt auf sein Zimmer, er dachte auf einen Text zum Predigen und verfiel in Sinnen, und seine Nächte wurden ruhig. Der Sonntagmorgen kam, es war Tauwetter eingefallen. Vorüberstreifende Wolken, Blau dazwischen, die Kirche lag neben am Berg hinauf, auf einem Vorsprunge, der Kirchhof drum herum. Lenz stand oben, wie die Glocke läutete und die Kirchengänger, die Weiber und Mädchen in ihrer ernsten schwarzen Tracht, das weiße gefaltete Schnupftuch auf dem Gesangbuche und den Rosmarinzweig, von den verschiedenen Seiten die schmalen Pfade zwischen den Felsen herauf und herab kamen. Ein Sonnenblick lag manchmal über dem Tal, die laue Luft regte sich langsam, die Landschaft schwamm im Duft, fernes Geläute, es war, als löste sich Alles in eine harmonische Welle auf.

Auf dem kleinen Kirchhof war der Schnee weg, dunkles Moos unter den schwarzen Kreuzen, ein verspäteter Rosenstrauch lehnte an der Kirchhofmauer, verspätete Blumen dazu unter dem Moos hervor, manchmal Sonne, dann wieder dunkel. Die Kirche fing an, die Menschenstimmen begegneten sich im reinen hellen Klang; ein Eindruck, als schaue man in reines durchsichtiges Bergwasser. Der Gesang verhallte, Lenz sprach, er war schüchtern, unter den Tönen hatte sein Starrkrampf sich ganz gelegt, sein ganzer Schmerz wachte jetzt auf, und legte sich in sein Herz. Ein süßes Gefühl unendlichen Wohls beschlich ihn. Er sprach einfach mit den Leuten, sie litten alle mit ihm, und es war ihm ein Trost, wenn er über einige müdgeweinte Augen Schlaf und gequälten Herzen Ruhe bringen, wenn er über dieses von materiellen Bedürfnissen gequälte Sein, diese dumpfen Leiden gen Himmel leiten konnte. Er war fester geworden, wie er schloß, da fingen die Stimmen wieder an:

Laß in mir die heil'gen Schmerzen,
Tiefe Bronnen ganz aufbrechen;
Leiden sei all mein Gewinnst,
Leiden sei mein Gottesdienst.

Das Drängen in ihm, die Musik, der Schmerz erschütterte ihn. Das All war für ihn in Wunden; er fühlte tiefen unnennbaren Schmerz davon. Jetzt ein anderes Sein, göttliche, zuckende Lippen bückten sich über ihm nieder und sogen sich an seine Lippen; er ging auf sein einsames Zimmer. Er war allein, allein! Da rauschte die Quelle, Ströme brachen aus seinen Augen, er krümmte sich in sich, es zuckten seine Glieder, es war ihm als müsse er sich auflösen, er konnte kein Ende finden der Wollust; endlich dämmerte es in ihm, er empfand ein leises tiefes Mitleid mit sich selbst, er weinte über sich, sein Haupt sank auf die Brust, er schlief ein, der Vollmond stand am Himmel, die Locken fielen ihm über die Schläfe und das Gesicht, die Tränen hingen ihm an den Wimpern und trockneten auf den Wangen – so lag er nun da allein, und Alles war ruhig und still und kalt, und der Mond schien die ganze Nacht und stand über den Bergen.

Am folgenden Morgen kam er herunter, er erzählte Oberlin ganz ruhig, wie ihm die Nacht seine Mutter erschienen sei; sie sei in einem weißen Kleide aus der dunkeln Kirchhofmauer hervorgetreten und habe eine weiße und eine rote Rose an der Brust stecken gehabt; sie sei dann in eine Ecke gesunken, und die Rosen seien langsam über sie gewachsen, sie sei gewiß tot; er sei ganz ruhig darüber. Oberlin versetzte ihm nun, wie er bei dem Tod seines Vaters allein auf dem Felde gewesen sei, und er dann eine Stimme gehört habe, so daß er wußte, daß sein Vater tot sei! und wie er heimgekommen, sei es so gewesen. Das führte sie weiter, Oberlin sprach noch von den Leuten im Gebirge, von Mädchen, die das Wasser und Metall unter der Erde fühlten, von Männern, die auf manchen Berghöhen angefaßt würden und mit einem Geiste rängen; er sagte ihm auch, wie er einmal im Gebirg durch das Schauen in ein leeres tiefes Bergwasser in eine Art von Somnambulismus versetzt worden sei. Lenz sagte, daß der Geist des Wassers über ihn gekommen sei, daß er dann etwas von seinem eigentümlichen Sein empfunden hätte. Er fuhr weiter fort: Die einfachste, reinste Natur hinge am nächsten mit der elementarischen zusammen; je feiner der Mensch geistig fühlt und lebt, um so abgestumpfter würde dieser elementarische Sinn; er halte ihn nicht für einen hohen Zustand, er sei nicht selbstständig genug, aber er meine, es müsse ein unendliches Wonnegefühl sein, so von dem eigentümlichen Leben jeder Form berührt zu werden, für Gesteine, Metalle, Wasser und Pflanzen eine Seele zu haben, so traumartig jedes Wesen in der Natur in sich aufzunehmen, wie die Blumen mit dem Zu- und Abnehmen des Mondes die Luft.

Er sprach sich selbst weiter aus, wie in Allem eine unaussprechliche Harmonie, ein Ton, eine Seligkeit sei, die in den höhern Formen mit mehr Organen aus sich herausgriffe, tönte, auffaßte und dafür aber auch um so tiefer affiziert würde, wie in den niedrigen Formen Alles zurückgedrängter, beschränkter, dafür aber auch die Ruhe in sich größer sei. Er verfolgte das noch weiter. Oberlin brach es ab, es führte ihn zu weit von seiner einfachen Art ab. Ein andermal zeigte ihm Oberlin Farbentäfelchen, er setzte ihm auseinander, in welcher Beziehung jede Farbe mit dem Menschen stände, er brachte zwölf Apostel heraus, deren jeder durch eine Farbe repräsentiert würde. Lenz faßte das auf, er spann die Sache weiter, kam in ängstliche Träume, und fing an wie Stilling die Apocalypse zu lesen, und las viel in der Bibel.

Um diese Zeit kam Kaufmann mit seiner Braut ins Steintal. Lenzen war Anfangs das Zusammentreffen unangenehm, er hatte sich so ein Plätzchen zurechtgemacht, das bißchen Ruhe war ihm so kostbar – und jetzt kam ihm Jemand entgegen, der ihn an so vieles erinnerte, mit dem er sprechen, reden mußte, der seine Verhältnisse kannte. Oberlin wußte von Allem nichts; er hatte ihn aufgenommen, gepflegt; er sah es als eine Schickung Gottes, der den Unglücklichen ihm zugesandt hätte, er liebte ihn herzlich. Auch war es Allen notwendig, daß er da war, er gehörte zu ihnen, als wäre er schon längst da, und Niemand frug, woher er gekommen und wohin er gehen werde. Über Tisch war Lenz wieder in guter Stimmung, man sprach von Literatur, er war auf seinem Gebiete; die idealistische Periode fing damals an, Kaufmann war ein Anhänger davon, Lenz widersprach heftig. Er sagte: Die Dichter, von denen man sage, sie geben die Wirklichkeit, hätten auch keine Ahnung davon, doch seien sie immer noch erträglicher als die, welche die Wirklichkeit verklären wollten. Er sagte: Der liebe Gott hat die Welt wohl gemacht wie sie sein soll, und wir können wohl nicht was Besseres klecksen, unser einziges Bestreben soll sein, ihm ein wenig nachzuschaffen. Ich verlange in Allem – Leben, Möglichkeit des Daseins, und dann ist's gut; wir haben dann nicht zu fragen, ob es schön, ob es häßlich ist. Das Gefühl, daß was geschaffen sei, Leben habe, stehe über diesen Beiden und sei das einzige Kriterium in Kunstsachen. Übrigens begegne es uns nur selten: in Shakespeare finden wir es und in den Volksliedern tönt es einem ganz, in Goethe manchmal entgegen. Alles Übrige kann man ins Feuer werfen. Die Leute können auch keinen Hundsstall zeichnen. Da wollte man idealistische Gestalten, aber Alles, was ich davon gesehen, sind Holzpuppen. Dieser Idealismus ist die schmählichste Verachtung der menschlichen Natur. Man versuche es einmal und senke sich in das Leben des Geringsten und gebe es wieder in den Zuckungen, den Andeutungen, dem ganzen feinen, kaum bemerkten Mienenspiel; er hätte dergleichen versucht im »Hofmeister« und den »Soldaten«. Es sind die prosaischsten Menschen unter der Sonne; aber die Gefühlsader ist in fast allen Menschen gleich, nur ist die Hülle mehr oder weniger dicht, durch die sie brechen muß. Man muß nur Aug und Ohren dafür haben. Wie ich gestern neben am Tal hinaufging, sah ich auf einem Steine zwei Mädchen sitzen, die eine band ihre Haare auf, die andre half ihr, das goldne Haar hing herab, und ein ernstes bleiches Gesicht, und doch so jung, und die schwarze Tracht und die andre so sorgsam bemüht. Die schönsten, innigsten Bilder der altdeutschen Schule geben kaum eine Ahnung davon. Man möchte manchmal ein Medusenhaupt sein, um so eine Gruppe in Stein verwandeln zu können, und den Leuten zurufen. Sie standen auf, die schöne Gruppe war zerstört; aber wie sie so hinabstiegen, zwischen den Felsen war es wieder ein anderes Bild. Die schönsten Bilder, die schwellendsten Töne gruppieren, lösen sich auf. Nur eins bleibt: eine unendliche Schönheit, die aus einer Form in die andre tritt, ewig aufgeblättert, verändert. Man kann sie aber freilich nicht immer festhalten und in Museen stellen und auf Noten ziehen und dann Alt und Jung herbeirufen, und die Buben und Alten darüber radotieren und sich entzücken lassen. Man muß die Menschheit lieben, um in das eigentümliche Wesen jedes einzudringen; es darf einem keiner zu gering, keiner zu häßlich sein, erst dann kann man sie verstehen; das unbedeutendste Gesicht macht einen tiefern Eindruck als die bloße Empfindung des Schönen, und man kann die Gestalten aus sich heraustreten lassen, ohne etwas vom Äußern hinein zu kopieren, wo einem kein Leben, keine Muskeln, kein Puls entgegen schwillt und pocht. Kaufmann warf ihm vor, daß er in der Wirklichkeit doch keine Typen für einen Apoll von Belvedere oder eine Raphaelische Madonna finden würde. Was liegt daran, versetzte er, ich muß gestehen, ich fühle mich dabei sehr tot. Wenn ich in mir arbeite, kann ich auch wohl was dabei fühlen, aber ich tue das Beste daran. Der Dichter und Bildende ist mir der Liebste, der mir die Natur am Wirklichsten gibt, so daß ich über seinem Gebild fühle, Alles Übrige stört mich. Die holländischen Maler sind mir lieber, als die italienischen, sie sind auch die einzigen faßlichen; ich kenne nur zwei Bilder, und zwar von Niederländern, die mir einen Eindruck gemacht hätten, wie das neue Testament; das Eine ist, ich weiß nicht von wem, Christus und die Jünger von Emaus. Wenn man so liest, wie die Jünger hinausgingen, es liegt gleich die ganze Natur in den Paar Worten. Es ist ein trüber, dämmernder Abend, ein einförmiger roter Streifen am Horizont, halbfinster auf der Straße, da kommt ein Unbekannter zu ihnen, sie sprechen, er bricht das Brot, da erkennen sie ihn, in einfach-menschlicher Art, und die göttlich-leidenden Züge reden ihnen deutlich, und sie erschrecken, denn es ist finster geworden, und es tritt sie etwas Unbegreifliches an, aber es ist kein gespenstisches Grauen; es ist wie wenn einem ein geliebter Toter in der Dämmerung in der alten Art entgegenträte; so ist das Bild mit dem einförmigen, bräunlichen Ton darüber, dem trüben stillen Abend. Dann ein Anderes: Eine Frau sitzt in ihrer Kammer, das Gebetbuch in der Hand. Es ist sonntäglich aufgeputzt, der Sand gestreut, so heimlich rein und warm. Die Frau hat nicht zur Kirche gekonnt, und sie verrichtet die Andacht zu Haus; das Fenster ist offen, sie sitzt darnach hingewandt, und es ist, als schwebten zu dem Fenster über die weite ebne Landschaft die Glockentöne von dem Dorfe herein und verhallet der Sang der nahen Gemeinde aus der Kirche her, und die Frau liest den Text nach.

In der Art sprach Lenz weiter, man horchte auf, es traf Vieles, er war rot geworden über dem Reden, und bald lächelnd, bald ernst, schüttelte er die blonden Locken. Er hatte sich ganz vergessen. Nach dem Essen nahm ihn Kaufmann bei Seite. Er hatte Briefe von Lenzens Vater erhalten, sein Sohn sollte zurück, ihn unterstützen. Kaufmann sagte ihm, wie er sein Leben hier verschleudre, unnütz verliere, er solle sich ein Ziel stecken und dergleichen mehr. Lenz fuhr ihn an: »Hier weg, weg! nach Haus? Toll werden dort? Du weißt, ich kann es nirgends aushalten, als da herum, in der Gegend. Wenn ich nicht manchmal auf einen Berg könnte und die Gegend sehen könnte, und dann wieder herunter ins Haus, durch den Garten gehn, und zum Fenster hineinsehen – ich würde toll! toll! Laßt mich doch in Ruhe! Nur ein bißchen in Ruhe jetzt, wo es mir ein wenig wohl wird! Hier weg? Ich verstehe das nicht, mit den zwei Worten ist die Welt verhunzt. Jeder hat was nötig; wenn er ruhen kann, was könnt' er mehr haben! Immer steigen, ringen und so in Ewigkeit Alles was der Augenblick gibt, wegwerfen und immer darben, um einmal zu genießen! Dürsten, während einem helle Quellen über den Weg springen. Es ist mir jetzt erträglich, und da will ich bleiben; warum? warum? Eben weil es mir wohl ist; was will mein Vater? Kann er mehr geben? Unmöglich! Laßt mich in Ruhe.« Er wurde heftig, Kaufmann ging, Lenz war verstimmt.

Am folgenden Tag wollte Kaufmann weg, er beredete Oberlin, mit ihm in die Schweiz zu gehen. Der Wunsch, Lavater, den er längst durch Briefe kannte, auch persönlich kennen zu lernen, bestimmte ihn. Er sagte es zu. Man mußte einen Tag länger wegen der Zurüstungen warten. Lenz fiel das aufs Herz, er hatte, um seiner unendlichen Qual los zu werden, sich ängstlich an Alles geklammert; er fühlte in einzelnen Augenblicken tief, wie er sich Alles nur zurecht mache; er ging mit sich um wie mit einem kranken Kinde, manche Gedanken, mächtige Gefühle wurde er nur mit der größten Angst los, da trieb es ihn wieder mit unendlicher Gewalt darauf, er zitterte, das Haar sträubte ihm fast, bis er es in der ungeheuersten Anspannung erschöpfte. Er rettete sich in eine Gestalt, die ihm immer vor Augen schwebte, und in Oberlin; seine Worte, sein Gesicht taten ihm unendlich wohl. So sah er mit Angst seiner Abreise entgegen.

Es war Lenzen unheimlich, jetzt allein im Hause zu bleiben. Das Wetter war milde geworden, er beschloß Oberlin zu begleiten, ins Gebirg. Auf der andern Seite, wo die Täler sich in die Ebne ausliefen, trennten sie sich. Er ging allein zurück. Er durchstrich das Gebirg in verschiedenen Richtungen, breite Flächen zogen sich in die Täler herab, wenig Wald, nichts als gewaltige Linien und weiter hinaus die weite rauchende Ebne, in der Luft ein gewaltiges Wehen, nirgends eine Spur von Menschen, als hie und da eine verlassene Hütte, wo die Hirten den Sommer zubrachten, an den Abhängen gelehnt. Er wurde still, vielleicht fast träumend, es verschmolz ihm Alles in eine Linie, wie eine steigende und sinkende Welle, zwischen Himmel und Erde, es war ihm als läge er an einem unendlichen Meer, das leise auf und ab wogte. Manchmal saß er, dann ging er wieder, aber langsam träumend. Er suchte keinen Weg. Es war finster Abend, als er an eine bewohnte Hütte kam, im Abhang nach dem Steintal. Die Türe war verschlossen, er ging ans Fenster, durch das ein Lichtschimmer fiel. Eine Lampe erhellte fast nur einen Punkt, ihr Licht fiel auf das bleiche Gesicht eines Mädchens, das mit halb geöffneten Augen, leise die Lippen bewegend, dahinter ruhte. Weiter weg im Dunkel saß ein altes Weib, das mit schnarrender Stimme aus einem Gesangbuch sang. Nach langem Klopfen öffnete sie; sie war halb taub, sie trug Lenz einiges Essen auf und wies ihm eine Schlafstelle an, wobei sie beständig ihr Lied fortsang. Das Mädchen hatte sich nicht gerührt. Einige Zeit darauf kam ein Mann herein, er war lang und hager, Spuren von grauen Haaren, mit unruhigem verwirrtem Gesicht. Er trat zum Mädchen, sie zuckte auf und wurde unruhig. Er nahm ein getrocknetes Kraut von der Wand und legte ihr die Blätter auf die Hand, so daß sie ruhiger wurde und verständliche Worte in langsam ziehenden, durchschneidenden Tönen summte. Er erzählte, wie er eine Stimme im Gebirge gehört, und dann über den Tälern ein Wetterleuchten gesehen habe, auch habe es ihn angefaßt und er habe damit gerungen wie Jakob. Er warf sich nieder und betete leise mit Inbrunst, während die Kranke in einem langsam ziehenden, leise verhallenden Ton sang. Dann gab er sich zur Ruhe.

Lenz schlummerte träumend ein, und dann hörte er im Schlaf, wie die Uhr pickte. Durch das leise Singen des Mädchens und die

Stimme der Alten zugleich tönte das Sausen des Windes bald näher, bald ferner, und der bald helle, bald verhüllte Mond warf sein wechselndes Licht traumartig in die Stube. Einmal wurden die Töne lauter, das Mädchen redete deutlich und bestimmt, sie sagte, wie auf der Klippe gegenüber eine Kirche stehe. Lenz sah auf, und sie saß mit weitgeöffneten Augen aufrecht hinter dem Tisch, und der Mond warf sein stilles Licht auf ihre Züge, von denen ein unheimlicher Glanz zu strahlen schien; zugleich schnarrte die Alte und über diesem Wechseln und Sinken des Lichts, den Tönen und Stimmen schlief endlich Lenz tief ein.

Er erwachte früh, in der dämmernden Stube schlief Alles, auch das Mädchen war ruhig geworden, sie lag zurückgelehnt, die Hände gefaltet unter der linken Wange; das Geisterhafte aus ihren Zügen war verschwunden, sie hatte jetzt einen Ausdruck unbeschreiblichen Leidens. Er trat ans Fenster und öffnete es, die kalte Morgenluft schlug ihm entgegen. Das Haus lag am Ende eines schmalen, tiefen Tales, das sich nach Osten öffnete, rote Strahlen schossen durch den grauen Morgenhimmel in das dämmernde Tal, das im weißen Rauch lag, und funkelten am grauen Gestein und trafen in die Fenster der Hütten. Der Mann erwachte, seine Augen trafen auf ein erleuchtet Bild an der Wand, sie richteten sich fest und starr darauf, nun fing er an die Lippen zu bewegen und betete leise, dann laut und immer lauter. Indem kamen Leute zur Hütte herein, sie warfen sich schweigend nieder. Das Mädchen lag in Zuckungen, die Alte schnarrte ihr Lied und plauderte mit den Nachbarn. Die Leute erzählten Lenzen, der Mann sei vor langer Zeit in die Gegend gekommen, man wisse nicht woher; er stehe im Rufe eines Heiligen, er sehe das Wasser unter der Erde und könne Geister beschwören, und man wallfahre zu ihm. Lenz erfuhr zugleich, daß er weiter vom Steintal abgekommen, er ging weg mit einigen Holzhauern, die in die Gegend gingen. Es tat ihm wohl, Gesellschaft zu finden; es war ihm jetzt unheimlich mit dem gewaltigen Menschen, von dem es ihm manchmal war, als rede er in entsetzlichen Tönen. Auch fürchtete er sich vor sich selbst in der Einsamkeit.

Er kam heim. Doch hatte die verflossene Nacht einen gewaltigen Eindruck auf ihn gemacht. Die Welt war ihm helle gewesen, und er spürte an sich ein Regen und Wimmeln nach einem Abgrund, zu dem ihn eine unerbittliche Gewalt hinriß. Er wühlte jetzt in sich. Er aß wenig; halbe Nächte im Gebet und fieberhaften Träumen. Ein gewaltsames Drängen, und dann erschöpft zurückgeschlagen; er lag in den heißesten Tränen, und dann bekam er plötzlich eine Stärke und erhob sich kalt und gleichgültig, seine Tränen waren ihm dann wie Eis, er mußte lachen. Je höher er sich aufriß, desto tiefer stürzte er hinunter. Alles strömte wieder zusammen. Ahnungen von seinem alten Zustande durchzuckten ihn und warfen Streiflichter in das wüste Chaos seines Geistes. Des Tags saß er gewöhnlich unten im Zimmer, Madame Oberlin ging ab und zu, er zeichnete, malte, las, griff nach jeder Zerstreuung, Alles hastig von einem zum andern. Doch schloß er sich jetzt besonders an Madame Oberlin an, wenn sie so da saß, das schwarze Gesangbuch vor sich, neben eine Pflanze, im Zimmer gezogen, das jüngste Kind zwischen den Knieen; auch machte er sich viel mit dem Kinde zu tun. So saß er einmal, da wurde ihm ängstlich, er sprang auf, ging auf und ab. Die Türe halb offen, da hörte er die Magd singen, erst unverständlich, dann kamen die Worte:

Auf dieser Welt hab' ich kein' Freud',
Ich hab' mein Schatz und der ist weit.

Das fiel auf ihn, er verging fast unter den Tönen. Madame Oberlin sah ihn an. Er faßte sich ein Herz, er konnte nicht mehr schweigen, er mußte davon sprechen. »Beste Madame Oberlin, können Sie mir nicht sagen, was das Frauenzimmer macht, dessen Schicksal mir so zentnerschwer auf dem Herzen liegt?« – »Aber Herr Lenz, ich weiß von nichts.« –

Er schwieg dann wieder und ging hastig im Zimmer auf und ab; dann fing er wieder an: »Sehen Sie, ich will gehn; Gott, Sie sind noch die einzigen Menschen, wo ich's aushalten könnte, und doch – doch, ich muß weg, zu ihr – aber ich kann nicht, ich darf nicht.« – Er war heftig bewegt und ging hinaus.

Gegen Abend kam Lenz wieder, es dämmerte in der Stube; er setzte sich neben Madame Oberlin. »Sehen Sie«, fing er wieder an, »wenn sie so durchs Zimmer ging und so halb für sich allein sang, und jeder Tritt war eine Musik, es war so eine Glückseligkeit in ihr, und das strömte in mich über, ich war immer ruhig, wenn ich sie ansah, oder sie so den Kopf an mich lehnte und Gott! Gott – ich war schon lange nicht mehr ruhig [– – –] Ganz Kind; es war, als wär ihr die Welt zu weit, sie zog sich so in sich zurück, sie suchte das engste Plätzchen im ganzen Haus, und da saß sie, als wäre ihre ganze Seligkeit nur in einem kleinen Punkt, und dann war mir's auch so; wie ein Kind hätte ich dann spielen können. Jetzt ist es mir so eng, so eng! Sehen Sie, es ist mir manchmal, als stieß ich mit den Händen an den Himmel; o ich ersticke! Es ist mir dabei oft, als fühlt' ich physischen Schmerz, da in der linken Seite, im Arm, womit ich sie sonst faßte. Doch kann ich sie mir nicht mehr vorstellen, das Bild läuft mir fort, und dies martert mich; nur wenn es mir manchmal ganz hell wird, so ist mir wieder recht wohl.« – Er sprach später noch oft mit Madame Oberlin davon, aber meist nur in abgebrochenen Sätzen; sie wußte wenig zu antworten, doch tat es ihm wohl.

Unterdessen ging es fort mit seinen religiösen Quälereien. Je leerer, je kälter, je sterbender er sich innerlich fühlte, desto mehr drängte es ihn, eine Glut in sich zu wecken, es kamen ihm Erinnerungen an die Zeiten, wo Alles in ihm sich drängte, wo er unter all seinen Empfindungen keuchte; und jetzt so tot! Er verzweifelte an sich selbst, dann warf er sich nieder, er rang die Hände, er rührte Alles in sich auf; aber tot! tot! Dann flehte er, Gott möge ein Zeichen an ihm tun, dann wühlte er in sich, fastete, lag träumend am Boden. Am dritten Hornung hörte er, ein Kind in Fouday sei gestorben, *das Friederike hieß*, er faßte es auf, wie eine fixe Idee. Er zog sich in sein Zimmer und fastete einen Tag. Am vierten trat er plötzlich ins Zimmer zu Madame Oberlin, er hatte sich das Gesicht mit Asche beschmiert und forderte einen alten Sack; sie erschrak, man gab ihm, was er verlangte. Er wickelte den Sack um sich, wie ein Büßender, und schlug den Weg nach Fouday ein. Die Leute im Tale waren ihn schon gewohnt; man erzählte sich allerlei Seltsames von ihm. Er kam ins Haus, wo das Kind lag. Die Leute gingen gleichgiltig ihrem Geschäfte nach; man wies ihm eine Kammer, das Kind lag im Hemde auf Stroh, auf einem Holztisch.

Lenz schauderte, wie er die kalten Glieder berührte und die halbgeöffneten gläsernen Augen sah. Das Kind kam ihm so verlassen vor, und er sich so allein und einsam; er warf sich über die

Leiche nieder; der Tod erschreckte ihn, ein heftiger Schmerz faßte ihn an, diese Züge, dieses stille Gesicht sollten verwesen, er warf sich nieder, er betete mit allem Jammer der Verzweiflung, daß Gott ein Zeichen an ihm tue, und das Kind beleben möge, wie er schwach und unglücklich sei; dann sank er ganz in sich und wühlte all seinen Willen auf einen Punkt; so saß er lange starr. Dann erhob er sich und faßte die Hände des Kindes und sprach laut und fest: »Stehe auf und wandle!« Aber die Wände hallten ihm nüchtern den Ton nach, daß es zu spotten schien, und die Leiche blieb kalt. Da stürzte er halb wahnsinnig nieder, dann jagte es ihn auf, hinaus ins Gebirg. Wolken zogen rasch über den Mond; bald Alles im Finstern, bald zeigten sie die nebelhaft verschwindende Landschaft im Mondschein. Er rannte auf und ab. In seiner Brust war ein Triumph-Gesang der Hölle. Der Wind klang wie ein Titanenlied, es war ihm, als könnte er eine ungeheure Faust hinauf in den Himmel ballen und Gott herbeireißen und zwischen seinen Wolken schleifen; als könnte er die Welt mit den Zähnen zermalmen und sie dem Schöpfer ins Gesicht speien; er schwur, er lästerte. So kam er auf die Höhe des Gebirges, und das ungewisse Licht dehnte sich hinunter, wo die weißen Steinmassen lagen, und der Himmel war ein dummes blaues Auge, und der Mond stand ganz lächerlich drin, einfältig. Lenz mußte laut lachen, und mit dem Lachen griff der Atheismus in ihn und faßte ihn ganz sicher und ruhig und fest. Er wußte nicht mehr, was ihn vorhin so bewegt hatte, es fror ihn, er dachte, er wolle jetzt zu Bette gehn, und er ging kalt und unerschütterlich durch das unheimliche Dunkel – es war ihm Alles leer und hohl, er mußte laufen und ging zu Bette.

Am folgenden Tag befiel ihn ein großes Grauen vor seinem gestrigen Zustand, er stand nun am Abgrund, wo eine wahnsinnige Lust ihn trieb, immer wieder hineinzuschauen und sich diese Qual zu wiederholen. Dann steigerte sich seine Angst, die Sünde wider den heiligen Geist stand vor ihm.

Einige Tage darauf kam Oberlin aus der Schweiz zurück, viel früher, als man es erwartet hatte. Lenz war darüber betroffen. Doch wurde er heiter, als Oberlin ihm von seinen Freunden im Elsaß erzählte. Oberlin ging dabei im Zimmer hin und her, und packte aus, legte hin. Dabei erzählte er von Pfeffel, das Leben eines Landgeistlichen glücklich preisend. Dabei ermahnte er ihn, sich in den Wunsch seines Vaters zu fügen, seinem Berufe gemäß zu leben, heimzukehren. Er sagte ihm: »Ehre Vater und Mutter« und dergleichen mehr. Über dem Gespräch geriet Lenz in heftige Unruhe; er stieß tiefe Seufzer aus, Tränen drangen ihm aus den Augen, er sprach abgebrochen. »Ja, ich halt' es aber nicht aus; wollen Sie mich verstoßen? Nur in Ihnen ist der Weg zu Gott. Doch mit mir ist's aus! Ich bin abgefallen, verdammt in Ewigkeit, ich bin der ewige Jude.« Oberlin sagte ihm, dafür sei Jesus gestorben, er möge sich brünstig an ihn wenden, und er würde Teil haben an seiner Gnade.

Lenz erhob das Haupt, rang die Hände und sagte: »Ach! ach! göttlicher Trost.« Dann frug er plötzlich freundlich, was das Frauenzimmer mache. Oberlin sagte, er wisse von nichts, er wolle ihm aber in Allem helfen und raten, er müsse ihm aber Ort, Umstände und Person angeben. Er antwortete nichts wie gebrochene Worte: »Ach sie ist tot! Lebt sie noch? du Engel, sie liebte mich – ich liebte sie, sie war's würdig, o du Engel. Verfluchte Eifersucht, ich habe sie aufgeopfert – sie liebte noch einen Andern – ich liebte sie, sie war's würdig – o gute Mutter, auch die liebte mich. Ich bin ein Mörder!« Oberlin versetzte: vielleicht lebten alle diese Personen noch, vielleicht vergnügt; es möge sein, wie es wolle, so könne und werde Gott, wenn er sich zu ihm bekehrt haben würde, diesen Personen auf sein Gebet und Tränen soviel Gutes erweisen, daß der Nutzen, den sie alsdann von ihm hätten, den Schaden, den er ihnen zugefügt, vielleicht überwiegen würde. Er wurde darauf nach und nach ruhiger und ging wieder an sein Malen.

Den Nachmittag kam er wieder, auf der linken Schulter hatte er ein Stück Pelz und in der Hand ein Bündel Gerten, die man Oberlin nebst einem Briefe für Lenz mitgegeben hatte. Er reichte Oberlin die Gerten mit dem Begehren, er sollte ihn damit schlagen. Oberlin nahm die Gerten aus seiner Hand, drückte ihm einige Küsse auf den Mund und sagte: dies wären die Streiche, die er ihm zu geben hätte, er möchte ruhig sein, seine Sache mit Gott allein ausmachen, alle möglichen Schläge würden keine einzige seiner Sünden tilgen; dafür hätte Jesus gesorgt, zu dem möchte er sich wenden. Er ging.

Beim Nachtessen war er wie gewöhnlich etwas tiefsinnig. Doch sprach er von allerlei, aber mit ängstlicher Hast. Um Mitternacht wurde Oberlin durch ein Geräusch geweckt. Lenz rannte durch den Hof, rief mit hohler, harter Stimme den Namen Friederike, mit äußerster Schnelle, Verwirrung und Verzweiflung ausgesprochen, er stürzte sich dann in den Brunnentrog, patschte darin, wieder heraus und herauf in sein Zimmer, wieder herunter in den Trog, und so einige Mal, endlich wurde er still. Die Mägde, die in der Kinderstube unter ihm schliefen, sagten, sie hätten oft, insonderheit aber in selbiger Nacht, ein Brummen gehört, das sie mit nichts als mit dem Tone einer *Habergeise* zu vergleichen wußten. Vielleicht war es sein Winseln, mit hohler, fürchterlicher, verzweifelnder Stimme.

Am folgenden Morgen kam Lenz lange nicht. Endlich ging Oberlin hinauf in sein Zimmer, er lag im Bett ruhig und unbeweglich. Oberlin mußte lange fragen, ehe er Antwort bekam; endlich sagte er: »Ja Herr Pfarrer, sehen Sie, die Langeweile! die Langeweile! o, so langweilig, ich weiß gar nicht mehr, was ich sagen soll, ich habe schon alle Figuren an die Wand gezeichnet.« Oberlin sagte ihm, er möge sich zu Gott wenden; da lachte er und sagte: »Ja, wenn ich so glücklich wäre, wie Sie, einen so behaglichen Zeitvertreib aufzufinden, ja, man könnte sich die Zeit schon so ausfüllen. Alles aus Müßiggang. Denn die Meisten beten aus Langeweile, die Andern verlieben sich aus Langeweile, die Dritten sind tugendhaft, die Vierten lasterhaft, und ich gar nichts, gar nichts, ich mag mich nicht einmal umbringen: es ist zu langweilig:

O Gott in Deines Lichtes Welle,
In Deines glüh'nden Mittags Helle
Sind meine Augen wund gewacht.
Wird es denn niemals wieder Nacht?«

Oberlin blickte ihn unwillig an und wollte gehen. Lenz huschte ihm nach und, indem er ihn mit unheimlichen Augen ansah: »Sehn Sie, jetzt kommt mir doch was ein, wenn ich nur unterscheiden könnte, ob ich träume oder wache; sehn Sie, das ist sehr wichtig, wir wollen es untersuchen« – er huschte dann wieder ins Bett. Den Nachmittag wollte Oberlin in der Nähe einen Besuch machen; seine Frau war schon fort; er war im Begriff wegzugehen, als es an seine Tür klopfte und Lenz hereintrat mit vorwärts gebogenem Leib, niederwärts hängendem Haupt, das Gesicht über und über und das Kleid hie und da mit Asche bestreut, mit der rechten Hand den linken Arm haltend. Er bat Oberlin, ihm den Arm zu ziehen, er hätte ihn verrenkt, er hätte sich zum Fenster heruntergestürzt; weil es aber Niemand gesehen, wolle er es auch Niemand sagen. Oberlin erschrak heftig, doch sagte er nichts, er tat was Lenz begehrte; zugleich schrieb er an den Schulmeister *Sebastian Scheidecker* in Bellefosse, er möge herunterkommen und gab ihm Instruktionen. Dann ritt er weg. Der Mann kam. Lenz hatte ihn schon oft gesehen und hatte sich an ihn attachiert. Er tat, als hätte er mit Oberlin etwas reden wollen, wollte dann wieder weg. Lenz bat ihn zu bleiben, und so blieben sie beisammen. Lenz schlug noch einen Spaziergang nach Fouday vor. Er besuchte das Grab des Kindes, das er hatte erwecken wollen, kniete zu verschiedenen Malen nieder, küßte die Erde des Grabes, schien betend, doch mit großer Verwirrung, riß Etwas von den auf dem Grabe stehenden Blumen ab, als ein Andenken, ging wieder zurück nach Waldbach, kehrte wieder um, und Sebastian mit. Bald ging er langsam und klagte über große Schwäche in den Gliedern, dann ging er mit verzweifelnder Schnelligkeit; die Landschaft beängstigte ihn, sie war so eng, daß er an Alles zu stoßen fürchtete. Ein unbeschreibliches Gefühl des Mißbehagens befiel ihn, sein Begleiter ward ihm endlich lästig, auch mochte er seine Absicht erraten und suchte Mittel ihn zu entfernen. Sebastian schien ihm nachzugeben, fand aber heimlich Mittel, seinen Bruder von der Gefahr zu benachrichtigen, und nun hatte Lenz zwei Aufseher, statt einen. Er zog sie weiter herum; endlich ging er nach Waldbach zurück, und da sie nahe an dem Dorfe waren, kehrte er wie ein Blitz wieder um und sprang wie ein Hirsch gen Fouday zurück. Die Männer setzten ihm nach. Indem sie ihn in Fouday suchten, kamen zwei Krämer und erzählten ihnen, man hätte in einem Hause einen Fremden gebunden, der sich für einen Mörder ausgäbe, aber gewiß kein Mörder sein könne. Sie liefen in dies Haus und fanden es so. Ein junger Mensch hatte ihn auf sein ungestümes Drängen in der Angst gebunden. Sie banden ihn los und brachten ihn glücklich nach Waldbach, wohin Oberlin indessen mit seiner Frau zurückgekommen war. Er sah verwirrt aus, da er aber merkte, daß er liebreich und freundlich empfangen wurde, bekam er wieder Mut, sein Gesicht veränderte sich vorteilhaft, er dankte seinen beiden Begleitern freundlich und zärtlich, und der Abend ging ruhig herum. Oberlin bat ihn inständig, nicht mehr zu baden, die Nacht ruhig im Bette zu bleiben, und wenn er nicht schlafen könne, sich mit Gott zu unterhalten. Er versprach's und tat es so die folgende Nacht; die Mägde hörten ihn fast die ganze Nacht hindurch beten. –

Den folgenden Morgen kam er mit vergnügter Miene auf Oberlins Zimmer. Nachdem sie Verschiedenes gesprochen hatten, sagte er mit ausnehmender Freundlichkeit: »Liebster Herr Pfarrer, das Frauenzimmer, wovon ich Ihnen sagte, ist gestorben, ja gestorben, der Engel.« – »Woher wissen Sie das?« – »Hieroglyphen, Hieroglyphen –« und dann zum Himmel geschaut und wieder: »ja gestorben – Hieroglyphen.« Es war dann nichts weiter aus ihm zu bringen. Er setzte sich und schrieb einige Briefe, gab sie dann Oberlin mit der Bitte, einige Zeilen dazu zu setzen. Siehe die Briefe.

Sein Zustand war indessen immer trostloser geworden. Alles, was er an Ruhe aus der Nähe Oberlins und aus der Stille des Tals geschöpft hatte, war weg; die Welt, die er hatte nutzen wollen, hatte einen ungeheuern Riß, er hatte keinen Haß, keine Liebe, keine Hoffnung – eine schreckliche Leere und doch eine folternde Unruhe, sie auszufüllen. Er hatte N i c h t s. Was er tat, tat er mit Bewußtsein und doch zwang ihn ein innerlicher Instinkt. Wenn er allein war, war es ihm so entsetzlich einsam, daß er beständig laut mit sich redete, rief, und dann erschrak er wieder, und es war ihm, als hätte eine fremde Stimme mit ihm gesprochen. Im Gespräch stockte er oft, eine unbeschreibliche Angst befiel ihn, er hatte das Ende seines Satzes verloren; dann meinte er, er müsse das zuletzt gesprochene Wort behalten und immer sprechen, nur mit großer Anstrengung unterdrückte er diese Gelüste. Es bekümmerte die guten Leute tief, wenn er manchmal in ruhigen Augenblicken bei ihnen saß und unbefangen sprach, und er dann stockte und eine unaussprechliche Angst sich in seinen Zügen malte, er die Personen, die ihm zunächst saßen, krampfhaft am Arm faßte und erst nach und nach wieder zu sich kam. War er allein, oder las er, war's noch ärger, all seine geistige Tätigkeit blieb manchmal in einem Gedanken hängen; dachte er an eine fremde Person, oder stellte er sie sich lebhaft vor, so war es ihm, als würde er sie selbst, er verwirrte sich ganz und dabei hatte er einen unendlichen Trieb, mit Allem um ihn im Geist willkürlich umzugehen; die Natur, Menschen, nur Oberlin ausgenommen, – Alles traumartig, kalt; er amüsierte sich, die Häuser auf die Dächer zu stellen, die Menschen an- und auszukleiden, die wahnwitzigsten Possen auszusinnen. Manchmal fühlte er einen unwiderstehlichen Drang, das Ding, das er gerade im Sinne hatte, auszuführen, und dann schnitt er entsetzliche Fratzen. Einst saß er neben Oberlin, die Katze lag gegenüber auf einem Stuhl. Plötzlich wurden seine Augen starr, er hielt sie unverrückt auf das Tier gerichtet, dann glitt er langsam den Stuhl hinunter, die Katze ebenfalls, sie war wie bezaubert von seinem Blick, sie geriet in ungeheure Angst, sie sträubte sich scheu, Lenz mit den nämlichen Tönen, mit fürchterlich entstelltem Gesicht; wie in Verzweiflung stürzten Beide auf einander los, da endlich erhob sich Madame Oberlin, um sie zu trennen. Dann war er wieder tief beschämt. Die Zufälle des Nachts steigerten sich aufs Schrecklichste. Nur mit der größten Mühe schlief er ein, während er zuvor noch die schreckliche Leere zu füllen versucht hatte. Dann geriet er zwischen Schlaf und Wachen in einen entsetzlichen Zustand; er stieß an etwas Grauenhaftes, Entsetzliches, der Wahnsinn packte ihn, er fuhr mit fürchterlichem Schreien, in Schweiß gebadet, auf, und erst nach und nach fand er sich wieder. Er mußte dann mit den einfachsten Dingen anfangen, um wieder zu sich zu kommen. Eigentlich nicht er tat es, sondern ein mächtiger Erhaltungstrieb; es war als sei er doppelt, und der eine Teil suchte den andern zu retten, und riefe sich selbst zu; er erzählte, er sagte in der heftigsten Angst Gedichte her, bis er wieder zu sich kam.

Auch bei Tage bekam er diese Zufälle, sie waren dann noch schrecklicher; denn sonst hatte ihn die Helle davor bewahrt. Es war ihm dann, als existiere er allein, als bestände die Welt nur in seiner Einbildung, als sei nichts, als er; er sei das ewig Verdammte, der Satan, allein mit seinen folternden Vorstellungen. Er jagte mit rasender Schnelligkeit sein Leben durch und dann sagte er: »consequent, consequent«; wenn Jemand etwas sprach: »inconsequent, inconsequent«; es war die Kluft unrettbaren Wahnsinns, eines Wahnsinns durch die Ewigkeit. Der Trieb der geistigen Erhaltung jagte ihn auf; er stürzte sich in Oberlins Arme, er klammerte sich an ihn, als wolle er sich in ihn drängen; er war das einzige Wesen, das für ihn lebte und durch den ihm wieder das Leben offenbart wurde. Allmählich brachten ihn Oberlins Worte dann zu sich, er lag auf den Knieen vor Oberlin, seine Hände in den Händen Oberlins, sein mit kaltem Schweiß bedecktes Gesicht auf dessen Schoß, am ganzen Leibe bebend und zitternd. Oberlin empfand unendliches Mitleid, die Familie lag auf den Knieen und betete für den Unglücklichen, die Mägde flohen und hielten ihn für einen Besessenen. Und wenn er ruhiger wurde, war es wie der Jammer eines Kindes, er schluchzte, er empfand ein tiefes, tiefes Mitleid mit sich selbst; das waren auch seine seligsten Augenblicke. Oberlin sprach ihm von Gott. Lenz wand sich ruhig los und sah ihn mit einem Ausdruck unendlichen Leidens an und sagte endlich: »aber ich, wär ich allmächtig, sehen Sie, wenn ich so wäre, ich könnte das Leiden nicht ertragen, ich würde retten, retten; ich will ja nichts als Ruhe, Ruhe, nur ein wenig Ruhe, um schlafen zu können.« Oberlin sagte, dies sei eine Profanation. Lenz schüttelte trostlos mit dem Kopfe. Die halben Versuche zum Entleiben, die er indes fortwährend machte, waren nicht ganz Ernst. Es war weniger der Wunsch des Todes, für ihn war ja keine Ruhe und Hoffnung im Tod; es war mehr in Augenblicken der fürchterlichsten Angst oder der dumpfen, ans Nichtsein grenzenden Ruhe ein Versuch, sich zu sich selbst zu bringen durch physischen Schmerz. Augenblicke, wenn sein Geist sonst auf irgend einer wahnwitzigen Idee zu reiten schien, waren noch die glücklichsten. Es war doch ein wenig Ruhe, und sein wirrer Blick war nicht so entsetzlich, als die nach Rettung dürstende Angst, die ewige Qual der Unruhe! Oft schlug er sich den Kopf an die Wand, oder verursachte sich sonst einen heftigen physischen Schmerz.

Den 8. Morgens blieb er im Bette, Oberlin ging hinauf; er lag fast nackt auf dem Bette und war heftig bewegt. Oberlin wollte ihn zudecken, er klagte aber sehr, wie schwer Alles sei, so schwer, er glaube gar nicht, daß er gehen könne, jetzt endlich empfinde er die ungeheure Schwere der Luft. Oberlin sprach ihm Mut zu.

Er blieb aber in seiner frühern Lage und blieb den größten Teil des Tages so, auch nahm er keine Nahrung zu sich. Gegen Abend wurde Oberlin zu einem Kranken nach Bellefosse gerufen. Es war gelindes Wetter und Mondschein. Auf dem Rückweg begegnete ihm Lenz. Er schien ganz vernünftig und sprach ruhig und freundlich mit Oberlin. Der bat ihn, nicht zu weit zu gehen, er versprachs; im Weggehn wandte er sich plötzlich um und trat wieder ganz nah zu Oberlin und sagte rasch: »Sehen Sie, Herr Pfarrer, wenn ich das nur nicht mehr hören müßte, mir wäre geholfen.« – »Was denn, mein Lieber?« – »Hören Sie denn nichts, hören Sie denn nicht die entsetzliche Stimme, die um den ganzen Horizont schreit, und die man gewöhnlich die Stille heißt? seit ich in dem stillen Tal bin, hör ich's immer, es läßt mich nicht schlafen, ja Herr Pfarrer, wenn ich wieder einmal schlafen könnte!« Er ging dann kopfschüttelnd weiter. Oberlin ging zurück nach Waldbach und wollte ihm Jemand nachschicken, als er ihn die Stiege herauf in sein Zimmer gehen hörte. Einen Augenblick darauf platzte etwas im Hof mit so starkem Schall, daß es Oberlin unmöglich von dem Falle eines Menschen herkommen zu können schien. Die Kindsmagd kam totblaß und ganz zitternd [– – –]

Er saß mit kalter Resignation im Wagen, wie sie das Tal hervor nach Westen fuhren. Es war ihm einerlei, wohin man ihn führte; mehrmals, wo der Wagen bei dem schlechten Wege in Gefahr geriet, blieb er ganz ruhig sitzen; er war vollkommen gleichgiltig. In diesem Zustand legte er den Weg durchs Gebirg zurück. Gegen Abend waren sie im Rheintale. Sie entfernten sich allmählich vom Gebirg, das nun wie eine tiefblaue Kristallwelle sich in das Abendrot hob, und auf deren warmer Flut die roten Strahlen des Abends spielten; über die Ebene hin am Fuße des Gebirges lag ein schimmerndes, bläuliches Gespinnst. Es wurde finster, je mehr sie sich Straßburg näherten; hoher Vollmond, alle fernen Gegenstände dunkel, nur der Berg neben bildete eine scharfe Linie; die Erde war wie ein goldner Pokal, über den schäumend die Goldwellen des Monds liefen. Lenz starrte ruhig hinaus, keine Ahnung, kein Drang; nur wuchs eine dumpfe Angst in ihm, je mehr die Gegenstände sich in der Finsternis verloren. Sie mußten einkehren, da machte er wieder mehrere Versuche, Hand an sich zu legen, war aber zu scharf bewacht. Am folgenden Morgen, bei trübem regnerischem Wetter, traf er in Straßburg ein. Er schien ganz vernünftig, sprach mit den Leuten; er tat Alles wie es die Andern taten; es war aber eine entsetzliche Leere in ihm, er fühlte keine Angst mehr, kein Verlangen; sein Dasein war ihm eine notwendige Last. –

So lebte er hin.

Leonce und Lena

EIN LUSTSPIEL

Vorrede
Alfieri: »E la fama?«
Gozzi: »E la fame?«

PERSONEN

KÖNIG PETER vom Reiche Popo
PRINZ LEONCE, sein Sohn, verlobt mit
PRINZESSIN LENA vom Reiche Pipi
VALERIO
DIE GOUVERNANTE
DER HOFMEISTER
DER ZEREMONIENMEISTER
DER PRÄSIDENT DES STAATSRATS
DER HOFPREDIGER
DER LANDRAT
DER SCHULMEISTER
ROSETTA
Bediente, Staatsräte, Bauern etc.

Erster Akt

O wär ich doch ein Narr!
Mein Ehrgeiz geht auf eine bunte Jacke.
Wie es euch gefällt

Erste Szene

EIN GARTEN

Leonce (halb ruhend auf einer Bank). Der Hofmeister.

LEONCE. Mein Herr, was wollen Sie von mir? Mich auf meinen Beruf vorbereiten? Ich habe alle Hände voll zu tun, ich weiß mir vor Arbeit nicht zu helfen. Sehen Sie, erst habe ich auf den Stein hier dreihundert fünf und sechzig Mal hintereinander zu spucken. Haben Sie das noch nicht probiert? Tun Sie es, es gewährt eine ganz eigne Unterhaltung. Dann – sehen Sie diese Hand voll Sand? *(Er nimmt Sand auf, wirft ihn in die Höhe und fängt ihn mit dem Rücken der Hand wieder auf.)* – Jetzt werf ich sie in die Höhe. Wollen wir wetten? Wieviel Körnchen hab ich jetzt auf dem Handrücken? Grad oder ungrad? – Wie? Sie wollen nicht wetten? Sind Sie ein Heide? Glauben Sie an Gott? Ich wette gewöhnlich mit mir selbst und kann es tagelang so treiben. Wenn Sie einen Menschen aufzutreiben wissen, der Lust hätte, als mit mir zu wetten, so werden Sie mich sehr verbinden. Dann – habe ich nachzudenken, wie es wohl angehn mag, daß ich mir auf den Kopf sehe. – O, wer sich einmal auf den Kopf sehen könnte! Das ist eins von meinen Idealen. Mir wäre geholfen. Und dann – und dann noch unendlich viel der Art. – Bin ich ein Müßiggänger? Habe ich jetzt keine Beschäftigung? – Ja, es ist traurig . . .

HOFMEISTER. Sehr traurig, Euer Hoheit.

LEONCE. Daß die Wolken schon seit drei Wochen von Westen nach Osten ziehen. Es macht mich ganz melancholisch.

HOFMEISTER. Eine sehr gegründete Melancholie.

LEONCE. Mensch, warum widersprechen Sie mir nicht? Sie sind pressiert, nicht wahr? Es ist mir leid, daß ich Sie so lange aufgehalten habe. *(Der Hofmeister entfernt sich mit einer tiefen Verbeugung.)* Mein Herr, ich gratuliere Ihnen zu der schönen Parenthese, die Ihre Beine machen, wenn Sie sich verbeugen.

LEONCE *(allein, streckt sich auf der Bank aus).* Die Bienen sitzen so träg an den Blumen, und der Sonnenschein liegt so faul auf dem Boden. Es krassiert ein entsetzlicher Müßiggang. – Müßiggang ist aller Laster Anfang. – Was die Leute nicht alles aus Langeweile treiben! Sie studieren aus Langeweile, sie beten aus Langeweile, sie verlieben, verheiraten und vermehren sich aus Langeweile und sterben endlich aus Langeweile, und – und das ist der Humor davon – alles mit den wichtigsten Gesichtern, ohne zu merken, warum, und meinen Gott weiß was dazu. Alle diese Helden, diese Genies, diese Dummköpfe, diese Heiligen, diese Sünder, diese Familienväter sind im Grunde nichts als raffinierte Müßiggänger. – Warum muß ich es grade wissen? Warum kann ich mir nicht wichtig werden und der armen Puppe einen Frack anziehen und einen Regenschirm in die Hand geben, daß sie sehr rechtlich und sehr nützlich und sehr moralisch würde? – Der Mann, der eben von mir ging, ich beneidete ihn, ich hätte ihn aus Neid prügeln mögen. O wer einmal jemand anders sein könnte! Nur 'ne Minute lang. – *(Valerio, etwas betrunken, tritt auf.)* Wie der Mensch läuft! Wenn ich nur etwas unter der Sonne wüßte, was mich noch könnte laufen machen.

VALERIO *(stellt sich dicht vor den Prinzen, legt den Finger an die Nase und sieht ihn starr an).* Ja!

LEONCE *(ebenso).* Richtig!

VALERIO. Haben Sie mich begriffen?

LEONCE. Vollkommen.

VALERIO. Nun, so wollen wir von etwas anderm reden. *(Er legt sich ins Gras.)* Ich werde mich indessen in das Gras legen und meine Nase oben zwischen den Halmen herausblühen lassen und romantische Empfindungen beziehen, wenn die Bienen und Schmetterlinge sich darauf wiegen, wie auf einer Rose.

LEONCE. Aber Bester, schnaufen Sie nicht so stark, oder die Bienen und Schmetterlinge müssen verhungern über den ungeheuren Prisen, die Sie aus den Blumen ziehen.

VALERIO. Ach Herr, was ich ein Gefühl für die Natur habe! Das Gras steht so schön, daß man ein Ochs sein möchte, um es fressen zu können, und dann wieder ein Mensch, um den Ochsen zu essen, der solches Gras gefressen.

LEONCE. Unglücklicher, Sie scheinen auch an Idealen zu laborieren.

VALERIO. Es ist ein Jammer. Man kann keinen Kirchturm herunterspringen, ohne den Hals zu brechen. Man kann keine vier Pfund Kirschen mit den Steinen essen, ohne Leibweh zu kriegen. Seht, Herr, ich könnte mich in eine Ecke setzen und singen vom Abend bis zum Morgen: »Hei, da sitzt e Fleig an der Wand! Fleig an der Wand! Fleig an der Wand!« und so fort bis zum Ende meines Lebens.

LEONCE. Halt's Maul mit deinem Lied, man könnte darüber ein Narr werden.

VALERIO. So wäre man doch etwas. Ein Narr! Ein Narr! Wer will mir seine Narrheit gegen meine Vernunft verhandeln? Ha, ich bin Alexander der Große! Wie mir die Sonne eine goldne Krone in die Haare scheint, wie meine Uniform blitzt! Herr Generalissimus Heupferd, lassen Sie die Truppen anrücken! Herr Finanzminister Kreuzspinne, ich brauche Geld! Liebe Hofdame Libelle, was macht meine teure Gemahlin Bohnenstange? Ach bester Herr Leibmedicus Cantharide, ich bin um einen Erbprinzen verlegen. Und zu diesen köstlichen Phantasieen bekommt man gute Suppe, gutes Fleisch, gutes Brot, ein gutes Bett und das Haar umsonst geschoren – im Narrenhaus nämlich, – während ich mit meiner gesunden Vernunft mich höchstens noch zur Beförderung der Reife auf einen Kirschbaum verdingen könnte, um – nun? – um?

LEONCE. Um die Kirschen durch die Löcher in deinen Hosen schamrot zu machen! Aber, Edelster, dein Handwerk, deine Profession, dein Gewerbe, dein Stand, deine Kunst?

VALERIO *(mit Würde)*. Herr, ich habe die große Beschäftigung, müßig zu gehen, ich habe eine ungemeine Fertigkeit im Nichtstun, ich besitze eine ungeheure Ausdauer in der Faulheit. Keine Schwiele schändet meine Hände, der Boden hat noch keinen Tropfen von meiner Stirne getrunken, ich bin noch Jungfrau in der Arbeit, und wenn es mir nicht der Mühe zu viel wäre, würde ich mir die Mühe nehmen, Ihnen diese Verdienste weitläufiger auseinanderzusetzen.

LEONCE *(mit komischem Enthusiasmus).* Komm an meine Brust! Bist du einer von den Göttlichen, welche mühelos mit reiner Stirne durch den Schweiß und Staub über die Heerstraße des Lebens wandeln, und mit glänzenden Sohlen und blühenden Leibern gleich seligen Göttern in den Olympus treten? Komm! Komm!

VALERIO *(singt im Abgehen.)* Hei, da sitzt e Fleig an der Wand! Fleig an der Wand! Fleig an der Wand!

Beide Arm in Arm ab.

Zweite Szene

EIN ZIMMER

König Peter wird von zwei Kammerdienern angekleidet.

PETER *(während er angekleidet wird).* Der Mensch muß denken und ich muß für meine Untertanen denken; denn sie denken nicht, sie denken nicht. – Die Substanz ist das an sich, das bin ich. *(Er läuft fast nackt im Zimmer herum.)* Begriffen? An sich ist an sich, versteht ihr? Jetzt kommen meine Attribute, Modifikationen, Affektionen und Akzidenzien, wo ist mein Hemd, meine Hose? – Halt, pfui! der freie Wille steht davorn ganz offen. Wo ist die Moral, wo sind die Manschetten? Die Kategorieen sind in der schändlichsten Verwirrung, es sind zwei Knöpfe zuviel zugeknöpft, die Dose steckt in der rechten Tasche. Mein ganzes System ist ruiniert. – Ha, was bedeutet der Knopf im Schnupftuch? Kerl, was bedeutet der Knopf, an was wollte ich mich erinnern?

ERSTER KAMMERDIENER. Als Eure Majestät diesen Knopf in Ihr Schnupftuch zu knüpfen geruhten, so wollten Sie –

PETER. Nun?

ERSTER KAMMERDIENER. Sich an Etwas erinnern.

PETER. Eine verwickelte Antwort! – Ei! Nun, und was meint Er?

ZWEITER KAMMERDIENER. Eure Majestät wollten sich an Etwas

erinnern, als Sie diesen Knopf in Ihr Schnupftuch zu knüpfen geruhten.

PETER *(läuft auf und ab)*. Was? Was? Die Menschen machen mich konfus, ich bin in der größten Verwirrung. Ich weiß mir nicht mehr zu helfen.

Ein Diener tritt auf.

DIENER. Eure Majestät, der Staatsrat ist versammelt.

PETER *(freudig)*. Ja, das ist's, das ist's – Ich wollte mich an mein Volk erinnern. – Kommen Sie, meine Herren! Gehn Sie symmetrisch. Ist es nicht sehr heiß? Nehmen Sie doch auch Ihre Schnupftücher und wischen Sie sich das Gesicht. Ich bin immer so in Verlegenheit, wenn ich öffentlich sprechen soll. *(Alle ab.)*

König Peter. Der Staatsrat.

PETER. Meine Lieben und Getreuen, ich wollte euch hiermit kund und zu wissen tun, kund und zu wissen tun – denn, entweder verheiratet sich mein Sohn, oder nicht, *(legt den Finger an die Nase.)* entweder, oder – ihr versteht mich doch? Ein Drittes gibt es nicht. Der Mensch muß denken. *(Steht eine Zeit lang sinnend.)* Wenn ich so laut rede, so weiß ich nicht, wer es eigentlich ist, ich oder ein Anderer, das ängstigt mich. *(Nach langem Besinnen.)* Ich bin ich. – Was halten Sie davon, Präsident?

PRÄSIDENT *(gravitätisch langsam)*. Eure Majestät, vielleicht ist es so, vielleicht ist es aber auch nicht so.

DER GANZE STAATSRAT IM CHOR. Ja, vielleicht ist es so, vielleicht ist es aber auch nicht so.

PETER *(mit Rührung)*. O meine Weisen! – Also von was war eigentlich die Rede? Von was wollte ich sprechen? Präsident, was haben Sie ein so kurzes Gedächtnis bei einer so feierlichen Gelegenheit? Die Sitzung ist aufgehoben.

Er entfernt sich feierlich, der ganze Staatsrat folgt ihm.

Dritte Szene

EIN REICHGESCHMÜCKTER SAAL. KERZEN BRENNEN

Leonce mit einigen Dienern.

LEONCE. Sind alle Läden geschlossen? Zündet die Kerzen an! Weg mit dem Tag! Ich will Nacht, tiefe ambrosische Nacht. Stellt die Lampen unter Kristallglocken zwischen die Oleander, daß sie wie Mädchenaugen unter den Wimpern der Blätter hervorträumen. Rückt die Rosen näher, daß der Wein wie Tautropfen auf die Kelche sprudle. Musik! Wo sind die Violinen? Wo ist die Rosetta? Fort! Alle hinaus! *(Die Diener gehen ab. Leonce streckt sich auf ein Ruhebett.)*

Rosetta, zierlich gekleidet, tritt ein. Man hört Musik aus der Ferne.

ROSETTA *(nähert sich schmeichelnd)*. Leonce!
LEONCE. Rosetta!
ROSETTA. Leonce!
LEONCE. Rosetta!
ROSETTA. Deine Lippen sind träg. Vom Küssen?
LEONCE. Vom Gähnen!
ROSETTA. Oh!
LEONCE. Ach Rosetta, ich habe die entsetzliche Arbeit ...
ROSETTA. Nun?
LEONCE. Nichts zu tun ...
ROSETTA. Als zu lieben?
LEONCE. Freilich Arbeit!
ROSETTA *(beleidigt)*. Leonce!
LEONCE. Oder Beschäftigung.
ROSETTA. Oder Müßiggang.
LEONCE. Du hast Recht wie immer. Du bist ein kluges Mädchen, und ich halte viel auf deinen Scharfsinn.
ROSETTA. So liebst du mich aus Langeweile?
LEONCE. Nein, ich habe Langeweile, weil ich dich liebe. Aber ich

liebe meine Langeweile wie dich. Ihr seid eins. O dolce far niente, ich träume über deinen Augen wie an wunderheimlichen tiefen Quellen, das Kosen deiner Lippen schläfert mich ein wie Wellenrauschen. *(Er umfaßt sie.)* Komm liebe Langeweile, deine Küsse sind ein wollüstiges Gähnen, und deine Schritte sind ein zierlicher Hiatus.

ROSETTA. Du liebst mich, Leonce?

LEONCE. Ei warum nicht?

ROSETTA. Und immer?

LEONCE. Das ist ein langes Wort: immer! Wenn ich dich nun noch fünftausend Jahre und sieben Monate liebe, ist's genug? Es ist zwar viel weniger, als immer, ist aber doch eine erkleckliche Zeit, und wir können uns Zeit nehmen, uns zu lieben.

ROSETTA. Oder die Zeit kann uns das Lieben nehmen.

LEONCE. Oder das Lieben uns die Zeit. Tanze, Rosetta, tanze, daß die Zeit mit dem Takt deiner niedlichen Füße geht!

ROSETTA. Meine Füße gingen lieber aus der Zeit. *(Sie tanzt und singt.)*

O meine müden Füße, ihr müßt tanzen
In bunten Schuhen,
Und möchtet lieber tief, tief
Im Boden ruhen.

O meine heißen Wangen, ihr müßt glühn
Im wilden Kosen,
Und möchtet lieber blühn –
Zwei weiße Rosen.

O meine armen Augen, ihr müßt blitzen
Im Strahl der Kerzen,
Und schlieft im Dunkel lieber aus
Von euren Schmerzen.

LEONCE *(indes träumend vor sich hin).* O, eine sterbende Liebe ist schöner als eine werdende. Ich bin ein Römer; bei dem köstlichen Mahle spielen zum Dessert die goldnen Fische in ihren Todesfarben. Wie ihr das Rot von den Wangen stirbt, wie still das Auge ausglüht, wie leis das Wogen ihrer Glieder steigt und fällt! Adio, adio meine Liebe, ich will deine Leiche lieben. *(Rosetta nähert sich ihm wieder.)* Tränen, Rosetta? Ein feiner Epikuräismus – weinen zu können. Stelle dich in die Sonne, daß die köstlichen Tropfen kristallisieren, es muß prächtige Diamanten geben. Du kannst dir ein Halsband daraus machen lassen.

ROSETTA. Wohl Diamanten, sie schneiden mir in die Augen. Ach Leonce! *(Will ihn umfassen.)*

LEONCE. Gib Acht! Mein Kopf! Ich habe unsere Liebe darin beigesetzt. Sieh zu den Fenstern meiner Augen hinein. Siehst du, wie schön tot das arme Ding ist? Siehst du die zwei weißen Rosen auf seinen Wangen und die zwei roten auf seiner Brust? Stoß mich nicht, daß ihm kein Ärmchen abbricht, es wäre Schade. Ich muß meinen Kopf gerade auf den Schultern tragen, wie die Totenfrau einen Kindersarg.

ROSETTA *(scherzend)*. Narr!

LEONCE. Rosetta! *(Rosetta macht ihm eine Fratze.)* Gott sei Dank! *(Hält sich die Augen zu.)*

ROSETTA *(erschrocken)*. Leonce, sieh mich an!

LEONCE. Um keinen Preis!

ROSETTA. Nur einen Blick!

LEONCE. Keinen! Meinst du? um ein klein wenig, und meine liebe Liebe käme wieder auf die Welt. Ich bin froh, daß ich sie begraben habe. Ich behalte den Eindruck.

ROSETTA *(entfernt sich traurig und langsam, sie singt im Abgehn)*.

Ich bin eine arme Waise,
Ich fürchte mich ganz allein.
Ach lieber Gram –
Willst du nicht kommen mit mir heim?

LEONCE *(allein)*. Ein sonderbares Ding um die Liebe. Man liegt ein Jahr lang schlafwachend zu Bette, und an einem schönen Morgen wacht man auf, trinkt ein Glas Wasser, zieht seine Kleider an und fährt sich mit der Hand über die Stirn und besinnt sich – und besinnt sich. – Mein Gott, wieviel Weiber hat man nötig, um die Skala der Liebe auf und ab zu singen? Kaum daß Eine einen Ton ausfüllt. Warum ist der Dunst über unsrer Erde ein Prisma, das den weißen Glutstrahl der Liebe in einen Regenbogen bricht? – *(Er trinkt.)* In welcher Bouteille steckt denn der Wein, an dem ich mich heute betrinken soll? Bringe ich es nicht einmal mehr so weit? Ich sitze wie unter einer Luftpumpe. Die Luft so scharf und dünn, daß mich friert, als sollte ich in Nankinghosen Schlittschuh laufen. – Meine Herren, meine Herren, wißt ihr auch, was Caligula und Nero waren? Ich weiß es. – Komm Leonce, halte mir einen Monolog, ich will zuhören. Mein Leben gähnt mich an, wie ein großer weißer Bogen Papier, den ich vollschreiben soll, aber ich bringe keinen Buchstaben heraus. Mein Kopf ist ein leerer Tanzsaal, einige verwelkte Rosen und zerknitterte Bänder auf dem Boden, geborstene Violinen in der Ecke, die letzten Tänzer haben die Masken abgenommen und sehen mit todmüden Augen einander an. Ich stülpe mich jeden Tag vier und zwanzigmal herum, wie einen Handschuh. O ich kenne mich, ich weiß was ich in einer Viertelstunde, was ich in acht Tagen, was ich in einem Jahre denken und träumen werde. Gott, was habe ich denn verbrochen, daß du mich wie einen Schulbuben meine Lektion so oft hersagen läßt? –

Bravo Leonce! Bravo! *(Er klatscht.)* Es tut mir ganz wohl, wenn ich mir so rufe. He! Leonce! Leonce!

VALERIO *(unter einem Tisch hervor)*. Eure Hoheit scheint mir wirklich auf dem besten Weg, ein wahrhaftiger Narr zu werden.

LEONCE. Ja, beim Licht besehen, kommt es mir eigentlich eben so vor.

VALERIO. Warten Sie, wir wollen uns darüber sogleich ausführlicher unterhalten. Ich habe nur noch ein Stück Braten zu verzehren, das ich aus der Küche, und etwas Wein, den ich von Ihrem Tische gestohlen. Ich bin gleich fertig.

LEONCE. Das schmatzt. Der Kerl verursacht mir ganz idyllische Empfindungen; ich könnte wieder mit dem Einfachsten anfangen, ich könnte Käs essen, Bier trinken, Tabak rauchen. Mach fort, grunze nicht so mit deinem Rüssel, und klappre mit deinen Hauern nicht so.

VALERIO. Wertester Adonis, sind Sie in Angst um Ihre Schenkel? Sein Sie unbesorgt, ich bin weder ein Besenbinder noch ein Schulmeister. Ich brauche keine Gerten zu Ruten.

LEONCE. Du bleibst nichts schuldig.

VALERIO. Ich wollte, es ginge meinem Herrn eben so.

LEONCE. Meinst du, damit du zu deinen Prügeln kämst? Bist du so besorgt um deine Erziehung?

VALERIO. O Himmel, man kömmt leichter zu seiner Erzeugung als zu seiner Erziehung. Es ist traurig, in welche Umstände einen andere Umstände versetzen können! Was für Wochen hab' ich erlebt, seit meine Mutter in die Wochen kam! Wie viel Gutes hab' ich empfangen, das ich meiner Empfängnis zu danken hätte?

LEONCE. Was deine Empfänglichkeit betrifft, so könnte sie es nicht besser treffen, um getroffen zu werden. Drück dich besser aus, oder du sollst den unangenehmsten Eindruck von meinem Nachdruck haben.

VALERIO. Als meine Mutter um das Vorgebirg der guten Hoffnung schiffte ...

LEONCE. Und dein Vater am Cap Horn Schiffbruch litt ...

VALERIO. Richtig, denn er war Nachtwächter. Doch setzte er das Horn nicht so oft an die Lippen, als die Väter edler Söhne an die Stirn.

LEONCE. Mensch, du besitzest eine himmlische Unverschämtheit. Ich fühle ein gewisses Bedürfnis, mich in nähere Berührung mit ihr zu setzen. Ich habe eine große Passion dich zu prügeln.

VALERIO. Das ist eine schlagende Antwort und ein triftiger Beweis.

LEONCE *(geht auf ihn los)*. Oder du bist eine geschlagene Antwort. Denn du bekommst Prügel für deine Antwort.

VALERIO *(läuft weg, Leonce stolpert und fällt)*. Und Sie sind ein Beweis, der noch geführt werden muß; denn er fällt über seine eigenen Beine, die im Grund genommen selbst noch zu beweisen sind. Es sind höchst unwahrscheinliche Waden und sehr problematische Schenkel.

Der Staatsrat tritt auf. Leonce bleibt auf dem Boden sitzen. Valerio.

PRÄSIDENT. Eure Hoheit verzeihen ...

LEONCE. Wie mir selbst! Wie mir selbst! Ich verzeihe mir die Gutmütigkeit, Sie anzuhören. Meine Herren, wollen Sie nicht Platz nehmen? – Was die Leute für Gesichter machen, wenn sie das Wort *Platz* hören! Setzen Sie sich nur auf den Boden und genieren Sie sich nicht. Es ist doch der letzte Platz, den Sie einst erhalten, aber er trägt Niemand etwas ein – außer dem Totengräber.

PRÄSIDENT *(verlegen mit den Fingern schnipsend)*. Geruhen Eure Hoheit ...

LEONCE. Aber schnipsen Sie nicht so mit den Fingern, wenn Sie mich nicht zum Mörder machen wollen.

PRÄSIDENT *(immer stärker schnipsend)*. Wollen gnädigst, in Betracht ...

LEONCE. Mein Gott, stecken Sie doch die Hände in die Hosen, oder setzen Sie sich darauf. Er ist ganz aus der Fassung. Sammeln Sie sich.

VALERIO. Man darf Kinder nicht während des Pissens unterbrechen, sie bekommen sonst eine Verhaltung.

LEONCE. Mann, fassen Sie sich. Bedenken Sie Ihre Familie und den Staat. Sie riskieren einen Schlagfluß, wenn Ihnen Ihre Rede zurücktritt.

PRÄSIDENT *(zieht ein Papier aus der Tasche)*. Erlauben Eure Hoheit ...

LEONCE. Was! Sie können schon lesen? Nun denn ...

PRÄSIDENT. Daß man der zu erwartenden Ankunft von Eurer Hoheit verlobter Braut, der durchlauchtigsten Prinzessin Lena von Pipi, auf morgen sich zu gewärtigen habe, davon läßt Ihro königliche Majestät Eure Hoheit benachrichtigen.

LEONCE. Wenn meine Braut mich erwartet, so werde ich ihr den Willen tun und sie auf mich warten lassen. Ich habe sie gestern Nacht im Traum gesehen, sie hatte ein paar Augen, so groß, daß die Tanzschuhe meiner Rosetta zu Augenbrauen darüber gepaßt hätten, und auf den Wangen waren keine Grübchen zu sehen, sondern ein paar Abzugsgruben für das Lachen. Ich glaube an Träume. Träumen Sie auch zuweilen, Herr Präsident? Haben Sie auch Ahnungen?

VALERIO. Versteht sich. Immer die Nacht vor dem Tag, an dem ein Braten an der königlichen Tafel verbrennt, ein Kapaun krepiert, oder Ihre königliche Majestät Leibweh bekommt.

LEONCE. A propos, hatten Sie nicht noch etwas auf der Zunge? Geben Sie nur Alles von sich.

PRÄSIDENT. An dem Tage der Vermählung ist ein höchster Wille gesonnen, seine allerhöchsten Willensäußerungen in die Hände Eurer Hoheit niederzulegen.

LEONCE. Sagen Sie einem höchsten Willen, daß ich alles tun werde, das ausgenommen, was ich werde bleiben lassen, was aber jedenfalls nicht soviel sein wird, als wenn es noch einmal soviel wäre. – Meine Herren, Sie entschuldigen, daß ich Sie nicht begleite, ich habe gerade die Passion zu sitzen, aber meine Gnade ist so groß, daß ich sie mit den Beinen kaum ausmessen kann. *(Er spreizt die Beine auseinander.)* Herr Präsident, nehmen Sie doch das Maß, damit Sie mich später daran erinnern. Valerio, gib den Herren das Geleite.

VALERIO. Das Geläute? Soll ich dem Herrn Präsidenten eine Schelle anhängen? Soll ich sie führen, als ob sie auf allen Vieren gingen?

LEONCE. Mensch, du bist nichts als ein schlechtes Wortspiel. Du hast weder Vater noch Mutter, sondern die fünf Vokale haben dich miteinander erzeugt.

VALERIO. Und Sie, Prinz, sind ein Buch ohne Buchstaben, mit nichts als Gedankenstrichen. – Kommen Sie jetzt, meine Herren! Es ist eine traurige Sache um das Wort kommen. Will man ein Einkommen, so muß man stehlen, an ein Aufkommen ist nicht zu denken, als wenn man sich hängen läßt, ein Unterkommen findet man erst, wenn man begraben wird, und ein Auskommen hat man jeden Augenblick mit seinem Witz, wenn man nichts mehr zu sagen weiß, wie ich zum Beispiel eben, und Sie, ehe Sie noch etwas gesagt haben. Ihr Abkommen haben Sie gefunden und Ihr Fortkommen werden Sie jetzt zu suchen ersucht. *(Staatsrat und Valerio ab.)*

LEONCE *(allein)*. Wie gemein ich mich zum Ritter an den armen Teufeln gemacht habe! Es steckt nun aber doch einmal ein gewisser Genuß in einer gewissen Gemeinheit. – Hm! Heiraten! Das heißt einen Ziehbrunnen leer trinken. O Shandy, alter Shandy, wer mir deine Uhr schenkte! – *(Valerio kommt zurück.)* Ach, Valerio, hast du es gehört?

VALERIO. Nun, Sie sollen König werden. Das ist eine lustige Sache. Man kann den ganzen Tag spazieren fahren und den Leuten die Hüte verderben durchs viele Abziehen, man kann aus ordentlichen Menschen ordentliche Soldaten ausschneiden, so daß Alles ganz natürlich wird, man kann schwarze Fräcke und weiße Halsbinden zu Staatsdienern machen, und wenn man stirbt, so laufen alle blanken Knöpfe blau an und die Glockenstricke reißen wie Zwirnsfäden vom vielen Läuten. Ist das nicht unterhaltend?

LEONCE. Valerio! Valerio! Wir müssen was Anderes treiben. Rate!

VALERIO. Ach, die Wissenschaft, die Wissenschaft! Wir wollen Gelehrte werden! a priori? oder a posteriori?

LEONCE. a priori, das muß man bei meinem Herrn Vater lernen; und a posteriori fängt Alles an, wie ein altes Märchen: es war einmal.

VALERIO. So wollen wir Helden werden. *(Er marschiert trompetend und trommelnd auf und ab.)* Trom – trom – pläre – plem!

LEONCE. Aber der Heroismus fuselt abscheulich und bekommt das Lazarettfieber und kann ohne Lieutenants und Rekruten nicht bestehen. Pack dich mit deiner Alexanders- und Napoleonsromantik!

VALERIO. So wollen wir Genies werden.

LEONCE. Die Nachtigall der Poesie schlägt den ganzen Tag über unserm Haupt, aber das Feinste geht zum Teufel, bis wir ihr die Federn ausreißen und in die Tinte oder die Farbe tauchen.

VALERIO. So wollen wir nützliche Mitglieder der menschlichen Gesellschaft werden.

LEONCE. Lieber möchte ich meine Demission als Mensch geben.

VALERIO. So wollen wir zum Teufel gehen.

LEONCE. Ach der Teufel ist nur des Kontrastes wegen da, damit wir begreifen sollen, daß am Himmel doch eigentlich etwas sei. *(Aufspringend.)* Ah Valerio, Valerio, jetzt hab ich's! Fühlst du nicht das Wehen aus Süden? Fühlst du nicht, wie der tiefblaue glühende Äther auf und ab wogt, wie das Licht blitzt von dem goldnen, sonnigen Boden, von der heiligen Salzflut und von den Marmor-Säulen und Leibern? Der große Pan schläft, und die ehernen Gestalten träumen im Schatten über den tiefrauschenden Wellen von dem alten Zaubrer Virgil, von Tarantella und Tambourin und tiefen, tollen Nächten voll Masken, Fakkeln und Gitarren. Ein Lazzaroni! Valerio, Ein Lazzaroni! Wir gehen nach Italien.

Vierte Szene

EIN GARTEN

Prinzessin Lena im Brautschmuck. Die Gouvernante.

LENA. Ja, jetzt. Da ist es. Ich dachte die Zeit an nichts. Es ging so hin, und auf einmal richtet sich der Tag vor mir auf. Ich habe den Kranz im Haar – und die Glocken, die Glocken! *(Sie lehnt sich zurück und schließt die Augen.)* Sieh, ich wollte, der Rasen wüchse so über mich, und die Bienen summten über mir hin; sieh, jetzt bin ich eingekleidet und habe Rosmarin im Haar. Gibt es nicht ein altes Lied:

Auf dem Kirchhof will ich liegen,
Wie ein Kindlein in der Wiegen.

GOUVERNANTE. Armes Kind, wie Sie bleich sind unter Ihren blitzenden Steinen.

LENA. O Gott, ich könnte lieben, warum nicht? Man geht ja so einsam und tastet nach einer Hand, die einen hielte, bis die Leichenfrau die Hände auseinandernähme und sie Jedem über der Brust faltete. Aber warum schlägt man einen Nagel durch zwei Hände, die sich nicht suchten? Was hat meine arme Hand getan? *(Sie zieht einen Ring vom Finger.)* Dieser Ring sticht mich wie eine Natter.

GOUVERNANTE. Aber – er soll ja ein wahrer Don Carlos sein.

LENA. Aber – ein Mann –

GOUVERNANTE. Nun?

LENA. Den man nicht liebt. *(Sie erhebt sich.)* Pfui! Siehst du, ich schäme mich. – Morgen ist aller Duft und Glanz von mir gestreift. Bin ich denn wie die arme, hülflose Quelle, die jedes Bild, das sich über sie bückt, in ihrem stillen Grund abspiegeln muß? Die Blumen öffnen und schließen, wie sie wollen, ihre Kelche der Morgensonne und dem Abendwind. Ist denn die Tochter eines Königs weniger, als eine Blume?

GOUVERNANTE *(weinend)*. Lieber Engel, du bist doch ein wahres Opferlamm.

LENA. Ja wohl – und der Priester hebt schon das Messer. – Mein Gott, mein Gott, ist es denn wahr, daß wir uns selbst erlösen müssen mit unserem Schmerz? Ist es denn wahr, die Welt sei ein gekreuzigter Heiland, die Sonne seine Dornenkrone und die Sterne die Nägel und Speere in seinen Füßen und Lenden?

GOUVERNANTE. Mein Kind, mein Kind! ich kann dich nicht so sehen. – Es kann nicht so gehen, es tötet dich. Vielleicht, wer weiß! Ich habe so etwas im Kopf. Wir wollen sehen. Komm! *(Sie führt die Prinzessin weg.)*

Zweiter Akt

> Wie ist mir eine Stimme doch erklungen
> Im tiefsten Innern,
> Und hat mit einemmale mir verschlungen
> All mein Erinnern.
>
> Adalbert von Chamisso

Erste Szene

FREIES FELD. EIN WIRTSHAUS IM HINTERGRUND

Leonce und Valerio, der einen Pack trägt, treten auf.

VALERIO *(keuchend)*. Auf Ehre, Prinz, die Welt ist doch ein ungeheuer weitläufiges Gebäude.

LEONCE. Nicht doch! Nicht doch! Ich wage kaum die Hände auszustrecken, wie in einem engen Spiegelzimmer, aus Furcht überall anzustoßen, daß die schönen Figuren in Scherben auf dem Boden lägen und ich vor der kahlen, nackten Wand stünde.

VALERIO. Ich bin verloren.

LEONCE. Da wird Niemand einen Verlust dabei haben, als wer dich findet.

VALERIO. Ich werde mich nächstens in den Schatten meines Schattens stellen.

LEONCE. Du verflüchtigst dich ganz an der Sonne. Siehst du die schöne Wolke da oben? Sie ist wenigstens ein Viertel von dir. Sie sieht ganz wohlbehaglich auf deine gröberen materiellen Stoffe herab.

VALERIO. Die Wolke könnte Ihrem Kopf nichts schaden, wenn man Ihnen denselben scheren und sie Ihnen Tropfen für Tropfen darauf fallen ließe. – Ein köstlicher Einfall. Wir sind schon durch ein Dutzend Fürstentümer, durch ein halbes Dutzend Großherzogtümer und durch ein paar Königreiche gelaufen, und das in der größten Übereilung in einem halben Tag, und warum? Weil man König werden und eine schöne Prinzessin heiraten soll. Und Sie leben noch in einer solchen Lage? Ich begreife Ihre Resignation nicht. Ich begreife nicht, daß Sie nicht Arsenik genommen, sich auf das Geländer des Kirchturms gestellt und sich eine Kugel durch den Kopf gejagt haben, um es ja nicht zu verfehlen.

LEONCE. Aber Valerio, die Ideale! Ich habe das Ideal eines Frauenzimmers in mir und muß es suchen. Sie ist unendlich schön und unendlich geistlos. Die Schönheit ist da so hülflos, so rührend, wie ein neugebornes Kind. Es ist ein köstlicher Kontrast: Diese himmlisch stupiden Augen, dieser göttlich einfältige Mund, dieses schafnasige griechische Profil, dieser geistige Tod in diesem geistlosen Leib.

VALERIO. Teufel! da sind wir schon wieder auf der Grenze. Das ist ein Land wie eine Zwiebel, nichts als Schalen, oder wie ineinandergesteckte Schachteln, in der größten sind nichts als Schachteln und in der kleinsten ist gar nichts. *(Er wirft seinen Pack zu Boden.)* Soll denn dieser Pack mein Grabstein werden? Sehen Sie Prinz, ich werde philosophisch, ein Bild des menschlichen Lebens. Ich schleppe diesen Pack mit wunden Füßen durch Frost und Sonnenbrand, weil ich Abends ein reines Hemd anziehen will, und wenn endlich der Abend kommt, so ist meine Stirn gefurcht, meine Wange hohl, mein Auge dunkel und ich habe grade noch Zeit, mein Hemd anzuziehen als Totenhemd. Hätte ich nun nicht gescheiter getan, ich hätte mein Bündel vom Stecken gehoben und es in der ersten besten Kneipe verkauft, und hätte mich dafür betrunken und im Schatten geschlafen, bis es Abend geworden wäre, und hätte nicht geschwitzt und mir keine Leichdörner gelaufen? Und Prinz, jetzt kommt die Anwendung und die Praxis. Aus lauter Schamhaftigkeit wollen wir jetzt auch den inneren Menschen bekleiden und Rock und Hosen inwendig anziehen. *(Beide gehen auf das Wirtshaus los.)* Ei du lieber Pack, welch ein köstlicher Duft, welche Weindüfte und Bratengerüche! Ei ihr lieben Hosen, wie wurzelt ihr im Boden und grünt und blüht, und die langen schweren Trauben hängen mir ins Maul und der Most gärt unter der Kelter. *(Sie gehen ab.)*

Prinzessin Lena, die Gouvernante kommen.

GOUVERNANTE. Es muß ein bezauberter Tag sein, die Sonne geht nicht unter, und es ist so unendlich lang seit unsrer Flucht.

LENA. Nicht doch, meine Liebe, die Blumen sind ja kaum welk, die ich zum Abschied brach, als wir aus dem Garten gingen.

GOUVERNANTE. Und wo sollen wir ruhen? Wir sind noch auf gar nichts gestoßen. Ich sehe kein Kloster, keinen Eremiten, keinen Schäfer.

LENA. Wir haben Alles wohl anders geträumt mit unsern Büchern hinter der Mauer unsers Gartens, zwischen unsern Myrten und Oleandern.

GOUVERNANTE. O die Welt ist abscheulich! An einen irrenden Königssohn ist gar nicht zu denken.

LENA. O sie ist schön und so weit, so unendlich weit. Ich möchte immer so fort gehen, Tag und Nacht.
Es rührt sich nichts. Ein roter Blumenschein spielt über die Wiesen, und die fernen Berge liegen auf der Erde wie ruhende Wolken.

GOUVERNANTE. Du mein Jesus, was wird man sagen? Und doch ist es so zart und weiblich! Es ist eine Entsagung. Es ist wie die Flucht der heiligen Otilia. Aber wir müssen ein Obdach suchen. Es wird Abend!

LENA. Ja, die Pflanzen legen ihre Fiederblättchen zum Schlaf zusammen, und die Sonnenstrahlen wiegen sich an den Grashalmen wie müde Libellen.

Zweite Szene

DAS WIRTSHAUS AUF EINER ANHÖHE, AN EINEM FLUSS, WEITE AUSSICHT. DER GARTEN VOR DEMSELBEN

Valerio. Leonce.

VALERIO. Nun Prinz, liefern Ihre Hosen nicht ein köstliches Getränk? Laufen Ihnen Ihre Stiefel nicht mit der größten Leichtigkeit die Kehle hinunter?

LEONCE. Siehst du die alten Bäume, die Hecken, die Blumen? Das alles hat seine Geschichten, seine lieblichen, heimlichen Geschichten. Siehst du die greisen freundlichen Gesichter unter den Reben an der Haustür? Wie sie sitzen und sich bei den Händen halten und Angst haben, daß sie so alt sind und die Welt noch so jung ist. O Valerio, und ich bin so jung, und die Welt ist so alt. Ich bekomme manchmal eine Angst um mich und könnte mich in eine Ecke setzen und heiße Tränen weinen aus Mitleid mit mir.

VALERIO *(gibt ihm ein Glas)*. Nimm diese Glocke, diese Taucherglocke, und senke dich in das Meer des Weines, daß es Perlen über dir schlägt. Sieh wie die Elfen über dem Kelch der Weinblumen schweben, goldbeschuht, die Cymbeln schlagend.

LEONCE *(aufspringend)*. Komm Valerio, wir müssen was treiben, was treiben. Wir wollen uns mit tiefen Gedanken abgeben, wir wollen untersuchen, wie es kommt, daß der Stuhl auf drei Beinen steht und nicht auf zweien. Komm, wir wollen Ameisen zergliedern, Staubfäden zählen; ich werde es doch noch zu irgend einer fürstlichen Liebhaberei bringen. Ich werde doch noch eine Kinderrassel finden, die mir erst aus der Hand fällt, wenn ich Flocken lese und an der Decke zupfe. Ich habe noch eine gewisse Dosis Enthusiasmus zu verbrauchen; aber wenn ich Alles recht warm gekocht habe, so brauche ich eine unendliche Zeit, um einen Löffel zu finden, mit dem ich das Gericht esse, und darüber steht es ab.

VALERIO. Ergo bibamus. Diese Flasche ist keine Geliebte, keine Idee, sie macht keine Geburtsschmerzen, sie wird nicht langweilig, wird nicht treulos, sie bleibt eins vom ersten Tropfen bis zum letzten. Du brichst das Siegel, und alle Träume, die in ihr schlummern, sprühen dir entgegen.

LEONCE. O Gott! Die Hälfte meines Lebens soll ein Gebet sein, wenn mir nur ein Strohhalm beschert wird, auf dem ich reite, wie auf einem prächtigen Roß, bis ich selbst auf dem Stroh liege. – Welch unheimlicher Abend! Da unten ist Alles still, und da oben wechseln und ziehen die Wolken, und der Sonnenschein geht und kommt wieder. Sieh, was seltsame Gestalten sich dort jagen, sieh die langen weißen Schatten mit den entsetzlich magern Beinen und Fledermausschwingen, und alles so rasch, so wirr, und da unten rührt sich kein Blatt, kein Halm. Die Erde hat sich ängstlich zusammengeschmiegt, wie ein Kind und über ihre Wiege schreiten die Gespenster.

VALERIO. Ich weiß nicht, was Ihr wollt, mir ist ganz behaglich zu Mut. Die Sonne sieht aus wie ein Wirtshausschild, und die feurigen Wolken darüber wie die Aufschrift: »Wirtshaus zur goldenen Sonne«. Die Erde und das Wasser da unten sind wie ein Tisch, auf dem Wein verschüttet ist, und wir liegen darauf wie Spielkarten, mit denen Gott und der Teufel aus Langeweile eine Partie machen, und Ihr seid ein Kartenkönig, und ich bin ein Kartenbube, es fehlt nur noch eine Dame, eine schöne Dame, mit einem großen Lebkuchenherz auf der Brust und einer mächtigen Tulpe, worin die lange Nase sentimental versinkt, *(die Gouvernante und die Prinzessin treten auf)* und – bei Gott – da ist sie! Es ist aber eigentlich keine Tulpe, sondern eine Prise Tabak, und es ist eigentlich keine Nase, sondern ein Rüssel. *(Zur Gouvernante:)* Warum schreiten Sie, Werteste, so eilig, daß man Ihre weiland Waden bis zu Ihren respektabeln Strumpfbändern sieht?

GOUVERNANTE *(heftig erzürnt, bleibt stehen).* Warum reißen Sie, Geehrtester, das Maul so weit auf, daß Sie einem ein Loch in die Aussicht machen?

VALERIO. Damit Sie, Geehrteste, sich die Nase am Horizont nicht blutig stoßen. Solch eine Nase ist wie der Turm auf Libanon, der gen Damascum steht.

LENA *(zur Gouvernante).* Meine Liebe, ist denn der Weg so lang?

LEONCE *(träumend vor sich hin).* O jeder Weg ist lang. Das Picken der Totenuhr in unserer Brust ist langsam, und jeder Tropfen Blut mißt seine Zeit, und unser Leben ist ein schleichend Fieber. Für müde Füße ist jeder Weg zu lang . . .

LENA *(die ihm ängstlich sinnend zuhört).* Und müden Augen jedes Licht zu scharf, und müden Lippen jeder Hauch zu schwer *(lächelnd)* und müden Ohren jedes Wort zu viel. *(Sie tritt mit der Gouvernante in das Haus.)*

LEONCE. O lieber Valerio! Könnte ich nicht auch sagen: »Sollte nicht dies und ein Wald von Federbüschen nebst ein Paar gepufften Rosen auf meinen Schuhen –«? Ich hab es, glaub ich, ganz melancholisch gesagt. Gott sei Dank, daß ich anfange, mit der Melancholie niederzukommen. Die Luft ist nicht mehr so hell und kalt, der Himmel senkt sich glühend dicht um mich, und schwere Tropfen fallen. – O diese Stimme: Ist denn der Weg so lang? Es reden viele Stimmen über die Erde, und man meint, sie sprächen von andern Dingen, aber ich hab sie verstanden. Sie ruht auf mir wie der Geist, da er über den Wassern schwebte, – eh das Licht ward. Welch Gären in der Tiefe, welch Werden in mir, wie sich die Stimme durch den Raum gießt. – Ist denn der Weg so lang? *(Geht ab.)*

VALERIO. Nein, der Weg zum Narrenhaus ist nicht so lang, er ist leicht zu finden, ich kenne alle Fußpfade, alle Vizinalwege und Chausseen dorthin. Ich sehe ihn schon auf einer breiten Allee dahin, an einem eiskalten Wintertag, den Hut unter dem Arm, wie er sich in die langen Schatten unter die kahlen Bäume stellt und mit dem Schnupftuch fächelt. – Er ist ein Narr! *(Folgt ihm.)*

Dritte Szene

EIN ZIMMER

Lena. Die Gouvernante.

GOUVERNANTE. Denken Sie nicht an den Menschen.

LENA. Er war so alt unter seinen blonden Locken. Den Frühling auf den Wangen und den Winter im Herzen. Das ist traurig. Der müde Leib findet sein Schlafkissen überall, doch wenn der Geist müd ist, wo soll er ruhen? Es kommt mir ein entsetzlicher Gedanke, ich glaube, es gibt Menschen, die unglücklich sind, unheilbar, bloß weil sie sind. *(Sie erhebt sich.)*

GOUVERNANTE. Wohin mein Kind?

LENA. Ich will hinunter in den Garten.

GOUVERNANTE. Aber ...

LENA. Aber, liebe Mutter, du weißt, man hätte mich eigentlich in eine Scherbe setzen sollen. Ich brauche Tau und Nachtluft, wie die Blumen. Hörst du die Harmonieen des Abends? Wie die

Grillen den Tag einsingen und die Nachtviolen ihn mit ihrem Duft einschläfern! Ich kann nicht im Zimmer bleiben. Die Wände fallen auf mich.

Vierte Szene

DER GARTEN. NACHT UND MONDSCHEIN

Man sieht Lena auf dem Rasen sitzend.

VALERIO *(in einiger Entfernung).* Es ist eine schöne Sache um die Natur, sie wäre aber doch noch schöner, wenn es keine Schnaken gäbe, die Wirtsbetten etwas reinlicher wären und die Totenuhren nicht so in den Wänden pickten. Drin schnarchen die Menschen, und da außen quaken die Frösche, drin pfeifen die Hausgrillen und da außen die Feldgrillen. Lieber Rasen, dies ist ein rasender Entschluß. *(Er legt sich auf den Rasen nieder.)*

LEONCE *(tritt auf).* O Nacht, balsamisch wie die erste, die auf das Paradies herabsank. *(Er bemerkt die Prinzessin und nähert sich ihr leise.)*

LENA *(spricht vor sich hin).* Die Grasmücke hat im Traum gezwitschert. Die Nacht schläft tiefer, ihre Wange wird bleicher und ihr Atem stiller. Der Mond ist wie ein schlafendes Kind, die goldnen Locken sind ihm im Schlaf über das liebe Gesicht heruntergefallen. – O sein Schlaf ist Tod. Wie der tote Engel auf seinem dunkeln Kissen ruht und die Sterne gleich Kerzen um ihn brennen! Armes Kind! Es ist traurig, tot und so allein.

LEONCE. Steh auf in deinem weißen Kleid und wandle hinter der Leiche durch die Nacht und singe ihr das Totenlied!

LENA. Wer spricht da?

LEONCE. Ein Traum.

LENA. Träume sind selig.

LEONCE. So träume dich selig und laß mich dein seliger Traum sein.

LENA. Der Tod ist der seligste Traum.

LEONCE. So laß mich dein Todesengel sein. Laß meine Lippen sich gleich seinen Schwingen auf deine Augen senken. *(Er küßt sie.)*

Schöne Leiche, du ruhst so lieblich auf dem schwarzen Bahrtuch der Nacht, daß die Natur das Leben haßt und sich in den Tod verliebt.

LENA. Nein, laß mich. *(Sie springt auf und entfernt sich rasch.)*

LEONCE. Zu viel! zu viel! Mein ganzes Sein ist in dem einen Augenblick. Jetzt stirb. Mehr ist unmöglich. Wie frischatmend, schönheitglänzend ringt die Schöpfung sich aus dem Chaos mir entgegen. Die Erde ist eine Schale von dunklem Gold, wie schäumt das Licht in ihr und flutet über ihren Rand und hellauf perlen daraus die Sterne. Dieser eine Tropfen Seligkeit macht mich zu einem köstlichen Gefäß. Hinab heiliger Becher! *(Er will sich in den Fluß stürzen.)*

VALERIO *(springt auf und umfaßt ihn)*. Halt Serenissime!

LEONCE. Laß mich!

VALERIO. Ich werde Sie lassen, sobald Sie gelassen sind und das Wasser zu lassen versprechen.

LEONCE. Dummkopf!

VALERIO. Ist denn Eure Hoheit noch nicht über die Lieutenantsromantik hinaus: das Glas zum Fenster hinaus zu werfen, womit man die Gesundheit seiner Geliebten getrunken?

LEONCE. Ich glaube halbwegs, du hast recht.

VALERIO. Trösten Sie sich. Wenn Sie auch nicht heut Nacht unter dem Rasen schlafen, so schlafen Sie wenigstens darauf. Es wäre ein eben so selbstmörderischer Versuch, in eins von den Betten gehn zu wollen. Man liegt auf dem Stroh wie ein Toter und wird von den Flöhen gestochen wie ein Lebendiger.

LEONCE. Meinetwegen. *(Er legt sich ins Gras.)* Mensch, du hast mich um den schönsten Selbstmord gebracht. Ich werde in meinem Leben keinen so vorzüglichen Augenblick mehr dazu finden, und das Wetter ist so vortrefflich. Jetzt bin ich schon aus der Stimmung. Der Kerl hat mir mit seiner gelben Weste und seinen himmelblauen Hosen Alles verdorben. – Der Himmel beschere mir einen recht gesunden, plumpen Schlaf.

VALERIO. Amen. – Und ich habe ein Menschenleben gerettet und werde mir mit meinem guten Gewissen heut Nacht den Leib warm halten.

LEONCE. Wohl bekomm's, Valerio!

Dritter Akt

Erste Szene

Leonce. Valerio.

VALERIO. Heiraten? Seit wann hat es Eure Hoheit zum ewigen Kalender gebracht?

LEONCE. Weißt du auch, Valerio, daß selbst der Geringste unter den Menschen so groß ist, daß das Leben noch viel zu kurz ist, um ihn lieben zu können? Und dann kann ich doch einer gewissen Art von Leuten, die sich einbilden, daß nichts so schön und heilig sei, daß sie es nicht noch schöner und heiliger machen müßten, die Freude lassen. Es liegt ein gewisser Genuß in dieser lieben Arroganz. Warum soll ich ihnen denselben nicht gönnen?

VALERIO. Sehr human und philobestialisch. Aber weiß sie auch, wer Sie sind?

LEONCE. Sie weiß nur daß sie mich liebt.

VALERIO. Und weiß Eure Hoheit auch, wer sie ist?

LEONCE. Dummkopf! Frag doch die Nelke und die Tauperle nach ihrem Namen.

VALERIO. Das heißt, sie ist überhaupt etwas, wenn das nicht schon zu unzart ist und nach dem Signalement schmeckt. – Aber, wie soll das gehn? Hm! – Prinz, bin ich Minister, wenn Sie heute vor ihrem Vater mit der Unaussprechlichen, Namenlosen mittelst des Ehesegens zusammengeschmiedet werden? Ihr Wort?

LEONCE. Mein Wort!

VALERIO. Der arme Teufel Valerio empfiehlt sich seiner Exzellenz dem Herrn Staatsminister Valerio von Valerienthal. – »Was will der Kerl? Ich kenne ihn nicht. Fort Schlingel!« *(Er läuft weg, Leonce folgt ihm.)*

Zweite Szene

FREIER PLATZ VOR DEM SCHLOSSE DES KÖNIGS PETER

Der Landrat. Der Schulmeister. Bauern im Sonntagsputz, Tannenzweige haltend.

LANDRAT. Lieber Herr Schulmeister, wie halten sich Eure Leute?

SCHULMEISTER. Sie halten sich so gut in ihren Leiden, daß sie sich schon seit geraumer Zeit aneinander halten. Sie gießen brav Spiritus in sich, sonst könnten sie sich in der Hitze unmöglich so lange halten. Courage, ihr Leute! Streckt eure Tannenzweige grad vor euch hin, daß man meint, ihr wärt ein Tannenwald und eure Nasen die Erdbeeren und eure Dreimaster die Hörner vom Wildpret und eure hirschledernen Hosen der Mondschein darin, und, merkt's euch, der Hinterste läuft immer wieder vor den Vordersten, daß es aussieht, als wärt ihr ins Quadrat erhoben.

LANDRAT. Und Schulmeister, Ihr steht vor die Nüchternheit.

SCHULMEISTER. Versteht sich, denn ich kann vor Nüchternheit kaum noch stehen.

LANDRAT. Gebt Acht, Leute, im Programm steht: »Sämtliche Untertanen werden von freien Stücken, reinlich gekleidet, wohlgenährt und mit zufriedenen Gesichtern sich längs der Landstraße aufstellen.« Macht uns keine Schande.

SCHULMEISTER. Seid standhaft! Kratzt euch nicht hinter den Ohren und schneuzt euch die Nasen nicht mit den Fingern, so lang das hohe Paar vorbeifährt, und zeigt die gehörige Rührung, oder es werden rührende Mittel gebraucht werden. Erkennt was man für euch tut, man hat euch grade so gestellt, daß der Wind von der Küche über euch geht und ihr auch einmal in eurem Leben einen Braten riecht. Könnt ihr noch eure Lektion? He! Vi!

DIE BAUERN. Vi!

SCHULMEISTER. Vat!

DIE BAUERN. Vat!

SCHULMEISTER. Vivat!

DIE BAUERN. Vivat!

SCHULMEISTER. So Herr Landrat. Sie sehen wie die Intelligenz im Steigen ist. Bedenken Sie, es ist Latein. Wir geben aber auch heut Abend einen transparenten Ball mittelst der Löcher in unseren Jacken und Hosen, und schlagen uns mit unseren Fäusten Kokarden an die Köpfe.

Dritte Szene

GROSSER SAAL. GEPUTZTE HERREN UND DAMEN, SORGFÄLTIG GRUPPIERT

Der Zeremonienmeister mit einigen Bedienten auf dem Vordergrund.

ZEREMONIENMEISTER. Es ist ein Jammer. Alles geht zu Grund. Die Braten schnurren ein. Alle Glückwünsche stehen ab. Alle Vatermörder legen sich um, wie melancholische Schweinsohren. Den Bauern wachsen die Nägel und der Bart wieder. Den Soldaten gehn die Locken auf. Von den zwölf Unschuldigen ist Keine, die nicht das horizontale Verhalten dem senkrechten vorzöge. Sie sehen in ihren weißen Kleidchen aus, wie erschöpfte Seidenhasen, und der Hofpoet grunzt um sie herum, wie ein bekümmertes Meerschweinchen. Die Herren Offiziere kommen um all ihre Haltung, und die Hofdamen stehen da wie Gradierbäume. Das Salz kristallisiert an ihren Halsketten.

ZWEITER BEDIENTER. Sie machen es sich wenigstens bequem; man kann ihnen nicht nachsagen, daß sie auf den Schultern trügen. Wenn sie auch nicht offenherzig sind, so sind sie doch offen bis zum Herzen.

ZEREMONIENMEISTER. Ja, sie sind gute Karten vom türkischen Reich, man sieht die Dardanellen und das Marmormeer. Fort, ihr Schlingel! An die Fenster! Da kömmt Ihro Majestät!

König Peter und der Staatsrat treten ein.

PETER. Also auch die Prinzessin ist verschwunden. Hat man noch keine Spur von unserm geliebten Erbprinzen? Sind meine Befehle befolgt? Werden die Grenzen beobachtet?

ZEREMONIENMEISTER. Ja, Majestät. Die Aussicht von diesem Saal gestattet uns die strengste Aufsicht. *(Zu dem ersten Bedienten.)* Was hast du gesehen?

ERSTER BEDIENTER. Ein Hund, der seinen Herrn sucht, ist durch das Reich gelaufen.

ZEREMONIENMEISTER *(zu einem andern).* Und du?

ZWEITER BEDIENTER. Es geht Jemand auf der Nordgrenze spazieren, aber es ist nicht der Prinz, ich könnte ihn erkennen.

ZEREMONIENMEISTER. Und du?

DRITTER BEDIENTER. Sie verzeihen. Nichts.

ZEREMONIENMEISTER. Das ist sehr wenig. Und du?

VIERTER DIENER. Auch nichts.

ZEREMONIENMEISTER. Das ist eben so wenig.

PETER. Aber, Staatsrat, habe ich nicht den Beschluß gefaßt, daß meine königliche Majestät sich an diesem Tage freuen, und daß an ihm die Hochzeit gefeiert werden sollte? War das nicht unser festester Entschluß?

PRÄSIDENT. Ja, Eure Majestät, so ist es protokolliert und aufgezeichnet.

PETER. Und würde ich mich nicht kompromittieren, wenn ich meinen Beschluß nicht ausführte?

PRÄSIDENT. Wenn es anders für Eure Majestät möglich wäre, sich zu kompromittieren, so wäre dies ein Fall, worin sie sich kompromittieren könnte.

PETER. Habe ich nicht mein königliches Wort gegeben? – Ja, ich werde meinen Beschluß sogleich ins Werk setzen, ich werde mich freuen. *(Er reibt sich die Hände.)* O, ich bin außerordentlich froh!

PRÄSIDENT. Wir teilen sämtlich die Gefühle Eurer Majestät, so weit es für Untertanen möglich und schicklich ist.

PETER. O, ich weiß mir vor Freude nicht zu helfen. Ich werde meinen Kammerherren rote Röcke machen lassen, ich werde einige Kadetten zu Lieutenants machen, ich werde meinen Untertanen erlauben – aber, aber – die Hochzeit? Lautet die andere Hälfte des Beschlusses nicht, daß die Hochzeit gefeiert werden sollte?

PRÄSIDENT. Ja, Eure Majestät.

PETER. Ja, wenn aber der Prinz nicht kommt und die Prinzessin auch nicht?

PRÄSIDENT. Ja, wenn der Prinz nicht kommt und die Prinzessin auch nicht, – dann – dann –

PETER. Dann, dann?

PRÄSIDENT. Dann können sie sich eben nicht heiraten.

PETER. Halt, ist der Schluß logisch? Wenn – dann. – Richtig! Aber mein Wort, mein königliches Wort!

PRÄSIDENT. Tröste Eure Majestät sich mit andern Majestäten. Ein königliches Wort ist ein Ding, – ein Ding, – ein Ding, – das nichts ist.

PETER *(zu den Dienern)*. Seht ihr noch nichts?

DIE DIENER. Eure Majestät, nichts, gar nichts.

PETER. Und ich hatte beschlossen, mich so zu freuen, grade mit dem Glockenschlag zwölf wollte ich anfangen und wollte mich freuen volle zwölf Stunden – ich werde ganz melancholisch.

PRÄSIDENT. Alle Untertanen werden aufgefordert, die Gefühle Ihrer Majestät zu teilen.

ZEREMONIENMEISTER. Denjenigen, welche kein Schnupftuch bei sich haben, ist das Weinen jedoch Anstandes halber untersagt.

ERSTER BEDIENTER. Halt! Ich sehe was! es ist etwas wie ein Vorsprung, wie eine Nase, das Übrige ist noch nicht über der Grenze; und dann seh ich noch einen Mann, und dann noch zwei Personen entgegengesetzten Geschlechts.

ZEREMONIENMEISTER. In welcher Richtung?

ERSTER BEDIENTER. Sie kommen näher. Sie gehn auf das Schloß zu. Da sind sie.

Valerio, Leonce, die Gouvernante und die Prinzessin treten maskiert auf.

PETER. Wer seid Ihr?

VALERIO. Weiß ich's? *(Er nimmt langsam hintereinander mehrere Masken ab.)* Bin ich das? oder das? oder das? Wahrhaftig, ich bekomme Angst, ich könnte mich so ganz auseinanderschälen und -blättern.

PETER *(verlegen)*. Aber – aber etwas müßt Ihr denn doch sein?

VALERIO. Wenn Eure Majestät es so befehlen. Aber, meine Herren, hängen Sie dann die Spiegel herum und verstecken Sie Ihre blanken Knöpfe etwas und sehen Sie mich nicht so an, daß ich mich in Ihren Augen spiegeln muß, oder ich weiß wahrhaftig nicht mehr, wer ich eigentlich bin.

PETER. Der Mensch bringt mich in Konfusion, zur Desperation. Ich bin in der größten Verwirrung.

VALERIO. Aber eigentlich wollte ich einer hohen und geehrten Gesellschaft verkündigen, daß hiermit die zwei weltberühmten Automaten angekommen sind, und daß ich vielleicht der dritte und merkwürdigste von beiden bin, wenn ich eigentlich selbst recht wüßte, wer ich wäre, worüber man übrigens sich nicht wundern dürfte, da ich selbst gar nichts von dem weiß, was ich rede, ja auch nicht einmal weiß, daß ich es nicht weiß, so daß es höchst wahrscheinlich ist, daß man mich nur so reden läßt, und es eigentlich nichts als Walzen und Windschläuche sind, die das Alles sagen. *(Mit schnarrendem Ton):* Sehen Sie hier, meine Herren und Damen, zwei Personen beiderlei Geschlechts, ein Männchen und ein Weibchen, einen Herrn und eine Dame. Nichts als Kunst und Mechanismus, nichts als Pappendeckel und Uhrfedern. Jede hat eine feine, feine Feder von Rubin unter dem Nagel der kleinen Zehe am rechten Fuß, man drückt ein klein wenig, und die Mechanik läuft volle fünfzig Jahre. Diese Personen sind so vollkommen gearbeitet, daß man sie von andern Menschen gar nicht unterscheiden könnte, wenn man nicht wüßte, daß sie bloßer Pappdeckel sind; man könnte sie eigentlich zu Mitgliedern der menschlichen Gesellschaft machen. Sie sind sehr edel, denn sie sprechen hochdeutsch. Sie sind sehr moralisch, denn sie stehn auf den Glockenschlag auf, essen auf den Glockenschlag zu Mittag und gehn auf den Glokkenschlag zu Bett, auch haben sie eine gute Verdauung, was beweist, daß sie ein gutes Gewissen haben. Sie haben ein feines sittliches Gefühl, denn die Dame hat gar kein Wort für den Begriff Beinkleider, und dem Herrn ist es rein unmöglich, hinter einem Frauenzimmer eine Treppe hinauf oder vor ihm hinunterzugehen. Sie sind sehr gebildet, denn die Dame singt alle neuen Opern, und der Herr trägt Manschetten. Geben Sie Acht, meine Herren und Damen, sie sind jetzt in einem interessanten Stadium, der Mechanismus der Liebe fängt an sich zu äußern, der Herr hat der Dame schon einige Mal den Shawl getragen, die Dame hat schon einige Mal die Augen verdreht und gen Himmel geblickt. Beide haben schon mehrmals geflüstert: Glaube, Liebe, Hoffnung. Beide sehen bereits ganz akkordiert aus, es fehlt nur noch das winzige Wörtchen: Amen.

PETER *(den Finger an die Nase legend)*. In effigie? in effigie? Präsident, wenn man einen Menschen in effigie hängen läßt, ist das nicht eben so gut, als wenn er ordentlich gehängt würde?

PRÄSIDENT. Verzeihen, Eure Majestät, es ist noch viel besser, denn es geschieht ihm kein Leid dabei, und er wird dennoch gehängt.

PETER. Jetzt hab ich's. Wir feiern die Hochzeit in effigie. *(Auf Lena und Leonce deutend.)* Das ist die Prinzessin, das ist der Prinz. – Ich werde meinen Beschluß durchsetzen, ich werde mich freuen. Laßt die Glocken läuten, macht Eure Glückwünsche zurecht, hurtig, Herr Hofprediger!

Der Hofprediger tritt vor, räuspert sich, blickt einige Mal gen Himmel.

VALERIO. Fang an! Laß deine vermaledeiten Gesichter und fang an! Wohlauf!

HOFPREDIGER *(in der größten Verwirrung)*. Wenn wir – oder – aber –

VALERIO. Sintemal und alldieweil –

HOFPREDIGER. Denn –

VALERIO. Es war vor Erschaffung der Welt –

HOFPREDIGER. Daß –

VALERIO. Gott lange Weile hatte –

PETER. Machen Sie es nur kurz, Bester.

HOFPREDIGER *(sich fassend)*. Geruhen Eure Hoheit, Prinz Leonce vom Reiche Popo, und geruhen Eure Hoheit, Prinzessin Lena vom Reiche Pipi, und geruhen Eure Hoheiten gegenseitig, sich beiderseitig einander haben zu wollen, so sprechen Sie ein lautes und vernehmliches Ja.

LENA *und* LEONCE. Ja.

HOFPREDIGER. So sage ich Amen.

VALERIO. Gut gemacht, kurz und bündig; so wären dann das Männlein und das Fräulein erschaffen, und alle Tiere des Paradieses stehen um sie.

Leonce nimmt die Maske ab.

ALLE. Der Prinz!

PETER. Der Prinz! Mein Sohn! Ich bin verloren, ich bin betrogen! *(Er geht auf die Prinzessin los.)* Wer ist die Person? Ich lasse alles für ungiltig erklären!

GOUVERNANTE *(nimmt der Prinzessin die Maske ab, triumphierend).* Die Prinzessin!

LEONCE. Lena?

LENA. Leonce?

LEONCE. Ei Lena, ich glaube, das war die Flucht in das Paradies.

LENA. Ich bin betrogen.

LEONCE. Ich bin betrogen.

LENA. O Zufall!

LEONCE. O Vorsehung!

VALERIO. Ich muß lachen, ich muß lachen. Eure Hoheiten sind wahrhaftig durch den Zufall einander zugefallen; ich hoffe, Sie werden dem Zufall zu Gefallen – Gefallen aneinander finden.

GOUVERNANTE. Daß meine alten Augen endlich das sehen konnten! Ein irrender Königssohn! Jetzt sterb ich ruhig.

PETER. Meine Kinder, ich bin gerührt, ich weiß mich vor Rührung kaum zu lassen. Ich bin der glücklichste Mann! Ich lege aber auch hiermit feierlichst die Regierung in deine Hände, mein Sohn, und werde sogleich ungestört jetzt bloß nur noch zu denken anfangen. Mein Sohn, du überlässest mir diese Weisen *(er deutet auf den Staatsrat)*, damit sie mich in meinen Bemühungen unterstützen. Kommen Sie, meine Herren, wir müssen denken, ungestört denken. *(Er entfernt sich mit dem Staatsrat.)* Der Mensch hat mich vorhin konfus gemacht, ich muß mir wieder heraushelfen.

LEONCE *(zu den Anwesenden).* Meine Herren! meine Gemahlin und ich bedauern unendlich, daß Sie uns heute so lange zu

Diensten gestanden sind. Ihre Stellung ist so traurig, daß wir um keinen Preis Ihre Standhaftigkeit länger auf die Probe stellen möchten. Gehn Sie jetzt nach Hause, aber vergessen Sie Ihre Reden, Predigten und Verse nicht, denn morgen fangen wir in aller Ruhe und Gemütlichkeit den Spaß noch einmal von vorn an. Auf Wiedersehn!

Alle entfernen sich, Leonce, Lena, Valerio und die Gouvernante ausgenommen.

LEONCE. Nun Lena, siehst du jetzt, wie wir die Taschen voll haben, voll Puppen und Spielzeug? Was wollen wir damit anfangen? Wollen wir ihnen Schnurrbärte machen und ihnen Säbel anhängen? Oder wollen wir ihnen Fräcke anziehen, und sie infusorische Politik und Diplomatie treiben lassen, und uns mit dem Mikroskop daneben setzen? Oder hast du Verlangen nach einer Drehorgel, auf der milchweiße ästhetische Spitzmäuse herumhuschen? Wollen wir ein Theater bauen? *(Lena lehnt sich an ihn und schüttelt den Kopf.)* Aber ich weiß besser was du willst, wir lassen alle Uhren zerschlagen, alle Kalender verbieten, und zählen Stunden und Monden nur nach der Blumenuhr, nur nach Blüte und Frucht. Und dann umstellen wir das Ländchen mit Brennspiegeln, daß es keinen Winter mehr gibt, und wir uns im Sommer bis Ischia und Capri hinaufdestillieren, und wir das ganze Jahr zwischen Rosen und Veilchen, zwischen Orangen und Lorbeer stecken.

VALERIO. Und ich werde Staatsminister, und es wird ein Dekret erlassen, daß, wer sich Schwielen in die Hände schafft, unter Kuratel gestellt wird; daß, wer sich krank arbeitet, kriminalistisch strafbar ist; daß jeder, der sich rühmt, sein Brot im Schweiße seines Angesichts zu essen, für verrückt und der menschlichen Gesellschaft gefährlich erklärt wird; und dann legen wir uns in den Schatten und bitten Gott um Makkaroni, Melonen und Feigen, um musikalische Kehlen, klassische Leiber und eine kommode Religion!

Woyzeck

LESETEXT

SZENEN BZW. BRUCHSTÜCKE FRÜHERER ENTWÜRFE

PERSONEN

WOYZECK
MARIE
DAS KIND
HAUPTMANN
DOKTOR
TAMBOURMAJOR
UNTEROFFIZIER
ANDRES
MARGRETH
AUSRUFER
MARKTSCHREIER
ALTER MANN (der zum Leierkasten singt)
KIND (das tanzt)
JUDE
WIRT
1. HANDWERKSBURSCH
2. HANDWERKSBURSCH
KARL, der Idiot
KÄTHE
GROSSMUTTER
1. KIND
2. KIND
3. KIND
1. PERSON
2. PERSON
GERICHTSDIENER
BARBIER
ARZT
RICHTER
Soldaten. Studenten. Burschen. Mädchen. Kinder. Volk.

Lesetext

[Szene I]

FREIES FELD. DIE STADT IN DER FERNE

Woyzeck und Andres schneiden Stöcke im Gebüsch.

WOYZECK. Ja Andres; den Streif da über das Gras hin, da rollt Abends der Kopf, es hob ihn einmal einer auf, er meint es wär ein Igel. Drei Tag und drei Nächt und er lag auf den Hobelspänen *(leise)* Andres, das waren die Freimaurer, ich hab's, die Freimaurer, still!

ANDRES *(singt)*. Saßen dort zwei Hasen,
Fraßen ab das grüne, grüne Gras . . .

WOYZECK. Still! Es geht was!

ANDRES. Fraßen ab das grüne, grüne Gras
Bis auf den Rasen.

WOYZECK. Es geht hinter mir, unter mir *(stampft auf den Boden)* hohl, hörst du? Alles hohl da unten. Die Freimaurer!

ANDRES. Ich fürcht mich.

WOYZECK. s' ist so kurios still. Man möcht den Atem halten. Andres!

ANDRES. Was?

WOYZECK. Red was! *(starrt in die Gegend.)* Andres! Wie hell! Ein Feuer fährt um den Himmel und ein Getös herunter wie Posaunen. Wie's heraufzieht! Fort. Sieh nicht hinter dich. *(reißt ihn ins Gebüsch.)*

ANDRES *(nach einer Pause)*. Woyzeck! hörst du's noch?

WOYZECK. Still, Alles still, als wär die Welt tot.

ANDRES. Hörst du? Sie trommeln drin. Wir müssen fort.

[Szene 2]

[DIE STADT]

Marie (mit ihrem Kind am Fenster). Margreth.
Der Zapfenstreich geht vorbei, der Tambourmajor voran.

MARIE *(das Kind wippend auf dem Arm).* He Bub! Sa ra ra ra! Hörst? Da komme sie.

MARGRETH. Was ein Mann, wie ein Baum.

MARIE. Er steht auf seinen Füßen wie ein Löw.

(Tambourmajor grüßt.)

MARGRETH. Ei, was freundliche Auge, Frau Nachbarin, so was is man an ihr nit gewöhnt.

MARIE *(singt).* Soldaten das sind schöne Bursch ...

MARGRETH. Ihre Auge glänze ja noch.

MARIE. Und wenn! Trag Sie Ihre Auge zum Jud und laß Sie sie putze, vielleicht glänze sie noch, daß man sie für zwei Knöpf verkaufe könnt.

MARGRETH. Was Sie? Sie? Frau Jungfer, ich bin eine honette Person, aber Sie, Sie guckt siebe Paar lederne Hose durch.

MARIE. Luder! *(schlägt das Fenster zu.)* Komm mei Bub. Was die Leut wollen. Bist doch nur en arm Hurenkind und machst deiner Mutter Freud mit deim unehrliche Gesicht. Sa! Sa! *(singt.)*

Mädel was fangst du jetzt an?
Hast ein klein Kind und kein Mann.
Ei was frag ich danach
Sing ich die ganze Nacht
Heio popeio mein Bu, Juchhe!
Gibt mir kein Mensch nix dazu.

Hansel spann deine sechs Schimmel an
Gib ihn zu fresse aufs neu.
Kein Haber fresse sie
Kein Wasser saufe sie
Lauter kühle Wein muß es sein. Juchhe!
Lauter kühle Wein muß es sein.

(Es klopft am Fenster.)

MARIE. Wer da? Bist du's Franz? Komm herein!
WOYZECK. Kann nit. Muß zum Verles.
MARIE. Was hast du Franz?
WOYZECK *(geheimnisvoll)*. Marie, es war wieder was, viel, steht nicht geschrieben: und sieh da ging ein Rauch vom Land, wie der Rauch vom Ofen?
MARIE. Mann!
WOYZECK. Es ist hinter mir gangen bis vor die Stadt. Was soll das werden?
MARIE. Franz!
WOYZECK. Ich muß fort. *(Er geht.)*
MARIE. Der Mann! So vergeistert. Er hat sein Kind nicht angesehn. Er schnappt noch über mit den Gedanken. Was bist so still, Bub? Furchst' dich? Es wird so dunkel, man meint, man wär blind. Sonst scheint doch als die Latern herein. Ich halt's nicht aus. Es schauert mich. *(Geht ab.)*

[Szene 3*]

ÖFFENTLICHER PLATZ. BUDEN. LICHTER. VOLK

ALTER MANN. KIND *(das tanzt)*:

Auf der Welt ist kein Bestand.
Wir müssen alle sterbe
Das ist uns wohlbekannt.

Hei! Hopsa! Arm Mann, alter Mann! Arm Kind! Jung Kind! Sorgen und Fest! Hei Marie, soll ich . . . Ein Mensch muß auch der Narr von Verstand sein, damit er sagen kann: Narrisch Welt! Schön Welt!
AUSRUFER *(an einer Bude)*. Meine Herrn, meine Damen, hier sind zu sehn dies astronomische Pferd und die kleine Canaillevogel, sind Liebling von alle Potentate Europas und Mitglied von alle gelehrte Societät, weissagt de Leute Alles, wie alt, wie viel Kinder, was für Krankheit. Schießt Pistol los, stellt sich auf ein Bein, Alles Erziehung, hat nur eine viehische Vernunft, oder

vielmehr eine ganz vernünftige Viehigkeit, ist kei viehdummes Individuum wie viel Person, das verehrliche Publikum abgerechnet. Herein! Es wird sein die Repräsentation. Das commencement vom commencement wird sogleich nehm sein Anfang.
Sehn Sie die Fortschritte der Zivilisation. Alles schreitet fort, ei Pferd, ei Aff, ei Canaillevogel. Der Aff ist schon ein Soldat, s' ist noch nit viel, unterst Stuf von menschliche Geschlecht!

HERR. Grotesk! Sehr grotesk.

STUDENT. Sind Sie auch ein Atheist! ich bin ein dogmatisch Atheist.
Ist's grotesk? Ich bin ein Freund vom Grotesken. Sehen Sie dort? was ein grotesker Effekt.
Ich bin ein dogmatischer Atheist.

HERR. Grotesk.

UNTEROFFIZIER. Halt, jetzt. Siehst du sie! Was ei Weibsbild.

TAMBOURMAJOR. Teufel zum Fortpflanzen von Kürassierregimenter und zur Zucht von Tambourmajors!

UNTEROFFIZIER. Wie sie den Kopf trägt, man meint das schwarz Haar müßt sie abwärts ziehn, wie ein Gewicht, und Auge ...

TAMBOURMAJOR. Als ob man in ein Ziehbrunn oder zu eim Schornstein hinabguckt. Fort hinte drein.

MARIE. Was Lichter ...

WOYZECK. Ja de Brandwein ... mit feurige Auge. Hei, was ei Abend.

[Szene 4*]

DAS INNERE DER BUDE

MARKTSCHREIER. Zeig dein Talent! zeig dein viehisch Vernünftigkeit! Beschäm die menschlich Societät! Meine Herre, dies Tier, das Sie da sehn, Schwanz am Leib, auf sei vier Hufe ist Mitglied von alle gelehrte Societät, ist Professor an unse Universität, wo die Studente bei ihm reite und schlage lerne. Das war einfacher Verstand. Denk jetzt mit der doppelte Raison. Was machst du wann du mit der doppelte Raison denkst? Ist

unter der gelehrte Société da ein Esel? *(Der Gaul schüttelt den Kopf.)* Sehn Sie jetzt die doppelte Räson? Das ist Viehsionomik. Ja das ist kei viehdummes Individuum, das ist eine Person. Ei Mensch, ei tierisch Mensch und doch ei Vieh, ei bête. *(Das Pferd führt sich ungebührlich auf.)* So beschäm die Société. Sehn Sie das Vieh ist noch Natur, unideale Natur! Lerne Sie bei ihm. Fragen Sie den Arzt, es ist höchst schädlich. Das hat geheiße: Mensch sei natürlich. Du bist geschaffe Staub, Sand, Dreck. Willst du mehr sein, als Staub, Sand, Dreck? Sehn Sie was Vernunft, es kann rechnen und kann doch nit an de Finger herzählen, warum? Kann sich nur nit ausdrücke, nur nit explíciere, ist ein verwandelter Mensch! Sag den Herrn, wieviel Uhr es ist.
Wer von den Herrn und Damen hat eine Uhr, eine Uhr?

UNTEROFFIZIER. Eine Uhr! *(zieht großartig und gemessen die Uhr aus der Tasche.)* Da mein Herr.

MARIE. Das muß ich sehn. *(sie klettert auf den 1. Platz. Unteroffizier hilft ihr.)*

[Szene 5]

[MARIES KAMMER]

Marie sitzt, ihr Kind auf dem Schoß, ein Stückchen Spiegel in der Hand.

MARIE *(bespiegelt sich)*. Was die Steine glänze! Was sind's für? Was hat er gesagt? – Schlaf Bub! Drück die Auge zu, fest, *(das Kind versteckt die Augen hinter den Händen)* noch fester, bleib so, still oder er holt dich.
(singt.) Mädel mach's Ladel zu
S' kommt e Zigeunerbu
Führt dich an deiner Hand
Fort in's Zigeunerland.
(spiegelt sich wieder.) S' ist gewiß Gold! Unseins hat nur ein Eckchen in der Welt und ein Stückchen Spiegel und doch hab ich einen so roten Mund als die großen Madamen mit ihren

Spiegeln von oben bis unten und ihren schönen Herrn, die ihnen die Händ küssen, ich bin nur ein arm Weibsbild. – *(Das Kind richtet sich auf.)* Still Bub, die Auge zu, das Schlafengelchen! wie's an der Wand läuft, *(sie blinkt mit dem Glas)* die Auge zu, oder es sieht dir hinein, daß du blind wirst.

(Woyzeck tritt herein, hinter sie.
Sie fährt auf mit den Händen nach den Ohren.)

WOYZECK. Was hast du?
MARIE. Nix.
WOYZECK. Unter deinen Fingern glänzt's ja.
MARIE. Ein Ohrringlein; hab's gefunden!
WOYZECK. Ich hab so noch nix gefunden, zwei auf einmal.
MARIE. Bin ich ein Mensch?
WOYZECK. S' ist gut, Marie. – Was der Bub schläft. Greif' ihm unter's Ärmchen der Stuhl drückt ihn. Die hellen Tropfen steh'n ihm auf der Stirn; Alles Arbeit unter der Sonn, sogar Schweiß im Schlaf. Wir arme Leut! Da is wieder Geld Marie, die Löhnung und was von mein'm Hauptmann.
MARIE. Gott vergelt's Franz.
WOYZECK. Ich muß fort. Heut Abend, Marie. Adies.
MARIE *(allein, nach einer Pause).* Ich bin doch ein schlecht Mensch. Ich könnt mich erstechen. – Ach! Was Welt? Geht doch Alles zum Teufel, Mann und Weib.

[Szene 6]

[BEIM HAUPTMANN]

Hauptmann auf einem Stuhl, Woyzeck rasiert ihn.

HAUPTMANN. Langsam, Woyzeck, langsam; eins nach dem andern. Er macht mir ganz schwindlich. Was soll ich dann mit den zehn Minuten anfangen, die Er heut zu früh fertig wird. Woyzeck, bedenk' Er, Er hat noch seine schöne dreißig Jahr zu leben, dreißig Jahr! macht dreihundertsechzig Monate, und

Tage, Stunden, Minuten! Was will Er denn mit der ungeheuren Zeit all anfangen? Teil Er sich ein, Woyzeck.

WOYZECK. Ja wohl, Herr Hauptmann.

HAUPTMANN. Es wird mir ganz Angst um die Welt, wenn ich an die Ewigkeit denke. Beschäftigung, Woyzeck, Beschäftigung! ewig das ist ewig, das ist ewig, das siehst du ein; nun ist es aber wieder nicht ewig und das ist ein Augenblick, ja, ein Augenblick – Woyzeck, es schaudert mich, wenn ich denk, daß sich die Welt in einem Tag herumdreht, was'n Zeitverschwendung, wo soll das hinaus? Woyzeck, ich kann kein Mühlrad mehr sehn, oder ich werd melancholisch.

WOYZECK. Ja wohl, Herr Hauptmann.

HAUPTMANN. Woyzeck Er sieht immer so verhetzt aus. Ein guter Mensch tut das nicht, ein guter Mensch, der sein gutes Gewissen hat. – Red Er doch was Woyzeck. Was ist heut für Wetter?

WOYZECK. Schlimm, Herr Hauptmann, schlimm; Wind.

HAUPTMANN. Ich spür's schon, s' ist so was Geschwindes draußen; so ein Wind macht mir den Effekt wie eine Maus. *(pfiffig.)* Ich glaub wir haben so was aus Süd-Nord.

WOYZECK. Ja wohl, Herr Hauptmann.

HAUPTMANN. Ha! ha! ha! Süd-Nord! Ha! Ha! Ha! O Er ist dumm, ganz abscheulich dumm. *(gerührt.)* Woyzeck, Er ist ein guter Mensch, ein guter Mensch – aber *(mit Würde)* Woyzeck, Er hat keine Moral! Moral das ist wenn man moralisch ist, versteht Er. Es ist ein gutes Wort. Er hat ein Kind, ohne den Segen der Kirche, wie unser hochehrwürdiger Herr Garnisonsprediger sagt, ohne den Segen der Kirche, es ist nicht von mir.

WOYZECK. Herr Hauptmann, der liebe Gott wird den armen Wurm nicht drum ansehn, ob das Amen drüber gesagt ist, eh er gemacht wurde. Der Herr sprach: Lasset die Kindlein zu mir kommen.

HAUPTMANN. Was sagt Er da? Was ist das für n'e kuriose Antwort? Er macht mich ganz konfus mit seiner Antwort. Wenn ich sag: Er, so mein ich Ihn, Ihn . . .

WOYZECK. Wir arme Leut. Sehn Sie, Herr Hauptmann, Geld, Geld. Wer kein Geld hat. Da setz eimal einer seinsgleichen auf die Moral in die Welt. Man hat auch sein Fleisch und Blut. Unseins ist doch einmal unselig in der und der andern Welt, ich glaub wenn wir in Himmel kämen, so müßten wir donnern helfen.

HAUPTMANN. Woyzeck Er hat keine Tugend, Er ist kein tugendhafter Mensch. Fleisch und Blut? Wenn ich am Fenster lieg, wenn's geregnet hat und den weißen Strümpfen so nachseh wie sie über die Gassen springen, – verdammt Woyzeck, – da kommt mir die Liebe. Ich hab auch Fleisch und Blut. Aber Woyzeck, die Tugend, die Tugend! Wie sollte ich dann die Zeit herumbringen? ich sag' mir immer: Du bist ein tugendhafter Mensch, *(gerührt)* ein guter Mensch, ein guter Mensch.

WOYZECK. Ja Herr Hauptmann, die Tugend! ich hab's noch nicht so aus. Sehn Sie, wir gemeine Leut, das hat keine Tugend, es kommt einem nur so die Natur, aber wenn ich ein Herr wär und hätt ein Hut und eine Uhr und eine Anglaise und könnt vornehm reden, ich wollt schon tugendhaft sein. Es muß was Schöns sein um die Tugend, Herr Hauptmann. Aber ich bin ein armer Kerl.

HAUPTMANN. Gut Woyzeck. Du bist ein guter Mensch, ein guter Mensch. Aber du denkst zuviel, das zehrt, du siehst immer so verhetzt aus. Der Diskurs hat mich ganz angegriffen. Geh jetzt und renn nicht so; langsam hübsch langsam die Straße hinunter.

[Szene 7]

[MARIES KAMMER]

Marie. Tambourmajor.

TAMBOURMAJOR. Marie!

MARIE *(ihn ansehend, mit Ausdruck).* Geh' einmal vor dich hin. – Über die Brust wie ein Rind und ein Bart wie ein Löw . . . So ist keiner – Ich bin stolz vor allen Weibern.

TAMBOURMAJOR. Wenn ich am Sonntag erst den großen Federbusch hab und die weiße Handschuh, Donnerwetter, Marie, der Prinz sagt immer: Mensch, Er ist ein Kerl.

MARIE *(spöttisch).* Ach was! *(Tritt vor ihn hin.)* Mann!

TAMBOURMAJOR. Und du bist auch ein Weibsbild. Sapperment, wir wollen eine Zucht von Tambourmajors anlegen. He? *(Er umfaßt sie.)*
MARIE *(verstimmt)*. Laß mich!
TAMBOURMAJOR. Wild Tier.
MARIE *(heftig)*. Rühr mich an!
TAMBOURMAJOR. Sieht dir der Teufel aus den Augen?
MARIE. Meintwegen. Es ist Alles eins.

[Szene 8]

Marie. Woyzeck.

WOYZECK *(sieht sie starr an, schüttelt den Kopf)*. Hm! Ich seh nichts, ich seh nichts. O, man müßt's sehen, man müßt's greifen könne mit Fäusten.
MARIE *(verschüchtert)*. Was hast du Franz? Du bist hirnwütig, Franz.
WOYZECK. Eine Sünde so dick und so breit. Es stinkt daß man die Engelchen zum Himmel hinaus rauchen könnt. Du hast ein rote Mund Marie. Keine Blase drauf? Nein, Marie, du bist schön wie die Sünde –. Kann die Todsünde so schön sein?
MARIE. Franz, du redst im Fieber.
WOYZECK. Teufel! – Hat er da gestande, so, so?
MARIE. Dieweil der Tag lang und die Welt alt ist, könne viel Mensche an eim Platz stehn, einer nach dem andern.
WOYZECK. Ich hab ihn gesehn.
MARIE. Man kann viel sehn, wenn man zwei Auge hat und man nicht blind ist und die Sonn scheint.
WOYZECK. Mich sehen lernen?
MARIE *(keck)*. Und wenn auch.

[Szene 9]

[ZIMMER BEIM DOKTOR]

Woyzeck. Der Doktor.

DOKTOR. Was erleb' ich Woyzeck? Ein Mann von Wort.
WOYZECK. Was denn Herr Doktor?
DOKTOR. Ich habs gesehn Woyzeck: Er hat auf die Straß gepißt, an die Wand gepißt wie ein Hund – Und doch zwei Groschen täglich. Woyzeck das ist schlecht, die Welt wird schlecht, sehr schlecht.
WOYZECK. Aber Herr Doktor, wenn einem die Natur kommt.
DOKTOR. Die Natur kommt, die Natur kommt! Die Natur! Hab ich nicht nachgewiesen, daß der musculus constrictor vesicae dem Willen unterworfen ist? Die Natur! Woyzeck, der Mensch ist frei, in dem Menschen verklärt sich die Individualität zur Freiheit. Den Harn nicht halten können! *(schüttelt den Kopf, legt die Hände auf den Rücken und geht auf und ab.)* Hat Er schon seine Erbsen gegessen, Woyzeck? – Es gibt eine Revolution in der Wissenschaft, ich sprenge sie in die Luft. Harnstoff, 0,10, salzsaures Ammonium, Hyperoxydul. Woyzeck muß Er nicht wieder pissen? geh Er eimal hinein und probier Er's.
WOYZECK. Ich kann nit Herr Doktor.
DOKTOR *(mit Affect)*. Aber an die Wand pissen! Ich hab's schriftlich, den Akkord in der Hand. Ich hab's gesehn, mit diesen Augen gesehn, ich steckt grade die Nase zum Fenster hinaus und ließ die Sonnestrahlen hineinfallen, um das Niesen zu beobachten. *(tritt auf ihn los.)* Nein Woyzeck, ich ärger mich nicht, Ärger ist ungesund, ist unwissenschaftlich. Ich bin ruhig ganz ruhig, mein Puls hat seine gewöhnlichen 60 und ich sag's Ihm mit der größten Kaltblütigkeit. Behüte wer wird sich über einen Menschen ärgern, ein Menschen! Wenn es noch ein Proteus wäre, der einem blessiert! Aber Er hätte doch nicht an die Wand pissen sollen –
WOYZECK. Sehn Sie Herr Doktor, manchmal hat einer so n'en Charakter, so n'e Struktur. – Aber mit der Natur ist's was anders, sehn Sie mit der Natur *(er kracht mit den Fingern)* das ist so was, wie soll ich doch sagen, zum Beispiel –

DOKTOR. Woyzeck, Er philosophiert wieder.
WOYZECK *(vertraulich)*. Herr Doktor haben Sie schon was von der doppelten Natur gesehn? Wenn die Sonn im Mittag steht und es ist als ging die Welt im Feuer auf hat schon eine fürchterliche Stimme zu mir geredt!
DOKTOR. Woyzeck, Er hat eine aberratio.
WOYZECK *(legt den Finger an die Nase)*. Die Schwämme Herr Doktor. Da, da steckts. Haben Sie schon gesehn in was für Figuren die Schwämme auf dem Boden wachsen – Wer das lesen könnt.
DOKTOR. Woyzeck Er hat die schönste aberratio, mentalis partialis, die zweite Spezies, sehr schön ausgeprägt. Woyzeck Er kriegt Zulage. Zweite Spezies, fixe Idee, mit allgemein vernünftigem Zustand, Er tut noch Alles wie sonst, rasiert sein Hauptmann?
WOYZECK. Ja wohl.
DOKTOR. Ißt sei Erbse?
WOYZECK. Immer ordentlich Herr Doktor. Das Geld für die Menage kriegt mei Frau.
DOKTOR. Tut sei Dienst?
WOYZECK. Ja wohl.
DOKTOR. Er ist ein interessanter casus. Subjekt Woyzeck Er kriegt Zulag. Halt Er sich brav. Zeig Er sei Puls! Ja.

[Szene 10]

[AUF DER STRASSE]

Hauptmann. Doktor.
[Hauptmann keucht die Straße herunter, hält an, keucht, sieht sich um.]

HAUPTMANN. Herr Doktor, die Pferde machen mir ganz angst, wenn ich denke, daß die armen Bestien zu Fuß gehn müssen. Rennen Sie nicht so. Rudern Sie mit Ihrem Stock nicht so in der Luft. Sie hetzen sich ja hinter dem Tod drein. Ein guter Mensch, der sein gutes Gewissen hat, geht nicht so schnell. Ein guter Mensch. *(Er erwischt den Doktor am Rock.)* Herr Doktor erlauben Sie, daß ich ein Menschenleben rette, Sie schießen ... Herr Doktor, ich bin so schwermütig, ich habe so was Schwärmerisches, ich muß immer weinen, wenn ich meinen Rock an der Wand hängen sehe, da hängt er.

DOKTOR. Hm. aufgedunsen, fett, dicker Hals, apoplektische Konstitution. Ja Herr Hauptmann Sie können eine apoplexia cerebralis kriegen, Sie können sie aber vielleicht auch nur auf der einen Seite bekommen, und dann auf der einen gelähmt sein, oder aber Sie können im besten Fall geistig gelähmt werden und nur fort vegetieren, das sind so ohngefähr Ihre Aussichten auf die nächsten vier Wochen. Übrigens kann ich Sie versichern, daß Sie einen von den interessanten Fällen abgeben, und wenn Gott will, daß Ihre Zunge zum Teil gelähmt wird, so machen wir die unsterblichsten Experimente.

HAUPTMANN. Herr Doktor erschrecken Sie mich nicht, es sind schon Leute am Schreck gestorben, am bloßen hellen Schreck. – Ich seh schon die Leute mit den Zitronen in den Händen, aber sie werden sagen, er war ein guter Mensch, ein guter Mensch – Teufel Sargnagel.

DOKTOR *(hält ihm den Hut hin)*. Was ist das Herr Hauptmann? Das ist Hohlkopf!

HAUPTMANN *(macht eine Falte)*. Was ist das Herr Doktor? Das ist Einfalt.

DOKTOR. Ich empfehle mich, geehrtester Herr Exerzierzagel.

HAUPTMANN. Gleichfalls, bester Herr Sargnagel.

[Szene 11]

DIE WACHTSTUBE

Woyzeck. Andres.

ANDRES *(singt)*. Frau Wirtin hat n'e brave Magd,
Sie sitzt im Garten Tag und Nacht,
Sie sitzt in ihrem Garten ...

WOYZECK. Andres!

ANDRES. Nu?
WOYZECK. Schön Wetter.
ANDRES. Sonntagsonnwetter – Musik vor der Stadt. Vorhin sind die Weibsbilder hinaus, die Mensche dampfe, das geht.
WOYZECK *(unruhig)*. Tanz, Andres, sie tanze.
ANDRES. Im Rössel und im Stern.
WOYZECK. Tanz, Tanz.
ANDRES. Meintwege.

Sie sitzt in ihrem Garten
Bis daß das Glöcklein zwölfe schlägt,
Und paßt auf die Solda-aten.

WOYZECK. Andres, ich hab kei Ruh.
ANDRES. Narr!
WOYZECK. Ich muß hinaus. Es dreht sich mir vor den Augen. Tanz. Tanz. Was sie heiße Händ habe. Verdammt Andres!
ANDRES. Was willst du?
WOYZECK. Ich muß fort.
ANDRES. Mit dem Mensch.
WOYZECK. Ich muß hinaus, s' ist so heiß da hie.

[Szene 12]

WIRTSHAUS

Die Fenster offen. Tanz. Bänke vor dem Haus. Burschen.

1. HANDWERKSBURSCH.

Ich hab ein Hemdlein an das ist nicht mein
Meine Seele stinkt nach Branndewein . . .

2. HANDWERKSBURSCH. Bruder, soll ich dir aus Freundschaft ein Loch in die Natur machen? Verdammt, ich will ein Loch in die Natur machen. Ich bin auch ein Kerl, du weißt, ich will ihm alle Flöh am Leib tot schlagen.

1. HANDWERKSBURSCH. Meine Seele, mei Seele stinkt nach Brandewein – selbst das Geld geht in Verwesung über. Vergißmeinich! Wie ist diese Welt so schön. Bruder, ich muß ein Regenfaß voll greinen. Ich wollt unser Nase wärn zwei Bouteille und wir könnte sie uns einander in de Hals gießen.

ANDRE *(im Chor):* Ein Jäger aus der Pfalz,
Ritt einst durch ein grünen Wald,
Halli, halloh, ha lustig ist die Jägerei
Allhier auf grüner Heid.
Das Jagen ist mei Freud.

(Woyzeck stellt sich ans Fenster. Marie und der Tambourmajor tanzen vorbei, ohne ihn zu bemerken.)

MARIE *(im Vorbeitanz).* Immer zu, immer zu.

WOYZECK *(erstickt).* Immer zu – immer zu! *(fährt heftig auf und sinkt zurück auf die Bank)* immer zu immer zu, *(schlägt die Hände in einander)* dreht euch, wälzt euch. Warum bläst Gott nicht die Sonn aus, daß Alles in Unzucht sich übernanderwälzt, Mann und Weib, Mensch und Vieh. Tut's am hellen Tag, tut's einem auf den Händen, wie die Mücken. – Weib. – Das Weib ist heiß, heiß! – Immer zu, immer zu. *(fährt auf.)* Der Kerl! Wie er an ihr herumdappt, an ihrem Leib, er, er hat sie wie ich sie zu Anfang.

I. HANDWERKSBURSCH *(predigt auf dem Tisch).* Jedoch wenn ein Wandrer, der gelehnt steht an den Strom der Zeit oder aber sich die göttliche Weisheit beantwortet und sich anredet: Warum ist der Mensch? Warum ist der Mensch? – Aber wahrlich ich sage euch, von was hätte der Landmann, der Weißbinder, der Schuster, der Arzt leben sollen, wenn Gott den Menschen nicht geschaffen hätte? Von was hätte der Schneider leben sollen, wenn er dem Menschen nicht die Empfindung der Scham eingepflanzt, von was der Soldat, wenn er ihn nicht mit dem Bedürfnis sich totzuschlagen ausgerüstet hätte? Darum zweifelt nicht, ja ja, es ist lieblich und fein, aber Alles Irdische ist eitel, selbst das Geld geht in Verwesung über. – Zum Beschluß meine geliebten Zuhörer laßt uns noch über's Kreuz pissen, damit ein Jud stirbt.

[Szene 13]

FREIES FELD

WOYZECK. Immer zu! immer zu! Still Musik – *(reckt sich gegen den Boden.)* Ha was, was sagt ihr? Lauter, lauter – stich, stich die Zickwolfin tot? stich, stich die Zickwolfin tot. Soll ich? Muß ich? Hör ich's da auch, sagt's der Wind auch? Hör ich's immer, immer zu, stich tot, tot.

[Szene 14]

NACHT [IN DER KASERNE]

Andres und Woyzeck in einem Bett.

WOYZECK *(schüttelt Andres).* Andres! Andres! ich kann nit schlafe, wenn ich die Auge zumach, dreht sich's immer und ich hör die Geigen, immer zu, immer zu, und dann spricht's aus der Wand, hörst du nix?

ANDRES. Ja, – laß sie tanze! Gott behüt uns, Amen. – *(schläft wieder ein.)*

WOYZECK. Es . . . zieht mir zwischen den Augen wie ein Messer.

ANDRES. Du mußt Schnaps trinke und Pulver drin, der schneidt das Fieber.

[Szene 15]

WIRTSHAUS

Tambourmajor. Woyzeck. Leute.

TAMBOURMAJOR. Ich bin ein Mann! *(schlägt sich auf die Brust.)* ein Mann sag' ich.
Wer will was? Wer kein besoffen Herrgott ist der laß sich von mir. Ich will ihm die Nas ins Arschloch prügeln. Ich will – *(zu*

Woyzeck) da Kerl, sauf, der Mann muß saufen, ich wollt die Welt wär Schnaps, Schnaps.

WOYZECK *(pfeift).*

TAMBOURMAJOR. Kerl, soll ich dir die Zung aus dem Hals ziehe und sie um den Leib herumwickle? *(Sie ringen, Woyzeck verliert.)* Soll ich dir noch soviel Atem lassen als en Altweiberfurz, soll ich?

WOYZECK *(setzt sich erschöpft zitternd auf die Bank.)*

TAMBOURMAJOR. Der Kerl soll dunkelblau pfeifen.
Ha. Brandewein das ist mein Leben
Brandwein gibt Courage!

EINE. Der hat sei Fett.

ANDRE. Er blut.

WOYZECK. Eins nach dem andern.

[Szene 16*]

[DER HOF DES DOKTORS]

Studenten unten, der Doktor am Dachfenster.

DOKTOR. Meine Herrn, ich bin auf dem Dach, wie David, als er die Bathseba sah; aber ich sehe nichts als die culs de Paris der Mädchenpension im Garten trocknen. Meine Herrn wir sind an der wichtigen Frage über das Verhältnis des Subjectes zum Objekt, wenn wir nur eins von den Dingen nehmen, worin sich die organische Selbstaffirmation des Göttlichen, auf einem der hohen Standpunkte manifestiert, und ihr Verhältnis zum Raum, zur Erde, zum Planetarischen untersuchen, meine Herrn, wenn ich diese Katze zum Fenster hinauswerfe, wie wird diese Wesenheit sich zum centrum gravitationis und dem eigenen Instinkt verhalten? He Woyzeck, *(brüllt)* Woyzeck!

WOYZECK. Herr Doktor sie beißt.

DOKTOR. Kerl, er greift die Bestie so zärtlich an, als wär's sei Großmutter.

WOYZECK. Herr Doktor ich hab's Zittern.

DOKTOR *(ganz erfreut).* Ei, ei, schön Woyzeck. *(reibt sich die*

Hände. Er nimmt die Katze.) Was seh' ich meine Herrn, die neue Spezies Haselaus, eine schöne Spezies, *(er zieht eine Lupe heraus)* meine Herren *(die Katze läuft fort.)* Meine Herrn, das Tier hat kei wissenschaftlichen Instinkt. Meine Herrn, Sie können dafür was anders sehen, sehn Sie, der Mensch, seit einem Vierteljahr ißt er nichts als Erbsen, beachten Sie die Wirkung, fühlen Sie einmal was ein ungleicher Puls, da und die Augen.

WOYZECK. Herr Doktor es wird mir dunkel. *(Er setzt sich.)*

DOKTOR. Courage, Woyzeck noch ein Paar Tage, und dann ist's fertig, fühlen Sie meine Herrn fühlen Sie. *(Sie betasten ihm Schläfe, Puls und Busen.)*

à propos, Woyzeck, beweg den Herrn doch einmal die Ohren, ich hab es Ihnen schon zeigen wollen, zwei Muskeln sind bei ihm tätig. Allons frisch!

WOYZECK. Ach Herr Doktor!

DOKTOR. Bestie, soll ich dir die Ohren bewegen; willst du's machen wie die Katze. So meine Herrn, das sind so Übergänge zum Esel, häufig auch in Folge weiblicher Erziehung und die Muttersprache. Alle Haare hat dir die Mutter zum Andenken schon ausgerissen aus Zärtlichkeit. Sie sind dir ja ganz dünn geworden, seit ein Paar Tagen, ja die Erbsen, meine Herren.

[Szene 17]

[IM LADEN]

Woyzeck. Der Jude.

WOYZECK. Das Pistolche ist zu teuer.

JUD. Nu, kauft's oder kauft's nit, was is?

WOYZECK. Was kost das Messer?

JUD. S' ist ganz grad. Wollt Ihr Euch den Hals mit abschneide, nu, was is es? Ich geb's Euch so wohlfeil wie ein andrer. Ihr sollt Euern Tod wohlfeil haben, aber doch nit umsonst. Was is es? Er soll ei ökonomische Tod habe.

WOYZECK. Das kann mehr als Brot schneide.

JUD. Zwee Grosche.

WOYZECK. Da! *(Geht ab.)*
JUD. Da! Als ob's nichts wär. Und es is doch Geld. Der Hund.

[Szene 18]

[MARIES KAMMER]

MARIE *(blättert in der Bibel).* Und ist kein Betrug in seinem Munde erfunden – Herrgott. Herrgott! Sieh mich nicht an. *(blättert weiter.)* Aber die Pharisäer brachten ein Weib zu ihm, im Ehebruch begriffen und stelleten sie in's Mittel dar. – Jesus aber sprach: so verdamme ich dich auch nicht. Geh hin und sündige hinfort nicht mehr. *(schlägt die Hände zusammen.)* Herrgott! Herrgott! Ich kann nicht. Herrgott gib mir nur soviel, daß ich beten kann. *(Das Kind drängt sich an sie.)* Das Kind gibt mir einen Stich ins Herz. Karl, das brüst sich in der Sonne.

NARR *(liest und erzählt sich Märchen an den Fingern).* Der hat die golden Kron, der Herr König. Morgen hol ich der Frau Königin ihr Kind. Blutwurst sagt: komm Leberwurst. *(Er nimmt das Kind und wird still.)*

MARIE. Der Franz ist nit gekomme, gestern nit, heut nit, es wird heiß hier. *(Sie macht das Fenster auf.)*
Und trat hinein zu seinen Füßen und weinete und fing an seine Füße zu netzen mit Tränen und mit den Haaren ihres Hauptes zu trocknen und küssete seine Füße und salbete sie mit Salben. *(schlägt sich auf die Brust.)* Alles tot! Heiland, Heiland ich möchte dir die Füße salbe . . .

[Szene 19]

KASERNE

Andres. Woyzeck kramt in seinen Sachen.

WOYZECK. Das Kamisolche Andres, ist nit zur Montur, du kannst's brauche Andres. Das Kreuz is meiner Schwester und das Ringlein, ich hab auch noch ein Heiligen, zwei Herze und schön Gold, es lag in meiner Mutter Bibel, und da steht:

Leiden sei all mein Gewinst,
Leiden sei mein Gottesdienst.

Herr wie dein Leib war rot und wund
So laß mein Herz sein aller Stund.

Mei Mutter fühlt nur noch, wenn ihr die Sonn auf die Händ scheint. – Das tut nix.

ANDRES *(ganz starr, sagt zu Allem:)* Ja wohl.

WOYZECK *(zieht ein Papier hervor).* Friedrich Johann Franz Woyzeck, Wehrmann, Füsilier im 2. Regiment, 2. Bataillon 4. Compagnie, geb. an Mariä Verkündigung, den 20. Juli. Ich bin heut alt 30 Jahr 7 Monat und 12 Tage.

ANDRES. Franz, du kommst in's Lazaret. Armer du mußt Schnaps trinke und Pulver drin das töt das Fieber.

WOYZECK. Ja Andres, wann der Schreiner die Hobelspän sammelt, es weiß niemand, wer sein Kopf drauf lege wird.

[Szene 20*]

MARIE MIT MÄDCHEN VOR DER HAUSTÜR

MÄDCHEN. Wie scheint die Sonn am Lichtmeßtag
Und steht das Korn im Blühn.
Sie gingen wohl die Straße hin,
Sie gingen zu zwei und zwein

Die Pfeifer gingen vorn
Die Geiger hinte drein.
Sie hatte rote Sock . . .

1. KIND. S' ist nit schön.
2. KIND. Was willst du auch immer.
3. KIND. Was hast zuerst anfangen?
2. KIND. Warum?
1. KIND. Darum!
2. KIND. Aber warum darum?
1. KIND. Wer muß singen –
2. KIND. Ich kann nit.
KINDER. Marieche sing du uns.
MARIE. Kommt ihr klei Krabben!
Ringel, ringel Rosenkranz. König Herodes – Großmutter erzähl.
GROSSMUTTER. Es war eimal ein arm Kind und hat kei Vater und kei Mutter, war Alles tot und war Niemand mehr auf der Welt. Alles tot, und es ist hingangen und hat gesucht Tag und Nacht. Und wie auf der Erd Niemand mehr war, wollt's in Himmel gehn, und der Mond guckt es so freundlich an und wie's endlich zum Mond kam, war's ein Stück faul Holz und da ist es zur Sonn gangen und wie's zur Sonn kam, war's ein verwelkt Sonneblum und wie's zu den Sterne kam, warens klei golde Mück, die waren angesteckt wie der Neuntöter sie auf die Schlehen steckt und wie's wieder auf die Erd wollt, war die Erd ein umgestürzter Hafen und war ganz allein und da hat sich's hingesetzt und geweint, und da sitzt es noch und ist ganz allein.
WOYZECK. Marie!
MARIE *(erschreckt)*. Was ist?
WOYZECK. Marie wir wolle gehn, s' ist Zeit.
MARIE. Wohinaus?
WOYZECK. Weiß ich's?

[Szene 21*]

[DIE STADT IN DER FERNE]

Marie und Woyzeck.

MARIE. Also dort hinaus ist die Stadt – s' ist finster.
WOYZECK. Du sollst noch bleiben. Komm setz dich.
MARIE. Aber ich muß fort.
WOYZECK. Du wirst dir die Füß noch wund laufen.
MARIE. Wie bist du mir auch?
WOYZECK. Weißt du auch wie lang es jetzt ist, Marie?
MARIE. An Pfingsten zwei Jahr.
WOYZECK. Weißt du auch wie lang es noch sein wird?
MARIE. Ich muß fort das Nachtessen richten.
WOYZECK. Friert's dich Marie? und doch bist du warm. Was du heiße Lippen hast! (heiß, heiß Hurenatem und doch möcht' ich den Himmel geben sie noch eimal zu küssen) und wenn man kalt ist, so friert man nicht mehr.
Du wirst vom Morgentau nicht frieren.
MARIE. Was sagst du?
WOYZECK. Nix.
(Schweigen.)
MARIE. Was der Mond rot auf geht.
WOYZECK. Wie ein blutig Eisen.
MARIE. Was hast du vor? Franz, du bist so blaß. *(Sie sieht das Messer.)* Franz halt! Um des Himmels willen, Hü – Hülfe ...
WOYZECK. Nimm das und das! Kannst du nicht sterben – So! so! Ha sie zuckt noch, noch nicht, noch nicht? Immer noch? *(Stößt zu.)* Bist du tot? Tot! Tot!
(Es kommen Leute, läuft weg.)
1. PERSON. Halt!
2. PERSON. Hörst du? Still! Da!
1. PERSON. Uu! Da! Was ein Ton.
2. PERSON. Es ist das Wasser, es ruft, schon lang ist Niemand ertrunken. Fort, s' ist nicht gut, es zu hören.
1. PERSON. Uu jetzt wieder. Wie ein Mensch der stirbt.
2. PERSON. Es ist unheimlich, so dunstig, – halb Nebel, grau und das Summen der Käfer wie gesprungne Glocken. Fort!
1. PERSON. Nein, zu deutlich, zu laut. Da hinauf. Komm mit.

[Szene 22*]

DAS WIRTSHAUS

WOYZECK. Tanzt alle, immer zu, schwitzt und stinkt, er holt euch doch eimal Alle.

(Singt.) Frau Wirtin hat 'ne brave Magd
Sie sitzt im Garten Tag und Nacht
Sie sitzt in ihrem Garten
Bis daß das Glöcklein zwölfe schlägt
Und paßt auf die Soldaten.

(Er tanzt.) So Käthe! setz dich! Ich hab heiß, heiß, *(er zieht den Rock aus)* es ist eimal so, der Teufel holt die eine und läßt die andre laufen. Käthe du bist heiß! Warum du? Käthe du wirst auch noch kalt werden. Sei vernünftig. Kannst du nicht singen?

KÄTHE. Ins Schwabeland das mag ich nicht
Und lange Kleider trag ich nicht
Denn lange Kleider spitze Schuh
Die kommen keiner Dienstmagd zu.

WOYZECK. Nein, kei Schuh, man kann auch ohne Schuh in die Höll gehn.

KÄTHE *tanzt:* O pfui mein Schatz das war nicht fein.
Behalt dei Taler und schlaf allein.

WOYZECK. Ja wahrhaftig, ich möchte mich nicht blutig machen.

KÄTHE. Aber was hast du an dein Hand?

WOYZECK. Ich? Ich?

KÄTHE. Rot, Blut!

(Es stellen sich Leute um sie.)

WOYZECK. Blut? Blut.

WIRT. Uu Blut.

WOYZECK. Ich glaub ich hab' mich geschnitten, da an de rechte Hand.

WIRT. Wie kommt's aber an den Ellenboge?

WOYZECK. Ich hab's abgewischt.

WIRT. Was mit der rechten Hand an den rechten Ellenbogen? Ihr seid geschickt.

NARR. Und da hat der Ries gesagt: ich riech, ich riech, ich riech Menschefleisch. Puh. Das stinkt schon.

WOYZECK. Teufel, was wollt ihr? Was geht's euch an? Platz! oder der erste – Teufel! Meint ihr ich hätt Jemand umgebracht? Bin ich Mörder? Was gafft ihr! Guckt euch selbst an. Platz da! *(Er läuft hinaus.)*

[Szene 23*]

[AUF DER STRASSE]

Kinder.

1. KIND. Fort! Marieche is ...
2. KIND. Was is?
1. KIND. Weißt du's nit. Sie sind schon alle hinaus. Drauß liegt eine!
2. KIND. Wo?
1. KIND. Links über die Lochschanz im Wäldche, am roten Kreuz.
2. KIND. Macht, daß wir noch was sehen. Sie trage's sonst hinein.

[Szene 24*]

[DIE STADT IN DER FERNE]

Woyzeck allein.

Das Messer? Wo ist das Messer? Ich hab es da gelassen. Es verrät mich! Näher, noch näher! Was ist das für ein Platz? Was hör ich? Es rührt sich was. Still. Da in der Nähe. Marie? Ha Marie! Still. Alles still! (Was bist du so bleich, Marie? Was hast du eine rote Schnur um den Hals? Bei wem hast du das Halsband verdient, mit dei Sünden? Du warst schwarz davon, schwarz! Hab ich dich jetzt gebleicht. Was hänge dei schwarze Haar, so wild? Hast du dei Zöpfe heut nicht geflochten?) Da liegt was! kalt, naß, still. Weg von dem Platz. Das Messer, das Messer, hab ich's? So! Leute. – Dort. *(Er läuft weg.)*

[Szene 25*]

WOYZECK AN EINEM TEICH

So da hinunter! *(Er wirft das Messer hinein.)* Es taucht in das dunkle Wasser, wie ein Stein! Der Mond ist wie ein blutig Eisen! Will denn die ganze Welt es ausplaudern? Nein es liegt zu weit vorn, wenn sie sich baden, *(er geht in den Teich und wirft weit)* so jetzt – aber im Sommer, wenn sie tauchen nach Muscheln, bah es wird rostig. Wer kann's erkennen – hätt' ich es zerbrochen! Bin ich noch blutig? ich muß mich wasche – da ein Fleck und da noch einer.

[Szene 26*]

GERICHTSDIENER. BARBIER. ARZT. RICHTER.

GERICHTSDIENER. Ein guter Mord, ein echter Mord, ein schön Mord, so schön als man ihn nur verlangen tun kann wir haben schon lange so kein gehabt . . .

BARBIER. Dogmatischer Atheist. Lang, hager, feig . . . Wissenschaft . . .

[Szene 27*]

DER IDIOT. DAS KIND. WOYZECK.

KARL *(hält das Kind vor sich auf dem Schoß).* Der is ins Wasser gefallen, der is ins Wasser gefalle, wie, der is ins Wasser gefalle.

WOYZECK. Bub, Christian . . .

KARL *(sieht ihn starr an).* Der is in's Wasser gefalle.

WOYZECK *(will das Kind liebkosen, es wendet sich weg und schreit.)* Herrgott!

KARL. Der is in's Wasser gefalle.

WOYZECK. Christianche, du bekommst en Reuter, sa, sa. *(Das Kind wehrt sich. Zu Karl.)* Da kauf dem Bub en Reuter . . .

KARL *(sieht ihn starr an.)*
WOYZECK. Hop! hop! Roß.
KARL *(jauchzend).* Hop! hop! Roß! Roß! *(Läuft mit dem Kind weg.)*

Szenen
bzw. Bruchstücke früherer Entwürfe,

die weder von Büchner für den letzten Entwurf
ganz ausgewertet noch in den voranstehenden Lesetext
aufgenommen wurden

Erster Entwurf (H 1)

[Szene 1]

BUDEN. VOLK

MARKTSCHREIER *(vor einer Bude).* Meine Herren! Meine Herren! Sehn Sie die Kreatur, wie sie Gott gemacht, nix, gar nix. Sehen Sie jetzt die Kunst, geht aufrecht hat Rock und Hosen, hat ein Säbel! Ho! Mach Kompliment! So bist Baron. Gib Kuß! *(er trompetet.)* Wicht ist musikalisch. Meine Herren hier ist zu sehen das astronomische Pferd und die kleine Canaillevögele. Ist favori von alle gekrönte Häupter. Die rapresentation anfangen! Man mackt Anfang von Anfang. Es wird sogleich sein das commencement von commencement.

WOYZECK. Willst du?

MARIE. Meinetwege. Das muß schön Dings sein. Was der Mensch Quasten hat und die Frau hat Hosen.

Die Szene 2 bildet Szene 4* unseres Lesetexts. Die folgenden Szenen gehen wie folgt in den letzten Entwurf H 4 auf: H 1 (3) = nicht ausgeführt; H 1 (4)→H 4 (10) = Szene 11 des Lesetexts; H 1 (5)→H 4 (11) = Szene 12 des Lesetexts; H 1 (6)→H 4 (12) = Szene 13 des Lesetexts; H 1 (7)→H 4 (13) = Szene 14 des Lesetexts.

[Szene 8]

KASERNENHOF

WOYZECK. Hast nix gehört?
ANDRES. Er ist da noch mit einem Kamraden.
WOYZECK. Er hat was gesagt.
ANDRES. Woher weißt dus? Was soll ichs sagen. Nu, er lachte und dann sagt er: ein köstlich Weibsbild! Die hat Schenkel und Alles so heiß!
WOYZECK *(ganz kalt)*. So hat er das gesagt?
Von was hat mir doch heut Nacht geträumt? War's nicht von eim Messer? Was man doch närrische Träume hat.
ANDRES. Wohin Kamrad?
WOYZECK. Meim Offizier Wein holen. – Aber Andres, sie war doch ein einzig Mädel.
ANDRES. Wer war?
WOYZECK. Nix. Adjes.

[Szenenbruchstück 9: von Büchner gestrichen]

DER OFFIZIER. WOYZECK

WOYZECK *(allein)*. Was hat er gesagt? So? – Ja es ist noch nicht aller Tag Abend.

[Szene 10: von Büchner gestrichen]

EIN WIRTSHAUS

Barbier. Unteroffizier.

BARBIER. Ach Tochter, liebe Tochter
Was hast du gedenkt
Daß du dich an die Landkutscher
Und die Fuhrleut hast gehängt? –

Was kann der liebe Gott nicht, was? Das Geschehene ungeschehn machen. Hä hä hä. – Aber es ist eimal so, und es ist gut, daß es so ist. Aber besser ist besser.

(Singt.) Branntewei das ist mein Leben
Branntwei gibt Courage –

Und ein ordentlicher Mensch hat sein Leben lieb, und ein Mensch, der sein Leben lieb hat, hat keine Courage, ein tugendhafter Mensch hat keine Courage. Wer Courage hat ist ein Hundsfott.

UNTEROFFIZIER *(mit Würde)*. Sie vergessen sich, in Gegenwart eines Tapfern.

BARBIER. Ich spreche ohne Beziehungen, ich spreche nicht mit Rücksicht, wie die Franzose spreche, und es war schön von Euch. – Aber wer Courage hat ist ein Hundsfott!

UNTEROFFIZIER. Teufel! du zerbrochen Bartschüssel, du abgestanden Seifbrüh du sollst mir dei Urin trinke, du sollst mir dei Rasiermesser verschlucken!

BARBIER. Herr Er tut sich Unrecht, hab ich Ihn denn gemeint, hab ich gesagt Er hätt Courage? Herr laß Er mich in Ruh! Ich bin die Wissenschaft. Ich bekomm für mei Wissenschaftlichkeit alle Woche mei halbe Gulden, schlag Er mich nicht in zwei oder ich muß verhungern. Ich bin eine Spinosa pericyclyda; ich hab ein lateinischen Rücken. Ich bin ein lebendiges Skelett. Die ganze Menschheit studiert an mir. – Was ist der Mensch? Knochen! Staub, Sand, Dreck. Was ist die Natur? Staub, Sand, Dreck. Aber die dummen Menschen, die dummen Menschen. Wir müssen Freunde sein. Wenn Ihr kei Courage hättet gäb es kei Wissenschaft. Nur Natur, keine Amputation . . . Was ist das?

Bein, Arm, Fleisch, Knochen, Adern? Was ist das – Dreck? Was steckt's im Dreck? Laß ich den Arm so abschneide? nein, der Mensch ist egoistisch, aber haut, schießt, sticht, Feind. *(er schluchzt.)* Wir müssen. Freunde, ich bin gerührt. Seht ich wollte unser Nasen wärn zwei Bouteillen und wir könnten sie uns einander in den Hals gießen. Ach was die Welt schön ist! Freund! ein Freund! Die Welt! *(gerührt.)* Seht wie die Sonn kommt zwischen de Wolke hervor, als würd e potchambre ausgeschütt. *(Er weint.)*

[Szene 11]

DAS WIRTSHAUS

Woyzeck sitzt vorm Wirtshaus.
Leute gehn hinaus.

ANDRES. Was machst du da?
WOYZECK. Wieviel Uhr ist's?
ANDRES. . . .
WOYZECK. So noch nicht mehr? Ich meint es müßt schneller gehn, ich wollt es wär übermorgen Abend.
ANDRES. Warum?
WOYZECK. Dann wär's vorbei.
ANDRES. Was?
WOYZECK. Geh dei Wege.

ANDRES. Was sitzt du da vor der Tür.
WOYZECK. Ich sitze gut da, und ich weiß – aber es sitze manche Leut vor de Tür und sie wissen es nicht: es wird mancher mit den Füßen voran zur Tür naus getragen.
ANDRES. Komm mit!
WOYZECK. Ich sitz gut so und läg noch besser gut so.
ANDRES. Aber nur im Kopf . . .
WOYZECK. Ja Andres, wenn alle Leut wüßten wieviel Uhr es ist, sie würde sich ausziehn, und ei seidens Hemd antun und sich die Hobelspän schütteln lassen.

ANDRES. Er ist besoffen.

WOYZECK. Was liegt dann da drüben? Es glänzt mir so. Es zieht mir immer so zwischen de Augen herum. Wie es glitzert. Ich muß das Ding haben.

[Szenenbruchstück 12]

FREIES FELD

WOYZECK. *(Er legt das Messer in eine Höhle).* Du sollst nicht töten. Lieg da! Fort! *(Er entfernt sich eilig.)*

[Szene 13]

NACHT. MONDSCHEIN

Andres und Woyzeck in einem Bett.

WOYZECK *(leise).* Andres!

ANDRES *(träumt).* Da – halt! – ja

WOYZECK. He Andres.

ANDRES. Wie?

WOYZECK. Ich hab kei Ruhe! Andres.

ANDRES. Drückt dich der Alp?

WOYZECK. Draußen liegt was. Im Boden. Sie deuten immer drauf hin und hörst du's jetzt, und jetzt, wie sie in den Wänden klopfe – eben hat einer zum Fenster hergeguckt. Hörst du's nicht – ich hör's den ganzen Tag. Immer zu. Stich – stich die Woyzeckin tot.

ANDRES. Leg dich Franz, du mußt ins Lazaret. Du mußt Schnaps trinke und Pulver drin, das schneidt das Fieber.

Die Szenen 14–21 des ersten Entwurfs (H 1) bilden die Szenen 20*–26* unseres Lesetexts.

Zweiter Entwurf (H 2)

[Szene 7]

STRASSE

Hauptmann. Doktor.
Hauptmann keucht die Straße herunter, hält an, keucht, sieht sich um.

HAUPTMANN. Wohin so eilig geehrtester Herr Sargnagel?
DOKTOR. Wohin so langsam geehrtester Herr Exerzierzagel?
HAUPTMANN. Nehmen Sie sich Zeit wertester Grabstein.
DOKTOR. Ich stehle meine Zeit nicht wie Sie Wertester . . .

HAUPTMANN. Laufen Sie nicht so Herr Doktor, ein guter Mensch geht nicht so schnell. Ja, ein guter Mensch, *(schnauft)* ein guter Mensch, Sie hetze sich ja hinter dem Tod drein, Sie mache mir ganz Angst.
DOKTOR. Pressiert, Herr Hauptmann pressiert.
HAUPTMANN. Herr Sargnagel, Sie schleifen sich ja so Ihre kleinen Beine ganz auf dem Pflaster ab. Reiten Sie doch nicht auf ihrem Stock in die Luft.
DOKTOR. Sie sind in vier Wochen tot, mit convex congestionis, im siebenten Monat, ich hab' schon 20 solche Patienten gehabt, in vier Wochen, richte Sie sich danach.
HAUPTMANN. Herr Doktor, erschrecken Sie mich nicht, es sind schon Leute am Schreck gestorben, am puren hellen Schreck.
DOKTOR. In vier Wochen, dummes Tier, Sie gibt ein interessants Präparat. Ich sag Ihne, vier . . .
HAUPTMANN. Daß dich das Wetter, ich halt Sie Herr Flegel, ich laß Sie nicht Teufel – vier Wochen? Herr Doktor, Sargnagel, Totenhemd, ich so lang ich da bin, vier Wochen, und die Leute Zitron in den Händen, aber sie werden sagen, er war ein guter Mensch, ein guter Mensch.

DOKTOR. Ei guten Morgen Herr Hauptmann. *(den Hut und Stock schwingend)*. Kikeriki! Freut mich! Freut mich! *(hält ihm den Hut hin)*. Was ist das Herr Hauptmann, das ist Hohlkopf. Hä?

HAUPTMANN *(macht eine Falte)*. Was ist das Herr Doktor? Das ist n'e Einfalt! Hähähä! Aber nichts für ungut. Ich bin ein guter Mensch – aber ich kann auch wenn ich will Herr Doktor, hähähä, wenn ich will. He Woyzeck, was hetzt Er sich so an mir vorbei? Bleib Er doch Woyzeck, Er läuft ja wie ein offnes Rasiermesser durch die Welt, man schneidt sich an Ihm, Er läuft als hätt Er ein Regiment Kastrierte zu rasiere und würd gehenkt über dem letzten Haar noch vorm Verbinde – aber, über die langen Bärte, was wollt ich doch sagen? Woyzeck – die langen Bärte . . .

DOKTOR. Ein langer Bart unter dem Kinn, schon Plinius spricht davon, man müßt es den Soldaten abgewöhnen, die da . . .

HAUPTMANN *(fährt fort)*. Hä? über die langen Bärte? Wie is Woyzeck, hat Er noch nicht ein Haar aus eim Bart in seiner Schüssel gefunden? He Er versteht mich doch, ein Haar von einem Mensche, vom Bart eines Sapeur, eines Unteroffizier, eines – eines Tambourmajor? He Woyzeck? Aber Er hat eine brave Frau. Geht ihm nicht wie andern.

WOYZECK. Ja wohl! Was wollen Sie sage Herr Hauptmann?

HAUPTMANN. Was der Kerl ein Gesicht macht! er blickt aber finster in den Himmel nein, muß nun auch nicht in der Suppe, aber wenn Er sich eilt und um die Eck geht, so kann Er vielleicht noch auf Paar Lippen eins finden, ein Paar Lippen, Woyzeck, ich habe auch das Lieben gefühlt, Woyzeck.
Kerl Er ist ja kreideweiß.

WOYZECK. Herr Hauptmann, ich bin ein arm Teufel, – und hab sonst nichts auf der Welt Herr Hauptmann, wenn Sie Spaß machen –

HAUPTMANN. Spaß ich, daß dich Spaß, Kerl!

DOKTOR. Den Puls Woyzeck, den Puls, klein, hart hüpfend, unregelmäßig.

WOYZECK. Herr Hauptmann, die Erd ist höllenheiß, mir eiskalt, eiskalt, die Hölle ist kalt, wollen wir wetten. Unmöglich. Mensch! Mensch! unmöglich.

HAUPTMANN. Kerl, will Er erschosse werde, will Er ein Paar Kugeln vor den Kopf haben? Er ersticht mich mit sei Auge, und ich meins gut mit Ihm, weil Er ein guter Mensch ist Woyzeck, ein guter Mensch.

DOKTOR. Gesichtsmuskeln starr, gespannt, zuweilen hüpfend, Haltung aufgerecht, gespannt.

WOYZECK. Ich geh! Es ist viel möglich. Der Mensch! es ist viel möglich. Wir habe schön Wetter Herr Hauptmann. Sehn Sie so ein schön, festen graue Himmel, man könnte Lust bekomme, ein Kloben hineinzuschlagen und sich daran zu hänge, nur wege des Gedankenstrichels zwischen ja, und wieder ja – und nein, Herr, Herr Hauptmann ja und nein? Ist das Nein am Ja oder das Ja am Nein Schuld. Ich will drüber nachdenke. *(Geht mit breiten Schritten ab, erst langsam dann immer schneller.)*

DOKTOR *(schießt ihm nach)*. Phänomen, Woyzeck, Zulage.

HAUPTMANN. Mir wird ganz schwindlich vor den Menschen, wie schnell, der lange Schlingel greift aus, es läuft der Schatten von einem Spinnbein, und der Kurze, das zuckelt. Der Lange ist der Blitz und der Kleine der Donner. Haha, hinterdrein. Das hab' ich nicht gern! ein guter Mensch ist dankbar und hat sei Leben lieb, ein guter Mensch hat keine Courage nicht! ein Hundsfott hat Courage! Ich bin bloß in Krieg gegangen um mich in meiner Liebe zum Leben zu befestigen . . . Grotesk! grotesk!

[Szene 8: von Büchner gestrichen]

WOYZECK. MARIE

MARIE. Gute Tag Franz.

WOYZECK *(sie betrachtend)*. Ach bist du's doch! Ei wahrhaftig! nein man sieht nichts, man müßt's doch sehen! Marie du bist schön!

MARIE. Was siehst du so sonderbar Franz, ich fürcht mich.

WOYZECK. Was ei schöne Straße, man läuft sich Leichdörn, es ist gut auf der Gasse stehn, und in Gesellschaft auch gut.

MARIE. Gesellschaft?

WOYZECK. Es gehn viel Leut durch die Gass, nicht wahr? und du kannst reden mit wem du willst, was geht das mich an! Hat er da gestanden? da? da? nah so bei dir? so? Ich wollt ich wär er gewesen.

MARIE. Ei, er? Ich kann die Leut die Straße nicht verbieten und wehrn, daß sie ihr Maul mitnehm wenn sie durchgehn . . .

WOYZECK. Und die Lippe nicht zu Haus lasse. Es wär schad sie sind so schön. Aber die Wespen setzen sich gern drauf.

MARIE. Und was ne Wesp hat dich gestoche – du siehst so verrückt wie n'e Kuh, die die Hornisse jagt.

WOYZECK. Mensch! *(Geht auf sie los.)*

MARIE. Rühr mich an Franz! Ich hätt lieber ein Messer in de Leib, als dei Hand auf meine. Mei Vater hat mich nicht angreifen gewagt, wie ich zehn Jahr alt war, wenn ich ihn ansah.

WOYZECK. Weib! – Nein es müßte was an dir sein! Jeder Mensch ist ein Abgrund, es schwindelt einem, wenn man hinabsieht. Es wär! Sie geht wie die Unschuld. Nun Unschuld du hast ein Zeichen an dir. Weiß ich's? Weiß ich's? Wer weiß es?

Das Szenenbruchstück H 2 (9) ist in Szene 16 des letzten Entwurfs (H 4) aufgegangen. Diese bildet die Szene 18 unseres Lesetexts. Damit bricht der zweite Entwurf (H 2) ab.

Jugendschriften

[Gedicht aus dem Jahre 1828, der Mutter gewidmet]

Gebadet in des Meeres blauer Flut
Erhebt aus purpurrotem Osten sich
Das prächtig-strahlende Gestirn des Tags,
Erweckt, gleich einem mächt'gen Zauberwort,
Das Leben der entschlafenen Natur,
Von der der Nebel wie ein Opferrauch
Empor zum unermeßnen Äther steigt.
Der Berge Zinnen brennen in dem ersten Strahl,
Von welchem, wie vom flammenden Altar,
Der Rauch des finstren Waldgebirges wallt. –
Und fernhin in des Ozeans Fluten weicht
Die Nacht. So stieg auch uns ein schöner Tag
Zum Äther, der noch oft mit frohem Strahl
Im leichten Tanz der Horen grüßen mag
Den frohen Kreis, der den Allmächt'gen heut
Mit lautem Danke preist, da gnädig er
Uns wieder feiern läßt den schönen Tag,
Der uns die beste aller Mütter gab.
Auch heute wieder in der üppigsten
Gesundheit, Jugendfülle steht sie froh,
Im frohen Kreis der Kinder, denen sie
Voll zarter Mutterlieb ihr Leben weiht.
O! stieg noch oft ihr holder Genius
An diesem schönen Tag zu uns herab.
Ihn schmückend mit dem holden Blumenpaar
Der Kindesliebe und Zufriedenheit! –

Ein kleines Weihnachtsgeschenk
von G. Büchner für seine guten Eltern.
1828

DIE NACHT

Niedersinkt des Tages goldner Wagen,
Und die stille Nacht schwebt leis' herauf,
Stillt mit sanfter Hand des Herzens Klagen,
Bringt uns Ruh im schweren Lebenslauf.

Ruhe gießt sie in das Herz des Müden,
Der ermattet auf der Pilgerbahn,
Bringt ihm wieder seinen stillen Frieden,
Den des Schicksals rauhe Hand ihm nahm.

Ruhig schlummernd liegen alle Wesen,
Feiernd schließet sich das Heiligtum,
Tiefe Stille herrscht im weiten Reiche,
Alles schweigt im öden Kreis herum.

Und der Mond schwebt hoch am klaren Äther,
Geußt sein sanftes Silberlicht herab;
Und die Sternlein funkeln in der Ferne
Schau'nd herab auf Leben und auf Grab.

Willkommen Mond, willkommen sanfter Bote
Der Ruhe in dem rauhen Erdental,
Verkündiger von Gottes Lieb und Gnade,
Des Schirmers in Gefahr und Mühesal.

Willkommen Sterne, seid gegrüßt ihr Zeugen
Der Allmacht Gottes der die Welten lenkt,
Der unter allen Myriaden Wesen
Auch meiner voll von Lieb' und Gnade denkt.

Ja, heil'ger Gott, du bist der Herr der Welten,
Du hast den Sonnenball emporgetürmt,

Hast den Planeten ihre Bahn bezeichnet,
Du bist es, der das All mit Allmacht schirmt.

Unendlicher, den keine Räume fassen,
Erhabener, den Keines Geist begreift,
Allgütiger, den alle Welten preisen,
Erbarmender, der Sündern Gnade beut!

Erlöse gnädig uns von allem Übel,
Vergib uns liebend jede Missetat,
Laß wandeln uns auf deines Sohnes Wege,
Und siegen über Tod und über Grab.

[Ebenfalls 1828 (?),
als Fortsetzung von
»Die Nacht« angelegt]

Leise hinter düsterm Nachtgewölke
Tritt des Mondes Silberbild hervor;
Aus des Wiesentales feuchtem Grunde
Steigt der Abendnebel leicht empor.

Ruhig schlummernd liegen alle Wiesen,
Feiernd schweigt des Waldes Sängerchor,
Nur aus stillem Haine, einsam klagend,
Tönet Philomeles Lied hervor.

Schweigend steht des Waldes düstre Fichte,
Süß entströmt der Nachtviole Duft,
Um die Blumen spielt des Westwinds Flügel,
Leis hinstreichend durch die Abendluft.

Doch was dämmert durch der Tannen Dunkel,
Blinkend in Selenens Silberschein?
Hochauf hebt sich zwischen schroffen Felsen
Einsam ein verwittertes Gestein.

An der alten Mauer dunklen Zinnen
Rankt der Efeu üppig sich empor,
Aus des weiten Burghofs öder Mitte
Ragt ein rings bemoster Turm hervor.

Fest noch trotzen alte Strebepfeiler;
Aufgetürmet wie zur Ewigkeit
Stehen sie und schaun wie ernste Geister
Nieder auf der Welt Vergänglichkeit.

Still und ruhig ist's im öden Raume,
Wie ein weites Grab streckt er sich hin;
Wo einst kräftige Geschlechter blühten,
Nagt die Zeit jetzt, die Zerstörerin.

Durch der alten Säle düstre Hallen
Flattert jetzt die scheue Fledermaus,
Durch die rings zerfallnen Bogenfenster
Streicht der Nachtwind pfeifend ein und aus.

Auf dem hohen Söller wo, die Laute
Schlagend, einst die edle Jungfrau stand,
Krächzt der Uhu seine Totenlieder;
Klebt sein Nest der Rabe an die Wand.

Alles, alles hat die Zeit verändert
Überall nagt ihr gefräßger Zahn,
Über alles schwingt sie ihre Sense;
Nichts ist, was die schnelle hemmen kann.

ÜBER DEN SELBSTMORD

[Rezension eines Aufsatzes, aus dem Jahre 1830]

Ohne gleich im Anfange ein entscheidendes Urteil über den Wert und den Inhalt vorliegender Arbeit fällen zu wollen, werde ich mich anfangs darauf einschränken einige von den in dieser Arbeit ausgesprochnen Gedanken und Meinungen in der von dem Verfasser befolgten Reihenfolge zu beleuchten und sie entweder zu verteidigen oder zu widerlegen versuchen. Diesen, vielleicht etwas sonderbar scheinenden, Weg einzuschlagen zwingt mich die eigentümliche Beschaffenheit des Themas selbst, bei welchem von einem *allgemein durchgreifenden Grundsatz* die Rede nicht sein kann, sondern nur von einer sachgemäßen Zusammenstellung einzelner Gedanken und Ansichten.

Dieser Verfahrungsart gemäß möchte ich behaupten, daß der gleich im Anfang *(pag. 1)* ausgesprochne *Grundsatz, daß von einem durchgängig anwendbaren Urteil die Rede nicht sein könne,* so richtig er auch an und für sich selbst ist, uns zuerst am *Schlusse,* als ein *Hauptresultat* dieser Arbeit hätte entgegenkommen dürfen.

Im Weitergehen bemerkte ich daß der Verfasser bei Anführung der Behauptung, der Selbstmörder handle *unklug (pag. 3),* den so oft angeführten Grund, weil derselbe einen *sichren* Zustand mit einem *unsichren* vertausche, ganz überging, ich werde deshalb hier einige Worte hierüber anführen. Es kommt mir immer sonderbar vor, wenn man dem Selbstmörder aus dem schon angeführten Grunde den Vorwurf der Unklugheit machen will. Es liegt ganz in der Natur des Menschen, daß er einen ihm *unerträglich* gewordnen Zustand mit einem andern, wenn auch noch so unsichern zu vertauschen sucht, es ereignet sich dies täglich, und niemand nimmt einen Anstoß daran. Wer will nun den, welchem sein irdischer Zustand *unerträglich* geworden ist, *unklug* nennen, weil er eine *hoffnungslose Sicherheit* aufopfert um zu einem Zustand, von dem er noch hoffen darf und der auf keinen Fall schlechter sein kann als der verlassne zu gelangen? Es wäre ja eher *Unklugheit* in einer *rettungslosen* Lage zu verharren, wenn man noch ein, wenn auch *unsichres,* Mittel übrig hat sich zu *retten.* Ich behaupte also, daß man in *dieser Hinsicht* keineswegs den Selbstmörder *unklug* nennen könne.

Bei der *(pag. 6)* aufgestellten *sehr richtigen* Behauptung, daß der Selbstmord gegen unsre *Bestimmung* handle, erlaube man mir eine kleine auf den *(pag. 2)* angeführten Einwurf, daß der *Selbstmord unnatürlich* sei, weil er einen *natürlichen* Trieb unterdrücke, bezügliche Bemerkung. Ich möchte nämlich eigentlich behaupten, der Selbstmord handle gegen unsre *Natur*, denn in ihr liegt unsre *Bestimmung*. Man könnte also in *dieser Hinsicht* den Selbstmord eine der *Natur* widerstrebende oder *unnatürliche* Handlung nennen, jedoch in einem von dem schon angeführten, sehr schwachen Einwurf ganz verschiedenem Sinne.

Die Behauptung der Selbstmord sei in *allen Fällen irreligiös* klingt gar eigen. Das *irreligiös* bedeutet in unserm Sinn so viel als *unchristlich*. Dieses *unchristlich* wird aber als Einwurf gegen den Selbstmord *oft* gar sehr gemißbraucht, indem man gewöhnlich damit angezogen kommt, wenn man *keinen* andern mehr machen kann, wie bei *Kato* und *Lukretia*. Ich will mich um dies zu beweisen an vorliegendes Beispiel halten. *Kato* ist vom wahren Standpunkte aus betrachtet in jeder Hinsicht zu rechtfertigen; dies gibt man zu, kommt aber mit dem schalen Anhängsel hinten nach, *subjektiv* ist dies wohl wahr, *objektiv* aber unrichtig. Dieses *subjektive* ist aber das *einzig* richtige, widerspricht diesem das *objektive*, so ist dasselbe falsch. Nun ist, wie schon gesagt, *Kato* nach allen Gesetzen *menschlicher* Einsicht zu rechtfertigen; widerspricht diesem alsdann wirklich das *Christentum*, so müssen die Lehren desselben in *dieser Hinsicht* unrichtig sein, denn unsre Religion kann uns nie verbieten irgend eine *Wahrheit*, *Größe*, *Güte* und *Schönheit* anzuerkennen und zu verehren außer ihr und uns *nie* erlauben eine *anerkannt sittliche* Handlung zu mißbilligen, weil sie mit einer ihrer Lehren nicht übereinstimmt. Was sittlich ist, muß von *jedem* Standpunkte, von *jeder* Lehre aus betrachtet *sittlich* bleiben. Ob man aber *wirklich* beweisen könne, daß ein Selbstmord wie der des Kato dem Christentum widerstrebe, ist eine *andre* Frage. Denn es wäre doch sonderbar, ja es wäre *unmöglich*, daß eine Religion, *welche ganz auf das Prinzip der Sittlichkeit gegründet ist*, einer *sittlichen* Handlung widerstreben sollte. Es trifft also dieser Vorwurf *keineswegs* das Christentum selbst, sondern nur diejenigen, welche den Sinn desselben falsch auffassen.

Mit dem *pag. 10* ausgesprochnen Gedanken kann ich nicht recht übereinstimmen; denn ich glaube, daß der *echte* Sensualist nie in den beschriebnen Zustand geraten wird. Über *Roland (pag. 11)* ist zu hart geurteilt, ihn brachte nicht die Furcht vor dem Blutgerüst zu dem Entschluß sich selbst zu ermorden, sondern der Schmerz, welcher ihn bei der Nachricht von der Hinrichtung seiner Gattin übermannte. Überhaupt weiß ich nicht, was die letzte Phrase *hier* bedeuten soll, denn wer sich selbst ermordet wagt es doch wahrlich dem Tod in das Auge zu sehen.

Nicht mit Unrecht hat der Verfasser bei seinem Urteile über die Tat des *Kato (pag. 15) Osiandern* erwähnt. Aber wahrlich die Vergleichung mit dem Schwan und den Krähen ist noch zu erhaben für einen solchen Menschen, welcher den Kato einen Monolog halten läßt, worin derselbe ungefähr sagt, daß Caesar doch bös mit ihm umgehen würde, es sei also geratner sich bei Zeit auf dem kürzesten Wege davon zu machen, zumal da die Narren der Nachwelt wahrscheinlich ein großes Mirakel aus dieser Tat machen würden. Es fehlt nur wenig, daß der Herr Professor in seinem heiligen Eifer über die blinden Heiden eine Sektion des Kato vornähme und bewiese, daß derselbe einige Lot Gehirn zu wenig gehabt hätte. Wahrhaftig, wenn ich ein solches Buch in die Hände bekomme, möchte ich mit *Goethe* über unser tintenklecksendes Saeculum ausrufen: *Römerpatriotismus! Davor bewahre uns der Himmel, wie vor einer Riesengestalt. Wir würden keinen Stuhl finden darauf zu sitzen und kein Bett drinnen zu liegen.*

In der wahrhaft vortrefflichen Stelle, wo von dem letzten und erhabensten Motiv zum Selbstmord gesprochen wird *(pag. 16)* fand ich einen Ausdruck, dessen Erläuterung zwar nicht hierher zu gehören scheint, der aber doch bei näherer Beachtung einigen Bezug auf dieses Thema hat. Die Erde wird nämlich hier ein *Prüfungsland* genannt; dieser Gedanke war mir immer sehr anstößig, denn ihm gemäß wird das Leben nur als *Mittel* betrachtet, ich glaube aber, daß das Leben *selbst Zweck* sei, denn: *Entwicklung* ist der Zweck des Lebens, das *Leben selbst* ist Entwicklung, also ist das Leben selbst *Zweck*. Von diesem Gesichtspunkte aus kann man auch den *einzigen fast allgemein gültigen* Vorwurf dem

Selbstmord machen, weil derselbe unserm *Zwecke* und somit der *Natur* widerspricht, indem er die von der Natur uns gegebene, unserm Zweck angemessne *Form* des Lebens vor der Zeit zerstört.

Bei der aus Goethes *Faust* entnommenen Stelle vermißte ich die Worte des verschwindenden Erdgeistes: *Du gleichst dem Geist, den du begreifst, nicht mir,* sie sind es, welche *Faust* von seiner Höhe in den Abgrund der Verzweiflung hinabstürzen.

Ich kann nicht umhin den am Schluß ausgesprochnen Gedanken über den Selbstmord aus *Patriotismus* oder aus *physischen* und *psychischen* Leiden einige Worte hinzuzufügen, ob ich gleich wohl sehe, daß dies eigentlich in die Form einer Rezension nicht paßt. Die Behauptung, daß der, welcher dem Vorteile seines Vaterlandes das Leben aufopfert, kein eigentlicher Selbstmörder sei, ist klar und bestimmt ausgesprochen und deutlich bewiesen, das Übrige jedoch ist etwas dunkler ohne bestimmtes Resultat. Ich will also das, was ich für das eigentliche Resultat halte hier zu fügen. *Der Selbstmörder aus physischen und psychischen Leiden ist kein Selbstmörder, er ist nur ein an Krankheit Gestorbner.*

Ich verstehe nämlich darunter einen solchen, welcher durch geistiges oder körperliches unheilbares Leiden allmählich in jene Seelenstimmung verfällt, die man mit dem Namen der *Melancholie* bezeichnet, und so zum Selbstmord getrieben wird, keineswegs aber den, welcher um einem Leiden zu *entgehen* sich bei *freiem Sinn* und *Verstand* selbst tötet. Der erstere ist *krank*, der andre *schwach*. Der erstere ist an seiner Krankheit gestorben, denn ob dieses Leiden ihm allmählich das Leben raubt oder ihn durch den störenden Einfluß auf sein Gemüt zum Selbstmord bringt, ist gleichgültig. Die *Form* ist nur verschieden, die *Wirkung* ist die nämliche, sie ist der *Tod*, seine Ursache lag in einer Krankheit, die eine Neigung zum Selbstmorde zur Folge hatte, was ich aus Beispielen zur Genüge beweisen könnte. So wenig man nun von einem an der Auszehrung Gestorbnen sagen kann: der Narr oder der Sünder, warum ist er gestorben? eben so wenig darf man einem Selbstmörder aus *dieser Ursache* wegen seiner Tat einen Vorwurf machen wollen, er ist, wie schon gesagt, nicht als Selbstmörder zu betrachten.

Dasselbe läßt sich nun, und zwar in noch viel höherem Grade, auf den anwenden, welcher sich aus *psychischen* Leiden den Tod gibt. *Psychische* Leiden sind, so wie *physische* Krankheit des Körpers, Krankheit des Geistes, letztere kann, wenn sie einmal feste Wurzeln geschlagen hat, noch viel weniger gehoben werden, als erstere. Wen also eine solche *geistige* Krankheit zum Tode treibt, der ist eben so wenig ein Selbstmörder, er ist nur ein an *geistiger Krankheit* Gestorbner. Das geistige Leiden selbst vermag den Körper nicht *unmittelbar* zu töten, es tut dies also *mittelbar;* dies ist der ganze Unterschied zwischen dem, welcher am hitzigen Fieber oder in einem Anfall von Wahnsinn stirbt.

Fasse ich hier nun ein allgemeines und bestimmtes Urteil über die ganze Arbeit zusammen.

Die Frage ist trotz der schwierigen Aufgabe zur Genüge gelöst.

Der Verfasser umfaßt in seiner Arbeit bis auf weniges alle Einwürfe und alle Motive, dargestellt in einer bestimmten und sachgemäßen Ordnung; ohne es jedoch bei einer bloßen Zusammenstellung bewenden zu lassen, gibt er uns über jeden Gegenstand eine Menge schätzenswerter, vorurteilsfreier Gedanken, die, wenn sie auch nicht alle gleich richtig sind, doch zeigen, daß der Verfasser sich fern gehalten von aller Einseitigkeit, daß er Alles nicht von einem fremden, sondern von einem eignen selbstständigen Standpunkte aus betrachtet und beurteilt und durch eignes Nachdenken schon einen tiefern Blick in die In- und Außenwelt des Menschen getan habe. Noch anziehender werden diese Gedanken durch eine klare, schöne und kräftige Sprache. Überdies wird das Ganze durch ein schönes und edles Gefühl wie durch einen warmen Frühlingshauch belebt und erwärmt, es erhebt uns über den gewöhnlichen Standpunkt durch eine reine, glühende Begeisterung für das Edle und Große, es gibt uns, nicht in abgedroschnen Redensarten von Bruderliebe u. dgl. m., den Begriff echter und wahrer Menschenliebe, indem es uns überall, dem schönen Gedanken gemäß, daß der Selbstmörder nur *Verirrter* nicht *Verbrecher* sei, die Gebrechen und Mängel des armen Sterblichen in der mildesten Form sehen läßt.

Einen würdigen Schluß zu der ganzen Arbeit bildet überdies der letzte erhabne Gedanke: er ist es, welcher dem Menschen allein im Schlamme des Lebens die wahre Würde bewahren kann.

HELDEN-TOD DER VIERHUNDERT PFORZHEIMER

[Schulaufsatz aus dem Jahre 1830]

> Für Tugend, Menschenrecht und Menschen-Freiheit sterben
> Ist höchsterhabner Mut, ist Welterlöser-Tod,
> Denn nur die Göttlichsten der Helden-Menschen färben
> Dafür den Panzerrock mit ihrem Herzblut rot.
>
> Bürger

Erhaben ist es, den Menschen im Kampfe mit der Natur zu sehen, wenn er mit gewaltiger Kraft sich stemmt gegen die Wut der entfesselten Elemente und, vertrauend der Kraft seines Geistes, nach seinem Willen die Kräfte der Natur zügelt.

Aber noch erhabner ist es, den Menschen zu sehen im Kampfe mit seinem Schicksale, wenn er es wagt mit kühner Hand in die Speichen des Zeitrades zu greifen, wenn er an die Erreichung seines Zweckes sein Höchstes und sein Alles setzt. Wer nur einen Zweck und kein Ziel bei der Verfolgung desselben sich gesetzt hat, sondern das Höchste, das Leben daran wagt, gibt den Widerstand nie auf, er siegt oder stirbt. Solche Männer waren es, die, wenn die ganze Welt feige ihren Nacken dem mächtig über sie hinrollenden Zeitrade beugte, kühn in die Speichen desselben griffen und es entweder in seinem Umschwunge mit gewaltiger Hand zurückschnellten oder von seinem Gewichte zermalmt einen rühmlichen Tod fanden, d. h. mit dem kleinen Reste des Lebens sich Unsterblichkeit erkauften. Solche Männer waren es, die ganze Nationen in ihrem Fluge mit sich fortrissen und aus ihrem Schlafe rüttelten, zu deren Füßen die Welt zitterte, vor welchen die Tyrannen bebten. Solche Männer, welche unter den Millionen, die gleich Würmern aus dem Schoß der Erde kriechen, ewig am Staube kleben und wie Staub vergehn und vergessen werden, sich zu erheben, sich Unvergänglichkeit zu erkämpfen wagten, solche Männer sind es, die wie Meteore in der Geschichte aus dem Dunkel des menschlichen Elends und Verderbens hervorstrahlen. Solche Männer zeugte Sparta, solche Rom. Doch wir haben nicht nötig die Vorwelt um sie zu beneiden, wir haben nicht nötig sie wie die Wunder einer längstvergangnen Heldenzeit zu betrachten, nein, auch unsre Zeit kann mit der Vorwelt in die Schranken treten, auch sie zeugte Männer, die mit einem Leonidas, Cocles, Scävola und Brutus um den Lorbeer ringen können. Ich habe nicht nötig um solche Männer anzuführen, auf die Zeiten Karls des Großen, oder der Hohenstaufen, oder der Freiheitskämpfe der Schweizer zurückzugehen, ich brauche mein Augenmerk nur auf den Kampf zu richten, der noch vor wenig Jahren die Welt erschütterte, der die Menschheit in ihrer Entwickelung um mehr denn ein Jahrhundert in gewaltigem Schwunge vorwärtsbrachte, der in blutigem aber gerechtem Vertilgungskampfe die Greuel rächte, die Jahrhunderte hindurch schändliche Despoten an der leidenden Menschheit verübten, der mit dem Sonnenblicke der Freiheit den Nebel erhellte, der schwer über Europas Völkern lag, und ihnen zeigte, daß die Vorsehung sie nicht zum Spiel der Willkür von Despoten bestimmt habe. Ich meine den Freiheitskampf der Franken; Tugenden entwickelten sich in ihm, wie sie Rom und Sparta kaum aufzuweisen haben und Taten geschahen, die nach Jahrhunderten noch Tausende zur Nachahmung begeistern können. Tausende solcher Helden könnte ich nennen, doch es genügt allein der Name eines L'Atour d'Auvergne, der wie ein Riesenbild in unsrer Zeit dasteht. Hunderte solcher Taten könnte ich anführen, doch nur eine, und die Thermopylen hören auf die einzigen Zeugen einer großen Tat zu sein.

Als die Franken unter Dumouriez den größten Teil von Holland mit der Republik vereinigt hatten, lief die vereinigte Flotte der Holländer und Franzosen gegen die Engländer aus, die mit einer bedeutenden Seemacht die Küsten Hollands blockierten. An der Küste von Nordholland treffen die feindlichen Flotten aufeinander, ein verzweifelter Kampf beginnt, die Franken und die Holländer kämpfen wie Helden, endlich unterliegen sie der Übermacht und der Geschicklichkeit ihrer Feinde. In diesem Augenblick wird der Vainqueur, eins der holländischen Schiffe, von drei feindlichen zugleich angegriffen und zur Übergabe aufgefordert. Stolz weist die kühne Mannschaft, obgleich das Schiff schon sehr beschädigt ist, den Antrag ab und rüstet sich zum Kampf auf Leben und Tod. Mit erneuter Wut beginnt das Gefecht, das Feuer der Engländer bringt bald das der Franken zum Schweigen. Noch einmal wird der Vainqueur zur Übergabe aufgefordert, doch den Franken ist ein freier Tod lieber als ein sklavisches Leben; sie wollen nicht Leben, sie wollen Unsterblichkeit. Mit letztem Ruck feuern sie auf die Feinde, schwenken noch einmal die Banner der Republik und versenken sich mit dem Ruf: Es lebe die Freiheit! in den unermeßlichen Abgrund des Meeres. Kein Denkmal bezeichnet den Ort, wo sie starben, ihre Gebeine modern auf dem Grunde des Meeres, sie hat kein Dichter besungen, kein Redner gefeiert, doch der Genius der Freiheit weint über ihrem Grabe, und die Nachwelt staunt ob ihrer Größe.

Doch warum greife ich denn nach außen, um solche Männer zu suchen, warum beachte ich denn nur das Entfernte, warum nicht das, was mir am nächsten liegt? Sollte denn mein Vaterland, sollte denn Teutschland allein nicht Helden zeugen? Nein, mein Vaterland, ich habe nicht nötig mich deiner zu schämen, mit Stolz kann ich rufen: ich bin Teutscher! ich kann mit dem Franken, dem Römer und Sparter in die Schranken treten, mit freudigem Selbstbewußtsein kann ich die Reihe meiner Ahnen überblicken und ihnen zujauchzen: seht, wer ist größer denn sie? Die Griechen kämpften ihren Heldenkampf gegen die Gesamtmacht Asiens, die Römer triumphierten über den Trümmern Karthagos, die Franken erkämpften Europas politische Freiheit, aber die Teutschen kämpften den schönsten Kampf, sie kämpften für Glaubensfreiheit, sie kämpften für das Licht der Aufklärung, sie kämpften für das, was dem Menschen das Höchste und Heiligste ist. Dieser Kampf war der erste Akt des großen Kampfes, den die Menschheit gegen ihre Unterdrücker kämpft, so wie die Französische Revolution der zweite war; sowie einmal der Gedanke in keine Fesseln mehr geschlagen war, erkannte die Menschheit ihre Rechte und ihren Wert, und alle Verbesserungen, die wir jetzt genießen, sind die Folgen der Reformation, ohne welche die Welt eine ganz andre Gestalt würde erhalten haben, ohne welche, wo jetzt das Licht der Aufklärung strahlt, ewiges Dunkel herrschen würde, ohne welche das Menschengeschlecht, das sich jetzt zu immer freieren, zu immer erhabneren Gedanken erhebt, dem Tiere gleich, seiner Menschenwürde verlustig sein würde.

Auf diesen Kampf kann ich mit Stolz blicken, von Teutschland ging durch ihn das Heil der Menschheit aus, er zeugte Helden, von deren Taten eine allein alle Taten des Altertums aufwiegt und der nur ein tausendjähriges Alter fehlt, um von allen Zungen gepriesen zu werden.

In den ersten Jahren des Dreißigjährigen Krieges, als nach der Schlacht am Weißen Berge bei Prag alle mächtigen teutschen Fürsten, besorgt für ihre Existenz, treulos die Sache der Protestanten verließen, waren es nur noch die kleineren Fürsten Teutschlands, die von einem höheren Gefühle geleitet ihr Leben und ihre Länder opferten um für Glauben und Freiheit ihr Blut zu versprützen. Unter ihnen ragt als das Muster eines Fürsten Markgraf Friedrich von Baden hervor, gehorsam dem Rufe der Ehre und Pflicht riß er sich aus den Armen der Ruhe, übergab die Regierung seines Landes seinem Sohne und vereinigte sich an der Spitze von 20000 Badensern mit dem Heerhaufen des Grafen von Mansfeld. Ohne zu zaudern rückte das vereinigte Heer den Liguistischen entgegen, die unter Tilly in der Oberpfalz standen. Bei Wimpfen treffen sich die feindlichen Heere, die Badenser werfen sich, obgleich sie in wiederholten Gefechten einige Tage zuvor schon bedeutenden Verlust erlitten haben, mutig auf den ihnen weit überlegnen Feind. Ein blutiges Treffen beginnt, hier kämpft Fanatismus, dort die geläuterte Begeistrung für die heiligsten Rechte der Menschheit, Wut ringt mit Tapferkeit, Taktik mit Heldenmut. Doch was vermag die Übermacht, was Feldherrnkunst, was vermögen feile Söldner und wahnsinnige Fanatiker, gegen Männer, die mit ihren Leibern ihr Vaterland decken, die entschlossen sind zu siegen oder zu sterben? An einem solchen Bollwerk brechen sich Tillys mordgewohnte Banden, ihre Schlachtreihn wanken und sinken unter dem Schwerte ihrer erbitterten Gegner. Schon lächelt der Sieg den kühnen Helden des Glaubens und der Freiheit, schon wähnt sich Friedrich die Heldenschläfe mit dem blutigen dem Sieger von mehr denn zwanzig Schlachten entrissenen Lorbeer schmücken zu können. Doch einem Größeren war dieser Lorbeer aufbehalten, ein Größerer sollte Teutschland befreien, sollte die Menschheit rächen, noch sollte die Furie des Fanatismus Teutschlands blühende Gauen verwüsten, noch einmal sollte Tillys finstrer Dämon siegen. Ein furchtbarer Donnerschlag vernichtet mit einmal die schönsten Hoffnungen, verfinstert wieder den rosigen Schimmer von Freiheit, der über Teutschlands Gefilden aufzublühen schien, und zersplittert in den Händen der Sieger das blutige Rachschwert. Wie vom Blitzstrahl getroffen entzünden sich Friedrichs Pulverwagen, der Himmel verfinstert sich, die Erde bebt, und von der furchtbaren Kraft des entfesselten Elementes zerschmettert brechen sich die Schlachtreihn der Badenser. In die Lücken stürzt sich der ermutigte Feind, er glaubt der Himmel streite für ihn, er glaubt ein Strafgericht Gottes zu sehen, und würgt in fanatischer Wut die zerstreuten und fliehenden Haufen der Feinde. Vergebens sucht Friedrich die Seinigen wieder zu sammeln, vergebens erfüllt er zu gleicher Zeit die Pflichten des Feldherren und des Soldaten, vergebens stürzt er sich selbst dem andringenden Feinde entgegen. Von der Übermacht gedrängt muß er endlich weichen und das blutige Schlachtfeld seinem glücklichen Gegner überlassen. Doch wohin soll er sich wenden? Schon ist er von allen Seiten umringt, schon überwältigt der Feind den letzten schwachen Widerstand, den ihm die Überreste des fliehenden Heeres entgegenstellen, und sein Untergang scheint unvermeidlich. Da werfen sich vierhundert Pforzheimer, an der Spitze ihren Bürgermeister Deimling, dem Feinde entgegen, mit ihren Leibern decken sie, ein unerschütterliches Bollwerk, ihren Fürsten und ihre Landsleute. Vergebens bietet ihnen Tilly, betroffen von solcher Kühnheit und Seelengröße, eine ehrenvolle Kapitulation an. Tausende stürmt der erbitterte Feind gegen das heldenkühne Häuflein, doch Tausende brechen sich an der ehernen Mauer. Unerschütterlich stehen die Pforzheimer; keine Wut, keine Verzweiflung, nur hohe Begeisterung und Todesverachtung malt sich in ihren Zügen. Unablässig stürmt der Feind seine Schlachthaufen heran; doch das Vaterland steht auf dem Spiele, Freiheit oder Knechtschaft ist die große Wahl, keiner weicht, keiner wankt, wie Löwen streiten sie von ihren Leichenhügeln herab, Mauern sind ihre Reihen, ein Turm jeder Mann, ein Bollwerk von Leichen umgibt sie. Endlich von allen Seiten angegriffen, erdrückt von der Übermacht, sinken sie Mann an Mann unter Hügeln erschlagner Feinde nieder und winden sich sterbend die unvergängliche Lorbeerkrone des Siegers und die unsterbliche Palme des Märtyrers um die Heldenschläfe.

Wollen wir eine solche Tat beurteilen, wollen wir sie gehörig würdigen und auffassen, so dürfen wir nicht die Wirkung allein, nicht die bloße Tat berücksichtigen, sondern wir müssen hauptsächlich unser Augenmerk auf die Motiven und die Umstände richten, welche eine solche Tat bewirkten, begleiteten und bestimmten. Sie sind die einzige Richtschnur, nach der man die Handlungen der Menschen messen und wägen kann. Nach der Wirkung aber und nach den Folgen kann man nichts beurteilen, denn jene ist oft die nämliche, diese sind oft zufällig. Wenn man nun von diesem Gesichtspunkte aus die Aufopferung der Pforzheimer betrachtet, so wird man finden, daß es sehr wenige, vielleicht auch gar keine Tat gibt, welche sich mit der der Pforzheimer messen könnte. Tausende bluteten freilich schon für ihr Vaterland, Tausende opferten schon freudig das Leben für Rechte und Menschenfreiheit, aber keinen wird man unter diesen Tausenden finden, dessen Aufopferung an und für sich selbst so groß, so erhaben sei als die der Pforzheimer. Sie trieb nicht Wut, nicht Verzweiflung zum Kampf auf Leben und Tod (dies sind zwei Motive, die den Menschen, statt ihn zu erheben, zum Tiere erniedrigen); sie wußten, was sie taten, sie kannten das Los dem sie entgegengingen, und sie nahmen es hin wie Männer und starben kalt und ruhig den Heldentod. Doch dies ist das Geringste, was ihre Tat so sehr von allen übrigen hervorhebt, die vierhundert Römer, die dreihundert Sparter opferten sich ebenso kalt und ruhig. Aber die Römer, die Sparter waren von Helden gezeugt, waren zu Helden erzogen, kannten nur einen Zweck, nur ein Ziel – ihr Vaterland, ihre ganze Erziehung war nur die Vorbereitung zu einer solchen Tat. Doch wer waren die Pforzheimer?

Einfache ruhige Bürger, eilten sie aus den Armen der Ruhe auf das blutige Schlachtfeld, nicht gewohnt, dem Tod in das Auge zu sehen, noch nicht vertraut mit dem hohen Gedanken der Aufopferung für das Vaterland. Ihre Tapferkeit war nicht Gewohnheit, ihre Aufopferung war nicht die Frucht des Gehorsams, sie war die Frucht der höchsten Begeisterung für das, was sie als wahr und heilig erkannt hatten. Ihnen drohte nicht Schmach nicht Schande, wenn sie sich dem Tode entzogen, ihnen traten nicht die strafenden Gesetze des Vaterlandes entgegen. Sie hatten freie Wahl, und sie wählten den Tod.

Dies ist das Große, dies das Erhabne an ihrer Tat; dies zeugt von einem Adel der Gesinnung, der weit erhoben ist über die niedrige Sphäre des Alltagsmenschen, dem sein Selbst das Höchste ist, sein Wohlsein der einzige Zweck, der jedes höheren Gefühls unfähig und verlustig der wahren Menschenwürde, seine Vernunft nur gebraucht, um tierischer als das Tier zu sein. Dieser schändliche Egoismus ist eins der charakteristischen Kennzeichen der damaligen Zeit. Um so viel mehr sind daher die Pforzheimer zu bewundern, denn sie erhoben sich, indem der Gedanke und die Idee einer solchen Tat ganz eigentümlich aus ihnen selbst entsprang, zugleich über ihre Nation und über ihr Zeitalter. Wie groß, wie erhaben sind aber noch überdies die Zwecke, für welche sie starben. Sie allein könnten schon, auch ohne die angeführten Umstände, dieser Tat das Siegel der Unsterblichkeit aufdrücken. Dem Vaterland gaben sie den Vater wieder, mit ihrem Blute erkauften sie sein Leben. Diese Tat war groß, doch nicht [ohne] Beispiel; sie warfen sich gleich einer ehernen Mauer zwischen den Feind und ihre Landsleute und deckten mit ihren Leibern ihren Rückzug. Diese Tat zeugt von hohem Seelenadel, aber schon Tausende taten dasselbe; sie opferten sich für Glaubensfreiheit, das heiligste Recht der Menschheit, der Himmel war es und nach ihrer Meinung, die ewige Glückseligkeit, für welche sie willig starben. Aber welche irdische Gewalt hätte denn auch in das innere Heiligtum ihres Gemütes eindringen und den Glauben, der ihnen ja einmal aufgegangen war und auf den allein sie ihrer Seligkeit Hoffnung gründeten, darin austilgen können? Also auch ihre Seligkeit war es nicht, für die sie kämpften, dieser waren sie schon versichert. Die Seligkeit ihrer Kinder, ihrer noch ungebornen Enkel und Nachkommen war es; auch diese sollten auferzogen werden in derselben Lehre, die ihnen als allein heilbringend erschienen war, auch diese sollten teilhaftig werden des Heils, das für sie angebrochen war. Diese Hoffnung allein war es, welche durch den Feind bedroht wurde; für sie, für eine Ordnung der Dinge, die lange nach ihrem Tode über ihren Gräbern blühen sollte, versprützten sie mit Freudigkeit ihr Blut. Bekennen wir auch gerne, daß ihr Glaubensbekenntnis nicht das einzige und ausschließliche Mittel war, des Himmels jenseits des Grabes teilhaftig zu werden, so ist doch dies ewig wahr, daß mehr Himmel diesseits des Grabes, ein mutigeres und fröhlicheres Emporblikken von der Erde und eine freiere Regung des Geistes durch ihre

Aufopferung in alles Leben der Folgezeit gekommen ist und die Nachkommen ihrer Gegner sowohl als wir selbst ihre Nachkommen, die Früchte ihrer Mühen bis auf diesen Tag genießen. So also starben sie nicht einmal für ihren eignen Glauben, nicht für sich selbst, sondern sie bluteten für die Nachwelt. Dies ist der erhabenste Gedanke, für den man sich opfern kann, dies ist Welterlöser-Tod. Ja ihr Deimling, ihr Mayer, ihr Schober, ihr Helden, ein unvergängliches Denkmal habt ihr euch im Herzen aller Edlen erbaut, ein Denkmal, das über Tod und Verwesung triumphiert, das unbewegt steht im flutenden Strome der Ewigkeit. Eure Gebeine deckt nicht Marmor, nicht Erz, kein Denkmal bezeichnet den Ort, wo ihr starbt, vergessen hat euch euer undankbares Vaterland, die Gegenwart kennt euch nicht, aber die Bewundrung der Nachwelt wird euch rächen. Zu eurem Grabe rufe ich alle Völker des Erdbodens, rufe ich Vorwelt und Gegenwart, herzutreten und [zu] zeigen eine Tat, die größer, die erhabner ist, und sie müssen verstummen, und Teutschland wird es allein sein, das solche Männer zeugte, und einzig, unerreicht prangt eure Tat mit unauslöschlichen Zügen in den Büchern der Weltgeschichte. –

Doch nicht dieser freudige Stolz auf meine Ahnen allein bewegt mich an ihrem Grabe, auch ein tiefer Schmerz erfaßt mich bei ihrem Andenken. Nicht ihnen gilt dieser Schmerz, es wäre ja Torheit über solchen Tod zu klagen. Nur glücklich sind die zu preisen, welchen ein solches Los zuteil ward, denn sie haben sich das Höchste, haben sich Unsterblichkeit erkämpft. Ich kann nicht weinen an ihrem Grabe, ich kann sie nur beneiden. Nicht ihnen gilt mein Schmerz, mein Schmerz gilt meinem Vaterlande.

O über euch Teutsche! In euren Gauen geschah die schönste, die herrlichste Tat, eine Tat, welche die ganze Nation adelt, eine Tat, deren Früchte ihr noch genießt, und vergessen habt ihr die Helden, die solches ausführten, die sich für euch dem Tode weihten. Das Fremde staunt ihr an in kalter Bewundrung, während ihr aus dem Busen eures Vaterlandes glühende Begeisterung für alles Edle saugen könntet. Am toten Buchstaben der Fremden klebt ihr, doch ihr Geist ist ferne von euch, denn sonst würdet ihr wissen, was ihr eurem Vaterlande schuldig seid. Eine Nation seid ihr, an der sich noch Jahrhunderte die Völker bilden könnten, und ihr werft eure Nationalbildung, d.h. eure geistige Selbständigkeit hin, um kindisch zu werden. O Teutschland, Teutschland den Stab wirfst du von dir, der dich stützen und leiten könnte, für fremden Tand, an den Brüsten der fremden Buhlerin nährst du dich und ziehst schleichendes Gift in deine Adern, während du frische, kräftige Lebensmilch saugen könntest aus deinem Busen. Du hast nicht mehr gegen außen zu streiten, deine Freiheit ist gegen alle Anforderungen gesichert. Keines von jenen reißenden Raubtieren, die brüllend in der Welt umherirren, um die anerschaffnen Rechtsame eines freien Volkes zu verschlingen, droht dir. Aber Teutschland darum bist du doch nicht frei: dein Geist liegt in Fesseln, du verlierst deine Nationalität, und so wie du jetzt Sklavin des Fremden bist, so wirst du auch bald Sklavin der Fremden werden.

Doch ich höre schon antworten: wie? sieh doch hin, in einer schönen Ordnung stehn alle Staaten, gleichmäßig sind alle Rechte abgewogen, Friede und Wohlstand blüht in unsren Gefilden; sind wir nicht glücklich? O ihr Toren, trägen Herzens den Ruf von vierthalbtausend Jahren zu fassen! Blickt doch in das große Buch der Weltgeschichte, das offen vor euch liegt, blickt doch hin und antwortet noch einmal: sind wir nicht glücklich? Was ist denn das, was die Staaten vom Gipfel ihrer Größe herabwirft? Der Verlust ihrer geistigen Selbständigkeit ist es. Denn so wie ein Volk sich einmal über dem Fremden vergißt, so wie es seinen Nationalcharakter, das Band, das es knüpft und zusammenhält, aufgibt, so wie es einmal in geistiger Bildung der Sklav eines andern wird, so geht auch leicht die politische Freiheit unter, auf die ihr stolz jetzt pocht, so trägt es den Keim des Verderbens in sich und wird, ein leeres Schattenbild, die Beute jedes feindlichen Zufalls; versunken und vergessen geht es unter und steht mit Verachtung gebrandmarkt vor den Augen der strengrichtenden Nachwelt. Dies, Teutsche, dies wird euer Los sein; wenn ihr euch jetzt [nicht] zu neuem, kräftigen Leben wieder erhebt, wenn ihr nicht bald wieder anfangt Teutsche zu werden, wenn ihr euch [nicht] eure Nationalität, rein und geläutert von allem Fremden, wieder erwerbt, werden eure Nachkommen sich eures gebrandmarkten Namens schämen, und untergehen werdet ihr, ein Spott der Nachwelt und der Gegenwart. –

Denket, daß in meine Stimme sich mischen die Stimmen eurer Ahnen aus der grauen Vorwelt, die mit ihren Leibern sich entgegengestemmt haben der heranströmenden römischen Weltherrschaft, die mit ihrem Blute erkauft haben die Unabhängigkeit der Berge, Ebenen und Ströme. Sie rufen euch zu: Vertretet und überliefert unser Andenken ebenso ehrenvoll und unbescholten der Nachwelt, wie es auf euch gekommen und wie ihr euch dessen und der Abstammung von uns gerühmt habt. Auch mischen sich in ihre Stimmen die Geister eurer spätern Vorfahren, die da fielen im heiligen Kampfe für Religions- und Glaubensfreiheit. Rettet auch unsre Ehre, rufen sie euch zu, laßt unsre Kämpfe nicht zu eitlen vorüberrauschenden Possenspielen werden, zeigt, daß das Blut, was wir für euch versprützten, in euern Adern wallt. Es mischen sich in diese Stimmen die Stimmen eurer noch ungebornen Nachkommen. Wollt ihr die Ketten zerreißen lassen, rufen sie euch zu, die euch an eure Ahnen binden, wollt ihr das Andenken eurer Vorfahren, das ihr rein und makellos erhalten habt, besudelt und befleckt uns überliefern, wollt ihr uns, die Nachkommen freier Männer, zu Sklaven werden lassen? Teutsche! Die Wage hängt, in jener Schale liegt, was eure Vorfahren an dem Römer verachtet und an seinen Cäsaren gehaßt, in dieser das ehrwürdige Kleinod eurer biedern Voreltern, die durch so mancher Helden Blut im Laufe achtzehn stürmischer Jahrhunderte gegründete, behauptete, befestigte Nationalität und Selbständigkeit. Dort liegt Gold neben Fesseln, hier der seltne Ruhm zugleich die stärkste und beste Nation zu sein. Wählet. –

REDE ZUR VERTEIDIGUNG DES KATO VON UTIKA

[Gehalten am 29. September 1830]

Groß und erhaben ist es, den Menschen im Kampfe mit der Natur zu sehen, wenn er gewaltig sich stemmt gegen die Wut der entfesselten Elemente und, vertrauend der Kraft seines Geistes, nach seinem Willen die rohen Kräfte der Natur zügelt. Aber noch erhabner ist es, den Menschen zu sehen im Kampfe mit seinem Schicksale, wenn er es wagt einzugreifen in den Gang der Weltgeschichte, wenn er an die Erreichung seines Zwecks sein Höchstes, sein Alles setzt. Wer nur einen Zweck und kein Ziel bei der Verfolgung desselben sich vorgesteckt, gibt den Widerstand nie auf, er siegt – oder stirbt. Solche Männer waren es, welche, wenn die ganze Welt feige ihren Nacken dem mächtig über sie hinrollenden Zeitrade beugte, kühn in die Speichen desselben griffen, und es entweder in seinem Umschwunge mit gewaltiger Hand zurückschnellten, oder von seinem Gewichte zermalmt einen rühmlichen Tod fanden, d.h. sich mit dem Reste des Lebens Unsterblichkeit erkauften. Solche Männer, die unter den Millionen, welche aus dem Schoß der Erde [kriechen] [und] ewig am Staube kleben und wie Staub vergehn und vergessen werden, sich zu erheben, sich Unvergänglichkeit zu erkämpfen wagten, solche Männer sind es, die gleich Meteoren aus dem Dunkel des menschlichen Elends und Verderbens hervorstrahlen. Sie durchkreuzen wie Kometen die Bahn der Jahrhunderte; so wenig die Sternkunde den Einfluß der einen, eben so wenig kann die Politik den der andern berechnen. In ihrem exzentrischen Laufe scheinen sie nur Irrbahnen zu beschreiben, bis die großen Wirkungen dieser Phänomene beweisen, daß ihre Erscheinung lange vorher durch jene Vorsehung angeordnet war, deren Gesetze ebenso unerforschlich als unabänderlich sind. –

Jedes Zeitalter kann uns Beispiele solcher Männer aufweisen, doch alle waren von jeher der verschiedenartigsten Beurteilung unterworfen. Die Ursache hiervon ist, daß jede Zeit ihren Maßstab an die Helden der Gegenwart oder Vergangenheit legt, daß sie nicht richtet nach dem eigentlichen Werte dieser Männer, sondern daß ihre Auffassung und Beurteilung derselben stets bestimmt und unterschieden ist durch die Stufe, auf der sie selbst steht. Wie fehlerhaft eine solche Beurteilung sei, wird niemandem entgehen: für einen Riesen paßt nicht das Maß eines Zwergs; eine kleine Zeit darf nicht einen Mann beurteilen wollen, von dem sie nicht einen Gedanken fassen und ertragen könnte. Wer will dem Adler die Bahn vorschreiben, wenn er die Schwingen entfaltet und stürmischen Flugs sich zu den Sternen erhebt? Wer will die zerknickten Blumen zählen, wenn der Sturm über die Erde braust und die Nebel zerreißt, die dumpf brütend über dem Leben liegen? Wer will nach den Meinungen und Motiven eines Kindes wägen und verdammen, wenn Ungeheures geschieht, wo es sich um Ungeheures handelt? Die Lehre [dieser Beispiele] ist: man darf die Ereignisse und ihre Wirkungen nicht beurteilen, wie sie äußerlich sich darstellen, sondern man muß ihren inneren tiefen Sinn zu ergründen suchen, und dann wird man das Wahre finden. –

Ich glaubte erst dieses vorausschicken zu müssen, um bei der Behandlung eines so schwierigen Themas zu zeigen, von welchem Standpunkte man bei der Beurteilung eines Mannes, man bei der Beurteilung eines alten Römers ausgehen müsse, um zu beweisen, daß man an einem Kato nicht den Maßstab unsrer Zeit anlegen, daß man seine Tat nicht nach neueren Grundsätzen und Ansichten beurteilen könne.

Man hört nämlich so oft behaupten: subjektiv ist Kato zu rechtfertigen, objektiv zu verdammen, d.h. von unserm, vom christlichen Standpunkte aus ist Kato ein Verbrecher, von seinem eigenen aus ein Held. Wie man aber diesen christlichen Standpunkt hier anwenden könne, ist mir immer ein Rätsel geblieben. Es ist ja doch ein ganz eigner Gedanke, einen alten Römer nach dem Katechismus kritisieren zu wollen! Denn da man die Handlungen eines Mannes nur dann zu beurteilen vermag, wenn man sie mit seinem Charakter, seinen Grundsätzen und seiner Zeit zusammenstellt, so ist nur ein Standpunkt, und zwar der subjektive, zu billigen und jeder andre, zumal in diesem Falle der christliche, gänzlich zu verwerfen. So wenig als Kato Christ war, so wenig kann man die christlichen Grundsätze auf ihn anwenden wollen; er ist nur als Römer und Stoiker zu betrachten. Diesem Grundsatze gemäß werde ich alle Einwürfe, wie

z. B. ›es ist nicht erlaubt, sich das Leben zu nehmen, das man sich nicht selbst gegeben‹ oder ›der Selbstmord ist ein Eingriff in die Rechte Gottes‹ ganz und gar nicht berücksichtigen und nur die zu widerlegen suchen, welche man Kato vom Standpunkte des Römers aus machen könnte, wobei es unumgänglich notwendig ist, vorerst eine kurze, aber getreue Schilderung seines Charakters und seiner Grundsätze zu entwerfen. –

Kato war einer der untadelhaftesten Männer, den die Geschichte uns zeigt. Er war streng, aber nicht grausam; er war bereit, andern viel größere Fehler zu verzeihen, als sich selbst. Sein Stolz und seine Härte waren mehr die Wirkung seiner Grundsätze als seines Temperaments. Voll unerschütterlicher Tugend, wollte er lieber tugendhaft sein als scheinen. Gerecht gegen Fremde, begeistert für sein Vaterland, nur das Wohl seiner Mitbürger, nicht ihre Gunst beachtend, erwarb er sich um so größeren Ruhm, je weniger er ihn begehrte. Seine große Seele faßte ganz die großen Gedanken: Vaterland, Ehre und Freiheit. Sein verzweifelter Kampf gegen Cäsar war die Folge seiner reinsten Überzeugung, sein Leben und sein Tod den Grundsätzen der Stoiker gemäß, die da behaupteten: ›Die Tugend sei die wahre, von Lohn und Strafe ganz unabhängige Harmonie des Menschen mit sich selbst, die durch die Herrschaft über die Leidenschaften erlangt werde; diese Tugend setze die höchste innre Ruhe und Erhabenheit über die Affektionen sinnlicher Lust und Unlust voraus; sie mache den Weisen nicht gefühllos, aber unverwundbar und gebe ihm eine Herrschaft über sein Leben, die auch den Selbstmord erlaube.‹

Solche Gefühle und Grundsätze in der Brust, stand Kato da, wie ein Gigant unter Pygmäen, wie der Heros einer untergegangnen Heldenzeit, wie ein . . . Riesenbau, erhaben über seine Zeit, erhaben selbst über menschliche Größe. Nur ein Mann stand ihm gegenüber. Er war Julius Cäsar. Beide waren gleich an Geisteskräften, gleich an Macht und Ansehn, aber beide ganz verschiednen Charakters. Kato der letzte Römer, Cäsar nichts mehr als ein glücklicher Katilina; Kato groß durch sich selbst, Cäsar groß durch sein Glück, mit dem größten Verbrechen geadelt durch den Preis seines Verbrechens. Für zwei solcher Männer war der Erdkreis zu eng. Einer mußte fallen, und Kato fiel, nicht als ein Opfer der Überlegenheit Cäsars, sondern seiner verdorbnen Zeit. Anderthalbe hundert Jahre zuvor hätte kein Cäsar gesiegt. –

Nach Cäsars Siege bei Thapsus hatte Kato die Hoffnung seines Lebens verloren; nur von wenigen Freunden begleitet begab er sich nach Utika, wo er noch die letzten Anstrengungen machte, die Bürger für die Sache der Freiheit zu gewinnen. Doch als er sah, daß in ihnen nur Sklavenseelen wohnten, als Rom von seinem Herzen sich losriß, als er nirgends mehr ein Asyl fand für die Göttin seines Lebens, da hielt er es für das einzig Würdige, durch einen besonnenen Tod seine freie Seele zu retten. Voll der zärtlichsten Liebe sorgte er für seine Freunde, kalt und ruhig überlegte er seinen Entschluß, und als alle Bande zerrissen, die ihn an das Leben fesselten, gab er sich mit sichrer Hand den Todesstoß und starb, durch seinen Tod einen würdigen Schlußstein auf den Riesenbau seines Lebens setzend. Solch ein Ende konnte allein einer so großen Tugend in einer so heillosen Zeit geziemen!

So verschieden nun die Beurteilungen dieser Handlung sind, eben so verschieden sind auch die Motive, die man ihr zum Grunde legt. Doch ich denke, ich habe nicht nötig, hier die zurückzuweisen, welche von Eitelkeit, Ruhmsucht, Halsstarrigkeit und dergleichen kleinlichen Gründen mehr reden (solche Gefühle hatten keinen Raum in der Brust eines Kato!) oder gar die zurückzuweisen, welche mit dem Gemeinplatz der Feigheit angezogen kommen. Ihre Widerlegung liegt schon in der bloßen Schilderung seines Charakters, der nach dem einstimmigen Zeugnis aller alten Schriftsteller so groß war, daß selbst Vellejus Paterculus von ihm sagt: *homo virtuti simillimus et per omnia ingenio diis, quam hominibus propior.*

Andre, die der Wahrheit schon etwas näher kamen und auch [die] meisten Anhänger fanden, behaupteten, der Beweggrund zum Selbstmord sei ein unbeugsamer Stolz gewesen, der nur vom Tode sich habe wollen besiegen lassen. Wahrlich, wäre dies das wahre Motiv, so liegt schon etwas Großes und Erhabnes in dem Gedanken, mit dem Tode die Gerechtigkeit der Sache, für die man streitet, besiegeln zu wollen. Es gehört ein großer Charakter dazu, sich zu einem solchen Entschluß erheben zu können. Aber auch nicht einmal dieser Beweggrund war es – es war ein höherer. Katos große Seele war ganz erfüllt von einem unendlichen Gefühle für Vaterland und Freiheit, das sein ganzes Leben durchglühte. Diese beiden Gedanken waren die Zentralsonne, um die sich alle seine Gedanken und Handlungen drehten. Den Fall seines Vaterlandes hätte Kato überleben können, wenn er ein Asyl für die andre Göttin seines Lebens, für die Freiheit, gefunden hätte. Er fand es nicht. Der Weltball lag in Roms Banden, alle Völker waren Sklaven, frei allein der Römer. Doch als auch dieser endlich seinem Geschicke erlag, als das Heiligtum der Gesetze zerrissen, als der Altar der Freiheit zerstört war, da war Kato der einzige unter Millionen, der einzige unter den Bewohnern seiner Welt, der sich das Schwert in die Brust stieß, um unter Sklaven nicht leben zu müssen; denn Sklaven waren die Römer, sie mochten in goldnen oder ehernen Fesseln liegen – sie waren gefesselt. Der Römer kannte nur eine Freiheit, sie war das Gesetz, dem er sich aus freier Überzeugung also notwendig fügte; diese Freiheit hatte Cäsar zerstört, Kato war Sklave, wenn er sich dem Gesetz der Willkür beugte. Und war auch Rom der Freiheit nicht wert, so war doch die Freiheit selbst wert, daß Kato für sie lebte und starb. Nimmt man diesen Beweggrund an, so ist Kato gerechtfertigt; ich sehe nicht ein, warum man sich so sehr bemüht, einen niedrigern hervorzuheben; ich kann nicht begreifen, warum man einem Manne, dessen Leben und Charakter makellos sind, das Ende seines Lebens schänden will. Der Beweggrund, den ich seiner Handlung zu Grunde lege, stimmt mit seinem ganzen Charakter überein, ist seines ganzen Lebens würdig, und also der wahre. –

Diese Tat läßt sich jedoch noch von einem andern Standpunkte aus beurteilen, nämlich von dem der Klugheit und der Pflicht. Man kann nämlich sagen: Handelte Kato auch klug? hätte er nicht versuchen können, die Freiheit, deren Verlust ihn tötete, seinem Volke wieder zu erkämpfen? Und hätte er, wenn auch dieses nicht der Fall gewesen wäre, sich nicht dennoch seinen Mitbürgern, seinen Freunden, seiner Familie erhalten müssen?

Der erste Einwurf läßt sich widerlegen durch die Geschichte. Kato mußte bei einigem Blick in sie wissen und wußte es, daß Rom sich nicht mehr erheben könne, daß es einen Tyrannen nötig habe, und daß für einen despotisch beherrschten Staat nur Rettung in dem Untergang sei. Wäre es ihm auch gelungen, selbst Cäsarn zu besiegen, Rom blieb dennoch Sklavin; aus dem Rumpfe der Hydra wären nur neue Rachen hervorgewachsen. Die Geschichte bestätigt diese Behauptung. Die Tat eines Brutus war nur ein leeres Schattenbild einer untergegangnen Zeit. Was hätte es also Kato genützt, wenn er noch länger die Flamme des Bürgerkrieges entzündet, wenn er auch Roms Schicksal noch um einige Jahre aufgehalten hätte? Er sah, Rom und mit ihm die Freiheit war nicht mehr zu retten.–

Noch leichter läßt sich der andre Einwurf, als hätte Kato sich seinem, wenn auch unterjochtem Vaterlande, dennoch erhalten müssen, beseitigen. Es gibt Menschen, die ihrem größeren Charakter gemäß mehr zu allgemeinen großen Diensten für das Vaterland als zu besondern Hülfsleistungen gegen einzelne Notleidende verpflichtet sind. Ein solcher war Kato. Sein großer Wirkungskreis war ihm genommen, seinen Grundsätzen gemäß konnte er nicht mehr handeln. Kato war zu groß, als daß er die freie Stirne dem Sklavenjoche des Usurpators hätte beugen, als daß er, um seinen Mitbürgern eine Gnade zu erbetteln, vor einem Cäsar hätte kriechen können. Kleineren Seelen überließ er dies; doch wie wenig durch Nachgeben und Fügsamkeit erreicht wurde, kann Ciceros Beispiel lehren. Kato hatte einen andern Weg eingeschlagen, noch den letzten großen Dienst seinem Vaterlande zu erweisen; ja sein Selbstmord war eine Aufopferung für das selbe! Wäre Kato leben geblieben, hätte er sich mit Verleugnung aller seiner Grundsätze dem Usurpator unterworfen, so hätte dieses Leben die Billigung Cäsars enthalten; hätte er dies nicht gewollt, so hätte er in offnem Kampf auftreten und unnützes Blut vergießen müssen. Hier gab es nur einen Ausweg, er war der Selbstmord. Er war die Apologie des Kato, war die furchtbarste Anklage des Cäsar. Kato hätte nichts Größres für sein Vaterland tun können, denn diese Tat, dieses Beispiel hätte alle Lebensgeister der entschlafnen Roma wecken müssen. Daß sie ihren Zweck verfehlte, daran ist nur Rom, nicht Kato schuld. –

Dasselbe läßt sich auch auf den Einwurf erwidern, es hätte Kato sich seiner Familie erhalten müssen. Kato war der Mann nicht, der sich im engen Kreise des Familienlebens hätte bewegen können, auch sehe ich nicht ein, warum er es hätte tun sollen; seinen Freunden nützte sein Tod mehr als sein Leben; seine Porcia hatte einen Brutus gefunden, sein Sohn war erzogen; der Schluß dieser Erziehung war der Selbstmord des Vaters, er war die letzte große Lehre für den Sohn. Daß derselbe sie verstand, lehrte die Schlacht bei Philippi. –

Das Resultat dieser Untersuchung liegt in Ludens Worten: ›Wer fragen kann, ob Kato durch seine Tugend nicht Rom mehr geschadet habe als genützt, der hat weder Roms Art erkannt noch Katos Seele noch den Sinn des menschlichen Lebens.‹

Nimmt man nun alle diese angeführten Gründe und Umstände zusammen, so wird man leicht einsehen, daß Kato seinem Charakter und seinen Grundsätzen gemäß so handeln konnte und mußte, daß nur dieser eine Ausweg der Würde seines Lebens geziemte und daß jede andre Handlungsart seinem ganzen Leben widersprochen haben würde. –

Obgleich hierdurch nun Kato nicht allein entschuldigt, sondern auch gerechtfertigt wird, so hat man doch noch einen andern, keineswegs leicht zu beseitigenden, Einwurf gemacht; er heißt nämlich: ›Eine Handlung läßt sich nicht dadurch rechtfertigen, daß sie dem besondern Charakter eines Menschen gemäß gewesen ist. Wenn der Charakter selbst fehlerhaft war, so ist es die Handlung auch. Dies ist bei Kato der Fall. Er hatte nämlich nur eine sehr einseitige Entwicklung der Natur. Die Ursache, warum mit seinem Charakter die Handlung des Selbstmords übereinstimmte, lag nicht in seiner Vollkommenheit, sondern in seinen Fehlern. Es war nicht seine Stärke und sein Mut, sondern sein Unvermögen, sich in einer ungewohnten Lebensweise schicklich zu bewegen, welches ihm das Schwert in die Hand gab.‹ –

So wahr auch diese Behauptung klingt, so hört sie bei näherer Betrachtung doch ganz auf, einen Flecken auf Katos Handlung zu werfen. Diesem Einwurf gemäß wird gefordert, daß Kato sich nicht allein in die Rolle des Republikaners, sondern auch in die des Dieners hätte fügen sollen. Daß er dies nicht konnte und wollte, schreibt man der Unvollkommenheit seines Charakters zu. Daß aber dieses Schicken in alle Umstände eine Vollkommenheit sei, kann ich nicht einsehen, denn ich glaube, daß das große Erbteil des Mannes sei, nur eine Rolle spielen, nur in einer Gestalt sich zeigen, nur in das, was er als wahr und recht erkannt hat, sich fügen zu können. Ich behaupte also im Gegenteil, daß grade dieses Unvermögen, sich in eine seinen heiligsten Rechten, seinen heiligsten Grundsätzen widersprechende Lage zu finden, von der Größe, nicht von der Einseitigkeit und Unvollkommenheit des Kato zeugt.

Wie groß aber seine Beharrlichkeit bei dem war, was er als wahr und recht erkannt hatte, kann uns sein Tod selbst lehren. Wenig Menschen werden je gefunden worden sein, die den Entschluß zu sterben mit so viel Ruhe haben fassen, mit so viel Beharrlichkeit haben ausführen können. Sagt auch Herder verächtlich: ›jener Römer, der im Zorne sich die Wunden aufriß!‹, so ist doch dies ewig und sicher wahr, daß grade der Umstand, daß Kato leben blieb und doch nicht zurückzog, daß grade der Umstand die Tat nur noch großartiger macht.

So handelte, so lebte, so starb Kato. Er selbst der Repräsentant römischer Größe, der letzte eines untergesunknen Heldenstamms, der größte seiner Zeit! Sein Tod der Schlußstein für den ersten Gedanken seines Lebens, seine Tat ein Denkmal im Herzen aller Edlen, das über Tod und Verwesung triumphiert, das unbewegt steht im flutenden Strome der Ewigkeit! Rom, die Riesin, stürzte, Jahrhunderte gingen an seinem Grabe vorüber, die Weltgeschichte schüttelte über ihm ihre Lose, und noch steht Katos Namen neben der Tugend und wird neben ihr stehn, so lange das große Urgefühl für Vaterland und Freiheit in der Brust des Menschen glüht! –

Über Schädelnerven

PROBEVORLESUNG

Gehalten im November 1836
vor der philosophischen Fakultät
der Universität Zürich

Hochgeachtete Zuhörer!

Es treten uns auf dem Gebiete der physiologischen und anatomischen Wissenschaften zwei sich gegenüberstehende Grundansichten entgegen, die sogar ein nationelles Gepräge tragen, indem die eine in England und Frankreich, die andere in Deutschland überwiegt. Die erste betrachtet alle Erscheinungen des organischen Lebens vom teleologischen Standpunkt aus; sie findet die Lösung des Rätsels in dem Zweck, der Wirkung, in dem Nutzen der Verrichtung eines Organs. Sie kennt das Individuum nur als etwas, das einen Zweck außer sich erreichen soll, und nur in seiner Bestrebung, sich der Außenwelt gegenüber teils als Individuum, teils als Art zu behaupten. Jeder Organismus ist für sie eine verwickelte Maschine, mit den künstlichen Mitteln versehen, sich bis auf einen gewissen Punkt zu erhalten. Das Enthüllen der schönsten und reinsten Formen im Menschen, die Vollkommenheit der edelsten Organe, in denen die Psyche fast den Stoff zu durchbrechen und sich hinter den leichtesten Schleiern zu bewegen scheint, ist für sie nur das Maximum einer solchen Maschine. Sie macht den Schädel zu einem künstlichen Gewölbe mit Strebepfeilern, bestimmt, seinen Bewohner, das Gehirn, zu schützen, – Wangen und Lippen zu einem Kau- und Respirationsapparat, – das Auge zu einem komplizierten Glase, – die Augenlider und Wimpern zu dessen Vorhängen; – ja die Träne ist nur der Wassertropfen, welcher es feucht erhält. Man sieht, es ist ein weiter Sprung von da bis zu dem Enthusiasmus, mit dem Lavater sich glücklich preist, daß er von so was Göttlichem wie den Lippen reden dürfe.

Die teleologische Methode bewegt sich in einem ewigen Zirkel, indem sie die Wirkungen der Organe als Zwecke voraussetzt. Sie sagt zum Beispiel: soll das Auge seine Funktion versehen, so muß die Hornhaut feucht erhalten werden, und somit ist eine Tränendrüse nötig. Diese ist also vorhanden, damit das Auge feucht erhalten werde, und somit ist das Auftreten dieses Organs erklärt; es gibt nichts weiter zu fragen. Die entgegengesetzte Ansicht sagt dagegen: die Tränendrüse ist nicht da, damit das Auge feucht werde, sondern das Auge wird feucht, weil eine Tränendrüse da ist, oder, um ein anderes Beispiel zu geben, wir haben nicht Hände, damit wir greifen können, sondern wir greifen, weil wir Hände haben. Die größtmöglichste Zweckmäßigkeit ist das einzige Gesetz der teleologischen Methode; nun fragt man aber natürlich nach dem Zwecke dieses Zweckes, und so macht sie auch ebenso natürlich bei jeder Frage einen *progressus in infinitum.*

Die Natur handelt nicht nach Zwecken, sie reibt sich nicht in einer unendlichen Reihe von Zwecken auf, von denen der eine den anderen bedingt; sondern sie ist in allen ihren Äußerungen sich unmittelbar selbst genug. Alles, was ist, ist um seiner selbst willen da. Das Gesetz dieses Seins zu suchen, ist das Ziel der, der teleologischen gegenüberstehenden Ansicht, die ich die philosophische nennen will. Alles, was für jene Zweck ist, wird für diese Wirkung. Wo die teleologische Schule mit ihrer Antwort fertig ist, fängt die Frage für die philosophische an. Diese Frage, die uns auf allen Punkten anredet, kann ihre Antwort nur in einem Grundgesetze für die gesamte Organisation finden, und so wird für die philosophische Methode das ganze körperliche Dasein des Individuums nicht zu seiner eigenen Erhaltung aufgebracht, sondern es wird die Manifestation eines Urgesetzes, eines Gesetzes der Schönheit, das nach den einfachsten Rissen und Linien die höchsten und reinsten Formen hervorbringt. Alles, Form und Stoff, ist für sie an dies Gesetz gebunden. Alle Funktionen sind Wirkungen desselben; sie werden durch keine äußeren Zwecke bestimmt, und ihr sogenanntes zweckmäßiges Aufeinander- und Zusammenwirken ist nichts weiter als die notwendige Harmonie in den Äußerungen eines und desselben Gesetzes, dessen Wirkungen sich natürlich nicht gegenseitig zerstören.

Die Frage nach einem solchen Gesetze führte von selbst zu den zwei Quellen der Erkenntnis, aus denen der Enthusiasmus des absoluten Wissens sich von je berauscht hat, der Anschauung des Mystikers und dem Dogmatismus des Vernunftphilosophen. Daß es bis jetzt gelungen sei, zwischen letzterem und dem Naturleben, das wir unmittelbar wahrnehmen, eine Brücke zu schlagen, muß die Kritik verneinen. Die Philosophie *a priori* sitzt noch in einer trostlosen Wüste; sie hat einen weiten Weg zwischen sich und dem frischen grünen Leben, und es ist eine große Frage, ob sie ihn je zurücklegen wird. Bei den geistreichen Versuchen, die sie gemacht hat, weiter zu kommen, muß sie sich mit der Resignation begnügen, bei dem Streben handle es sich nicht um die Erreichung des Ziels, sondern um das Streben selbst.

War nun auch nichts absolut Befriedigendes erreicht, so genügte doch der Sinn dieser Bestrebungen, dem Naturstudium eine andere Gestalt zu geben; und hatte man auch die Quelle nicht gefunden, so hörte man doch an vielen Stellen den Strom in der Tiefe rauschen, und an manchen Orten sprang das Wasser frisch und hell auf. Namentlich erfreuten sich die Botanik und Zoologie, die Physiologie und vergleichende Anatomie eines bedeutenden Fortschritts. In einem ungeheuren, durch den Fleiß von Jahrhunderten zusammengeschleppten Material, das kaum unter die Ordnung eines Kataloges gebracht war, bildeten sich einfache, natürliche Gruppen; ein Gewirr seltsamer Formen unter den abenteuerlichsten Namen löste sich im schönsten Ebenmaß auf; eine Masse Dinge, die sonst nur als getrennte, weit auseinander liegende facta das Gedächtnis beschwerten, rückten zusammen, entwickelten sich auseinander oder stellten sich in Gegensätzen gegenüber. Hat man auch nichts Ganzes erreicht, so kamen doch zusammenhängende Strecken zum Vorschein, und das Auge, das an einer Unzahl von Tatsachen ermüdet, ruht mit Wohlgefallen auf so schönen Stellen wie die Metamorphose der Pflanze aus dem Blatt, die Ableitung des Skeletts aus der Wirbelform, die Metamorphose, ja die Metempsychose des Fötus während des Fruchtlebens, die Repräsentationsidee Okens in der Klassifikation des Tierreichs u. d.gl.m. In der vergleichenden Anatomie strebte alles nach einer gewissen Einheit, nach dem Zurückführen aller Formen auf den einfachsten primitiven Typus. [Klar war man sich über die Be]deutung der Gebilde des vegetativen [Nervensystems für die Ausbildung] des Skeletts; nur für das [Gehirn ließ sich bis] jetzt kein so glückliches Resultat zeigen. [Wenn Oken] gesagt hatte: der Schädel ist eine Wirbelsäule, so mußte man auch sagen, das Hirn ist ein metamorphosiertes Rückenmark und die Hirnnerven sind Spinalnerven. Wie aber dies im einzelnen nachzuweisen sei, bleibt bis jetzt ein schweres Rätsel. Wie können die Massen des Gehirns auf die einfache Form des Rükkenmarks zurückgeführt werden? Wie kann man die in ihrem Ursprung und Verlauf so verwickelten Nerven des Gehirns mit den so gleichmäßig mit ihrer doppelten Wurzelreihe längs des Rückenmarks entspringenden und im ganzen so einfach und regelmäßig verlaufenden Spinalnerven vergleichen, und wie endlich ihr Verhältnis zu den Schädelwirbeln dartun? Mancherlei Antworten wurden auf diese Fragen versucht. Eine besondere Mühe verwendete Carus darauf. Hier die Art, wie er die Hirnnerven in seinem Werke »Von den Urtheilen des Knochen- und Schalengerüstes« ordnet. Das Gehirn hat nach ihm drei Hauptanschwellungen: die Hemisphären, die Vierhügel und das kleine Gehirn. Diesen entsprechen drei Paar Schädelnerven. Jeder Schädelnerv entspringt gleich den Spinalnerven mit zwei Wurzeln, einer hinteren und einer vorderen, die sich aber nicht zu einem gemeinschaftlichen Stamm vereinigen, sondern jede für sich einen eigentümlichen Nerven bilden. Die drei hinteren Wurzeln sind nun der Riech-, Seh- und Hörnerv, die vorderen dagegen das fünfte Paar, entsprechend dem Sehnerven, und das zehnte Paar, entsprechend dem Hörnerven, während die vordere Wurzel des [Riechnerven durch das infundibulum] nur rudimentär angedeutet ist. [Die übrigen Hirnnerven erweisen] sich als Unterabteilungen dieser [Stämme. So zerfällt die hintere] Wurzel des zweiten Schädelnerven [in den opticus und patheticus] und die vordere in den facialis, oculomotorius [abducens und den] eigentlichen trigeminus, und so zerfällt die vordere Wurzel des dritten Schädelnerven in den glossopharyngeus, hypoglossus, accessorius Willis und eigentlichen vagus. Man braucht nur aufmerksam zu machen, wie unpassend es sei, zwei so deutliche Empfindungsnerven wie den vagus und trigeminus zu isolierten motorischen Wurzeln zu machen, um das Ungenügende dieser Anordnung nachzuweisen. Der bedeutendste Versuch ist wohl der, welchen Arnold machte. Er zählt zwei Schädelwirbel; daraus ergeben sich zwei Intervertebrallöcher und somit zwei Paar Schädelnerven. Die vordere oder die motorische Wurzel des ersten Schädelnerven bildet die drei Muskelnerven des Auges und die kleine Portion des trigeminus; die hintere dagegen die große Portion dieses Nerven. Was den zweiten Schädelnerven betrifft, so geht seine vordere Wurzel in den hypoglossus und den Beinerven und seine hintere in den vagus über. Die Knoten des vagus und trigeminus entsprechen den Spinalknoten. Der facialis wird zum vorderen, der glossopharyngeus zum hinteren Schädelnerven gerechnet, ohne daß sie jedoch einer von beiden Wurzeln beigezählt würden, sondern sie werden als gemischte, aus Bewegungs- und Empfindungsfäden zusammengesetzte Nerven betrachtet. Die obere Augenhöhlenspalte und das zerrissene Loch bilden die zwei Intervertebrallöcher, das ovale und runde Loch werden als zu der ersteren, das Gelenkhügelloch als zu dem letzteren gehörig [betrachtet. Die Nerven des Gesichts], Geruchs und Gehörs machen [eine besondere Gruppe aus; sie] werden nicht als eigentliche Hirnnerven, sondern als Ausstülpungen des Gehirns betrachtet, [eine Anschauung, die] auf ihre Entwicklung beim Fötus, ihren Mangel an Knoten, die den Spinalknoten entsprächen, und auf ihr Unvermögen eine andere Empfindung als die ihres eigentümlichen Sinnes zur Erkenntnis zu bringen, basiert wird. Gegen diese Einteilung, welche sich, wie man auf den ersten Blick sieht, im höchsten Grade durch ihre Einfachheit empfiehlt, erheben sich jedoch mehrere bedeutende Gründe, namentlich macht das Absondern der drei höheren Sinnesnerven Schwierigkeiten. Die passive Seite des Nervenlebens erscheint unter der allgemeinen Form der Sensibilität; die sogenannten einzelnen Sinne sind nichts als Modifikationen dieses allgemeinen Sinnes, Sehen, Hören, Riechen, Schmecken sind nur die feineren Blüten desselben. So ergibt es sich aus der stufenweisen Betrachtung der Organismen. Man kann Schritt für Schritt verfolgen, wie von dem einfachsten Organismus an, wo alle Nerventätigkeit in einem dumpfen Gemeingefühl besteht, nach und nach besondere Sinnesorgane sich abgliedern und ausbilden. Ihre Sinne sind nichts neu Hinzugefügtes, sie sind nur Modifikationen in einer höheren Potenz. Das nämliche gilt natürlich von den Nerven, welche ihre Funktionen vermitteln; sie erscheinen unter einer vollkommneren Form als die übrigen Empfindungsnerven, ohne deswegen ihren ursprünglichen Typus zu verlieren. Jeder Empfindungsnerv charakterisiert sich aber bei den Wirbeltieren als ein aus den hinteren Marksträngen entspringendes Wurzelbündel, und somit sind die drei höheren Sinnesnerven nichts weiter als isoliert gebliebne sensible Wurzeln. Bei den Fischen wird dies Verhalten ziemlich deutlich, und bei den Cyprinen glaube ich ihren Ursprung von den hinteren Docksträngen oder den oberen Pyramiden gleich den übrigen Empfindungsnerven nachgewiesen zu haben. Übrigens würde mich die weitere Diskussion dieser Frage, über die noch vieles zu sagen wäre, zu weit führen.

Es dürfte wohl immer vergeblich sein, die Lösung [dieses Problems] zu [finden], [indem man] sein Erscheinen [in der] verwickeltsten Form, nämlich bei dem Menschen [auffaßt]. Die einfachsten Formen leiten immer am sichersten, [weil] in ihnen sich nur das Ursprüngliche, absolut Notwendige zeigt. Diese einfache Form bietet uns nun die Natur für dieses Problem entweder vorübergehend im Fötus oder stehen geblieben, selbständig geworden, in den niedern Wirbeltieren dar. Die Formen wechseln jedoch beim Fötus so rasch und sind oft nur so flüchtig angedeutet, daß man nur mit der größten Schwierigkeit zu einigermaßen genügenden Resultaten gelangen kann, während sie bei den niedrigen Wirbeltieren zu einer vollständigen Ausbildung gelangen und uns so die Zeit lassen, sie in ihrem einfachsten und bestimmtesten Typus zu studieren. Es fragt sich also in unserem Falle: welche Schädelnerven treten bei den niedrigsten Wirbeltieren zuerst auf? wie verhalten sie sich zu den Hirnmassen und den Schädelwirbeln, und nach welchen Gesetzen wird, die Reihe der Wirbeltiere durch bis zum Menschen, ihre Zahl vermehrt oder vermindert, ihr Verlauf einfacher oder verwickelter? Faßt man nun die Tatsachen, welche die Wissenschaft uns bis jetzt an die Hand gibt, zusammen, so findet man neun Paar Schädelnerven, nämlich den olfactivus, opticus, die drei Muskelnerven des Auges, den trigeminus, acusticus, vagus und hypoglossus bei allen Klassen der Wirbeltiere, während die drei [übrigen Schädelnerven, nämlich der facialis, glossopharyngeus] und accessorius Willisii, bald [als selbständige Nerven ausgebildet sind, bald] nur als Äste des vagus [oder des trigeminus auftreten,] oder gänzlich verschwinden. [So tr]itt bei den Fischen der facialis als der Deckelast des fünften Paares auf, verschwindet dann bei der Mehrzahl der Reptilien und Vögel, und zeigt sich wieder bei den Säugetieren in dem Maße, als die Physiognomie mehr Ausdruck bekommt und die Nasenrespiration bedeutender wird. So tritt der glossopharyngeus bei den Fischen zwar als ein selbständiger Stamm auf, verhält sich jedoch durch seine Verteilung an die erste Kieme ganz wie ein Ast des vagus, verschmilzt dann bei den Batrachiern und Ophidiern mit dem vagus, dessen ramus lingualis er bildet, isoliert sich wieder bei den Cheloniern und bleibt endlich bei den Vögeln und Säugetieren ein selbständiger Nerv. So zeigt sich bei den Fischen und Batrachiern keine Spur von einem Beinerven, indem der vagus selbst die motorischen Fäden abgibt; erst bei den Sauriern, Cheloniern und Vögeln fängt er an sich zu isolieren, und selbst bei den Säugetieren ist er im allgemeinen eigentlich nicht von dem vagus getrennt. Ich nenne diese drei Nervenpaare abgeleitete Nerven und betrachte sie, wo sie selbständig auftreten, als isolierte Zweige des vagus und trigeminus, deren Isolation von der mehr oder weniger gesteigerten Funktion ihres Primitivnervenstammes abhängt. Damit wird das Problem viel einfacher, und [es erhebt sich nun die Frage: Wie lassen] sich die übrigen Paare auf den [Typus der Spinalnerven] zurückführen? –

Jeder Spinalnerv entspringt, [wenn er den Rückenmarkkanal verläßt,] zwei Wurzelbündeln, einem vorderen die Bewegung [und einem] hinteren die Empfindung vermittelnden. Beide Wurzeln vereinigen sich in einer gewissen Distanz vom Mark zu einem gemeinschaftlichen Nervenstamm. Je zwei Spinalnerven bilden durch ihre Insertion einen Markabschnitt, dem ein Wirbel entspricht. Dies das einfachste Verhältnis. Auf welche Weise kann nun dasselbe modifiziert werden?

1. Beide Wurzeln vereinigen sich nicht mehr zu einem gemeinschaftlichen Stamm, sondern jede bleibt isoliert und bildet einen eignen, rein motorischen oder rein sensibeln Nerven.

2. Beide Wurzeln vereinigen sich zwar, doch tritt eine partielle Trennung in ihren Fäden ein, so daß in den Ästen, welche der von ihnen zusammengesetzte Nerv abgibt, die motorischen und sensibeln Fäden nicht mehr gleichmäßig verteilt sind. Dies Verhalten bildet den Übergang zu dem vorhergehenden.

3. Eine von den Wurzeln avortiert, so daß sich nur die andere entwickelt.

4. So wie von den zwei Wurzeln jede einen besonderen Nerven

bilden kann, so kann dieser Nerv selbst wieder in mehrere isolierte Stämme zerfallen.

Auf diese vier Modifikationen nun lassen sich, wie ich sogleich nachweisen werde, die Unterschiede zwischen den Schädel- [und Spinalnerven zurückführen. Mit ihrer] Hülfe lassen sich sechs [Hirnnervenpaare unterscheiden,] denen entsprechend ich sechs Schädelwirbel [annehme, wie ich sie speziell bei den Fischen] gefunden zu haben glaube. [Die sechs] Paar Schädelnerven sind: der Zungenfleischnerv, der vagus, der Hörnerv, das fünfte Paar, der Sehnerv mit dem Muskelnerv des Auges und der Riechnerv.

Nichts ist leichter, als nachzuweisen, daß der hypoglossus ursprünglich mit einer hintern Wurzel und einem Spinalknoten versehen sei, und somit so gut als jeder andre Spinalnerv als ein selbständiger Nervenstamm betrachtet werden müsse. Bei den Fischen entspringt der letzte Schädelnerv mit einer vorderen breiten und einer hinteren feinen mit einem Knoten versehenen Wurzel. Er tritt durch ein eignes Loch aus der Schädelhöhle und teilt sich darauf in zwei Äste, einen vorderen und einen hinteren. Der vordere läuft, indem er einen Bogen bildet, nach vorn zu den Muskeln des Zungenbeins, der hintere vereinigt sich mit dem ersten Spinalnerven und geht zur vorderen Extremität. Die Bedeutung dieses Nerven als hypoglossus ergibt sich fast auf den ersten Blick, indem der vordere Ast dem Bogen, der hintere der ansa entspricht. Der Frosch liefert übrigens den direkten Beweis. Zwischen dem vagus und dem ersten Spinalnerven entspringt ein Nerv mit zwei Wurzeln gerade wie bei den Fischen; er teilt sich ebenfalls in zwei Äste, einen [vorderen, der sich an die Muskulatur der] Zunge verteilt und [einen hinteren, der bei den Fischen und den höheren Wirbeltieren] zur vorderen Extremität geht. [Es ist ohne weiteres klar, daß dieser] Nerv dem hypoglossus der höheren Tiere entspricht, und [eben]so evident, daß er mit dem fraglichen Nerven der Fische identisch ist. Bei den Fischen und Fröschen erscheint also der hypoglossus als ein selbständiger Nerv [und zeigt] auf das deutlichste den Typus eines Spinalnerven. [Ja,] noch mehr, bei dem Frosch ist er eigentlich der erste Spinalnerv, indem der ihm entsprechende Schädelwirbel [sich] wieder in einen Rückenwirbel verwandelt hat und somit der vagus der letzte Gehirnnerv ist. Außerdem hat Maier selbst bei verschiednen Säugetieren und einmal sogar bei dem Menschen, eine feinere, hinten mit einem Knötchen versehene Wurzel des hypoglossus gefunden. – Bei dem hypoglossus des Menschen tritt also die dritte der erwähnten Modifikationen ein: die Empfindungswurzel ist avortiert und nur die motorische hat sich entwikkelt, ein Verhältnis, das übrigens schon bei dem Fisch und Frosch durch das Überwiegen der vorderen Wurzel über die hintere angedeutet ist.

Was den trigeminus anbelangt, so ist selbst bei dem Menschen, aus dem eigentümlichen Verhältnisse seiner portio major und minor, seine Analogie mit dem Spinalnerven unverkennbar und längst anerkannt.

[Ähnlich liegen die Verhältnisse bei den] Fischen, wo außerdem [eine enge Beziehung zwischen dem trigeminus und dem facialis besteht, und wo die eigen]artigen Gebilde des [ramus opercularis vorhanden sind, der als hauptsächlich motorischer Ast der vordern Wurzel der] Spinalnerven entspricht.

[Mit dem] vagus hat die Sache bei den höheren Tieren mehr Schwierigkeit, doch helfen auch hier die niederen Formen. So entspringt bei dem Hecht z. B. der vagus aufs deutlichste mit zwei Wurzeln, einer vorderen und hinteren, die sich erst nach ziemlich langem Verlauf bci ihrem Austritt aus der Schädelhöhle [vereinigen] und daselbst einen Knoten zeigen. Dieser Spinalknoten [des] vagus ist bei vielen Fischen von enormer Größe und [findet] sich, wie bekannt, noch bei dem Menschen. Vagus und trige[minus] bieten die zweite Modifikation dar, nämlich die partielle Trennung der motorischen und sensibeln Fäden in den Stämmen, in welche diese Nerven sich teilen, nämlich den facialis, glossopharyngeus und accessorius Willisii, wie ich bereits gezeigt habe. Im vagus wird diese Trennung vollständiger als beim trigeminus, wenigstens scheint dies aus dem Verhältnis des Beinerven zum vagus hervorzugehen, indem letzterer wirklich ohne alle motorische Fäden zu sein scheint. – Das zehnte und fünfte Paar zeigen in der ganzen Reihe der Wirbeltiere eine auffallende Symmetrie. Der vagus verhält sich zur Brust- und Bauchhöhle wie der trigeminus zur Wiederholung dieser Höhlen am Kopf, nämlich der Mund- und Nasenhöhle. Kurz, der trigeminus ist ein vagus in einer höheren Potenz. Dies Verhältnis wird bei den Säugetieren besonders deutlich. Das zehnte Paar teilt sich in drei Nervenstämme, den accessorius Willisii, den eigentlichen vagus und den glossopharyngeus; das fünfte Paar ebenfalls in drei, den facialis, den [eigentlichen trigeminus und den Zungenast des trigeminus, den] man ebensogut als [vollständig selbständigen Nerven auffassen kann.] Wie der accessorius Willisii Atemnerv [des Halses und eines Teiles der Brusthöhle ist, so ist] der facialis Respirationsnerv des Kopfes; wie der [Vagusstamm der Empfindungsnerv des] Darmkanals ist, so ist der Zungenast des trigeminus [der sensible Nerv der Zunge,] diesem vollkommensten Teile des Darmkanals, diesem Organe [des Eingeweidesinnes,] wie Oken so sinnreich den Geschmack nennt. Endlich wie [der vagus den] glossopharyngeus als [Geschmacks]nerven zur Zunge, so schickt der trigeminus den [getrennt verlaufenden ophthalmicus] als Hülfsnerven [zur Nase] und dem Auge.

Es bleibt mir jetzt noch die Analogie der drei höheren Sinnesnerven mit den Spinalnerven nachzuweisen. Der acusticus und olfactivus sind als hintere Wurzeln zu betrachten, deren vordere avortiert ist. Die Analogie, woraus ich dies schließe, liefert der hypoglossus, dessen hintere bei den Fischen, Fröschen und manchen Säugetieren vorkommende Wurzel bei dem Menschen avortiert, während nur die vordere sich entwickelte. Das Umgekehrte ist bei dem acusticus und olfactivus der Fall; nur die hintere Wurzel entwickelt sich und die vordere avortiert. Für beide wird die motorische Wurzel durch den facialis ersetzt. Für den acusticus erklärt sich dies leicht, wenn man bedenkt, in welchem Verhältnis der dem facialis entsprechende Deckelast der Fische zu der Kiemenhöhle steht. Oken hat nämlich nachgewiesen, das Ohr mit Ausnahme des Labyrinths sei nur eine metamorphosierte Kiemenhöhle, und so sieht man leicht, daß die Fäden, welche der facialis bei Vögeln und Säugetieren dem äußeren und inneren Ohr gibt, das Verhältnis des Deckelastes zur Kiemenhöhle wiederholen.

In dem Sehnerven und den Muskelnerven des Auges treten endlich beide Wurzeln als isolierte Nerven auf, die hintere als zweites, die vordere als drittes, viertes und sechstes Paar, indem diese letzteren der vierten Modifikation, [wo eine Wurzel wieder in besondere isolierte Nervenstämme zerfällt, entspricht.] Das dritte und sechste Paar [entspringen ganz nahe beieinander und ungefähr auf gleicher Höhe,] das eine vor dem [andern, und bilden so zwei Fäden einer gemeinsamen Wurzel,] von denen der eine [etwas früher als der andere aus dem] Mark tritt. Das vierte Paar macht dagegen [größere Schwierigkeiten,] doch sein Verhalten bei manchen Fischen hebt sie größtenteils. [Es entspringt] bei den Cyprinen und dem Hecht vom äußeren Rand der vorderen Pyrami[denstränge,] folglich vom nämlichen Markstrang wie das dritte und sechste.

In dem [Augen]muskelnerv erreicht der Nerv als solcher seine höchste Entfaltung; [er verhält] sich, um ein Beispiel zu geben, zu den übrigen Nerven wie der Huf [des Pferdes] zu der Hand des Menschen. Was in dem ersteren noch verbunden liegt, glie[dert] sich in der letzteren im schönsten Verhältnis ab. Diese Entwicklung fällt mit der Bedeutung des Auges zusammen, von dem Oken wahrhaftig mit Recht [sagt,] es sei das höchste Organ, die Blüte oder vielmehr die Frucht aller organischen Reiche.

So wären denn sechs Paar Schädelnerven gefunden: 1. der Riechnerv, 2. der Sehnerv mit dem dritten, vierten und sechsten Paar, 3. der trigeminus, 4. der acusticus, 5. der vagus, 6. der hypoglossus.

Ihre rechte Begründung kann übrigens diese Einteilung der Schädelnerven erst durch ihre Vergleichung mit den Schädelknochen erhalten. Diese jedoch auszuführen und nachzuweisen, wie ich diesen sechs Paaren sechs Schädelwirbel entsprechend gefunden zu haben glaube, erlaubt die Zeit nicht.

Vergleicht man endlich die Schädelnerven untereinander, so findet man, daß sie sich in zwei Gruppen teilen. Die eine, gebildet vom acusticus und opticus, diesen Nerven des Schalls und des Lichts, ist der reinste Ausdruck des animalen Lebens; die andere, bestehend aus dem hypoglossus, vagus, trigeminus und olfactivus, erhöht das vegetative zum animalen Leben. So werden wir uns des Aktes der Verdauung und der Respi[ration durch den vagus bewußt, so wird die Zunge als] ein wesent[licher Bestandteil des Verdauungskanals durch den Einfluß] des hypoglossus dem Willen [unterworfen und dadurch ein] wahres Glied des Kopfes; so entwickeln sich [Geschmack und Geruch] als die Sinne des Darm- und des Atemsystems [unter dem] Einflusse des trigeminus und des olfac[tivus. Die Nerven] dieser letzteren Gruppe unterscheiden sich jedoch dadurch [nicht] wesentlicher von den übrigen Spinalnerven als die Lendennerven, welche zu den Organen der Zeugung gehn. Die ersteren verhalten sich zur Verdauung und Respiration wie die letzteren zu den Geschlechtsverrichtungen. Außerdem sind ja alle Spinalnerven durch ihren Einfluß auf die Respirationsbewegungen ebenfalls an das vegetative Leben geknüpft.

Büchners Briefe

Straßburg 1831–1833

(AN DIE FAMILIE) Straßburg, nach dem 4. Dezember 1831.

... Als sich das Gerücht verbreitete, daß Ramorino durch Straßburg reisen würde, eröffneten die Studenten sogleich eine Subskription und beschlossen, ihm mit einer schwarzen Fahne entgegenzuziehen. Endlich traf die Nachricht hier ein, daß Ramorino den Nachmittag mit den Generälen Schneider und Langermann ankommen würde. Wir versammelten uns sogleich in der Akademie; als wir aber durch das Tor ziehen wollten, ließ der Offizier, der von der Regierung Befehl erhalten hatte, uns mit der Fahne nicht passieren zu lassen, die Wache unter das Gewehr treten, um uns den Durchgang zu wehren. Doch wir brachen mit Gewalt durch und stellten uns drei- bis vierhundert Mann stark an der großen Rheinbrücke auf. An uns schloß sich die Nationalgarde an. Endlich erschien Ramorino, begleitet von einer Menge Reiter; ein Student hält eine Anrede, die er beantwortet, ebenso ein Nationalgardist. Die Nationalgarden umgeben den Wagen und ziehen ihn; wir stellen uns mit der Fahne an die Spitze des Zugs, dem ein großes Musikchor vormarschiert. So ziehen wir in die Stadt, begleitet von einer ungeheuren Volksmenge unter Absingung der Marseillaise und der Carmagnole; überall erschallt der Ruf: Vive la liberté! vive Ramorino! à bas les ministres! à bas le juste milieu! Die Stadt selbst illuminiert, an den Fenstern schwenken die Damen ihre Tücher, und Ramorino wird im Triumph bis zum Gasthof gezogen, wo ihm unser Fahnenträger die Fahne mit dem Wunsch überreicht, daß diese Trauerfahne sich bald in Polens Freiheitsfahne verwandeln möge. Darauf erscheint Ramorino auf dem Balkon, dankt, man ruft Vivat! – und die Komödie ist fertig ...

(AN DIE FAMILIE) Straßburg, im Dezember 1831.

... Es sieht verzweifelt kriegerisch aus; kommt es zum Kriege, dann gibt es in Deutschland vornehmlich eine babylonische Verwirrung, und der Himmel weiß, was das Ende vom Liede sein wird. Es kann Alles gewonnen und Alles verloren werden; wenn aber die Russen über die Oder gehn, dann nehme ich den Schießprügel, und sollte ich's in Frankreich tun. Gott mag den allerdurchlauchtigsten und gesalbten Schafsköpfen gnädig sein; auf der Erde werden sie hoffentlich keine Gnade mehr finden ...

(AN DIE FAMILIE) Straßburg, vor dem 16. Mai 1832

... Das einzige Interessante in politischer Beziehung ist, daß die hiesigen republikanischen Zierbengel mit roten Hüten herumlaufen, und daß Herr Périer die Cholera hatte, die Cholera aber leider nicht ihn ...

(AN AUGUST STÖBER) Darmstadt, den 24. August 1832.

Liebes Brüderpaar! Obgleich die Adresse nur an einen von Euch lautet, so gilt sie doch Euch beiden; doch seht vorerst nach der zweiten, denn mein Brief ist nur die Schale und figuriert nur als Käspapier. Habt Ihr das andre Papier gelesen, so werdet Ihr wissen, daß es sich um nichts geringeres handelt als um die Muse der teutschen Dichtkunst; ob Ihr dabei als Accoucheurs oder als Totengräber auftreten sollt, wird der Erfolg lehren. Ihr seid gebeten mit Eurer poetischen Haus- und Feld-Apotheke bei der Wiederbelebung des Kadavers tätige Hilfe zu leisten; am besten wäre es, man suchte ihn in einem Backofen zu erwärmen, denn dies ist noch das einzige Kunstwerk, welches das liebe Teutsche Volk zu bauen und zu genießen versteht! Doch, Spaß beiseite! ich lege Euch die Sache ernstlich ans Herz; wenn die Männer, welche ihre Beihilfe versprochen haben, Wort halten, so kann etwas Tüchtiges geleistet werden; daß Ihr viel dazu beitragen könnt, weiß ich, ohne Euch schmeicheln zu wollen. Die Herausgeber kenne ich persönlich: *Künzel* ist Kandidat der Theologie, *Metz* steht einer Buchhandlung vor, beide sehr gebildete junge Leute; die *Zimmermänner* sind Zwillinge und studieren in Heidelberg, sie gehören zu meinen ältesten und besten Freunden, namentlich hat der eine von ihnen ausgezeichnete poetische Anlagen. Eure Antwort seid Ihr gebeten an mich zu adressieren, ich hoffe dabei auch einige herzliche Worte an mich zu finden; heute sind es zuerst drei Wochen, daß ich Euch verlassen, und doch könnte ich Euch schon manche epistolas ex ponto schreiben! Ach säße ich doch wieder einmal unter Euch im Drescher! Herzliche Grüße an die edlen Eugeniden, namentlich an Boeckel und Baum.

Lebt wohl!

Euer G. Büchner

(AN DIE FAMILIE) Straßburg, im Dezember 1832.

... Ich hätte beinahe vergessen zu erzählen, daß der Platz in Belagerungszustand gesetzt wird (wegen der holländischen Wirren). Unter meinem Fenster rasseln beständig die Kanonen vorbei, auf den öffentlichen Plätzen exerzieren die Truppen, und das Geschütz wird auf den Wällen aufgefahren. Für eine politische Abhandlung habe ich keine Zeit mehr, es wäre auch nicht der Mühe wert, das Ganze ist doch nur eine Komödie. Der König und die Kammern regieren, und das Volk klatscht und bezahlt ...

(AN DIE FAMILIE) Straßburg, im Januar 1833.

... Auf Weihnachten ging ich Morgens um vier Uhr in die Frühmette ins Münster. Das düstere Gewölbe mit seinen Säulen, die Rose und die farbigen Scheiben und die knieende Menge waren nur halb vom Lampenschein erleuchtet. Der Gesang des unsichtbaren Chores schien über dem Chor und dem Altare zu schweben und den vollen Tönen der gewaltigen Orgel zu antworten. Ich bin kein Katholik und kümmerte mich wenig um das Schellen und Knieen der buntscheckigen Pfaffen, aber der Gesang allein machte mehr Eindruck auf mich, als die faden, ewig wiederkehrenden Phrasen unserer meisten Geistlichen, die jahraus, jahrein an jedem Weihnachtstag meist nichts Gescheiteres zu sagen wissen, als, der liebe Herrgott sei doch ein gescheiter Mann gewesen, daß er Christus grade um diese Zeit auf die Welt habe kommen lassen. –

(AN DIE FAMILIE) Straßburg, den 5. April 1833.

Heute erhielt ich Euren Brief mit den Erzählungen aus Frankfurt. Meine Meinung ist die: Wenn in unserer Zeit etwas helfen soll, so ist es Gewalt. Wir wissen, was wir von unseren Fürsten zu erwarten haben. Alles, was sie bewilligten, wurde ihnen durch die Notwendigkeit abgezwungen. Und selbst das Bewilligte wurde uns hingeworfen, wie eine erbettelte Gnade und ein elendes Kinderspielzeug, um dem ewigen Maulaffen Volk seine zu eng geschnürte Wickelschnur vergessen zu machen. Es ist eine blecherne Flinte und ein hölzerner Säbel, womit nur ein Deutscher die Abgeschmacktheit begehen konnte, Soldatchens zu spielen. Unsere Landstände sind eine Satire auf die gesunde Vernunft, wir können noch ein Säkulum damit herumziehen, und wenn wir die Resultate dann zusammennehmen, so hat das Volk die schönen Reden seiner Vertreter noch immer teurer bezahlt, als der römische Kaiser, der seinem Hofpoeten für zwei gebrochene Verse 20000 Gulden geben ließ. Man wirft den jungen Leuten den Gebrauch der Gewalt vor. Sind wir denn aber nicht in einem ewigen Gewaltzustand? Weil wir im Kerker geboren und großgezogen sind, merken wir nicht mehr, daß wir im Loch stecken mit angeschmiedeten Händen und Füßen und einem Knebel im Munde. Was nennt Ihr denn gesetzlichen Zustand? Ein Gesetz, das die große Masse der Staatsbürger zum fronenden Vieh macht, um die unnatürlichen Bedürfnisse einer unbedeutenden und verdorbenen Minderzahl zu befriedigen? Und dies Gesetz, unterstützt durch eine rohe Militärgewalt und durch die dumme Pfiffigkeit seiner Agenten, dies Gesetz ist eine ewige, rohe Gewalt, angetan dem Recht und der gesunden Vernunft, und ich werde mit Mund und Hand dagegen kämpfen, wo ich kann. Wenn ich an dem, was geschehen, keinen Teil genommen und an dem, was vielleicht geschieht, keinen Teil nehmen werde, so geschieht es weder aus Mißbilligung, noch aus Furcht, sondern nur weil ich im gegenwärtigen Zeitpunkt jede revolutionäre Bewegung als eine vergebliche Unternehmung betrachte und nicht die Verblendung derer teile, welche in den Deutschen ein zum Kampf für sein Recht bereites Volk sehen. Diese tolle Meinung führte die Frankfurter Vorfälle herbei, und der Irrtum büßte sich schwer. Irren ist übrigens keine Sünde, und die deutsche Indifferenz ist wirklich von der Art, daß sie alle Berechnung zu Schanden macht. Ich bedaure die Unglücklichen von Herzen. Sollte keiner von meinen Freunden in die Sache verwikkelt sein? . . .

(AN DIE FAMILIE) [Straßburg, im April oder Mai 1833.]

. . . Wegen mir könnt Ihr ganz ruhig sein; ich werde nicht nach Freiburg gehen und ebensowenig wie im vorigen Jahre an einer Versammlung teilnehmen . . .

(AN DIE FAMILIE) Straßburg, nach dem 27. Mai 1833.

. . . Soeben erhalten wir die Nachricht, daß in Neustadt die Soldateska über eine friedliche und unbewaffnete Versammlung hergefallen sei und ohne Unterschied mehrere Personen niedergemacht habe. Ähnliche Dinge sollen sich im übrigen Rheinbayern zugetragen haben. Die liberale Partei kann sich darüber grade nicht beklagen; man vergilt Gleiches mit Gleichem, Gewalt mit Gewalt. Es wird sich finden, wer der Stärkere ist. –

Wenn Ihr neulich bei hellem Wetter bis auf das Münster hättet sehen können, so hättet Ihr mich bei einem langhaarigen, bärtigen, jungen Mann sitzend gefunden. Besagter hatte ein rotes Barett auf dem Kopf, um den Hals einen Cashmir-Shawl, um den Kadaver einen kurzen deutschen Rock, auf die Weste war der Name »Rousseau« gestickt, an den Beinen enge Hosen mit Stegen, in der Hand ein modisches Stöckchen. Ihr seht, die Karikatur ist aus mehreren Jahrhunderten und Weltteilen zusammengesetzt: Asien um den Hals, Deutschland um den Leib, Frankreich an den Beinen, 1400 auf dem Kopf und 1833 in der Hand. Er ist ein Kosmopolit – nein, er ist mehr, er ist St. Simonist! Ihr denkt nun, ich hätte mit einem Narren gesprochen, und Ihr irrt. Es ist ein liebenswürdiger junger Mann, viel gereist. – Ohne sein fatales Kostüm hätte ich nie den St. Simonisten verspürt, wenn er nicht von der *femme* in Deutschland gesprochen hätte. Bei den Simonisten sind Mann und Frau gleich, sie haben gleiche politische Rechte; sie haben nun ihren *père*, der ist St. Simon, ihr

Stifter; aber billigerweise müßten sie auch eine *mère* haben. Die ist aber noch zu suchen, und da haben sie sich denn auf den Weg gemacht, wie Saul nach seines Vaters Eseln, mit dem Unterschied, daß – denn im neunzehnten Jahrhundert ist die Welt gar weit vorangeschritten – daß die Esel diesmal den Saul suchen. Rousseau mit noch einem Gefährten (beide verstehen kein Wort Deutsch) wollten die *femme* in Deutschland suchen, man beging aber die intolerante Dummheit, sie zurückzuweisen. Ich sagte ihm, er hätte nicht viel an den Weibern, die Weiber aber viel an ihm verloren; bei den einen hätte er sich ennuyiert und über die anderen gelacht. Er bleibt jetzt in Straßburg, steckt die Hände in die Taschen und predigt dem Volke die Arbeit, wird für seine Kapazität gut bezahlt und *marche vers les femmes*, wie er sich ausdrückt. Er ist übrigens beneidenswert, führt das bequemste Leben unter der Sonne, und ich möchte aus purer Faulheit St. Simonist werden, denn man müßte mir meine Kapazität gehörig honorieren . . .

(AN DIE FAMILIE) Straßburg, im Juni 1833.

. . . Ich werde zwar immer meinen Grundsätzen gemäß handeln, habe aber in neuerer Zeit gelernt, daß nur das notwendige Bedürfnis der großen Masse Umänderungen herbeiführen kann, daß alles Bewegen und Schreien der Einzelnen vergebliches Torenwerk ist. Sie schreiben, man liest sie nicht; sie schreien – man hört sie nicht; sie handeln, man hilft ihnen nicht. – Ihr könnt voraussehen, daß ich mich in die Gießener Winkelpolitik und revolutionären Kinderstreiche nicht einlassen werde.

(AN DIE FAMILIE) Straßburg, den 8. Juli 1833.

Bald im Tal, bald auf den Höhen zogen wir durch das liebliche Land. Am zweiten Tage gelangten wir auf einer über 3000 Fuß hohen Fläche zum sogenannten weißen und schwarzen See. Es sind zwei finstere Lachen in tiefer Schlucht, unter etwa 500 Fuß hohen Felswänden. Der weiße See liegt auf dem Gipfel der Höhe. Zu unseren Füßen lag still das dunkle Wasser. Über die nächsten Höhen hinaus sahen wir im Osten die Rheinebene und den

Schwarzwald, nach West und Nordwest das Lothringer Hochland; im Süden hingen düstere Wetterwolken, die Luft war still. Plötzlich trieb der Sturm das Gewölke die Rheinebene herauf, zu unserer Linken zuckten die Blitze, und unter dem zerrissenen Gewölk über dem dunklen Jura glänzten die Alpengletscher in der Abendsonne. Der dritte Tag gewährte uns den nämlichen herrlichen Anblick; wir bestiegen nämlich den höchsten Punkt der Vogesen, den an 5000 Fuß hohen Bölgen. Man übersieht den Rhein von Basel bis Straßburg, die Fläche hinter Lothringen bis zu den Bergen der Champagne, den Anfang der ehemaligen *franche Comté*, den Jura und die Schweizergebirge vom Rigi bis zu den entferntesten Savoy'schen Alpen. Es war gegen Sonnenuntergang, die Alpen wie blasses Abendrot über der dunkel gewordenen Erde. Die Nacht brachten wir in einer geringen Entfernung vom Gipfel in einer Sennerhütte zu. Die Hirten haben hundert Kühe und bei neunzig Farren und Stiere auf der Höhe. Bei Sonnenaufgang war der Himmel etwas dunstig, die Sonne warf einen roten Schein über die Landschaft. Über den Schwarzwald und den Jura schien das Gewölk wie ein schäumender Wasserfall zu stürzen, nur die Alpen standen hell darüber, wie eine blitzende Milchstraße. Denkt Euch über der dunklen Kette des Jura und über dem Gewölk im Süden, so weit der Blick reicht, eine ungeheure, schimmernde Eiswand, nur noch oben durch die Zacken und Spitzen der einzelnen Berge unterbrochen. Vom Bölgen stiegen wir rechts herab in das sogenannte Amarinental, das letzte Haupttal der Vogesen. Wir gingen talaufwärts. Das Tal schließt sich mit einem schönen Wiesengrund im wilden Gebirg. Über die Berge führte uns eine gut erhaltene Bergstraße nach Lothringen zu den Quellen der Mosel. Wir folgten eine Zeit lang dem Laufe des Wassers, wandten uns dann nördlich und kehrten über mehrere interessante Punkte nach Straßburg zurück.

Hier ging es seit einigen Tagen etwas unruhig zu. Ein ministerieller Deputierter, Herr Saglio, kam vor einigen Tagen aus Paris zurück. Es kümmerte sich niemand um ihn. Eine bankerotte Ehrlichkeit ist heutzutage etwas zu Gemeines, als daß ein Volksvertreter, der seinen Frack wie einen Schandpfahl auf dem Rükken trägt, noch jemanden interessieren könnte. Die Polizei war aber entgegengesetzter Meinung und stellte deshalb eine bedeutende Anzahl Soldaten auf dem Paradeplatz und vor dem Hause des Herrn Saglio auf. Dies lockte denn endlich am zweiten oder dritten Tage die Menge herbei, gestern und vorgestern abend wurde etwas vor dem Hause gelärmt. Präfekt und Maire hielten es für die beste Gelegenheit, einen Orden zu erwischen, sie ließen die Truppen ausrücken, die Straßen räumen, Bajonette und Kolbenstöße austeilen, Verhaftungen vornehmen, Proklamationen anschlagen usw.

Gießen und Darmstadt 1833–1835

(AN DIE FAMILIE) Gießen, den 1. November 1833.

... Gestern wurden wieder zwei Studenten verhaftet, der kleine Stamm und Groß ...

(AN DIE FAMILIE) Gießen, den 19. November 1833.

... Gestern war ich bei dem Bankett zu Ehren der zurückgekehrten Deputierten. An zweihundert Personen, unter ihnen Balser und Vogt. Einige loyale Toaste, bis man sich Courage getrunken, und dann das Polenlied, die Marseillaise gesungen und den in Friedberg Verhafteten ein Vivat gebracht! Die Leute gehen ins Feuer, wenn's von einer brennenden Punschbowle kommt! ...

(AN AUGUST STÖBER) Darmstadt, 9. Dezember 1833.

Lieber August!

Ich schreibe in Ungewißheit, wo Dich dieser Brief treffen wird. Ich müßte mich sehr irren, wenn mir nicht Lambossy geschrieben hätte, daß Du Dich gewöhnlich in Oberbrunn aufhieltest. Das nämliche sagte mir Künzel, der von Deinem Vater auf einen an Dich gerichteten Brief Antwort erhalten hatte. Du erhältst am spätesten einen Brief, weil ich Dich am letzten mit einem finsteren Gesicht quälen wollte, denn wenigstens Eurer Teilnahme halte ich mich immer versichert. Ich schrieb mehrmals, vielleicht sahst Du meine Briefe; ich klagte über mich und spottete über andere; beides kann Dir zeigen, wie übel ich mich befand. Ich wollte Dich nicht auch ins Lazarett führen, und so schwieg ich.

Du magst entscheiden ob die Erinnerung an zwei glückliche Jahre, und die Sehnsucht nach all dem, was sie glücklich machte oder ob die widrigen Verhältnisse, unter denen ich hier lebe, mich in die unglückselige Stimmung setzen. Ich glaube s' ist beides. Manchmal fühle ich ein wahres Heimweh nach Euren Bergen. Hier ist alles so eng und klein. Natur und Menschen, die kleinlichsten Umgebungen, denen ich auch keinen Augenblick Interesse abgewinnen kann. Zu Ende Oktobers ging ich von hier nach Gießen. Fünf Wochen brachte ich daselbst halb im Dreck und halb im Bett zu. Ich bekam einen Anfall von Hirnhautentzündung; die Krankheit wurde im Entstehen unterdrückt, ich wurde aber gleichwohl gezwungen, nach Darmstadt zurückzukehren, um mich daselbst völlig zu erholen. Ich denke noch bis Neujahr hier zu bleiben und den 5. oder 6. Januar wieder nach Gießen abzureisen.

Ein Brief von Dir würde mir große Freude machen, und nicht wahr, Christ, einem Rekonvaleszenten schlägt man nichts ab? Seit ich Euch am Mittwoch abend vor fünf Monaten zum letzten Mal die Hände zum Kutschenschlag hinausstreckte, ist's mir, als wären sie mir abgebrochen, und ich denke, wir drücken uns die Hände um so fester, je seltner wir sie uns reichen. Drei treffliche Freunde habe ich in Gießen gelassen und bin jetzt ganz allein.

H. Dr. H. K . . . ist freilich noch da, aber das ästhetische Geschlapp steht mir am Hals, er hat schon alle möglichen poetischen Accouchierstühle probiert, ich glaube er kann höchstens noch an eine kritische Nottaufe in der Abendzeitung appellieren.

Ich werfe mich mit aller Gewalt in die Philosophie. Die Kunstsprache ist abscheulich, ich meine für menschliche Dinge müßte man auch menschliche Ausdrücke finden; doch das stört mich nicht, ich lache über meine Narrheit und meine, es gäbe im Grund genommen doch nichts als taube Nüsse zu knacken. Man muß aber unter der Sonne doch auf irgendeinem Esel reiten, und so sattle ich in Gottes Namen den meinigen; fürs Futter ist mir nicht bang, an Distelköpfen wird's nicht fehlen, so lang die Buchdrukkerkunst nicht verloren geht. Lebe wohl, Bester. Grüße die Freunde, es geschieht dann doppelt, ich habe auch Boeckel drum gebeten.

Die politischen Verhältnisse könnten mich rasend machen. Das arme Volk schleppt geduldig den Karren, worauf die Fürsten und Liberalen ihre Affenkomödie spielen. Ich bete jeden Abend zum Hanf und zu den Laternen.

Was schreiben Viktor und Scherb?

Und Adolph, ist er wieder in Metz? Ich schicke Dir nächstens einige Zeilen an ihn . . .

(AN DIE FAMILIE) Gießen, im Februar 1834.

... Ich verachte niemanden, am wenigsten wegen seines Verstandes oder seiner Bildung, weil es in niemands Gewalt liegt, kein Dummkopf oder kein Verbrecher zu werden, – weil wir durch gleiche Umstände wohl alle gleich würden, und weil die Umstände außer uns liegen. Der Verstand nun gar ist nur eine sehr geringe Seite unsers geistigen Wesens und die Bildung nur eine sehr zufällige Form desselben. Wer mir eine solche Verachtung vorwirft, behauptet, daß ich einen Menschen mit Füßen träte, weil er einen schlechten Rock anhätte. Es heißt dies, eine Roheit, die man einem im Körperlichen nimmer zutrauen würde, ins Geistige übertragen, wo sie noch gemeiner ist. Ich kann jemanden einen Dummkopf nennen, ohne ihn deshalb zu verachten; die Dummheit gehört zu den allgemeinen Eigenschaften der menschlichen Dinge; für ihre Existenz kann ich nichts, es kann mir aber niemand wehren, alles, was existiert, bei seinem Namen zu nennen und dem, was mir unangenehm ist, aus dem Wege zu gehn. Jemanden kränken, ist eine Grausamkeit, ihn aber zu suchen oder zu meiden, bleibt meinem Gutdünken überlassen. Daher erklärt sich mein Betragen gegen alte Bekannte; ich kränkte keinen und sparte mir viel Langeweile; halten sie mich für hochmütig, wenn ich an ihren Vergnügungen oder Beschäftigungen keinen Geschmack finde, so ist es eine Ungerechtigkeit; mir würde es nie einfallen, einem andern aus dem nämlichen Grunde einen ähnlichen Vorwurf zu machen. Man nennt mich einen Spötter. Es ist wahr, ich lache oft, aber ich lache nicht darüber, wie jemand ein Mensch, sondern nur darüber, daß er ein Mensch ist, wofür er ohnehin nichts kann, und lache dabei über mich selbst, der ich sein Schicksal teile. Die Leute nennen das Spott, sie vertragen es nicht, daß man sich als Narr produziert und sie duzt; sie sind Verächter, Spötter und Hochmütige, weil sie die Narrheit nur außer sich suchen. Ich habe freilich noch eine Art von Spott, es ist aber nicht der der Verachtung, sondern der des Hasses. Der Haß ist so gut erlaubt als die Liebe, und ich hege ihn im vollsten Maße gegen die, welche verachten. Es ist deren eine große Zahl, die im Besitze einer lächerlichen Äußerlichkeit, die man Bildung, oder eines toten Krams, den man Gelehrsamkeit heißt, die große Masse ihrer Brüder ihrem verachtenden Egoismus opfern. Der Aristokratismus ist die schändlichste Verachtung des heiligen Geistes im Menschen; gegen ihn kehre ich seine eigenen Waffen; Hochmut gegen Hochmut, Spott gegen Spott. –

Ihr würdet Euch besser bei meinem Stiefelputzer nach mir umsehn, mein Hochmut und Verachtung Geistesarmer und Ungelehrter fände dort wohl ihr bestes Objekt. Ich bitte, fragt ihn einmal . . . Die Lächerlichkeit des Herablassens werdet Ihr mir doch wohl nicht zutrauen. Ich hoffe noch immer, daß ich leidenden, gedrückten Gestalten mehr mitleidige Blicke zugeworfen, als kalten, vornehmen Herzen bittere Worte gesagt habe. –

(AN DIE BRAUT) [Gießen, im Februar 1834.]

. . . Ich dürste nach einem Briefe. Ich bin allein, wie im Grabe; wann erweckt mich Deine Hand? Meine Freunde verlassen mich, wir schreien uns wie Taube einander in die Ohren; ich wollte, wir wären stumm, dann könnten wir uns doch nur ansehen, und in neuen Zeiten kann ich kaum jemand starr anblicken, ohne daß mir die Tränen kämen. Es ist dies eine Augenwassersucht, die auch beim Starrsehen oft vorkommt. Sie sagen, ich sei verrückt, weil ich gesagt habe, in sechs Wochen würde ich auferstehen, zuerst aber Himmelfahrt halten, in der Diligence nämlich. Lebe wohl, liebe Seele, und verlaß mich nicht. Der Gram macht mich Dir streitig, ich lieg' ihm den ganzen Tag im Schoß; armes Herz, ich glaube, du vergiltst mit Gleichem . . .

(AN DIE BRAUT) [Gießen, Anfang März 1834.]

Der erste helle Augenblick seit acht Tagen. Unaufhörliches Kopfweh und Fieber, die Nacht kaum einige Stunden dürftiger Ruhe. Vor zwei Uhr komme ich in kein Bett, und dann ein beständiges Auffahren aus dem Schlaf und ein Meer von Gedanken, in denen mir die Sinne vergehen. Mein Schweigen quält Dich wie mich, doch vermochte ich nichts über mich. Liebe, liebe Seele, vergibst Du? Eben komme ich von draußen herein. Ein einziger, forthallender Ton aus tausend Lerchenkehlen schlägt durch die brütende Sommerluft, ein schweres Gewölk wandelt über die Erde, der tiefbrausende Wind klingt wie sein melodischer Schritt. Die Frühlingsluft löste mich aus meinem Starrkrampf. Ich erschrak vor mir selbst. Das Gefühl des Gestorbenseins war immer über mir. Alle Menschen machten mir das hippokratische Gesicht, die Augen verglast, die Wangen wie von Wachs, und wenn dann die ganze Maschinerie zu leiern anfing, die Gelenke zuckten, die Stimme herausknarrte und ich das ewige Orgellied herumtrillern hörte und die Wälzchen und Stiftchen im Orgelkasten hüpfen und drehen sah, – ich verfluchte das Konzert, den Kasten, die Melodie und – ach, wir armen schreienden Musikanten, das Stöhnen auf unsrer Folter, wäre es nur da, damit es durch die Wolkenritzen dringend und weiter, weiter klingend, wie ein melodischer Hauch in himmlischen Ohren stirbt? Wären wir das Opfer im glühenden Bauch des Peryllusstiers, dessen Todesschrei wie das Aufjauchzen des in den Flammen sich aufzehrenden Gottstiers klingt. Ich lästre nicht. Aber die Menschen lästern. Und doch bin ich gestraft, ich fürchte mich vor meiner Stimme und – vor meinem Spiegel. Ich hätte Herrn Callot-Hoffmann sitzen können, nicht wahr, meine Liebe? Für das Modellieren hätte ich Reisegeld bekommen. Ich spüre, ich fange an, interessant zu werden. –

Die Ferien fangen morgen in vierzehn Tagen an; verweigert man die Erlaubnis, so gehe ich heimlich, ich bin mir selbst schuldig, einem unerträglichen Zustande ein Ende zu machen. Meine geistigen Kräfte sind gänzlich zerrüttet. Arbeiten ist mir unmöglich, ein dumpfes Brüten hat sich meiner bemeistert, in dem mir kaum ein Gedanke noch hell wird. Alles verzehrt sich in mir selbst; hätte ich einen Weg für mein Inneres, aber ich habe keinen Schrei für den Schmerz, kein Jauchzen für die Freude, keine Harmonie für die Seligkeit. Dies Stummsein ist meine Verdammnis. Ich habe Dir's schon tausendmal gesagt: Lies meine Briefe nicht, – kalte, träge Worte! Könnte ich nur über Dich einen vollen Ton ausgießen; – so schleppe ich Dich in meine wüsten Irrgänge. Du sitzest jetzt im dunkeln Zimmer in Deinen Tränen allein, bald trete ich zu Dir. Seit vierzehn Tagen steht Dein Bild beständig vor mir, ich sehe Dich in jedem Traum. Dein Schatten schwebt immer vor mir, wie das Lichtzittern, wenn man in die Sonne gesehen. Ich lechze nach einer seligen Empfindung, die wird mir bald, bald, bei Dir.

(AN DIE FAMILIE) Gießen, den 19. März 1834.

... Wichtiger ist die Untersuchung wegen der Verbindungen; die Relegation steht wenigstens dreißig Studenten bevor. Ich wollte die Unschädlichkeit dieser Verschwörer eidlich bekräftigen. Die Regierung muß aber doch etwas zu tun haben! Sie dankt ihrem Himmel, wenn ein paar Kinder schleifen oder Ketten schaukeln! – Die in Friedberg Verhafteten sind frei, mit Ausnahme von vieren. –

(AN DIE BRAUT) [Gießen, im März 1834.]

Hier ist kein Berg, wo die Aussicht frei sei. Hügel hinter Hügel und breite Täler, eine hohle Mittelmäßigkeit in allem; ich kann mich nicht an diese Natur gewöhnen, und die Stadt ist abscheulich. Bei uns ist Frühling, ich kann Deinen Veilchenstrauß immer ersetzen, er ist unsterblich wie der Lama. Lieb Kind, was macht denn die gute Stadt Straßburg, es geht dort allerlei vor und Du sagst kein Wort davon. Je baise les petites mains, en goûtant les souvenirs doux de Strasbourg. –

»Prouves-moi que tu m'aimes encore beaucoup en me donnant bientôt des nouvelles.« Und ich ließ Dich warten! Schon seit einigen Tagen nehme ich jeden Augenblick die Feder in die Hand, aber es war mir unmöglich, nur ein Wort zu schreiben. Ich studierte die Geschichte der Revolution. Ich fühlte mich wie zernichtet unter dem gräßlichen Fatalismus der Geschichte. Ich finde in der Menschennatur eine entsetzliche Gleichheit, in den menschlichen Verhältnissen eine unabwendbare Gewalt, Allen und Keinem verliehen. Der einzelne nur Schaum auf der Welle, die Größe ein bloßer Zufall, die Herrschaft des Genies ein Puppenspiel, ein lächerliches Ringen gegen ein ehernes Gesetz, es zu erkennen das Höchste, es zu beherrschen unmöglich. Es fällt mir nicht mehr ein, vor den Paradegäulen und Eckstehern der Geschichte mich zu bücken. Ich gewöhnte mein Auge ans Blut. Aber ich bin kein Guillotinenmesser. Das muß ist eins von den Verdammungsworten, womit der Mensch getauft worden. Der Ausspruch: es muß ja Ärgernis kommen, aber wehe dem, durch den es kommt, – ist schauderhaft. Was ist das, was in uns lügt, mordet, stiehlt? Ich mag dem Gedanken nicht weiter nachgehen. Könnte ich aber dies kalte und gemarterte Herz an Deine Brust legen! B. wird Dich über mein Befinden beruhigt haben, ich schrieb ihm. Ich verwünsche meine Gesundheit. Ich glühte, das Fieber bedeckte mich mit Küssen und umschlang mich wie der Arm der Geliebten. Die Finsternis wogte über mir, mein Herz schwoll in unendlicher Sehnsucht, es drangen Sterne durch das Dunkel, und Hände und Lippen bückten sich nieder. Und jetzt? Und sonst? Ich habe nicht einmal die Wollust des Schmerzes und des Sehnens. Seit ich über die Rheinbrücke ging, bin ich wie in mir vernichtet, ein einzelnes Gefühl taucht nicht in mir auf. Ich bin ein Automat; die Seele ist mir genommen. Ostern ist noch mein einziger Trost; ich habe Verwandte bei Landau, ihre Einladung und die Erlaubnis, sie zu besuchen. Ich habe die Reise schon tausendmal gemacht und werde nicht müde. – Du frägst mich: sehnst Du Dich nach mir? Nennst Du's Sehnen, wenn man nur in einem Punkt leben kann und wenn man davon gerissen ist, und dann nur noch das Gefühl seines Elendes hat? Gib mir doch Antwort. Sind meine Lippen so kalt? . . . Dieser Brief ist ein Charivari: ich tröste Dich mit einem andern.

(AN DIE BRAUT) Gießen, im März 1834.

Ich wäre untröstlich, mein armes Kind, wüßte ich nicht, was Dich heilte. Ich schreibe jetzt täglich, schon gestern hatte ich einen Brief angefangen. Fast hätte ich Lust, statt nach Darmstadt, gleich nach Straßburg zu gehen. Nimmt Dein Unwohlsein eine ernste Wendung, – ich bin dann im Augenblick da. Doch was sollen dergleichen Gedanken? Sie sind mir Unbegreiflichkeiten. – Mein Gesicht ist wie ein Osterei, über das die Freude rote Flecken laufen läßt. Doch ich schreibe abscheulich, es greift Deine Augen an, das vermehrt das Fieber. Aber nein, ich glaube nichts, es sind nur die Nachwehen des alten nagenden Schmerzes; die linde Frühlingsluft küßt alte Leute und hektische tot; Dein Schmerz ist alt und abgezehrt, er stirbt, das ist alles, und Du meinst, Dein Leben ginge mit. Siehst Du denn nicht den neuen lichten Tag? Hörst Du meine Tritte nicht, die sich wieder rückwärts zu Dir wenden? Sieh, ich schicke Dir Küsse, Schneeglöckchen, Schlüsselblumen, Veilchen, der Erde erste schüchterne Blicke ins flammende Auge des Sonnenjünglings. Den halben Tag sitze ich eingeschlossen mit Deinem Bild und spreche mit Dir. Gestern morgen versprach ich Dir Blumen; da sind sie. Was gibst Du mir dafür? Wie gefällt Dir mein Bedlam? Will ich etwas Ernstes tun, so komme ich mir vor, wie Larifari in der Komödie; will er das Schwert ziehen: so ist's ein Hasenschwanz . . .

Ich wollte, ich hätte geschwiegen. Es überfällt mich eine unsägliche Angst. Du schreibst gleich, doch um's Himmelswillen nicht, wenn es Dich Anstrengung kostet. Du sprachst mir von einem Heilmittel; lieb Herz, schon lange schwebt es mir auf der Zunge, ich liebte aber so unser stilles Geheimnis, – doch sage Deinem Vater alles, – doch zwei Bedingungen: S c h w e i g e n, selbst bei den nächsten Verwandten. Ich mag nicht hinter jedem Kusse die Kochtöpfe rasseln hören, und bei den verschiedenen Tanten das Familienvatersgesicht ziehen. Dann: nicht eher an meine Eltern zu schreiben, als bis ich selbst geschrieben. Ich überlasse Dir alles, tue, was Dich beruhigen kann. Was kann ich sagen, als daß ich Dich liebe; was versprechen, als was in dem Worte Liebe schon liegt, Treue? Aber die sogenannte Versorgung? Student noch zwei Jahre; die gewisse Aussicht auf ein stürmisches Leben, vielleicht bald auf fremdem Boden!

Zum Schlusse trete ich zu Dir und singe Dir einen alten Wiegengesang:

War nicht umsonst so still und schwach,
Verlassne Liebe trug sie nach.
In ihrer kleinen Kammer hoch
Sie stets an der Erinnerung sog;
An ihrem Brotschrank an der Wand
Er immer, immer vor ihr stand,
Und wenn ein Schlaf sie übernahm,
Er immer, immer wieder kam.

Und dann:

Denn immer, immer, immer doch
Schwebt ihr das Bild an Wänden noch
Von einem Menschen, welcher kam
Und ihr als Kind das Herze nahm.
Fast ausgelöscht ist sein Gesicht,
Doch seiner Worte Kraft noch nicht,
Und jener Stunden Seligkeit,
Ach jener Träume Wirklichkeit,
Die, angeboren jedermann,
Kein Mensch sich wirklich machen kann.

(AN DIE BRAUT) Gießen, im März 1834.

... Ich werde gleich von hier nach Straßburg gehen, ohne Darmstadt zu berühren; ich hätte dort auf Schwierigkeiten gestoßen, und meine Reise wäre vielleicht bis zu Ende der Vakanzen verschoben worden. Ich schreibe Dir jedoch vorher noch einmal, sonst ertrag ich's nicht vor Ungeduld; dieser Brief ist ohnedies so langweilig, wie ein Anmelden in einem vornehmen Hause: Herr Studiosus Büchner. Das ist alles! Wie ich hier zusammenschrumpfe, ich erliege fast unter diesem Bewußtsein; ja sonst wäre es ziemlich gleichgültig; wie man nun einen Betäubten oder Blödsinnigen beklagen mag! Aber Du, was sagst Du zu dem Invaliden? Ich wenigstens kann die Leute auf halbem Sold nicht ausstehen. Nous ferons un peu de romantique, pour nous tenir à la hauteur du siècle; et puis me faudra-t-il du fer à cheval pour faire de l'impression à un cœur de femme? Aujourd'hui on a le système nerveux un peu robuste. Adieu.

(AN DIE FAMILIE) Straßburg, im April 1834.

... Ich war [in Gießen] im Äußeren ruhig, doch war ich in tiefe Schwermut verfallen; dabei engten mich die politischen Verhältnisse ein, ich schämte mich, ein Knecht mit Knechten zu sein, einem vermoderten Fürstengeschlecht und einem kriechenden Staatsdiener-Aristokratismus zu Gefallen. Ich kam nach Gießen in die widrigsten Verhältnisse, Kummer und Widerwillen machten mich krank ...

(AN DIE FAMILIE) Gießen, den 25. Mai 1834.

... Das Treiben des »Burschen« kümmert mich wenig, gestern abend hat er von dem Philister Schläge bekommen. Man schrie: Bursch heraus! Es kam aber niemand, als die Mitglieder zweier Verbindungen, die aber den Universitätsrichter rufen mußten, um sich vor den Schuster- und Schneiderbuben zu retten. Der Universitätsrichter war betrunken und schimpfte die Bürger; es wundert mich, daß er keine Schläge bekam; das Possierlichste ist, daß die Buben liberal sind und sich daher an die loyal gesinnten Verbindungen machten. Die Sache soll sich heute abend wiederholen, man munkelt sogar von einem Auszug; ich hoffe, daß der Bursche wieder Schläge bekommt; wir halten zu den Bürgern und bleiben in der Stadt ...

(AN DIE FAMILIE) Gießen, den 2. Juli 1834.

... Was sagt man zu der Verurteilung von Schulz? – Mich wundert es nicht, es riecht nach Kommißbrot. –

A propos, wißt Ihr die hübsche Geschichte vom Herrn Kommissär ...? Der gute Kolumbus sollte in [Butzbach] bei einem Schreiner eine geheime Presse entdecken. Er besetzt das Haus, dringt ein. »Guter Mann, es ist alles aus, führ' Er mich nur an die Presse.« – Der Mann führt ihn an die Kelter. »Nein, Mann! Die Presse! Die Presse!« – Der Mann versteht ihn nicht, und der Kommissär wagt sich in den Keller. Es ist dunkel. »Ein Licht, Mann!« – »Das müssen Sie kaufen, wenn Sie eins haben wollen.« – Aber der Herr Kommissär spart dem Lande überflüssige Ausgaben. Er rennt, wie Münchhausen, an einen Balken, er schlägt Feuer aus seinem Nasenbein, das Blut fließt, er achtet nichts und findet nichts. Unser lieber Großherzog wird ihm aus einem Zivilverdienstorden ein Nasenfutteral machen. – ...

(AN DIE FAMILIE) Frankfurt, den 3. August 1834.

... Ich benutze jeden Vorwand, um mich von meiner Kette loszumachen. Freitag abends ging ich von Gießen weg; ich wählte die Nacht der gewaltigen Hitze wegen, und so wanderte ich in der lieblichsten Kühle unter hellem Sternenhimmel, an dessen fernstem Horizonte ein beständiges Blitzen leuchtete. Teils zu Fuß, teils fahrend mit Postillonen und sonstigem Gesindel, legte ich während der Nacht den größten Teil des Wegs zurück. Ich ruhte mehrmals unterwegs. Gegen Mittag war ich in Offenbach. Den kleinen Umweg machte ich, weil es von dieser Seite leichter ist, in die Stadt zu kommen, ohne angehalten zu werden. Die Zeit erlaubte mir nicht, mich mit den nötigen Papieren zu versehen ...

(AN DIE FAMILIE) Gießen, den 5. August 1834.

... Ich meine, ich hätte Euch erzählt, daß Minnigerode eine halbe Stunde vor meiner Abreise arretiert wurde, man hat ihn nach Friedberg abgeführt. Ich begreife den Grund seiner Verhaftung nicht. Unserem scharfsinnigen Universitätsrichter fiel es ein, in meiner Reise, wie es scheint, einen Zusammenhang mit der Verhaftung Minnigerodes zu finden. Als ich hier ankam, fand ich meinen Schrank versiegelt, und man sagte mir, meine Papiere seien durchsucht worden. Auf mein Verlangen wurden die Siegel sogleich abgenommen, auch gab man mir meine Papiere (nichts als Briefe von Euch und meinen Freunden) zurück, nur einige französische Briefe von W[ilhelmine], Muston, L[ambossy] und B[oeckel] wurden zurückbehalten, wahrscheinlich weil die Leute sich erst einen Sprachlehrer müssen kommen lassen, um sie zu lesen. Ich bin empört über ein solches Benehmen, es wird mir übel, wenn ich meine heiligsten Geheimnisse in den Händen dieser schmutzigen Menschen denke. Und das alles – wißt Ihr auch warum? Weil ich an dem nämlichen Tag abgereist, an dem Minnigerode verhaftet wurde. Auf einen vagen Verdacht hin verletzte man die heiligsten Rechte und verlangte dann weiter nichts, als daß ich mich über meine Reise ausweisen sollte!!! Das konnte ich natürlich mit der größten Leichtigkeit; ich habe Briefe von B[oekkel], die jedes Wort bestätigen, das ich gesprochen, und unter meinen Papieren befindet sich keine Zeile, die mich kompromittieren könnte. Ihr könnt über die Sache ganz unbesorgt sein. Ich bin auf freiem Fuß und es ist unmöglich, daß man einen Grund zur Verhaftung finde. Nur im Tiefsten bin ich über das Verfahren der Gerichte empört, auf den Verdacht eines möglichen Verdachts in die heiligsten Familiengeheimnisse einzubrechen. Man hat mich auf dem Universitätsgericht bloß gefragt, wo ich mich während der drei letzten Tage aufgehalten, und um sich darüber Aufschluß zu verschaffen, erbricht man schon am zweiten Tag in meiner Abwesenheit meinen Pult und bemächtigt sich meiner Papiere! Ich werde mit einigen Rechtskundigen sprechen und sehen, ob die Gesetze für eine solche Verletzung Genugtuung schaffen! . . .

(AN DIE FAMILIE) Gießen, den 8. August 1834.

. . . Ich gehe meinen Beschäftigungen wie gewöhnlich nach, vernommen bin ich nicht weiter geworden. Verdächtiges hat man nicht gefunden, nur die französischen Briefe scheinen noch nicht entziffert zu sein; der Herr Universitätsrichter muß sich wohl erst Unterricht im Französischen nehmen. Man hat mir sie noch nicht zurückgegeben . . . Übrigens habe ich mich bereits an das Disziplinargericht gewendet und es um Schutz gegen die Willkür des Universitätsrichters gebeten. Ich bin auf die Antwort begierig. Ich kann mich nicht entschließen, auf die mir gebührende Genugtuung zu verzichten. Das Verletzen meiner heiligsten Rechte und das Einbrechen in alle meine Geheimnisse, das Berühren von Papieren, die mir Heiligtümer sind, empörten mich zu tief, als daß ich nicht jedes Mittel ergreifen sollte, um mich an dem Urheber dieser Gewalttat zu rächen. Den Universitätsrichter habe ich mittelst des höflichsten Spottes fast ums Leben gebracht. Wie ich zurückkam, mein Zimmer mir verboten und mein Pult versiegelt fand, lief ich zu ihm und sagte ihm ganz kaltblütig mit der größten Höflichkeit, in Gegenwart mehrerer Personen: wie ich vernommen, habe er in meiner Abwesenheit mein Zimmer mit seinem Besuche beehrt, ich komme, um ihn um den Grund seines gütigen Besuches zu fragen etc. – Es ist schade, daß ich nicht nach dem Mittagessen gekommen, aber auch so barst er fast und mußte diese beißende Ironie mit der größten Höflichkeit beantworten. Das Gesetz sagt, nur in Fällen sehr dringenden Verdachts, ja nur eines Verdachtes, der statt halben Beweises gelten könne, dürfe eine Haussuchung vorgenommen werden. Ihr seht, wie man das Gesetz auslegt. Verdacht, am wenigsten ein dringender, kann nicht gegen mich vorliegen, sonst müßte ich verhaftet sein; in der Zeit, wo ich hier bin, könnte ich ja jede Untersuchung durch Verabreden gleichlautender Aussagen und dergleichen unmöglich machen. Es geht hieraus hervor, daß ich durch nichts kompromittiert bin und daß die Haussuchung nur vorgenommen worden, weil ich nicht liederlich und nicht sklavisch genug aussehe, um für keinen Demagogen gehalten zu werden. Eine solche Gewalttat stillschweigend ertragen, hieße die Regierung zur Mitschuldigen machen; hieße aussprechen, daß es keine gesetzliche Garantie mehr gäbe; hieße erklären, daß das verletzte Recht keine Genugtuung mehr erhalte. Ich will unserer Regierung diese grobe Beleidigung nicht antun.

Wir wissen nichts von Minnigerode; das Gerücht mit Offenbach ist jedenfalls reine Erfindung; daß ich auch schon da gewesen, kann mich nicht mehr kompromittieren, als jeden anderen Reisenden . . . – Sollte man, sowie man ohne die gesetzlich notwendige Ursache meine Papiere durchsuchte, mich auch ohne dieselbe festnehmen, in Gottes Namen! ich kann so wenig darüber hinaus, und es ist dies so wenig meine Schuld, als wenn eine Herde Banditen mich anhielte, plünderte oder mordete. Es ist Gewalt, der man sich fügen muß, wenn man nicht stark genug ist, ihr zu widerstehen; aus der Schwäche kann einem kein Vorwurf gemacht werden . . .

(AN DIE FAMILIE) Gießen, Ende August 1834.

Es sind jetzt fast drei Wochen seit der Haussuchung verflossen, und man hat mir in bezug darauf noch nicht die *mindeste* Eröffnung gemacht. Die Vernehmung bei dem Universitätsrichter am ersten Tage kann nicht in Anschlag gebracht werden, sie steht damit in keinem *gesetzlichen* Zusammenhang; der Herr Georgi verlangt nur als *Universitätsrichter* von mir als *Studenten*: ich solle mich wegen meiner Reise ausweisen, während er die Haussuchung als *Regierungskommissär* vornahm. Ihr sehet also, wie weit man es in der *gesetzlichen Anarchie* gebracht hat. Ich vergaß, wenn ich nicht irre, den wichtigen Umstand anzuführen, daß die Haussuchung sogar ohne die drei, durch das

Gesetz vorgeschriebenen Urkundspersonen vorgenommen wurde und so um so mehr den Charakter eines Einbruchs an sich trägt. Das Verletzen unserer Familiengeheimnisse ist ohnehin ein bedeutenderer Diebstahl, als das Wegnehmen einiger Geldstücke. Das Einbrechen in meiner Abwesenheit ist ebenfalls ungesetzlich; man war nur berechtigt, meine Türe zu versiegeln, und erst dann in meiner Abwesenheit zur Haussuchung zu schreiten, wenn ich mich auf erfolgte Vorladung nicht gestellt hätte. Es sind also drei Verletzungen des Gesetzes vorgefallen: Haussuchung ohne dringenden Verdacht (ich bin, wie gesagt, noch nicht vernommen worden, und es sind drei Wochen verflossen), Haussuchung ohne Urkundspersonen, und endlich Haussuchung am dritten Tage meiner Abwesenheit ohne vorher erfolgte Vorladung. –

Die Vorstellung an das Disziplinargericht war im Grund genommen überflüssig, weil der Universitätsrichter als Regierungskommissär nicht unter ihm steht. Ich tat diesen Schritt nur vorerst, um nicht mit der Türe ins Haus zu fallen; ich stellte mich unter seinen Schutz, ich überließ ihm meine Klage. Seiner Stellung gemäß mußte es meine Sache zu der seinigen machen, aber die Leute sind etwas furchtsamer Natur; ich bin überzeugt, daß sie mich an eine andere Behörde verweisen. Ich erwarte ihre Resolution ... Der Vorfall ist so einfach und liegt so klar am Tage, daß man mir entweder volle Genugtuung schaffen oder öffentlich erklären muß, das Gesetz sei aufgehoben und eine Gewalt an seine Stelle getreten, gegen die es keine Appellation, als Sturmglocken und Pflastersteine gebe ...

(AN DEN VERLEGER
SAUERLÄNDER) Darmstadt, den 21. Februar 1835.

Geehrtester Herr!

Ich gebe mir die Ehre, Ihnen mit diesen Zeilen ein Manuskript zu überschicken. Es ist ein dramatischer Versuch und behandelt einen Stoff der neueren Geschichte. Sollten Sie geneigt sein, das Verlag desselben zu übernehmen, so ersuche ich Sie, mich so bald als möglich davon zu benachrichtigen, im entgegengesetzten Falle aber das Manuskript an die Heyerische Buchhandlung dahier zurückgehn zu lassen.

Sie würden mich sehr verbinden, wenn Sie dem Herrn Carl Gutzkow den beigeschlossenen Brief überschicken und ihm das Drama zur Einsicht mitteilen wollten.

Haben Sie die Güte, eine etwaige Antwort in einer Couverte mit der Adresse: an Frau Regierungsrat Reuß zu Darmstadt, an mich gelangen zu lassen. Verschiedene Umstände lassen mich dringend wünschen, daß dies in möglichster Kürze der Fall sei.

Hochachtungsvoll verbleibe ich
Ihr ergebenster Diener
G. Büchner.

(AN GUTZKOW) Darmstadt, den 21. Februar 1835.

Mein Herr!

Vielleicht hat es Ihnen die Beobachtung, vielleicht, im unglücklicheren Fall, die eigene Erfahrung schon gesagt, daß es einen Grad von Elend gibt, welcher jede Rücksicht vergessen und jedes Gefühl verstummen macht. Es gibt zwar Leute, welche behaupten, man solle sich in einem solchen Falle lieber zur Welt hinaushungern, aber ich könnte die Widerlegung in einem seit kurzem erblindeten Hauptmann von der Gasse aufgreifen, welcher erklärt, er würde sich totschießen, wenn er nicht gezwungen sei, seiner Familie durch sein Leben seine Besoldung zu erhalten. Das ist entsetzlich. Sie werden wohl einsehen, daß es ähnliche Verhältnisse geben kann, die einen verhindern, seinen Leib zum Notanker zu machen, um ihn von dem Wrack dieser Welt in das Wasser zu werfen, und werden sich also nicht wundern, wie ich Ihre Türe aufreiße, in Ihr Zimmer trete, Ihnen ein Manuskript auf die Brust setze, und ein Almosen abfordere. Ich bitte Sie nämlich, das Manuskript so schnell wie möglich zu durchlesen, es, im Fall Ihnen Ihr Gewissen als Kritiker dies erlauben sollte, dem Herrn Sauerländer zu empfehlen und sogleich zu antworten.

Über das Werk selbst kann ich Ihnen nichts weiter sagen, als daß unglückliche Verhältnisse mich zwangen, es in höchstens fünf Wochen zu schreiben. Ich sage dies, um Ihr Urteil über den Verfasser, nicht über das Drama an und für sich, zu motivieren. Was ich daraus machen soll, weiß ich selbst nicht, nur das weiß ich, daß ich alle Ursache habe, der Geschichte gegenüber rot zu werden; doch tröste ich mich mit dem Gedanken, daß, Shakespeare ausgenommen, alle Dichter vor ihr und der Natur wie Schulknaben dastehen.

Ich wiederhole meine Bitte um schnelle Antwort; im Falle eines günstigen Erfolges können einige Zeilen von Ihrer Hand, wenn sie noch vor nächstem Mittwoch hier eintreffen, einen Unglücklichen vor einer sehr traurigen Lage bewahren.

Sollte Sie vielleicht der Ton dieses Briefes befremden, so bedenken Sie, daß es mir leichter fällt, in Lumpen zu betteln, als im Frack eine Supplik zu überreichen, und fast leichter, die Pistole in der Hand: la bourse ou la vie! zu sagen, als mit bebenden Lippen ein: Gott lohn es! zu flüstern.

G. Büchner

Straßburg 1835–1836

(AN DIE FAMILIE) Weißenburg, den 9. März 1835.

Eben lange ich wohlbehalten hier an. Die Reise ging schnell und bequem vor sich. Ihr könnt, was meine persönliche Sicherheit anlangt, völlig ruhig sein. Sicheren Nachrichten gemäß bezweifle ich auch nicht, daß mir der Aufenthalt in Straßburg gestattet werden wird ... Nur die dringendsten Gründe konnten mich zwingen, Vaterland und Vaterhaus in der Art zu verlassen ... Ich konnte mich unserer politischen Inquisition stellen; von dem Resultat einer Untersuchung hatte ich nichts zu befürchten, aber alles von der Untersuchung selbst ... Ich bin überzeugt, daß nach einem Verlaufe von zwei bis drei Jahren meiner Rückkehr nichts mehr im Wege stehen wird. Diese Zeit hätte ich im Falle des Bleibens in einem Kerker zu Friedberg versessen; körperlich und geistig zerrüttet wäre ich dann entlassen worden. Dies stand mir so deutlich vor Augen, dessen war ich so gewiß, daß ich das große Übel einer freiwilligen Verbannung wählte. Jetzt habe ich Hände und Kopf frei ... Es liegt jetzt alles in meiner Hand. Ich werde das Studium der medizinisch-philosophischen Wissenschaften mit der größten Anstrengung betreiben, und auf dem Felde ist noch Raum genug, um etwas Tüchtiges zu leisten und unsere Zeit ist grade dazu gemacht, dergleichen anzuerkennen. Seit ich über der Grenze bin, habe ich frischen Lebensmut, ich stehe jetzt ganz allein, aber gerade das steigert meine Kräfte. Der beständigen geheimen Angst vor Verhaftung und sonstigen Verfolgungen, die mich in Darmstadt beständig peinigte, enthoben zu sein, ist eine große Wohltat ...

(AN GUTZKOW) Straßburg, im März 1835.

Verehrtester!

Vielleicht haben Sie durch einen Steckbrief im »Frankfurter Journal« meine Abreise von Darmstadt erfahren. Seit einigen Tagen bin ich hier; ob ich bleiben werde, weiß ich nicht, das hängt von verschiedenen Umständen ab. Mein Manuskript wird unter der Hand seinen Kurs durchgemacht haben.

Meine Zukunft ist so problematisch, daß sie mich selbst zu interessieren anfängt, was viel heißen will. Zu dem subtilen Selbstmord durch Arbeit kann ich mich nicht leicht entschließen; ich hoffe, meine Faulheit wenigstens ein Vierteljahr lang fristen zu können, und nehme dann Handgeld entweder von den Jesuiten für den Dienst der Maria oder von den St. Simonisten für die femme libre oder sterbe mit meiner Geliebten. Wir werden sehen. Vielleicht bin ich auch dabei, wenn noch einmal das Münster eine Jakobinermütze aufsetzen sollte. Was sagen Sie dazu? Es ist nur mein Spaß. Aber Sie sollen noch erleben, zu was ein Deutscher nicht fähig ist, wenn er Hunger hat. Ich wollte, es ginge der ganzen Nation wie mir. Wenn es einmal ein Mißjahr gibt, worin nur der Hanf gerät! Das sollte lustig gehen, wir wollten schon eine Boa Constrictor zusammen flechten. Mein Danton ist vorläufig ein seidenes Schnürchen und meine Muse ein verkleideter Samson.

(AN DIE FAMILIE) Straßburg, den 27. März 1835.

... Ich fürchte sehr, daß das Resultat der Untersuchung den Schritt, welchen ich getan, hinlänglich rechtfertigen wird; es sind wieder Verhaftungen erfolgt, und man erwartet nächstens deren noch mehr. Minnigerode ist *in flagranti crimine* ertappt worden; man betrachtet ihn als den Weg, der zur Entdeckung aller bisherigen revolutionären Umtriebe führen soll, man sucht ihm um jeden Preis sein Geheimnis zu entreißen; wie sollte seine schwache Konstitution der langsamen Folter, auf die man ihn spannt, widerstehen können? ... Ist in den deutschen Zeitungen die Hinrichtung des Leutnant Koseritz auf dem Hohenasperg in Württemberg bekannt gemacht worden? Er war Mitwisser um das Frankfurter Komplott und wurde vor einiger Zeit erschossen. Der Buchhändler Frankh aus Stuttgart ist mit noch mehreren anderen aus der nämlichen Ursache zum Tode verurteilt worden, und man glaubt, daß das Urteil vollstreckt wird ...

(AN DIE FAMILIE) Straßburg, den 20. April 1835.

... Heute Morgen erhielt ich eine traurige Nachricht; ein Flüchtling aus der Gegend von Gießen ist hier angekommen; er erzählte mir, in der Gegend von Marburg seien mehrere Personen verhaftet und bei einem von ihnen eine Presse gefunden worden, außerdem sind meine Freunde A. Becker und Klemm eingezogen worden, und Rektor Weidig von Butzbach wird verfolgt. Ich begreife unter solchen Umständen die Freilassung von P ..... nicht. Jetzt erst bin ich froh, daß ich weg bin, man würde mich auf keinen Fall verschont haben ... Ich sehe meiner Zukunft sehr ruhig entgegen. Jedenfalls könnte ich von meinen schriftstellerischen Arbeiten leben ... Man hat mich auch aufgefordert, Kritiken über die neu erscheinenden französischen Werke an das Literaturblatt zu schicken, sie werden gut bezahlt. Ich würde mir noch weit mehr verdienen können, wenn ich mehr Zeit darauf verwenden wollte, aber ich bin entschlossen, meinen Studienplan nicht aufzugeben ...

(AN DIE FAMILIE) Straßburg, den 5. Mai 1835.

Schulz und seine Frau gefallen mir sehr gut, ich habe schon seit längerer Zeit Bekanntschaft mit ihnen gemacht und besuche sie öfters. Schulz namentlich ist nichts weniger, als die unruhige Kanzleibürste, die ich mir unter ihm vorstellte; er ist ein ziemlich ruhiger und sehr anspruchsloser Mann. Er beabsichtigt in aller Nähe mit seiner Frau nach Nancy und in Zeit von einem Jahr ungefähr nach Zürich zu gehen, um dort zu dozieren ... Die Verhältnisse der politischen Flüchtlinge sind in der Schweiz keineswegs so schlecht, als man sich einbildet; die strengen Maßregeln erstrecken sich nur auf diejenigen, welche durch ihre fortgesetzten Tollheiten die Schweiz in die unangenehmsten Verhältnisse mit dem Auslande gebracht und schon beinahe in einen Krieg mit demselben verwickelt haben ...

Boeckel und Baum sind fortwährend meine intimsten Freunde; letzterer will seine Abhandlung über die Methodisten, wofür er einen Preis von 3000 Francs erhalten hat und öffentlich gekrönt worden ist, drucken lassen. Ich habe mich in seinem Namen an Gutzkow gewendet, mit dem ich fortwährend in Korrespondenz stehe. Er ist im Augenblick in Berlin, muß aber bald wieder zurückkommen. Er scheint viel auf mich zu halten, ich bin froh darüber, sein Literaturblatt steht in großem Ansehn ... Im Juni wird er hierherkommen, wie er mir schreibt. Daß Mehreres aus meinem Drama im Phönix erschienen ist, hatte ich durch ihn erfahren, er versicherte mich auch, daß das Blatt viel Ehre damit eingelegt habe. Das Ganze muß bald erscheinen. Im Fall es Euch zu Gesicht kommt, bitte ich Euch, bei Eurer Beurteilung vorerst zu bedenken, daß ich der Geschichte treu bleiben und die Männer der Revolution geben mußte, wie sie waren, blutig, liederlich, energisch und zynisch. Ich betrachte mein Drama wie ein geschichtliches Gemälde, das seinem Original gleichen muß ... Gutzkow hat mich um Kritiken, wie um eine besondere Gefälligkeit gebeten; ich konnte es nicht abschlagen, ich gebe mich ja doch in meinen freien Stunden mit Lektüre ab, und wenn ich dann manchmal die Feder in die Hand nehme und schreibe über das Gelesene etwas nieder, so ist dies keine so große Mühe und nimmt wenig Zeit weg ...

Der Geburtstag des Königs ging sehr still vorüber, niemand fragt nach dergleichen, selbst die Republikaner sind ruhig; sie wollen keine Emeuten mehr, aber ihre Grundsätze finden von Tag zu Tag, namentlich bei der jungen Generation mehr Anhang, und so wird wohl die Regierung nach und nach, ohne gewaltsame Umwälzung von selbst zusammenfallen ...

Sartorius ist verhaftet, sowie auch Becker. Heute habe ich auch die Verhaftung des Herrn Weidig und des Pfarrers Flick zu Petterweil erfahren.

(AN DIE FAMILIE) Straßburg, Mittwoch nach Pfingsten 1835.

... Was Ihr mir von dem in Darmstadt verbreiteten Gerüchte hinsichtlich einer in Straßburg bestehenden Verbindung sagt, beunruhigt mich sehr. Es sind höchstens acht bis neun deutsche Flüchtlinge hier, ich komme fast in keine Berührung mit ihnen, und an eine politische Verbindung ist nicht zu denken. Sie sehen so gut wie ich ein, daß unter den jetzigen Umständen dergleichen im Ganzen unnütz und dem, der daran Teil nimmt, höchst verderblich ist. Sie haben nur einen Zweck, nämlich durch Arbeiten, Fleiß und gute Sitten das sehr gesunkene Ansehn der deutschen Flüchtlinge wieder zu heben, und ich finde das sehr lobenswert. Straßburg schien übrigens unserer Regierung höchst verdächtig und sehr gefährlich, es wundern mich daher die umgehenden Gerüchte nicht im geringsten, nur macht es mich besorgt, daß unsere Regierung die Ausweisung der Schuldigen verlangen will. Wir stehen hier unter keinem gesetzlichen Schutz, halten uns eigentlich gegen das Gesetz hier auf, sind nur geduldet und somit ganz der Willkür des Präfekten überlassen. Sollte ein derartiges Verlangen von unserer Regierung gestellt werden, so würde man nicht fragen: existiert eine solche Verbindung oder nicht? sondern man würde ausweisen, was da ist. Ich kann zwar auf Protektion genug zählen, um mich hier halten zu können, aber das geht nur so lange, als die hessische Regierung nicht besonders meine Ausweisung verlangt, denn in diesem Falle spricht das Gesetz zu deutlich, als daß die Behörde ihm nicht nachkommen müßte. Doch hoffe ich, das alles ist übertrieben. Uns berührt auch folgende Tatsache: Dr. Schulz hat nämlich vor einigen Tagen den Befehl erhalten, Straßburg zu verlassen; er hatte hier ganz zurückgezogen gelebt, sich ganz ruhig verhalten und dennoch! Ich hoffe, daß unsere Regierung mich für zu unbedeutend hielt, um auch gegen mich ähnliche Maßregeln zu ergreifen und daß ich somit ungestört bleiben werde. Sagt, ich sei in die Schweiz gegangen. –

Heumann sprach ich gestern. – Auch sind in der letzten Zeit wieder fünf Flüchtlinge aus Darmstadt und Gießen hier eingetroffen und bereits in die Schweiz weiter gereist. Rosenstiel, Wiener und Stamm sind unter ihnen . . .

(AN WILHELM BÜCHNER) Straßburg, im Juli 1835.

. . . Ich würde Dir das nicht sagen, wenn ich im entferntesten jetzt an die Möglichkeit einer politischen Umwälzung glauben könnte. Ich habe mich seit einem halben Jahre vollkommen überzeugt, daß nichts zu tun ist, und daß jeder, der im Augenblicke sich aufopfert, seine Haut wie ein Narr zu Markte trägt. Ich kann Dir nichts Näheres sagen, aber ich kenne die Verhältnisse, ich weiß, wie schwach, wie unbedeutend, wie zerstückelt die liberale Partei ist, ich weiß, daß ein zweckmäßiges, übereinstimmendes Handeln unmöglich ist und daß jeder Versuch auch nicht zum geringsten Resultate führt ...

[Eine genaue Bekanntschaft mit dem Treiben der deutschen Revolutionärs im Auslande hat mich überzeugt, daß auch von dieser Seite nicht das geringste zu hoffen ist. Es herrscht unter ihnen eine babylonische Verwirrung, die nie gelöst werden wird. Hoffen wir auf die Zeit!]

(AN GUTZKOW) Straßburg, 1835 [?].

... Die ganze Revolution hat sich schon in Liberale und Absolutisten geteilt und muß von der ungebildeten und armen Klasse aufgefressen werden; das Verhältnis zwischen Armen und Reichen ist das einzige revolutionäre Element in der Welt, der Hunger allein kann die Freiheitsgöttin, und nur ein Moses, der uns die sieben ägyptischen Plagen auf den Hals schickte, könnte ein Messias werden. Mästen Sie die Bauern, und die Revolution bekommt die Apoplexie. Ein Huhn im Topfe jedes Bauern macht den gallischen Hahn verenden ...

(AN DIE FAMILIE) Straßburg, im Juli 1835.

... Ich habe hier noch mündlich viel Unangenehmes aus Darmstadt erfahren. Koch, Walloth, Geilfuß und einer meiner Gießener Freunde, mit Namen Becker, sind vor kurzem hier angekommen, auch ist der junge Stamm hier. Es sind sonst noch mehrere angekommen, sie gehen aber sämtlich weiter in die Schweiz oder in das Innere von Frankreich. Ich habe von Glück zu sagen und fühle mich manchmal recht frei und leicht, wenn ich den weiten, freien Raum um mich überblicke und mich dann in das Darmstädter Arresthaus zurückversetze. Die Unglücklichen! Minnigerode sitzt jetzt fast ein Jahr, er soll körperlich fast aufgerieben sein, aber zeigt er nicht eine heroische Standhaftigkeit? Es heißt, er sei schon mehrmals geschlagen worden, ich kann und mag es nicht glauben. A. Becker wird wohl von Gott und der

Welt verlassen sein; seine Mutter starb, während er in Gießen im Gefängnis saß, vierzehn Tage darnach eröffnete man es ihm!!! Kl[emm] ist ein Verräter, das ist gewiß, aber es ist mir doch immer, als ob ich träumte, wenn ich daran denke. Wißt Ihr denn, daß seine Schwester und seine Schwägerin ebenfalls verhaftet und nach Darmstadt gebracht worden sind, und zwar höchst wahrscheinlich auf seine eigne Aussage hin? Übrigens gräbt er sich sein eignes Grab; seinen Zweck, die Heirat mit Fräulein v . . . [Grolmann] in Gießen, wird er doch nicht erreichen, und die öffentliche Verachtung, die ihn unfehlbar trifft, wird ihn töten. Ich fürchte nur sehr, daß die bisherigen Verhaftungen nur das Vorspiel sind; es wird noch bunt hergehen. Die Regierung weiß sich nicht zu mäßigen; die Vorteile, welche ihr die Zeitumstände in die Hand geben, wird sie aufs äußerste mißbrauchen, und das ist sehr unklug und für uns sehr vorteilhaft. Auch der junge v. Biegeleben, Weidenbusch, Floret sind in eine Untersuchung verwickelt; das wird noch ins Unendliche gehen. Drei Pfarrer, Flick, Weidig und Thudichum sind unter den Verhafteten. Ich fürchte nur sehr, daß unsere Regierung uns hier nicht in Ruhe läßt, doch bin ich der Verwendung der Professoren Lauth, Duvernoy und des Doktor Boeckels gewiß, die sämtlich mit dem Präfekten gut stehen. –

Mit meiner Übersetzung bin ich längst fertig; wie es mit meinem Drama geht, weiß ich nicht; es mögen wohl fünf bis sechs Wochen sein, daß mir Gutzkow schrieb, es werde daran gedruckt, seit der Zeit habe ich nichts mehr darüber gehört. Ich denke es muß erschienen sein, und man schickt es mir erst, wenn die Rezensionen erschienen sind, zugleich mit diesen zu. Anders weiß ich mir die Verzögerung nicht zu erklären. Nur fürchte ich zuweilen für Gutzkow; er ist ein Preuße und hat sich neuerdings durch eine Vorrede zu einem in Berlin erschienenen Werke das Mißfallen seiner Regierung zugezogen. Die Preußen machen kurzen Prozeß; er sitzt vielleicht jetzt auf einer preußischen Festung; doch wir wollen das Beste hoffen . . .

(AN DIE FAMILIE) Straßburg, den 16. Juli 1835.

... Ich lebe hier ganz unangefochten; es ist zwar vor einiger Zeit ein Reskript von Gießen gekommen, die Polizei scheint aber keine Notiz davon genommen zu haben ... Es liegt schwer auf mir, wenn ich mir Darmstadt vorstelle; ich sehe unser Haus und den Garten und dann unwillkürlich das abscheuliche Arresthaus. Die Unglücklichen! Wie wird das enden? Wohl wie in Frankfurt, wo einer nach dem andern stirbt und in der Stille begraben wird. Ein Todesurteil, ein Schafott, was ist das? Man stirbt für seine Sache. Aber so im Gefängnis auf eine langsame Weise aufgerieben zu werden! Das ist entsetzlich! Könntet Ihr mir nicht sagen, wer in Darmstadt sitzt? Ich habe hier vieles untereinander gehört, werde aber nicht klug daraus. Kl[emm] scheint eine schändliche Rolle zu spielen. Ich hatte den Jungen sehr gern, er war grenzenlos leidenschaftlich, aber offen, lebhaft, mutig und aufgeweckt. Hört man nichts von Minnigerode? Sollte er wirklich Schläge erhalten? Es ist mir undenkbar. Seine heroische Standhaftigkeit sollte auch dem verstocktesten Aristokraten Ehrfurcht einflößen ...

(AN DIE FAMILIE) Straßburg, den 28. Juli 1835.

... Über mein Drama muß ich einige Worte sagen: erst muß ich bemerken, daß die Erlaubnis, einige Änderungen machen zu dürfen, allzusehr benutzt worden ist. Fast auf jeder Seite weggelassen, zugesetzt, und fast immer auf die dem Ganzen nachteiligste Weise. Manchmal ist der Sinn ganz entstellt oder ganz und gar weg, und fast platter Unsinn steht an der Stelle. Außerdem wimmelt das Buch von den abscheulichsten Druckfehlern. Man hat mir keinen Korrekturbogen zugeschickt. Der Titel ist abgeschmackt, und mein Name steht darauf, was ich ausdrücklich verboten hatte; er steht außerdem nicht auf dem Titel meines Manuskripts. Außerdem hat mir der Korrektor einige Gemeinheiten in den Mund gelegt, die ich in meinem Leben nicht gesagt haben würde. Gutzkows glänzende Kritiken habe ich gelesen und zu meiner Freude dabei bemerkt, daß ich keine Anlagen zur Eitelkeit habe. Was übrigens die sogenannte Unsittlichkeit meines

Buchs angeht, so habe ich folgendes zu antworten: Der dramatische Dichter ist in meinen Augen nichts als ein Geschichtschreiber, steht aber über letzterem dadurch, daß er uns die Geschichte zum zweiten Mal erschafft und uns gleich unmittelbar, statt eine trockne Erzählung zu geben, in das Leben einer Zeit hinein versetzt, uns statt Charakteristiken Charaktere, und statt Beschreibungen Gestalten gibt. Seine höchste Aufgabe ist, der Geschichte, wie sie sich wirklich begeben, so nahe als möglich zu kommen. Sein Buch darf weder sittlicher noch unsittlicher sein als die Geschichte selbst; aber die Geschichte ist vom lieben Herrgott nicht zu einer Lektüre für junge Frauenzimmer geschaffen worden, und da ist es mir auch nicht übel zu nehmen, wenn mein Drama ebensowenig dazu geeignet ist. Ich kann doch aus einem Danton und den Banditen der Revolution nicht Tugendhelden machen! Wenn ich ihre Liederlichkeit schildern wollte, so mußte ich sie eben liederlich sein, wenn ich ihre Gottlosigkeit zeigen wollte, so mußte ich sie eben wie Atheisten sprechen lassen. Wenn einige unanständige Ausdrücke vorkommen, so denke man an die weltbekannte, obszöne Sprache der damaligen Zeit, wovon das, was ich meine Leute sagen lasse, nur ein schwacher Abriß ist. Man könnte mir nun noch vorwerfen, daß ich einen solchen Stoff gewählt hätte. Aber der Einwurf ist längst widerlegt. Wollte man ihn gelten lassen, so müßten die größten Meisterwerke der Poesie verworfen werden. Der Dichter ist kein Lehrer der Moral, er erfindet und schafft Gestalten, er macht vergangene Zeiten wieder aufleben, und die Leute mögen dann daraus lernen, so gut, wie aus dem Studium der Geschichte und der Beobachtung dessen, was im menschlichen Leben um sie herum vorgeht. Wenn man so wollte, dürfte man keine Geschichte studieren, weil sehr viele unmoralische Dinge darin erzählt werden, müßte mit verbundenen Augen über die Gasse gehen, weil man sonst Unanständigkeiten sehen könnte, und müßte über einen Gott Zeter schreien, der eine Welt erschaffen, worauf so viele Liederlichkeiten vorfallen. Wenn man mir übrigens noch sagen wollte, der Dichter müsse die Welt nicht zeigen wie sie ist, sondern wie sie sein solle, so antworte ich, daß ich es nicht besser machen will, als der liebe Gott, der die Welt gewiß gemacht hat, wie sie sein soll. Was noch die sogenannten Idealdichter anbetrifft, so finde ich, daß sie fast nichts als Marionetten mit himmelblauen Nasen und affektiertem Pathos, aber nicht Menschen von Fleisch und Blut gegeben haben, deren Leid und Freude mich mitempfinden macht, und deren Tun und Handeln mir Abscheu oder Bewunderung einflößt. Mit einem Wort, ich halte viel auf Goethe oder Shakespeare, aber sehr wenig auf Schiller. Daß übrigens noch die ungünstigsten Kritiken erscheinen werden, versteht sich von selbst; denn die Regierungen müssen doch durch ihre bezahlten Schreiber beweisen lassen, daß ihre Gegner Dummköpfe oder unsittliche Menschen sind. Ich halte übrigens mein Werk keineswegs für vollkommen, und werde jede wahrhaft ästhetische Kritik mit Dank annehmen. –

Habt Ihr von dem gewaltigen Blitzstrahl gehört, der vor einigen Tagen das Münster getroffen hat? Nie habe ich einen solchen Feuerglanz gesehen und einen solchen Schlag gehört, ich war einige Augenblicke wie betäubt. Der Schade ist der größte seit Wächtersgedenken. Die Steine wurden mit ungeheurer Gewalt zerschmettert und weit weg geschleudert; auf hundert Schritt im Umkreis wurden die Dächer der benachbarten Häuser von den herabfallenden Steinen durchgeschlagen. –

Es sind wieder drei Flüchtlinge hier eingetroffen, Nievergelder ist darunter; es sind in Gießen neuerdings zwei Studenten verhaftet worden. Ich bin äußerst vorsichtig. Wir wissen hier von niemand, der auf der Grenze verhaftet worden sei. Die Geschichte muß ein Märchen sein . . .

(AN DIE FAMILIE) Straßburg, Anfang August 1835.

. . . Vor allem muß ich Euch sagen, daß man mir auf besondere Verwendung eine Sicherheitskarte versprochen hat, im Fall ich einen Geburts-(nicht Heimats-)Schein vorweisen könnte. Es ist dies nur als eine vom Gesetze vorgeschriebene Förmlichkeit zu betrachten; ich muß ein Papier vorweisen können, so unbedeutend es auch sei . . . Doch lebe ich ganz unangefochten, es ist nur eine prophylaktische Maßregel, die ich für die Zukunft nehme. Sprengt übrigens immerhin aus, ich sei nach Zürich gegangen; da Ihr seit längerer Zeit keine Briefe von mir durch die Post erhalten habt, so kann die Polizei unmöglich mit Bestimmtheit wissen, wo ich mich aufhalte, zumal da ich meinen Freunden geschrieben, ich sei nach Zürich gegangen. Es sind wieder einige Flüchtlinge hier angekommen, ein Sohn des Professor Vogt ist darunter. Sie bringen die Nachricht von neuen Verhaftungen dreier Familienväter! Der eine in Rödelheim, der andere in Frankfurt, der dritte in Offenbach. Auch ist eine Schwester des unglücklichen Neuhof, ein schönes und liebenswürdiges Mädchen, wie man sagt, verhaftet worden. Daß ein Frauenzimmer aus Gießen in das Darmstädter Arresthaus gebracht wurde, ist gewiß; man behauptet, sie sei die ... Die Regierung muß die Sachen sehr geheim halten, denn Ihr scheint in Darmstadt sehr schlecht unterrichtet zu sein. Wir erfahren alles durch die Flüchtlinge, welche es am besten wissen, da sie meistens zuvor in die Untersuchung verwickelt waren. Daß Minnigerode in Friedberg eine Zeit lang Ketten an den Händen hatte, weiß ich gewiß; ich weiß es von einem, der mit ihm saß. Er soll tödlich krank sein; wolle der Himmel, daß seine Leiden ein Ende hätten! Daß die Gefangenen die Gefangnenkost bekommen und weder Licht noch Bücher erhalten, ist ausgemacht. Ich danke dem Himmel, daß ich voraussah, was kommen würde, ich wäre in so einem Loch verrückt geworden ...

In der Politik fängt es hier wieder an, lebendig zu werden. Die Höllenmaschine in Paris und die der Kammer vorgelegten Gesetzentwürfe über die Presse machen viel Aufsehn. Die Regierung zeigt sich sehr unmoralisch; denn, obgleich es gerichtlich erwiesen ist, daß der Täter ein verschmitzter Schurke ist, der schon allen Parteien gedient hat und wahrscheinlich durch Geld zu der Tat getrieben wurde, so sucht sie doch das Verbrechen den Republikanern und Carlisten auf den Hals zu laden und durch den momentanen Eindruck die unleidlichsten Beschränkungen der Presse zu erlangen. Man glaubt, daß das Gesetz in der Kammer durchgehen und vielleicht noch geschärft werden wird. Die Regierung ist sehr unklug; in sechs Wochen hat man die Höllenmaschine vergessen, und dann befindet sie sich mit ihrem Gesetz einem Volke gegenüber, das seit mehreren Jahren gewohnt ist, alles, was ihm durch den Kopf kommt, öffentlich zu sagen. Die feinsten Politiker reimen die Höllenmaschine mit der Revue in Kalisch zusammen. Ich kann ihnen nicht ganz unrecht geben; die

Höllenmaschine unter Bonaparte! der Rastadter Gesandtenmord!! . . .

Wenn man sieht, wie die absoluten Mächte alles wieder in die alte Unordnung zu bringen suchen, Polen, Italien, Deutschland wieder unter den Füßen! es fehlt nur noch Frankreich, es hängt ihnen immer, wie ein Schwert, über dem Kopf. So zum Zeitvertreib wirft man doch die Millionen in Kalisch nicht zum Fenster hinaus. Man hätte die auf den Tod des Königs folgende Verwirrung benutzt und hätte gerade nicht sehr viele Schritte gebraucht, um an den Rhein zu kommen. Ich kann mir das Attentat auf keine andere Weise erklären. Die Republikaner haben erstens kein Geld und sind zweitens in einer so elenden Lage, daß sie nichts hätten versuchen können, selbst wenn der König gefallen wäre. Höchstens könnten einige Legitimisten hinein verwickelt sein. Ich glaube nicht, daß die Justiz die Sache aufklären wird . . .

(AN DIE FAMILIE) Straßburg, den 17. August 1835.

Von Umtrieben weiß ich nichts. Ich und meine Freunde sind sämtlich der Meinung, daß man für jetzt alles der Zeit überlassen muß; übrigens kann der Mißbrauch, welchen die Fürsten mit ihrer wiedererlangten Gewalt treiben, nur zu unserem Vorteil gereichen. Ihr müßt Euch durch die verschiedenen Gerüchte nicht irre machen lassen; so soll sogar ein Mensch Euch besucht haben, der sich für einen meiner Freunde ausgab. Ich erinnere mich gar nicht, den Menschen je gesehen zu haben; wie mir die Anderen jedoch erzählten, ist er ein ausgemachter Schurke, der wahrscheinlich auch das Gerücht von einer hier bestehenden Verbindung ausgesprengt hat. Die Gegenwart des Prinzen Emil, der eben hier ist, könnte vielleicht nachteilige Folgen für uns haben, im Fall er von dem Präfekten unsere Ausweisung begehrte; doch halten wir uns für zu unbedeutend, als daß seine Hoheit sich mit uns beschäftigen sollte. Übrigens sind fast sämtliche Flüchtlinge in die Schweiz und in das Innere abgereist, und in wenigen Tagen gehen noch mehrere, so daß höchstens fünf bis sechs hier bleiben werden . . .

(AN GUTZKOW) Straßburg, im September 1835.

... Was Sie mir über die Zusendung aus der Schweiz sagen, macht mich lachen. Ich sehe schon, wo es herkommt. Ein Mensch, der mir einmal, es ist schon lange her, sehr lieb war, mir später zur unerträglichen Last geworden ist, den ich schon seit Jahren schleppe und der sich, ich weiß nicht aus welcher verdammten Notwendigkeit, ohne Zuneigung, ohne Liebe, ohne Zutrauen an mich anklammert und quält und den ich wie ein notwendiges Übel getragen habe! Es war mir wie einem Lahmen oder Krüppel zumut und ich hatte mich so ziemlich in mein Leiden gefunden. Aber jetzt bin ich froh, es ist mir, als wäre ich von einer Todsünde absolviert. Ich kann ihn endlich mit guter Manier vor die Türe werfen. Ich war bisher unvernünftig gutmütig, es wäre mir leichter gefallen, ihn tot zu schlagen als zu sagen: Pack dich! Aber jetzt bin ich ihn los! Gott sei Dank! Nichts kommt einem doch in der Welt teurer zu stehen als die Humanität ...

(AN DIE FAMILIE) Straßburg, den 20. September 1835.

... Mir hat sich eine Quelle geöffnet; es handelt sich um ein großes Literaturblatt, Deutsche Revue betitelt, das mit Anfang des neuen Jahres in Wochenheften erscheinen soll. Gutzkow und Wienbarg werden das Unternehmen leiten; man hat mich zu monatlichen Beiträgen aufgefordert. Ob das gleich eine Gelegenheit gewesen wäre, mir vielleicht ein regelmäßiges Einkommen zu sichern, so habe ich doch meiner Studien halber die Verpflichtung zu regelmäßigen Beiträgen abgelehnt. Vielleicht, daß Ende des Jahres noch etwas von mir erscheint. –

Kl[emm] also frei? Er ist mehr ein Unglücklicher, als ein Verbrecher, ich bemitleide ihn eher, als ich ihn verachte; man muß doch gar pfiffig die tolle Leidenschaft des armen Teufels benützt haben. Er hatte sonst Ehrgefühl, ich glaube nicht, daß er seine Schande wird ertragen können. Seine Familie verleugnet ihn, seinen älteren Bruder ausgenommen, der eine Hauptrolle in der Sache gespielt zu haben scheint. Es sind viel Leute dadurch unglücklich geworden. Mit Minnigerode soll es besser gehen. Hat denn Gladbach noch kein Urteil? Das heiße ich einen doch lebendig begraben. Mich schaudert, wenn ich denke, was vielleicht mein Schicksal gewesen wäre! ...

(AN DIE FAMILIE) Straßburg, im Oktober 1835.

... Ich habe mir hier allerhand interessante Notizen über einen Freund Goethes, einen unglücklichen Poeten namens Lenz, verschafft, der sich gleichzeitig mit Goethe hier aufhielt und halb verrückt wurde. Ich denke darüber einen Aufsatz in der deutschen Revue erscheinen zu lassen. Auch sehe ich mich eben nach Stoff zu einer Abhandlung über einen philosophischen oder naturhistorischen Gegenstand um. Jetzt noch eine Zeit lang anhaltendes Studium, und der Weg ist gebrochen. Es gibt hier Leute, die mir eine glänzende Zukunft prophezeien. Ich habe nichts dawider ...

(AN DIE FAMILIE) Straßburg, den 2. November 1835.

... Ich weiß bestimmt, daß man mir in Darmstadt die abenteuerlichsten Dinge nachsagt; man hat mich bereits dreimal an der Grenze verhaften lassen. Ich finde es natürlich; die außerordentliche Anzahl von Verhaftungen und Steckbriefen muß Aufsehen machen, und da das Publikum jedenfalls nicht weiß, um was es sich eigentlich handelt, so macht es wunderliche Hypothesen ...

Aus der Schweiz habe ich die besten Nachrichten. Es wäre möglich, daß ich noch vor Neujahr von der Züricher Fakultät den Doktorhut erhielte, in welchem Fall ich alsdann nächste Ostern anfangen würde, dort zu dozieren. In einem Alter von zweiundzwanzig Jahren wäre das alles, was man fordern kann ...

Neulich hat mein Name in der »Allgemeinen Zeitung« paradiert. Es handelte sich um eine große literarische Zeitschrift, deutsche Revue, für die ich Artikel zu liefern versprochen habe. Dies Blatt ist schon vor seinem Erscheinen angegriffen worden, worauf es denn hieß, daß man nur die Herren Heine, Börne, Mundt, Schulz, Büchner usw. zu nennen brauche, um einen Begriff von dem Erfolge zu haben, den diese Zeitschrift haben würde. – Über die Art, wie Minnigerode mißhandelt wird, ist im *Temps* ein Artikel erschienen. Er scheint mir von Darmstadt aus geschrieben; man muß wahrhaftig weit gehen, um einmal klagen zu dürfen. Meine unglücklichen Freunde! ...

(AN GUTZKOW) Straßburg [1835].

... Sie erhalten hierbei ein Bändchen Gedichte von meinen Freunden Stöber. Die Sagen sind schön, aber ich bin kein Verehrer der Manier à la Schwab und Uhland und der Partei, die immer rückwärts ins Mittelalter greift, weil sie in der Gegenwart keinen Platz ausfüllen kann. Doch ist mir das Büchlein lieb; sollten Sie nichts Günstiges darüber zu sagen wissen, so bitte ich Sie, lieber zu schweigen. Ich habe mich ganz hier in das Land hineingelebt; die Vogesen sind ein Gebirg, das ich liebe wie eine Mutter, ich kenne jede Bergspitze und jedes Tal, und die alten Sagen sind so originell und heimlich und die beiden Stöber sind alte Freunde, mit denen ich zum ersten Mal das Gebirg durchstrich. Adolph hat unstreitig Talent, auch wird Ihnen sein Name durch den Musenalmanach bekannt sein. August steht ihm nach, doch ist er gewandt in der Sprache.

Die Sache ist nicht ohne Bedeutung für das Elsaß, sie ist einer von den seltenen Versuchen, die noch manche Elsässer machen, um die deutsche Nationalität Frankreich gegenüber zu wahren und wenigstens das geistige Band zwischen ihnen und dem Vaterland nicht reißen zu lassen. Es wäre traurig, wenn das Münster einmal ganz auf fremdem Boden stände. Die Absicht, welche zum Teil das Büchlein erstehen ließ, würde sehr gefördert werden, wenn das Unternehmen in Deutschland Anerkennung fände, und von der Seite empfehle ich es Ihnen besonders.

Ich werde ganz dumm in dem Studium der Philosophie, ich lerne die Armseligkeit des menschlichen Geistes wieder von einer neuen Seite kennen. Meinetwegen! Wenn man sich nur einbilden könnte, die Löcher in unsern Hosen seien Palastfenster, so könnte man schon wie ein König leben! So aber friert man erbärmlich ...

(AN DIE FAMILIE) Straßburg, den 1. Januar 1836.

... Das Verbot der deutschen Revue schadet mir nichts. Einige Artikel, die für sie bereit lagen, kann ich an den »Phönix« schicken. Ich muß lachen, wie fromm und moralisch plötzlich unsere Regierungen werden; der König von Bayern läßt unsittliche Bücher verbieten! da darf er seine Biographie nicht erscheinen lassen, denn die wäre das Schmutzigste, was je geschrieben worden! Der Großherzog von Baden, erster Ritter vom doppelten Mopsorden, macht sich zum Ritter vom heiligen Geist und läßt Gutzkow arretieren, und der liebe deutsche Michel glaubt, es geschähe alles aus Religion und Christentum und klatscht in die Hände. Ich kenne die Bücher nicht, von denen überall die Rede ist; sie sind nicht in den Leihbibliotheken und zu teuer, als daß ich Geld daran wenden sollte. Sollte auch alles sein, wie man sagt, so könnte ich darin nur die Verirrungen eines durch philosophische Sophismen falsch geleiteten Geistes sehen. Es ist der gewöhnlichste Kunstgriff, den großen Haufen auf seine Seite zu bekommen, wenn man mit recht vollen Backen »unmoralisch!« schreit. Übrigens gehört sehr viel Mut dazu, einen Schriftsteller anzugreifen, der von einem deutschen Gefängnis aus antworten soll. Gutzkow hat bisher einen edlen, kräftigen Charakter gezeigt, er hat Proben von großem Talent abgelegt; woher denn plötzlich das Geschrei? Es kommt mir vor, als stritte man sehr um das Reich von dieser Welt, während man sich stellt, als müsse man der heiligen Dreifaltigkeit das Leben retten. Gutzkow hat in seiner Sphäre mutig für die Freiheit gekämpft; man muß doch die Wenigen, welche noch aufrecht stehn und zu sprechen wagen, verstummen machen! Übrigens gehöre ich für meine Person keineswegs zu dem sogenannten Jungen Deutschland, der literarischen Partei Gutzkows und Heines. Nur ein völliges Mißkennen unserer gesellschaftlichen Verhältnisse konnte die Leute glauben machen, daß durch die Tagesliteratur eine völlige Umgestaltung unserer religiösen und gesellschaftlichen Ideen möglich sei. Auch teile ich keineswegs ihre Meinung über die Ehe und das Christentum, aber ich ärgere mich doch, wenn Leute, die in der Praxis tausendfältig mehr gesündigt, als diese in der Theorie, gleich moralische Gesichter ziehn und den Stein auf ein jugendliches, tüchtiges Talent werfen. Ich gehe meinen Weg für mich und bleibe auf dem Felde des Dramas, das mit all diesen Streitfragen nichts zu tun hat; ich zeichne meine Charaktere, wie ich sie der Natur und der Geschichte angemessen halte, und lache über die Leute, welche mich für die Moralität oder Immoralität derselben verantwortlich machen wollen. Ich habe darüber meine eignen Gedanken ...

Ich komme vom Christkindelsmarkt, überall Haufen zerlumpter, frierender Kinder, die mit aufgerissenen Augen und traurigen Gesichtern vor den Herrlichkeiten aus Wasser und Mehl, Dreck und Goldpapier standen. Der Gedanke, daß für die meisten Menschen auch die armseligsten Genüsse und Freuden unerreichbare Kostbarkeiten sind, machte mich sehr bitter ...

(AN GUTZKOW) [Straßburg, im Januar 1836.]

Mein Lieber!

Ich weiß nicht, ob bei der verdächtigen Adresse diese Zeilen in Ihre Hände gelangen werden.

Haben Sie den Brief von Boulet erhalten? Ich habe ihn nach Mannheim geschickt. Ich wagte damals nicht, einige Zeilen an Sie beizulegen. Ich hielt die Sache für ernsthafter. Nach den Zeitungen müssen Sie bald frei sein. 4 Wochen, das ist bald herum. Dann habe ich noch besondere Nachrichten über Sie aus Mannheim. Ihre Haft ist leicht. Sie dürfen Besuche annehmen, sogar ausgehen. Verhält es sich so?

Haben Sie nichts weiter zu fürchten? Geben Sie mir Auskunft so bald als möglich! Die Frage ist nicht müßig. Glauben Sie, daß man Sie frei läßt, nach Verlauf der bestimmten Frist? Sie sitzen im Amthaus, nicht wahr?

Sobald Sie frei sind, verlassen Sie Teutschland so schnell als möglich. Sie haben von Glück zu sagen, daß es so abzulaufen scheint. Es sollte mich wundern.

Im Fall Sie den Weg über Straßburg nehmen, so fragen Sie nach mir bei Herrn Schroot, Gastwirt zum Rebstock. Ich erwarte Sie mit Ungeduld. Ihr G.

(AN DIE FAMILIE) Straßburg, den 15. März 1836.

... Ich begreife nicht, daß man gegen Küchler etwas in Händen haben soll; ich dachte, er sei mit nichts beschäftigt, als seine Praxis und Kenntnisse zu erweitern. Wenn er auch nur kurze Zeit sitzt, so ist doch wohl seine ganze Zukunft zerstört: man setzt ihn vorläufig in Freiheit, spricht ihn von der Instanz los, läßt ihn versprechen, das Land nicht zu verlassen, und verbietet ihm seine Praxis, was man nach den neuesten Verfügungen kann. – Als sicher und gewiß kann ich Euch sagen, daß man vor kurzem in Bayern zwei junge Leute, nachdem sie seit fast vier Jahren in strenger Haft gesessen, als unschuldig in Freiheit gesetzt hat! Außer Küchler und Groß sind noch drei Bürger aus Gießen verhaftet worden. Zwei von ihnen haben ihr Geschäft, und der eine ist obendrein Familienvater. Auch hörten wir, Max v. Biegeleben sei verhaftet, aber gleich darauf wieder gegen Kaution in Freiheit gesetzt worden. Gladbach soll vor einiger Zeit zu acht Jahren Zuchthaus verurteilt worden sein; das Urteil sei aber wieder umgestoßen, und die Untersuchung fange von neuem an. Ihr würdet mir einen Gefallen tun, wenn Ihr mir über beides Auskunft gäbet.

Ich will Euch dafür sogleich eine sonderbare Geschichte erzählen, die Herr J.[aeglé] in den englischen Blättern gelesen, und die, wie dazu bemerkt, in den deutschen Blättern nicht mitgeteilt werden durfte. Der Direktor des Theaters zu Braunschweig ist der bekannte Komponist Methfessel. Er hat eine hübsche Frau, die dem Herzog gefällt, und ein Paar Augen, die er gern zudrückt, und ein Paar Hände, die er gern aufmacht. Der Herzog hat die sonderbare Manie, Madame Methfessel im Kostüm zu bewundern. Er befindet sich daher gewöhnlich vor Anfang des Schauspiels mit ihr allein auf der Bühne. Nun intrigiert Methfessel gegen einen bekannten Schauspieler, dessen Name mir entfallen ist. Der Schauspieler will sich rächen, er gewinnt den Maschinisten, der Maschinist zieht an einem schönen Abend den Vorhang ein Viertelstündchen früher auf, und der Herzog spielt mit Madame Methfessel die erste Szene. Er gerät außer sich, zieht den Degen und ersticht den Maschinisten; der Schauspieler hat sich geflüchtet. –

Ich kann Euch versichern, daß nicht das geringte politische Treiben unter den Flüchtlingen hier herrscht; die vielen und guten Examina, die hier gemacht werden, beweisen hinlänglich das Gegenteil. Übrigens sind wir Flüchtigen und Verhafteten gerade nicht die Unwissendsten, Einfältigsten oder Liederlichsten! Ich sage nicht zuviel, daß bis jetzt die besten Schüler des Gymnasiums und die fleißigsten und unterrichtetsten Studenten dies Schicksal getroffen hat, die mitgerechnet, welche von Examen und Staatsdienst zurückgewiesen sind. Es ist doch im ganzen ein armseliges junges Geschlecht, was eben in Darmstadt herumläuft und sich ein Ämtchen zu erkriechen sucht!

(AN GUTZKOW) Straßburg [1836].

Lieber Freund!

War ich lange genug stumm? Was soll ich Ihnen sagen? Ich saß auch im Gefängnis und im langweiligsten unter der Sonne, ich habe eine Abhandlung geschrieben in die Länge, Breite und Tiefe, Tag und Nacht über der ekelhaften Geschichte, ich begreife nicht, wo ich die Geduld hergenommen. Ich habe nämlich die fixe Idee, im nächsten Semester zu Zürich einen Kurs über die Entwicklung der deutschen Philosophie seit Cartesius zu lesen; dazu muß ich mein Diplom haben und die Leute scheinen gar nicht geneigt, meinem lieben Sohn Danton den Doktorhut aufzusetzen. Was war da zu machen?

Sie sind in Frankfurt und unangefochten? – Es ist mir leid und doch wieder lieb, daß Sie noch nicht im Rebstöckel angeklopft haben. Über den Stand der modernen Literatur in Deutschland weiß ich so gut als nichts; nur einige versprengte Broschüren, die, ich weiß nicht wie, über den Rhein gekommen, fielen mir in die Hände.

Es zeigt sich in dem Kampfe gegen Sie eine gründliche Niederträchtigkeit, eine recht gesunde Niederträchtigkeit, ich begreife gar nicht, wie wir noch so natürlich sein können! Und Menzels Hohn über die politischen Narren in den deutschen Festungen ... und das von Leuten! mein Gott, ich könnte Ihnen übrigens erbauliche Geschichten erzählen!

Es hat mich im tiefsten empört; meine armen Freunde! Glauben Sie nicht, daß Menzel nächstens eine Professur in München erhält?

Übrigens, um aufrichtig zu sein, Sie und Ihre Freunde scheinen mir nicht grade den klügsten Weg gegangen zu sein. Die Gesellschaft mittelst der Idee, von der gebildeten Klasse aus reformieren? Unmöglich! Unsere Zeit ist rein materiell, wären Sie je direkter politisch zu Werke gegangen, so wären Sie bald auf den Punkt gekommen, wo die Reform von selbst aufgehört hätte. Sie werden nie über den Riß zwischen der gebildeten und ungebildeten Gesellschaft hinauskommen.

Ich habe mich überzeugt, die gebildete und wohlhabende Minorität, so viel Konzessionen sie auch von der Gewalt für sich begehrt, wird nie ihr spitzes Verhältnis zur großen Klasse aufgeben wollen. Und die große Klasse selbst? Für sie gibt es nur zwei Hebel, materielles Elend und religiöser Fanatismus. Jede Partei, welche diese Hebel anzusetzen versteht, wird siegen. Unsere Zeit braucht Eisen und Brot – und dann ein Kreuz oder sonst so was. Ich glaube, man muß in sozialen Dingen von einem absoluten Rechtsgrundsatz ausgehen, die Bildung eines neuen geistigen Lebens im Volke suchen und die abgelebte moderne Gesellschaft zum Teufel gehen lassen. Zu was soll ein Ding wie diese zwischen Himmel und Erde herumlaufen? Das ganze Leben derselben besteht nur in Versuchen, sich die entsetzlichste Langeweile zu vertreiben. Sie mag aussterben, das ist das einzig Neue, was sie noch erleben kann ...

(AN DIE FAMILIE) Straßburg, im Mai 1836.

... Ich bin fest entschlossen, bis zum nächsten Herbste hier zu bleiben. Die letzten Vorfälle in Zürich geben mir einen Hauptgrund dazu. Ihr wißt vielleicht, daß man unter dem Vorwande, die deutschen Flüchtlinge beabsichtigten einen Einfall in Deutschland, Verhaftungen unter denselben vorgenommen hat. Das Nämliche geschah an anderen Punkten der Schweiz. Selbst hier äußerte die einfältige Geschichte ihre Wirkung, und es war ziemlich ungewiß, ob wir hier bleiben dürften, weil man wissen wollte, daß wir (höchstens noch sieben bis acht an der Zahl) mit bewaffneter Hand über den Rhein gehen sollten! Doch hat sich alles in Güte gemacht, und wir haben keine weiteren Schwierigkeiten zu besorgen. Unsere hessische Regierung scheint unserer zuweilen mit Liebe zu gedenken . . .

Was an der ganzen Sache eigentlich ist, weiß ich nicht; da ich jedoch weiß, daß die Mehrzahl der Flüchtlinge jeden direkten revolutionären Versuch unter den jetzigen Verhältnissen für Unsinn hält, so konnte höchstens eine ganz unbedeutende, durch keine Erfahrung belehrte Minderzahl an dergleichen gedacht haben. Die Hauptrolle unter den Verschworenen soll ein gewisser Herr v. Eib gespielt haben. Daß dieses Individuum ein Agent des Bundestags sei, ist mehr als wahrscheinlich; die Pässe, welche die Züricher Polizei bei ihm fand, und der Umstand, daß er starke Summen von einem Frankfurter Handelshause bezog, sprechen auf das direkteste dafür. Der Kerl soll ein ehemaliger Schuster sein, und dabei zieht er mit einer liederlichen Person aus Mannheim herum, die er für eine ungarische Gräfin ausgibt. Er scheint wirklich einige Esel unter den Flüchtlingen übertölpelt zu haben. Die ganze Geschichte hatte keinen andern Zweck, als, im Falle die Flüchtlinge sich zu einem öffentlichen Schritt hätten verleiten lassen, dem Bundestag einen gegründeten Vorwand zu geben, um auf die Ausweisung aller Refugiés aus der Schweiz zu dringen. Übrigens war dieser v. Eib schon früher verdächtig, und man war schon mehrmals vor ihm gewarnt worden. Jedenfalls ist der Plan vereitelt und die Sache wird für die Mehrzahl der Flüchtlinge ohne Folgen bleiben. Nichts destoweniger fände ich es nicht rätlich, im Augenblick nach Zürich zu gehen; unter solchen Umständen hält man sich besser fern. Die Züricher Regierung ist natürlich eben etwas ängstlich und mißtrauisch, und so könnte man wohl unter den jetzigen Verhältnissen meinem Aufenthalte Schwierigkeiten machen. In Zeit von zwei bis drei Monaten ist dagegen die ganze Geschichte vergessen . . .

(AN EUGEN BOECKEL) Straßburg, den 1. Juni [1836].

Mein lieber Eugen!

Ich sitze noch hier, wie Du aus dem Datum siehst. »Sehr unvernünftig!« wirst du sagen, und ich sage: meinetwegen! Erst gestern ist meine Abhandlung vollständig fertig geworden. Sie hat sich viel weiter ausgedehnt, als ich anfangs dachte und ich habe viel gute Zeit mit verloren; doch bilde ich mir dafür ein sie sei gut ausgefallen – und die Société d'histoire naturelle scheint der nämlichen Meinung zu sein. Ich habe in drei verschiedenen Sitzungen drei Vorträge darüber gehalten, worauf die Gesellschaft sogleich beschloß sie unter ihren Memoiren abdrucken zu lassen; obendrein machte sie mich zu ihrem korrespondierenden Mitglied. Du siehst, der Zufall hat mir wieder aus der Klemme geholfen, ich bin ihm überhaupt großen Dank schuldig und mein Leichtsinn, der im Grund genommen das unbegrenzteste Gottvertrauen ist, hat dadurch wieder großen Zuwachs erhalten. Ich brauche ihn aber auch; wenn ich meinen Doktor bezahlt habe, so bleibt mir kein Heller mehr und schreiben habe ich die Zeit nichts können. Ich muß eine Zeit lang vom lieben Kredit leben und sehen, wie ich mir in den nächsten 6 bis 8 Wochen Rock und Hosen aus meinen großen weißen Papierbogen, die ich vollschmieren soll, schneiden werde. Ich denke: »befiehl du deine Wege« und lasse mich nicht stören.

Habe ich lange geschwiegen? Doch Du weißt warum und verzeihst mir. Ich war wie ein Kranker der eine ekelhafte Arznei so schnell als möglich mit einem Schluck nimmt, ich konnte nichts weiter, als mir die fatale Arbeit vom Hals schaffen. Es ist mir unendlich wohl, seit ich das Ding aus dem Haus habe. – Ich denke den Sommer noch hier zu bleiben. Meine Mutter kommt im Herbst. Jetzt nach Zürich, im Herbst wieder zurück, Zeit und Geld verlieren, das wäre Unsinn. Jedenfalls fange ich aber nächsten Wintersemester meinen Kurs an, auf den ich mich jetzt in aller Gemächlichkeit fertig präpariere.

Du hast frohe Tage auf Deiner Reise, wie es scheint. Ich freue mich darüber. Das Leben ist überhaupt etwas recht Schönes und jedenfalls ist es nicht so langweilig, als wenn es noch einmal so langweilig wäre. Spute Dich etwas im nächsten Herbst, komme zeitig, dann sehe ich Dich noch hier. Hast Du viel gelernt, unterwegs? Ist Dir die Kranken- und Leichenschau noch nicht zur Last geworden? Ich meine, eine Tour durch die Spitäler von halb Europa müßte einem sehr melancholisch und die Tour durch die Hörsäle unserer Professoren müßte einem halb verrückt und die Tour durch unsere teutschen Staaten müßte einem ganz wütend machen. Drei Dinge, die man übrigens auch ohne die drei Touren sehr leicht werden kann z.B. wenn es regnet und kalt ist, wie eben; wenn man Zahnweh hat, wie ich vor acht Tagen, und wenn man einen vollen Winter und ein halbes Frühjahr nicht aus seinen vier Wänden gekommen, wie ich dies Jahr.

Du siehst ich stehe viel aus und ehe ich mir neulich meinen hohlen Zahn ausziehen lassen, habe ich im vollständigsten Ernst überlegt, ob ich mich nicht lieber totschießen sollte, was jedenfalls weniger schmerzhaft ist.

Baum seufzt jeden Tag, bekommt dabei einen ungeheuern Bauch und macht ein so selbstmörderisches Gesicht, daß ich fürchte, er will sich auf subtile Weise durch einen Schlagfluß aus der Welt schaffen. Er ärgert sich dabei regelmäßig jeden Tag, seit ich ihn versichert habe, daß Ärger der Gesundheit sehr zuträglich sei. Das Fechten hat er eingestellt und ist dabei so entsetzlich faul, daß er zum großen Verdruß Deines Bruders noch keinen von Deinen Aufträgen ausgerichtet hat. Was ist mit dem Menschen anzufangen? Er muß Pfarrer werden, er zeigt die schönsten Dispositionen.

Die beiden Stöber sitzen noch in Oberbrunn. Leider bestätigt sich das Gerücht hinsichtlich der Frau Pfarrerin. Das arme Mädel hier ist ganz verlassen und unten sollen die Leute über die poetische Bedeutung des Ehebruchs philosophieren. Letztes glaube ich nicht, – aber zweideutig ist die Geschichte.

Was macht unser Freund und Vetter, Zipfel? Ist ihm die Zeit nirgends weiter gezündet worden? Siehst Du meinen Vetter aus Holland zuweilen? Grüße beide vielmals von mir.

Wilhelmine war lange Zeit unwohl, sie litt an einem chronischen Friesel, ohne jedoch je bedenklich krank gewesen zu sein.

à propos, sie hat mir Deine beiden Briefe unerbrochen gegeben, dennoch hätte ich es passender gefunden Du hättest schicklichkeitshalber eine Couverte um Deinen Brief gemacht; konnte ein Frauenzimmer ihn nicht lesen, so war es unpassend ihn auch an ein Frauenzimmer zu adressieren; mit einer Couverte ist es etwas anderes. Ich hoffe, Du verdenkst mir diese kleine Zurechtweisung nicht.

Jedenfalls bin ich die nächsten vier Wochen noch hier, während des Drucks meiner Abhandlung. Wirst Du mich noch mit einem

Brief erfreuen, ehe Du aus Wien abreisest? à propos, Du machst ja ganz ästhetische Studien, Dem. Peche ist eine alte Bekanntin von mir. Leb wohl, Dein G. B.

(AN DIE FAMILIE) Straßburg, im Juni 1836.

... Es ist nicht im entferntesten daran zu denken, daß im Augenblick ein Staat das Asylrecht aufgibt, weil ein solches Aufgeben ihn den Staaten gegenüber, auf deren Verlangen es geschieht, politisch annullieren würde. Die Schweiz würde durch einen solchen Schritt sich von den liberalen Staaten, zu denen sie ihrer Verfassung nach natürlich gehört, lossagen und sich an die absoluten anschließen, ein Verhältnis, woran unter den jetzigen politischen Konstellationen nicht zu denken ist. Daß man aber Flüchtlinge, welche die Sicherheit des Staates, der sie aufgenommen, und das Verhältnis desselben zu den Nachbarstaaten kompromittieren, ausweist, ist ganz natürlich und hebt das Asylrecht nicht auf. Auch hat die Tagsatzung bereits ihren Beschluß erlassen. Es werden nur diejenigen Flüchtlinge ausgewiesen, welche als Teilnehmer an dem Savoyer Zuge schon früher waren ausgewiesen worden, und diejenigen, welche an den letzten Vorfällen teilgenommen haben. Dies ist authentisch. Die Mehrzahl der Flüchtlinge bleibt also ungefährdet, und es bleibt jedem unbenommen, sich in die Schweiz zu begeben. Nur ist man in vielen Kantonen gezwungen, eine Kaution zu stellen, was sich aber schon seit längerer Zeit so verhält. Meiner Reise nach Zürich steht also kein Hindernis im Weg. – Ihr wißt, daß unsere Regierung uns hier schikaniert, und daß die Rede davon war, uns auszuweisen, weil wir mit den Narren in der Schweiz in Verbindung ständen. Der Präfekt wollte genaue Auskunft, wie wir uns hier beschäftigten. Ich gab dem Polizeikommissär mein Diplom als Mitglied der Société d'histoire naturelle nebst einem von den Professoren mir ausgestellten Zeugnisse. Der Präfekt war damit außerordentlich zufrieden, und man sagte mir, daß ich namentlich ganz ruhig sein könne ...

(AN WILHELM BÜCHNER) Straßburg, den 2. September 1836

... Ich bin ganz vernügt in mir selbst, ausgenommen, wenn wir Landregen oder Nordwestwind haben, wo ich freilich einer von denjenigen werde, die abends vor dem Bettgehn, wenn sie den einen Strumpf vom Fuß haben, im Stande sind, sich an ihre Stubentür zu hängen, weil es ihnen der Mühe zuviel ist, den andern ebenfalls auszuziehen ... Ich habe mich jetzt ganz auf das Studium der Naturwissenschaften und der Philosophie gelegt und werde in kurzem nach Zürich gehen, um in meiner Eigenschaft als überflüssiges Mitglied der Gesellschaft meinen Mitmenschen Vorlesungen über etwas ebenfalls höchst Überflüssiges, nämlich über die philosophischen Systeme der Deutschen seit Cartesius und Spinoza, zu halten. – Dabei bin ich gerade daran, sich einige Menschen auf dem Papier totschlagen oder verheiraten zu lassen, und bitte den lieben Gott um einen einfältigen Buchhändler und ein groß Publikum mit so wenig Geschmack, als möglich. Man braucht einmal zu vielerlei Dingen unter der Sonne Mut, sogar, um Privatdozent der Philosophie zu sein ...

(AN DIE FAMILIE) Straßburg, im September 1836.

... Ich habe meine zwei Dramen noch nicht aus den Händen gegeben, ich bin noch mit manchem unzufrieden und will nicht, daß es mir geht, wie das erste Mal. Das sind Arbeiten, mit denen man nicht zu einer bestimmten Zeit fertig werden kann, wie der Schneider mit seinem Kleid ...

(AN BÜRGERMEISTER HESS) [Straßburg,] 22. September 1836.

Die politischen Verhältnisse Deutschlands zwangen mich, mein Vaterland vor etwa anderthalb Jahren zu verlassen. Ich hatte mich der akademischen Laufbahn bestimmt. Ein Ziel aufzugeben, auf dessen Erreichung bisher alle meine Kräfte gerichtet waren, konnte ich mich nicht entschließen, und so setzte ich in Straßburg meine Studien fort, in der Hoffnung, in der Schweiz meine Wünsche realisieren zu können. Wirklich hatte ich vor kurzem die Ehre, von der philos. Fakultät zu Zürich einmütig zum Doctor creiert zu werden. Nach einem so günstigen Urteil über meine wissenschaftliche Befähigung konnte ich wohl hoffen, auch als Privatdozent von der Züricher Universität angenommen zu werden und im günstigen Falle im nächsten Semester meine Vorlesungen beginnen zu können. Ich suchte daher bei der hiesigen Behörde um einen Paß nach. Diese erklärte mir jedoch, es sei ihnen durch das Ministerium des Innern auf Ansuchen der Schweiz untersagt, einem Flüchtling einen Paß auszustellen, der nicht von einer Schweizer Behörde eine schriftliche Autorisation zum Aufenthalt in ihrem Bezirke vorweisen könne. In dieser Verlegenheit nun wende ich mich an Sie, hochgeehrter Herr, als die oberste Magistratsperson Zürichs, mit der Bitte um die von der hiesigen Behörde verlangte Autorisation. Das beiliegende Zeugnis kann beweisen, daß ich seit der Entfernung aus meinem Vaterlande allen politischen Umtrieben fremd geblieben bin und somit nicht unter die Kategorie derjenigen Flüchtlinge gehöre, gegen welche die Schweiz und Frankreich neuerdings die bekannten Maßregeln ergriffen haben. Ich glaube daher auf die Erfüllung meiner Bitte zählen zu dürfen, deren Verweigerung die Vernichtung meines ganzen Lebensplanes zur Folge haben würde . . .

[Beilage: Zeugnis der Straßburger Polizei]

Il est certifié que

Monsieur George Buchner, Docteur en Philosophie, agé de 23 ans, natif de Darmstadt, est inscrit sur nos registres rue de la Douane No 18 comme demeurant en cette ville depuis dixhuit mois jusqu'à ce jour et sans interruption et que pendant ce laps de temps sa conduite, sous le rapport politique que moral, n'a donné lieu à aucune plainte.

Zürich 1836–1837

(AN DIE FAMILIE) Zürich, den 26. Oktober 1836.

... Wie es mit dem Streite der Schweiz mit Frankreich gehen wird, weiß der Himmel. Doch hörte ich neulich jemand sagen: »Die Schweiz wird einen kleinen Knicks machen, und Frankreich wird sagen, es sei ein großer gewesen.« Ich glaube, daß er recht hat ...

(AN DIE FAMILIE) Zürich, den 20. November 1836.

... Was das politische Treiben anlangt, so könnt Ihr ganz ruhig sein. Laßt Euch nur nicht durch die Ammenmärchen in unseren Zeitungen stören. Die Schweiz ist eine Republik, und weil die Leute sich gewöhnlich nicht anders zu helfen wissen, als daß sie sagen, jede Republik sei unmöglich, so erzählen sie den guten Deutschen jeden Tag von Anarchie, Mord und Totschlag. Ihr werdet überrascht sein, wenn Ihr mich besucht; schon unterwegs überall freundliche Dörfer mit schönen Häusern, und dann, je mehr Ihr Euch Zürich nähert und gar am See hin, ein durchgreifender Wohlstand; Dörfer und Städtchen haben ein Aussehen, wovon man bei uns keinen Begriff hat. Die Straßen laufen hier nicht voll Soldaten, Akzessisten und faulen Staatsdienern, man riskiert nicht von einer adligen Kutsche überfahren zu werden; dafür überall ein gesundes, kräftiges Volk, und um wenig Geld eine einfache, gute, rein *republikanische* Regierung, die sich durch eine *Vermögenssteuer* erhält, eine Art Steuer, die man bei uns überall als den Gipfel der Anarchie ausschreien würde ...

Minnigerode ist tot, wie man mir schreibt, das heißt, er ist drei Jahre lang tot gequält worden. Drei Jahre! Die französischen Blutmänner brachten einen doch in ein paar Stunden um, das Urteil und dann die Guillotine! Aber drei Jahre! Wir haben eine gar menschliche Regierung, sie kann kein Blut sehen. Und so sitzen noch an vierzig Menschen, und das ist keine Anarchie, das ist Ordnung und Recht, und die Herren fühlen sich empört, wenn sie an die anarchische Schweiz denken! Bei Gott, die Leute nehmen ein großes Kapital auf, das ihnen einmal mit schweren Zinsen kann abgetragen werden, mit sehr schweren. – . . .

(AN WILHELM BÜCHNER) Zürich, Ende November 1836.

. . . Ich sitze am Tage mit dem Skalpell und die Nacht mit den Büchern . . .

(AN DIE BRAUT) Zürich, den 13. Januar 1837.

Mein lieb Kind! . . . Ich zähle die Wochen bis zu Ostern an den Fingern. Es wird immer öder. So im Anfange ging's: neue Umgebungen, Menschen, Verhältnisse, Beschäftigungen – aber jetzt, da ich an alles gewöhnt bin, alles mit Regelmäßigkeit vor sich geht, man vergißt sich nicht mehr. Das Beste ist, meine Phantasie ist tätig, und die mechanische Beschäftigung des Präparierens läßt ihr Raum. Ich sehe Dich immer so halb durch zwischen Fischschwänzen, Froschzehen etc. Ist das nicht rührender als die Geschichte von Abälard, wie sich ihm Héloïse immer zwischen die Lippen und das Gebet drängt? O, ich werde jeden Tag poetischer, alle meine Gedanken schwimmen in Spiritus. Gott sei Dank, ich träume wieder viel nachts, mein Schlaf ist nicht mehr so schwer . . .

(AN DIE BRAUT) Zürich, den 20. Januar 1837.

. . . Ich habe mich verkältet und im Bett gelegen. Aber jetzt ist's besser. Wenn man so ein wenig unwohl ist, hat man ein so groß Gelüsten nach Faulheit; aber das Mühlrad dreht sich als fort ohne Rast und Ruh . . . Heute und gestern gönne ich mir jedoch ein wenig Ruhe und lese nicht; morgen geht's wieder im alten Trab, Du glaubst nicht, wie regelmäßig und ordentlich. Ich gehe fast so richtig wie eine Schwarzwälder Uhr. Doch ist's gut: auf all das aufgeregte geistige Leben Ruhe, und dabei die Freude am Schaffen meiner poetischen Produkte. Der arme Shakespeare war Schreiber den Tag über, und mußte nachts dichten, und ich, der ich nicht wert bin, ihm die Schuhriemen zu lösen, hab's weit besser . . .

Lernst Du bis Ostern die Volkslieder singen, wenn's Dich nicht angreift? Man hört hier keine Stimme; das Volk singt nicht, und Du weißt, wie ich die Frauenzimmer lieb habe, die in einer Soiree oder einem Konzerte einige Töne totschreien oder winseln. Ich komme dem Volk und dem Mittelalter immer näher, jeden Tag wird mir's heller – und gelt, Du singst die Lieder? Ich bekomme halb das Heimweh, wenn ich mir eine Melodie summe ...

Jeden Abend sitz ich eine oder zwei Stunden im Kasino; Du kennst meine Vorliebe für schöne Säle, Lichter und Menschen um mich ...

(AN DIE BRAUT) Zürich, den 27. Januar 1837.

Mein lieb Kind, Du bist voll zärtlicher Besorgnis und willst krank werden vor Angst; ich glaube gar, Du stirbst – aber ich habe keine Lust zum Sterben und bin gesund wie je. Ich glaube, die Furcht vor der Pflege hier hat mich gesund gemacht; in Straßburg wäre es ganz angenehm gewesen, und ich hätte mich mit dem größten Behagen ins Bett gelegt, vierzehn Tage lang, Rue St. Guillaume Nr. 66, links eine Treppe hoch, in einem etwas überzwergen Zimmer, mit grüner Tapete! Hätt ich dort umsonst geklingelt? Es ist mir heut einigermaßen innerlich wohl, ich zehre noch von gestern, die Sonne war groß und warm im reinsten Himmel – und dazu hab ich meine Laterne gelöscht und einen edlen Menschen an die Brust gedrückt, nämlich einen kleinen Wirt, der aussieht, wie ein betrunkenes Kaninchen und mir in seinem prächtigen Hause vor der Stadt ein großes elegantes Zimmer vermietet hat. Edler Mensch! Das Haus steht nicht weit vom See, vor meinen Fenstern die Wasserfläche und von allen Seiten die Alpen wie sonnenglänzendes Gewölk. –

Du kommst bald? mit dem Jugendmut ist's fort, ich bekomme sonst graue Haare, ich muß mich bald wieder an Deiner inneren Glückseligkeit stärken und Deiner göttlichen Unbefangenheit und Deinem lieben Leichtsinn und all Deinen bösen Eigenschaften, böses Mädchen. Adio, piccola mia! –

(AN DIE BRAUT) Zürich, 1837.

... [Ich werde] in längstens acht Tagen Leonce und Lena mit noch zwei anderen Dramen erscheinen lassen ...

Nachwort

Eine Zeit des Umbruchs. Die Jugendjahre 1813–1831

Büchner wird hineingeboren in eine Zeit der politischen Umwälzungen, der gesellschaftlichen Erschütterungen. Den Tag seiner Geburt in den frühen Morgenstunden des 17. Oktober 1813 markiert ein historisches Ereignis: jenes denkwürdige Treffen bei Leipzig, in dem das napoleonische Heer den deutschen Truppen und ihren Alliierten unterlag, das man später die Leipziger Völkerschlacht nennen wird. Karl Georg Büchner kommt zur Welt im hessischen Dorfe Goddelau, das heute zum Kreis Riedstadt gehört. Jene Spannung zwischen Beharrung und Veränderung, die so charakteristisch ist für die Jahre zwischen dem Zusammenbruch der französischen Vorherrschaft in Europa, der französischen Juli-Revolution des Jahres 1830 und der gescheiterten deutschen Erhebung 1848, prägt auch sein Elternhaus. Für den Vater, Ernst Karl Büchner, derzeitigen großherzoglichen Distriktsarzt in Goddelau, einen glühenden Verehrer Napoleons und des großherzoglichen Hauses, ist derart die Freude über den erstgeborenen Sohn durch die Nachricht von der französischen Niederlage getrübt. Büchners Vater ist in politischen Fragen zeitlebens ein reaktionärer Denker geblieben. Für die Mutter Caroline Büchner dagegen, eine liebenswürdige, warmherzige Frau, die von Zeitgenossen als liberal, vielleicht auch als demokratisch geschildert wird, mußte sich im Sturz des napoleonischen Regimes die Hoffnung auf ein geeintes Deutschland verstärken. – Der im übrigen glücklichen Ehe der Eltern entspringen noch fünf Geschwister, deren jedes auf seine Weise die Begabungen und Talente der Familie bestätigen sollte: die Schwestern Mathilde und Louise – letztere wird zur Schriftstellerin und prominenten Frauenrechtlerin –, die Brüder Wilhelm, der spätere Pharmazeut und Politiker, Ludwig, der sich als Arzt und materialistischer Denker einen Namen machen wird, und Alexander, deutscher Revolutionär des Jahres 1848 und Literaturprofessor im französischen Caën.

Im Jahre 1816 siedelt die Familie in die Residenzstadt Darmstadt über. Ernst Büchner erhält dort die Position eines Medizinalassessors im großherzoglichen Ministerium, kurz darauf avanciert er zum Medizinalrat. Büchner wird von der Mutter unterrichtet. Ihrer literarisch-musischen Begabung verdankt er die frühesten Anregungen. Als Neunjähriger besucht er dann die Privatschule des Dr. Carl Weitershausen, die ihn auf seinen Eintritt in das Darmstädter Obergymnasium – das heutige Ludwig-Georgs-Gymnasium – an Ostern 1825 vorbereitet. Sein Schulfreund Friedrich Zimmermann berichtet von der Vorliebe des Gymnasiasten für romantische und antike Dichtung, für Shakespeare, Jean Paul, für Goethe und alle Volkspoesie. Das Lehrerkollegium, das Persönlichkeiten wie den Direktor Karl Dilthey, den Altphilologen Karl Weber und den Deutschlehrer Karl Baur einschloß, hat Büchners Talente zu fördern verstanden. Auch mit Philosophie befaßt er sich – vor allem mit Fichte –, sein Interesse an der Tagespolitik erwacht. Nicht umsonst ist das Motiv der Freiheit einer der Zentralgedanken derjenigen Gymnasialschriften, die sich erhalten haben. Schon damals mußte dem Gymnasiasten der Duodezstaat Hessen als oppressiv erscheinen: Standen doch in Frankreich die Zeichen auf Revolution, gehörten Fichtes »Reden an die deutsche Nation« (1808) zur Lieblingslektüre Büchners, formierten sich im Deutschland des Vormärz die Kräfte des gebildeten Bürgertums zu punktuellen Oppositionsherden.

Auch andere Gedanken des späteren Werkes scheinen vorgeprägt in den Jugendschriften. Eine wesentliche Rolle spielt schon hier die Auseinandersetzung mit dem Tode und den Möglichkeiten des freien Willens. Wichtig für eine Beurteilung der späteren ästhetischen Position ist der Umstand, daß das Erkenntnisinteresse Büchners schon hier den *Motiven und Beweggründen* gilt, die *hinter* einer Tat liegen, weit mehr als den Phänomenen an sich. Eine ungebrochene Entwicklung von den Etüden des Gymnasiasten zum Autor des »Danton« wird man allerdings gewiß nicht annehmen dürfen.

Schule der Revolution. Straßburg 1831–1833

Als Büchner Ostern 1831 das Gymnasium verläßt, hat er sich – vor allem auf väterliches Betreiben – für das Studium der Medizin entschlossen. Das großherzogliche Reglement gestattete ihm einen Studienaufenthalt außerhalb der Landesgrenzen bis zu vier Semestern. Die Wahl des Studienortes Straßburg lag nahe: Nicht nur konnte er dort auf die Unterstützung seines Onkels Eduard Reuß, eines Theologieprofessors an der Straßburger Akademie, zählen, auch die bewegte Atmosphäre der deutschen Kulturenklave auf französischem Boden muß ihn bestimmt haben. Für seine weitere geistige und politisch-weltanschauliche Entwicklung werden die Straßburger Jahre entscheidend formativ.

Der unmittelbare Kontakt mit der Turbulenz einer scharfen politisch-sozialen Konfrontation, wie sie die Jahre nach der Julirevolution von 1830 sahen, schärft ihm den Blick für die Möglichkeiten der politischen Opposition. Büchner erfährt hier die für ihn fundamentale Einsicht in die ökonomische Determinante menschlicher Existenz. Frühzeitig gerät er in Verbindung mit der »Gesellschaft der Volksfreunde«, mit Kreisen des gebildeten Bürgertums um Daniel Ehrenfried Stöber, den Vater seiner Freunde August und Adolph Stöber. Zum Modell seiner späteren revolutionären Tätigkeit wird die »Société des Droits de l'Homme et du Citoyen«, Sammelbecken der bürgerlich-intellektuellen Opposition einerseits und der notleidenden Massen andererseits. An die Familie schreibt er am 5. April 1833: »Meine Meinung ist die: Wenn in unserer Zeit etwas helfen soll, so ist es Gewalt. Wir wissen, was wir von unseren Fürsten zu erwarten haben. Alles, was sie bewilligten, wurde ihnen durch die Notwendigkeit abgezwungen.« Ähnlich wie in den »Briefen aus Paris« (1832–34) Ludwig Börnes ist für Büchner die Juli-Revolution zum eigentlichen Denkanstoß geworden. Und ähnlich überträgt auch er ihre Konsequenzen auf die Zustände in Deutschland. – Zu seinem Straßburger Freundeskreis gehören neben den Brüdern Stöber auch Eugen Boeckel, Alexis Muston und Wilhelm Baum. Durch die ersteren wird er in der Verbindung »Eugenia« zum Hospes perpetuus ernannt. An den Unruhen in Deutschland, namentlich dem Hambacher Fest vom Mai

1832 und dem Sturm auf die Frankfurter Hauptwache vom April 1833, nimmt er nicht teil, verfolgt die Vorgänge jedoch mit reger Anteilnahme.

Unterkunft hatte Büchner in der Rue St. Guillaume 66 im Hause des verwitweten Pfarrers Johann Jakob Jaeglé gefunden. Dessen Tochter Wilhelmine (Minna) sollte seine spätere Verlobte werden. Die Verlobung, die wohl kurz vor seiner Abreise im Juli 1835 stattfindet, wird zunächst vor den Eltern Büchner geheimgehalten. – Das Resümee seiner politischen Lehrjahre in Straßburg drückt Büchner in einem Brief an die Familie vom Juni 1833 so aus: »Ich werde zwar immer meinen Grundsätzen gemäß handeln, habe aber in neuerer Zeit gelernt, daß nur das notwendige Bedürfnis der großen Masse Umänderungen herbeiführen kann, daß alles Bewegen und Schreien der Einzelnen vergebliches Torenwerk ist.« Und an den Schluß setzt er die Zeilen: »Ihr könnt voraussehen, daß ich mich in die Gießener Winkelpolitik und revolutionären Kinderstreiche nicht einlassen werde.« Ob dies nur ein Lippenbekenntnis – mit besonderer Hinwendung an den Vater – darstellt oder eine augenblickliche Überzeugung, die Büchner angesichts seiner Rückkehr in das Großherzogtum radikal revidieren wird, weiß man nicht. – Büchner ist die Abreise aus Straßburg schwer geworden. Nicht nur läßt er dort Braut und Freunde zurück. Nicht nur hatte er in einem Klima der lebhaften politischen Auseinandersetzung – dem gegenüber ihm die hessischen Verhältnisse in ihrer erzwungenen Friedhofsruhe tödlich erscheinen mußten – wesentliche Positionen als politisch und gesellschaftlich Denkender gewonnen. Auch die Landschaft der Vogesen, die belebte Natur hatten ihn tief berührt. Noch in einem Brief vom 8. Juli 1833 an die Familie schildert er Eindrücke, die er einer Vogesenwanderung verdankt. In seinem »Lenz« wird er jene dichterisch Gestalt gewinnen lassen. Der Bezug zur Natur, der in diesen unbeschwerten Straßburger Jahren sich bleibend vertiefte, zieht sich später wie ein roter Faden durch die dichterischen Werke.

Der Revolutionär (1834)

Büchners Einschreibung in das Matrikelbuch der Gießener Landesuniversität trägt das Datum des 31. Oktober 1833. Die Sommermonate verbringt er in Darmstadt, die Anfangszeit in Gießen wirft ihn in tiefe Depression. Hier erfährt Büchner erstmals jene Melancholie, die man als durchgängiges Charakteristikum seiner Werke verzeichnet hat. Ein Anfall von Hirnhautentzündung zwingt ihn zur Unterbrechung seines Studiums und zur Rückkehr nach Darmstadt in die Pflege der Eltern. Von dort aus schreibt er dem Freund Stöber am 9. Dezember 1833: »Du magst entscheiden ob die Erinnerung an zwei glückliche Jahre, und die Sehnsucht nach all dem, was sie glücklich machte oder ob die widrigen Verhältnisse, unter denen ich hier lebe, mich in die unglückselige Stimmung setzen. Ich glaube 's ist beides.« Und: »Die politischen Verhältnisse könnten mich rasend machen. Das arme Volk schleppt geduldig den Karren, worauf die Fürsten und Liberalen ihre Affenkomödie spielen. Ich bete jeden Abend zum Hanf und zu den Laternen.«

Nach seiner Genesung kehrt Büchner nach Gießen zurück. Aus der Depression – er fühlt sich »allein, wie im Grabe«, seine »geistigen Kräfte sind gänzlich zerrüttet« –, der persönlichen Isolation gewinnt er zugleich die Verfestigung des eigenen Standpunktes. Berichte seiner Zeitgenossen zeichnen das Bild eines mürrischen Eigenbrötlers. So sein Gießener Kommilitone Karl Vogt: »Offen gestanden, dieser Georg Büchner war uns nicht sympathisch. Er trug einen hohen Zylinderhut, der ihm immer tief unten im Nacken saß, machte beständig ein Gesicht wie eine Katze, wenn's donnert, hielt sich gänzlich abseits . . .« In diese Zeit fällt auch der Brief an die Braut, der vielberufene »Fatalismus-Brief« vom März 1834. Man hat ihn als Ausdruck einer tiefgreifenden ideologischen Krise, einer Wende in Büchners politischen Anschauungen deuten wollen. Nichts wäre falscher. Der Wortlaut des Briefes läßt allein erkennen, daß Büchner, eben durch die ihn belastende Depression, wie durch sein Studium der Französischen Revolution, eine andere Seite des revolutionären Handelns erkannt haben muß: die dunkle, blutige und dem einzelnen notwendig tragische. Die Zwischensumme eines Klärungs- und Reifungsprozesses, nicht aber dessen Endprodukt stellt dieser Brief dar. Schließt ihn nicht der Autor selbst mit den Worten: »Dieser Brief ist ein Charivari: ich tröste Dich mit einem andern«? Im übrigen sprechen Büchners eigene Handlungen der Folgezeit für sich.

Durch seinen Umgang mit dem »etwas verlotterten und verlumpten Genie« August Becker, auch der »rote August« genannt, erlangt er Zugang zu den oberhessischen bürgerlich-revolutionären Kreisen um den Butzbacher Pastor und Rektor Dr. Friedrich Ludwig Weidig. Im März 1834 konstituiert sich eine Gießener Sektion der »Gesellschaft der Menschenrechte«, so benannt nach dem Vorbild der Straßburger Oppositionsgruppe. Neben Büchner und Becker gehören zu ihren Führern die Studenten Jakob Friedrich Schütz, Karl Minnigerode und Gustav Klemm. Kurz darauf gründet Büchner eine Darmstädter Dependance. Die politischen Ziele der Bewegung leitet er direkt aus seiner Kenntnis der Französischen Revolution ab. Er dringt dabei auf eine militante Organisation unter Führung von Intellektuellen und Handwerkern, deren Stoßrichtung zunächst auf die verelendete Landbevölkerung sich zu richten habe.

Im Gegensatz zu Büchner hält Weidig an der Führungsrolle des liberalen Bürgertums fest. So wie jener als *sozialer* Revolutionär den Möglichkeiten der gegebenen Situation weit vorauseilt, verkörpert Weidig – an dessen persönlicher Integrität kein Zweifel bestehen kann – das redliche Unvermögen der *bürgerlichen* Oppositionskreise seiner Zeit, eine breite Basis zu mobilisieren. Auf einem Treffen der verschiedenen revolutionären Fraktionen Oberhessens auf der Badenburg am 3. Juli 1834 kommt es zur Konfrontation zwischen Büchner und Weidig, und Büchner muß sich dem Beschluß der Mehrheit, die auf Mäßigung dringt, fügen.

Der Plan der Abfassung einer Flugschrift, die sich allein an das unterprivilegierte Bauerntum wenden wollte, stammt von Büchner. Weidig, der in seinem »Leuchter und Beleuchter für Hessen oder Der Hessen Nothwehr« ähnliche Appelle an das liberale Bürgertum gerichtet hatte, ist einverstanden. Er liefert Büchner das statistische Material zur Abfassung des »Hessischen Landboten«, er redigiert auch Büchners Konzept, das ihm Becker und

Klemm nach Butzbach bringen. Denn, auch wenn Büchners Entwurf in der Tradition der Flugschriftenliteratur von den Bauernkriegen bis hinein in den Umkreis der hessischen Oppositionsbewegung keineswegs einzig dasteht, so klingt seine radikal antibourgeoise Tendenz Weidig zu scharf. Die Vereinigung der »materiellen Interessen des Volkes mit denen der Revolution« (Becker) will Büchner dadurch erreichen, daß er das Agrarproletariat am »Geldsack« packt, ihnen die schamlose obrigkeitsstaatliche Ausbeutung und die brutale Erpressung durch die Herrschenden vor Augen führt. Weidig, der fürchtet, das bürgerlich-liberale Lager der Oppositionsbewegung durch diese barschen Töne zu vergrämen, redigiert die Flugschrift mit der generellen Tendenz, den von Büchner angezeigten Gegensatz von Besitzenden und Besitzlosen abzuschwächen und ihr eine klare antimonarchistische Spitze zu verleihen. Der »Hessische Landbote« in der heute erhaltenen Form stellt in seiner Juli-Fassung (im November kommt noch ein zweiter, stärker von Weidig überarbeiteter Druck zustande) das Gemeinschaftsprodukt beider Autoren dar. Die Anteile Büchners und Weidigs im nachhinein trennen zu wollen, wäre sinnlos. Über Büchners Reaktion auf die Überarbeitung berichtet Becker: »Büchner war über die Veränderung, welche Weidig mit der Schrift vorgenommen hatte, außerordentlich aufgebracht; er wollte sie nicht mehr als die seinige anerkennen und sagte, daß er ihm gerade das, worauf er das meiste Gewicht gelegt habe und wodurch alles andere gleichsam legitimiert werde, durchgestrichen habe.«

Daß der »Landbote« als politisches Glaubensbekenntnis und als Orientierungsbasis für das spätere Werk Büchners von außerordentlicher Bedeutung ist, weiß man. Hier ist der Grundstein gelegt für die Erkenntnis, daß das menschliche Dasein an Umstände gebunden ist, die außer ihm liegen. Büchner wird diese Einsicht im »Danton«, schärfer noch in seinen »Woyzeck«-Fragmenten Dichtung werden lassen. Als Probe aufs Exempel der oberhessischen Verhältnisse – und so hat Büchner die Flugschrift selbst verstanden – wird sie ein Fehlschlag. Der »ersten Botschaft« (offenbar hatte man an ein periodisches Erscheinen gedacht) folgt nicht nur keine weitere – auch sie selbst bleibt relativ wirkungslos. Teils liefern die verschreckten Bauern das Pamphlet, oft ungelesen, den Behörden ab, teils wird es vor der Verteilung konfisziert.

Die Verschwörung der oberhessischen Revolutionsgruppen war den Behörden längst bekannt. In einer Serie wohldosierter Denunziationen hatte Konrad Kuhl, wie Weidig ein Butzbacher Mitverschworener, den Polizeiorganen Aufschluß über die Tätigkeit der Basisgruppen gegeben. Minnigerode wird am Gießener Stadttor verhaftet, eine Anzahl Druckexemplare des »Landboten« sind in seine Kleidung eingenäht. Schütz entzieht sich der Verhaftung durch die Flucht. Becker und Weidig werden, trotz der Warnung Büchners, im Frühjahr 1835 gefaßt. Weidig zahlt für seine Überzeugung mit dem Leben: Nach zweijähriger qualvoller Untersuchungshaft öffnet er sich im Februar 1837 in seiner Zelle im Darmstädter Arresthaus die Pulsadern. Er hat Büchner nur um vier Tage überlebt. Auch der Mitverschworene Adam Koch endet im Gefängnis. Minnigerode, physisch und psychisch gebrochen, wird nach dreijähriger Haft entlassen, Becker und Klemm erst 1839.

Büchner, dessen Räume im Gießener Seltersweg 46 durchsucht werden, bleibt zunächst unbehelligt. Auf Drängen des Vaters, der ihn der Teilnahme an der Verschwörung verdächtigt, muß er Ende August nach Darmstadt heimkehren. Er verbringt die ihm verbleibende Zeit mit intensiver Arbeit: Unter Anleitung des Vaters betreibt er anatomische Studien; er exzerpiert W. G. Tennemanns Standardwerk »Geschichte der Philosophie« und konzentriert sich dabei vor allem auf Pascal, Spinoza und die griechischen Philosophen. Ausführliche Notizen und Kommentare sind erhalten. Zugleich nimmt er sein Quellenstudium der Geschichte der Französischen Revolution wieder auf. Ebenfalls in diesen Monaten, die nur durch einen Besuch der Braut im Oktober unterbrochen werden, dürfte er in medizinischen Fachzeitschriften in der väterlichen Bibliothek das erste Material über den Fall Woyzeck gefunden haben.

Im Januar 1835 wird Büchner im Offenbacher Kriminalgericht erstmals als Zeuge verhört. Langsam schließt sich das Netz der Behörden um ihn. In diese Wochen des äußersten psychischen Drucks fällt die Niederschrift von »Dantons Tod«, die nach seinen eigenen Angaben »höchstens fünf Wochen« in Anspruch nahm. Am 21. Februar schickt er das Manuskript dem Frankfurter Verleger Sauerländer, gleichzeitig legt er es Karl Gutzkow, dem Redakteur der Zeitschrift »Phönix«, einem der führenden Vertreter der Jungdeutschen, in einem dringlichen Schreiben ans Herz. Gutzkow antwortet ihm schon am 25. Februar: »Ihr Drama gefällt mir sehr ...« Ein Vorabdruck in Auszügen erscheint unmittelbar im »Phönix«, die Buchausgabe im Juli bei Sauerländer. Das bescheidene Honorar beträgt zehn Friedrichsd'or, und Büchner muß sich redaktionelle Eingriffe Gutzkows und des Lektors Duller gefallen lassen, die die anstößigeren Partien des Texts etwas abglätten. – Gutzkows Briefe und die Honorarsendung erreichen ihn nicht mehr in Darmstadt. Nach einer abermaligen Vorladung ins Darmstädter Gefängnis verläßt er am 1. März das Elternhaus und flieht in Richtung Frankreich, wo er am 9. März anlangt. Den Eltern teilt er mit: »Seit ich über der Grenze bin, habe ich frischen Lebensmut, ich stehe jetzt ganz allein, aber gerade das steigert meine Kräfte. Der beständigen geheimen Angst vor Verhaftung und sonstigen Verfolgungen, die mich in Darmstadt beständig peinigte, enthoben zu sein, ist eine große Wohltat ...«

Die Jahre des Exils 1835–1837

Die Behörden reagieren noch immer langsam. Erst am 13. Juni wird ein Steckbrief zur Ergreifung Büchners erlassen.

Er lautet:

»Der hierunter signalisirte Georg Büchner, Student der Medizin aus Darmstadt, hat sich der gerichtlichen Untersuchung seiner indicirten Theilnahme an staatsverrätherischen Handlungen durch die Entfernung aus dem Vaterlande entzogen. Man ersucht deßhalb die öffentlichen Behörden des In- und Auslandes, denselben im Betretungsfalle festzunehmen und wohlverwahrt an die unterzeichnete Stelle abliefern zu lassen. Darmstadt, den 13. Juni 1835. Der von Großh. Hess. Hofgericht der Provinz Oberhessen bestellte Untersuchungs-Richter, Hofgerichtsrath Georgi.«

Die Personalbeschreibung liest sich wie folgt:

»Alter: 21 Jahre,
Größe: 6 Schuh, 9 Zoll neuen Hessischen Maases,
Haare: blond,
Stirne: sehr gewölbt,
Augenbraunen: blond,
Augen: grau,
Nase: stark,
Mund: klein,
Bart: blond,
Kinn: rund,
Angesicht: oval,
Gesichtsfarbe: frisch,
Statur: kräftig, schlank,
Besondere Kennzeichen: Kurzsichtigkeit.«

Büchner ist jedoch sicher vor den hessischen Behörden. Wie Börne, Heinrich Heine, Georg Herwegh und später Ferdinand Freiligrath hat er Asyl im Ausland gefunden. Nicht allen Literaten der Vormärzzeit war das Geschick so günstig: Heinrich Laube verbrachte mehr als zwei Jahre in Festungshaft, August Heinrich Hoffmann von Fallersleben, der Verfasser der »Unpolitischen Lieder« (1840), verlor seine Breslauer Professur. – Für Büchner – er wohnt jetzt bei einem Weinhändler in der rue de la Douane 18 – wird der zweite Straßburger Aufenthalt vom März 1835 bis zum Oktober 1836 in vieler Hinsicht die glücklichste Zeit seines Lebens. Er darf sich der Wiedervereinigung mit Braut und Freunden freuen; sein Studium, das sich jetzt auf die reine Naturwissenschaft konzentriert, erhält neuen Auftrieb an der Straßburger Akademie. Wertvolle Anregungen verdankt er besonders den Professoren Duvernoy (Anatomie), einem Schüler Cuviers, und Lauth (Physiologie), der die naturphilosophische Schule vertrat, der sich auch Büchner anschließen wird.

Am politischen Leben hat er kaum aktiven Anteil: »Ich habe mich seit einem halben Jahre vollkommen überzeugt, daß nichts zu tun ist, und daß jeder, der im Augenblicke sich aufopfert, seine Haut wie ein Narr zu Markte trägt.« (So im Juli 1835 an den Bruder Wilhelm.) Bezeichnend jedoch seine eigene Hervorhebung *im Augenblicke*. Es kann nicht die Rede davon sein, daß Büchners politische Einstellung sich radikal gewandelt habe. Er bleibt eher abwartend als resignativ: »Hoffen wir auf die Zeit!« Denn jene kann, da das »Bedürfnis der großen Masse« nicht erwacht ist, nicht reif sein für eine gewaltsame Veränderung der bestehenden Verhältnisse. Das hat für ihn das Debakel der oberhessischen Verschwörung erbracht, und *das* ist die Lehre, die, mutatis mutandis, auch in seinem »Danton« aufgegangen ist. Für Büchner verbindet sich nun eine vertiefte Einsicht in die realen Machtverhältnisse mit dem reifen Wissen um die momentane Sinnlosigkeit direkter Aktion. Daß er weiterhin die deutschen Vorgänge aufmerksam beobachtet, daß er sich mit politischen und sozialen Fragen befaßt, dafür legen die Straßburger Briefe ein beredtes Zeugnis ab. So ist er sich auch der Gefahr einer gewissen materiellen Saturierung, wie sie in den Jahren der Restauration einsetzt, wohl bewußt: »Ein Huhn im Topf jedes Bauern macht den gallischen Hahn verenden ...« (An Gutzkow.)

In den Sommermonaten des Jahres 1835 fertigt Büchner für den Frankfurter Verleger Sauerländer eine Übersetzung der Dramen »Lucretia Borgia« und »Maria Tudor« von Victor Hugo an: eine Auftragsarbeit für eine im Entstehen begriffene Hugo-Gesamtausgabe. Man hat auf die Mängel dieser Übertragungen hingewiesen. Zugegebenermaßen handelt es sich vorderhand um eine Brotarbeit. Die Tatsachen wollen es jedoch, daß Büchner nicht nur im Französischen mehr als sattelfest ist, sondern daß er – bei aller Hast – hier eine Auseinandersetzung mit dem Originaltext vollzieht, daß er diesem stellenweise mit einem eigenständigen, ja heterogenen Gestaltungswillen gegenübertritt. Die Arbeit beflügelt ihn zur eigenständigen schriftstellerischen Tätigkeit. Ebenfalls im Sommer arbeitet er an einer biographischen Erzählung (»Lenz«), die er Gutzkow bereits im Frühjahr angekündigt hatte und auf deren Vollendung jener deutlich dringt. Sie war zur Veröffentlichung in der von Gutzkow und Ludolf Wienbarg als Forum fortschrittlicher Kräfte geplanten »Deutschen Revue« vorgesehen, die Zeitschrift fiel jedoch der Zensur zum Opfer. Warum Büchner seinen »Lenz« trotz der Aufmunterungen Gutzkows nicht anderweitig veröffentlichte, läßt sich heute mit Gewißheit nicht mehr sagen.

Die Herbst- und Wintermonate sind intensiven Studien gewidmet. Im Frühjahr 1836 legt Büchner die Früchte seiner wissenschaftlichen Arbeit in Form der Abhandlung »Sur le système nerveux du barbeau« der »Société d'histoire naturelle de Strasbourg« vor. Nachdem er die Abhandlung in drei Sitzungen vorgetragen hat, ernennt ihn die Gesellschaft zum korrespondierenden Mitglied. Im gleichen Jahr wird in ihren »Mémoires« die Abhandlung veröffentlicht. Büchner reicht sie daraufhin als Dissertation bei der philosophischen Fakultät der drei Jahre früher gegründeten Universität Zürich ein. Mitglieder des Promotionsausschusses sind, neben dem Rektor Lorenz Oken, die Professoren Schinz, Löwig und Heer. Büchner erhält die Promotion zum Dr. phil., darüber hinaus wird ihm eine Privatdozentur in Zürich in Aussicht gestellt. Über den Abschluß seiner Arbeit berichtet er dem Freunde Boeckel am 1. Juni 1836: »Ich war wie ein Kranker der eine ekelhafte Arznei so schnell als möglich mit einem Schluck nimmt, ich konnte nichts weiter, als mir die fatale Arbeit vom Hals schaffen. Es ist mir unendlich wohl, seit ich das Ding aus dem Haus habe.«

Gleichzeitig arbeitet Büchner, wohl schon seit dem Frühjahr, an seinem Lustspiel »Leonce und Lena«. Das Manuskript, das für ein Preisausschreiben des Cotta-Verlages bestimmt ist, trifft dort jedoch verspätet ein, und der Autor erhält das ungeöffnete Kuvert Anfang September zurück. – Denkbar wäre auch, daß Büchner im Sommer und Herbst des Jahres 1836 an einem weiteren dramatischen Text schreibt, dem – wie Ludwig Büchner annahm – »Pietro Aretino«. Sollte dies zutreffen, so ist das Manuskript dieses Dramas bis heute verschollen. – Im Sommer erhält Büchner von seiner Mutter und der Schwester Mathilde, die »ihn zwar gesund, aber doch in einer großen nervösen Aufgeregtheit und ermattet von den anhaltenden geistigen Anstrengungen« fanden, Besuch. Sie sollten ihn nicht wiedersehen. Am 18. Oktober trifft er dann in Zürich ein, wo er in der heutigen Spiegelgasse 12 die letzten Monate seines Lebens wohnte. Seiner Probevorlesung »Über Schädelnerven«, die er Anfang November vor der philosophischen Fakultät der Züricher Universität hält, folgt die Ernennung zum Privatdozenten. Dem Dreiundzwanzigjährigen eröffnet sich damit eine glänzende akademische Karriere. Und im Dezember 1836, angesichts des äußeren Erfolges, den Büchner jetzt in einer scheinbar gesicherten bürgerlichen Existenz von hohem Sozialprestige verzeichnen kann, meldet sich brieflich der Vater nach jahrelangem Schweigen der Mißbilligung: »Meine Besorgnis um Dein künftiges Wohl war bisher noch zu groß und mein Gemüt war noch zu tief erschüttert, durch die Unannehmlichkeiten alle, welche Du uns durch Dein unvorsichtiges Verhalten bereitet und gar viele trübe Stunden verursacht hast, als daß ich mich hätte entschließen können, in herzliche Relation mit Dir zu treten; wobei ich jedoch nicht ermangelt habe, Dir pünktlich die nötigen Geldmitteln, bis zu der Dir bekannten Summe, welche ich zu Deiner Ausbildung für hinreichend erachtete, zufließen zu lassen.« Der Ton des Briefes spricht für sich. Bezeichnend auch die Ermahnung, die der servile Staatsdiener dem Sohn glaubt auf den weiteren beruflichen Weg mitgeben zu müsssen: »Bedenke stets daß man Freunde nötig hat u. daß auch der geringste Feind schaden kann.« Wie anders da die spontane Reaktion der Mutter auf den sicheren Grenzübertritt Büchners in die Schweiz: »Welche Freude als Dein Brief vom 25ten Oktober das Postzeichen Zürich darauf ankam. Ich jubelte laut . . .«

Büchners erste und zugleich letzte Vorlesung gilt, da der Lehrplan ein geplantes Philosophie-Kolleg nicht mehr zuließ, der vergleichenden Anatomie der Fische und Amphibien. Die notwendigen Präparate stellt er in nächtelanger Arbeit am Mikroskop selbst zusammen. Über die Vorlesung weiß der Kantonalstabsarzt Dr. August Lüning, einer der damaligen Hörer Büchners, noch dreißig Jahre später zu berichten, daß sie durch ihre klare Sachlichkeit bestach. Während der Wintermonate, die Büchner meist zurückgezogen und nur in gelegentlichem Umgang mit dem befreundeten Ehepaar Wilhelm und Caroline Schulz verbringt, entstehen auch die »Woyzeck«-Entwürfe. Eine komplette Reinschrift, sollte sie existiert haben, hat sich nicht erhalten.

Mitte Januar 1837 erkrankt Büchner an einer Erkältung, die zum Anlaß der Unterbrechung seiner Lehrtätigkeit wird. Am 2. Februar stellen sich Anzeichen einer neuerlichen Erkrankung ein, die allerdings erst am 15. als »Faulfieber« – Typhus also – diagnostiziert wird. Die ständige Pflege des Kranken übernimmt das Ehepaar Schulz. Die medizinische Behandlung liegt zunächst in den Händen von Dr. Hans Ulrich Zehnder, dem späteren Züricher Bürgermeister, in dessen Haus er wohnt, dann wird Professor Johann Lukas Schönlein zugezogen. Ein Bericht über die letzten Lebenstage aus der Hand von Caroline Schulz ist erhalten. Als Büchner rapide physisch verfällt, holt man Minna Jaeglé aus Straßburg, die am 17. Februar eintrifft. Trotz seiner fast beständigen geistigen Verwirrung erkennt Büchner sie und vermag mit ihr zu sprechen. Am Sonntag, dem 19. Februar 1837, gegen halb vier Uhr nachmittags tritt der Tod ein. Die letzte zusammenhängende Äußerung Büchners, die das Tagebuch von Caroline Schulz überliefert, lautet: »Wir haben der Schmerzen nicht zu viel, wir haben ihrer zu wenig, denn durch den Schmerz gehen wir zu Gott ein! Wir sind Tod, Staub, Asche, wie dürften wir klagen?«

Die Beisetzung findet am 21. Februar auf dem Züricher Friedhof am Zeltberg statt. Am 4. Juli 1875 wird anläßlich einer Büchnerfeier der Verbindung »Germania« das Grab auf den »Hochbuck« am Zürichberg verlegt. Dort ist es noch heute zu finden.

Die Positionen: Politik – Philosophie – Naturwissenschaft

Es kann kein Zweifel bestehen, daß Büchners frühe ideologische und philosophische Positionen zunächst fest im Denken seiner Zeit wurzeln – auch wenn er dieses in seiner späteren Entwicklung stellenweise weit hinter sich lassen wird. Die Philosophie Feuerbachs und Fichtes wird für die Gymnasialzeit zum entscheidenden Denkanstoß. Mit Hegel weiß er nicht viel anzufangen. Sein Klassenkamerad Wilhelm Luck erinnert sich später: »Daher sein vernichtender, manchmal übermütiger Hohn über Taschenspielerkünste Hegelischer Dialektik und Begriffsformulationen, z.B.: ›Alles, was wirklich, ist vernünftig, und was vernünftig, auch wirklich.‹« Daß dieser Satz dem schon damals auf Veränderung dringenden jungen Büchner suspekt sein mußte, liegt nahe. Auch das Vorbild Schiller, dessen Ästhetik wie seine Dramaturgie, lehnt er ab. Später wird er jene ursprünglichen Einwände gegen das »Rhetorische« in der Dramatik Schillers zu der scharfen Zurückweisung idealistischer Kunst überhaupt zuspitzen, die Lenz in dem bekannten Kunstgespräch der gleichnamigen Erzählung ausspricht. Was Büchner in idealistischen Kunstwerken vermißt, ist die Komponente des Humanen. In einer wichtigen brieflichen Äußerung über den »Danton« vom 28. Juli 1835 an die Familie liest sich das so: »Was noch die sogenannten Idealdichter anbetrifft, so finde ich, daß sie fast nichts als Marionetten mit himmelblauen Nasen und affektiertem Pathos, aber nicht Menschen von Fleisch und Blut gegeben haben, deren Leid und Freude mich mitempfinden macht, und deren Tun und Handeln mir Abscheu oder Bewunderung einflößt. Mit einem Wort, ich halte viel auf Goethe oder Shakespeare, aber sehr wenig auf Schiller.«

Die Jugendschriften – erhalten sind eine kleinere Zahl von Aufsätzen und Reden aus der Gymnasialzeit – spiegeln, von manchem direkten Zitat zu schweigen, den Geist Fichtes. Zentralgedanke des wichtigen Aufsatzes »Helden-Tod der vierhundert Pforzheimer« (der übrigens eine historisch nicht verbriefte Begebenheit des Dreißigjährigen Krieges als Analogon für ein ethisches Postulat benutzt) ist die Freiheit des Menschen. Gemäß der Geschichtskonzeption der Aufklärung erscheint die Reformation als erster Akt »des großen Kampfes, den die Menschheit gegen ihre Unterdrücker kämpft«, die Französische Revolution – ganz mit Fichte – als der zweite. So wie jene die Glaubensfreiheit errang, schrieb diese die Rechte der Menschheit auf ihr Banner. Büchner hat die Determinanten dieser Freiheit schon früh erkannt. Sein eigenes Handeln als Revolutionär geht dann ja auch gerade auf die Emanzipation der Unterdrückten, der Verelendeten hin, derjenigen, die leiden müssen durch die Umstände, die »außer« ihnen liegen. Auch das dichterische Werk gilt den Determinanten menschlicher Freiheit, der historischen (»Danton«), der innerseelischen (»Lenz«), der gesellschaftlichen (das Lustspiel) und – hier vielleicht am schärfsten – der ökonomischen in den »Woyzeck«-Fragmenten. Doch davon später.

Eng verbunden mit dem Freiheitsdenken Büchners ist von Anfang an seine Ideologiekritik, zunächst noch Fichtescher Provenienz, die sich schon im »Helden-Tod«, deutlich dann in seiner frühen Selbstmordrezension gegen das organisierte Christentum, speziell gegen den traditionellen Dualismus von Diesseits und Jenseits, richtet. Schon hier wendet sich Büchner gegen ein

Zweckgebundensein der menschlichen Existenz, das ihm von Natur aus nicht eignet. In der Selbstmordrezension des Siebzehnjährigen liest man den folgenden Syllogismus: ». . . ich glaube aber, daß das Leben *selbst Zweck* sei, denn: *Entwicklung* ist der Zweck des Lebens, das *Leben selbst* ist Entwicklung, also ist das Leben selbst *Zweck*.« Auch dort wird der Blick frei auf die geistigen Ursprünge, etwa auf Rousseau und abermals Fichte. Daneben aber läßt dieser Satz schon die spätere Position des Naturphilosophen erahnen, den Dichter des »Woyzeck«.

Noch ist Büchner allerdings weit entfernt von dem Anspruch einer alle Seinsbereiche umfassenden Totalität. Die entscheidende Einsicht in das *materielle* Gebundensein des Menschen erhält er erst während seines ersten Straßburger Aufenthalts, sie vertieft sich im Angesicht der hessischen Misere nach der Rückkehr ins Großherzogtum. Während der Straßburger Jahre beginnt er, sich mit der Geschichte der Französischen Revolution eingehender zu befassen. Das politische und soziale Programm der Jakobiner wird – wenn auch mit veränderten Vorzeichen – im Frankreich der frühen dreißiger Jahre wieder aufgegriffen. Im Gefolge des Rinderaufstandes und der Unruhen von 1831 beobachtet Büchner erstmals die Vereinigung der bürgerlichen Opposition mit den notleidenden Massen. Er erkennt als notwendige Voraussetzung jeder revolutionären Veränderung die Mobilisierung der Basis und distanziert sich damit von der Praxis der deutschen liberalen Gruppierungen, auch der Jungdeutschen. Schon am 5. April 1833 schreibt er an die Familie: »Was nennt Ihr denn gesetzlichen Zustand? Ein Gesetz, das die große Masse der Staatsbürger zum fronenden Vieh macht, um die unnatürlichen Bedürfnisse einer unbedeutenden und verdorbenen Minderzahl zu befriedigen? Und dies Gesetz, unterstützt durch eine rohe Militärgewalt und durch die dumme Pfiffigkeit seiner Agenten, dies Gesetz ist eine ewige, rohe Gewalt, angetan dem Recht und der gesunden Vernunft, und ich werde mit Mund und Hand dagegen kämpfen, wo ich kann.« Man kann sich vorstellen, wie Ernst Büchner auf diese Worte reagierte. Ebenfalls in Straßburg kommt Büchner mit dem Saint-Simonismus in Berührung. Ein deutlicher Einfluß dieser Lehren auf seine eigene Position ließ sich bislang nicht nachweisen.

Nach seiner Rückkehr ins Großherzogtum wird Büchner seine Straßburger Lektion in die Tat umsetzen. Die Zustände im hessischen Kleinstaat zu Beginn der dreißiger Jahre sind miserabel: Das materiell ausgeblutete Agrarproletariat war bereits 1830 nach einer verzweifelten Erhebung – man nannte sie treffend das »Blutbad von Södeln« – vollends niedergeschlagen worden. Aktionen der liberalen Opposition bleiben ohne Widerhall im Volke. Das Land steht im Zeichen brutaler Oppression, sukzessiver Verarmung und einer stetig zunehmenden Auswanderungsbewegung. Nur konsequent, wenn auch wenig realistisch, muß es scheinen, wenn Büchner die Ziele der radikalen Sozialrevolution nach jakobinischem Muster nun auf die oberhessischen Verhältnisse übertragen will. Der »Hessische Landbote«, ein Meisterstück in seiner Fusion von Fakten und Agitation, setzt den Hebel einmal im Materiellen an, im Bereich der konkreten Machtverhältnisse. Liest man den Text der Flugschrift nach, so bestechen die Bilder in ihrer klaren, oft grellen Direktheit heute wie damals. Daneben tritt deutlich eine starke moralische Komponente hervor, die sich nicht nur im gelegentlichen hohen Pathos der »verbrieften« Bibelstellen äußert. Büchner und Weidig entfalten das Bild eines toten Daseins, entleert jeder Sinnhaftigkeit, in dem sich Peiniger und Gepeinigte gleichermaßen gedemütigt und würdelos gegenüberstehen. Als emanzipatorisches Pamphlet des frühen 19. Jahrhunderts hat der »Landbote« seine Mission indessen weitgehend verfehlt. Die Zeit war, wie Büchner selbst erkennen mußte, noch nicht reif für ihn.

Man ist versucht, im nachhinein das politische Denken Büchners mit handlichen Klischees zu etikettieren. Doch hier ist Vorsicht geboten. Denn – auch wenn Autoren wie Börne, Gutzkow, Heine, wenig später Freiligrath und Herwegh ähnliche Wege gegangen sind – Büchners Position als politisch Denkender und Handelnder steht für sich. Nicht umsonst schreibt er im Frühjahr 1836 an Gutzkow die folgenden Zeilen, die eine Affirmation der eigenen früheren Einsichten bedeuten: »Übrigens, um aufrichtig zu sein, Sie und Ihre Freunde scheinen mir nicht grade den klügsten Weg gegangen zu sein. Die Gesellschaft mittelst der Idee, von der gebildeten Klasse aus reformieren? Unmöglich! Unsere Zeit ist rein materiell, wären Sie je direkter politisch zu

Werk gegangen, so wären Sie bald auf den Punkt gekommen, wo die Reform von selbst aufgehört hätte. Sie werden nie über den Riß zwischen der gebildeten und ungebildeten Gesellschaft hinauskommen ... Und die große Klasse selbst? Für die gibt es nur zwei Hebel, materielles Elend und religiöser Fanatismus. Jede Partei, welche diese Hebel anzusetzen versteht, wird siegen. Unsere Zeit braucht Eisen und Brot – und dann ein Kreuz oder sonst so was.« Büchners Zurechtweisung der liberalen Politik – hier mit besonderer Blickrichtung auf Gutzkow und das Junge Deutschland – läßt an Schärfe kaum zu wünschen übrig. In der Tat, wüßte man es nicht besser, erschiene Büchners eigener Standort in dieser Briefstelle als der eines reinen Materialisten, in direkter Ahnenreihe zu Karl Marx und Friedrich Engels. Doch hier gilt es wiederum zu differenzieren.

Büchner ist zeitlebens – und nicht nur in einer Entwicklungsphase – revolutionärer Dichter. Am stärksten bestimmt ihn ein ideologiefeindlicher, überaus skeptischer Antikapitalismus, der um das Potential – und um die Leiden – der unterdrückten Massen weiß. Als Glied dieser Massen, einer bestimmten Klasse oder des Proletariats hat er sich jedoch nie verstanden. Es wäre absurd, ihn als proletarischen Denker sehen zu wollen. Setzt sein sozialrevolutionäres Denken auch bewußt den Hebel am »materiellen Elend« an, so ist es zugleich von einem Moralbegriff getragen, der sich von Pascal und Spinoza herleitet. Dabei vertritt er weder die Haltung des dogmatischen Pragmatikers noch diejenige des philosophischen Mystikers – er versucht eher, beide Positionen in der Synthese hinter sich zu lassen. Nicht von ungefähr wird er sie in seinen Gestalten Danton, Robespierre und St. Just verkörpern und sie ihr historisch vorgegebenes Scheitern erfahren lassen. Übersieht man die Ansätze seines Geschichtsbildes, so wird klar, daß die Beseitigung der schamlosen Ausbeutung durch die Fürsten und – damit notwendig verbunden – die Saturierung der materiellen Bedürfnisse der Besitzlosen ihm nur den ersten Schritt bedeuten konnten zur Etablierung eines »absoluten Rechtsgrundsatzes« in sozialen Fragen, der endlichen Überbrückung des »Risses« zwischen Gebildeten und Ungebildeten, der Erschaffung einer menschenwürdigen Gesellschaftsordnung und schließlich: der »Bildung eines neuen geistigen Lebens im

Volk«. Dies ist nicht nur das Programm eines materialistischen Sozialrevolutionärs. Es ist die Vision eines Moralisten. Durch diese programmatische Äußerung (es ist vielleicht die einzige, die uns vorliegt, denn der »Landbote« weiß noch nichts auszusagen über den Zustand, der herrschen soll *nach* einer Revolution) gerät Büchner, unbeabsichtigt vielleicht, doch in die Nachbarschaft des deutschen Idealismus. Die Zeilen gemahnen nicht nur an Fichte, sondern auch an Schiller und Kant. Doch ein solcher Rekurs hieße vielleicht den Befund dieser Worte überfordern, und eine nähere Klärung der Zusammenhänge muß sich im gegebenen Rahmen verbieten.

Büchner hat die drängenden Fragen, die schneidenden Probleme seiner Zeit erkannt. Daß ihm, der in vieler Hinsicht klarer und weiter blickte als seine Zeitgenossen, praktische Antworten auf diese Fragen versagt bleiben mußten, liegt in der Natur der Zeit.

Geht der Politiker Büchner aus von der Autonomie der menschlichen Existenz, die nicht durch externe Zweckbestimmung erniedrigt und entwürdigt werden darf, so bildet die Arbeit des Naturwissenschaftlers die konsequente Fortführung dieses Postulats. »Die Natur handelt nicht nach Zwecken, sie reibt sich nicht in einer unendlichen Reihe von Zwecken auf, von denen der eine den anderen bedingt; sondern sie ist in allen ihren Äußerungen sich unmittelbar selbstgenug. Alles, was ist, ist um seiner selbst willen da. Das Gesetz dieses Seins zu suchen, ist das Ziel der, der teleologischen gegenüberstehenden Ansicht, die ich die philosophische nennen will.« Mit dieser programmatischen Feststellung leitet Büchner seine Züricher Antrittsvorlesung ein. Er stellt sich damit einer Wissenschaftsauffassung gegenüber, die sich durch pragmatisches Verzeichnen quasi naturgegebener Funktionen legitimiert, und steckt den eigenen Standort ab im weiteren Umkreis der Naturphilosophie Fichtes, der romantischen Naturanschauung und der Homologie-Lehre Goethes. Büchner ist Produkt der Straßburger Lehren Lauths, der Züricher Schule im weitesten Sinne. In Zürich lehrte damals der von dem berühmten Physiologen Carl Gustav Carus beeinflußte Anatomie-Ordinarius Friedrich Arnold; dort vertrat auch Lorenz Oken einen Wissenschaftsbegriff, der exakte naturwissenschaftliche Forschung mühelos mit philosophischer Spekulation und politischem Engagement verbindet, der beständig ausgreift in die Bereiche des öffentlichen Lebens.

Wichtigstes Axiom des Naturphilosophen Büchner ist die *Totalität alles Seienden*, der Verzicht also auf eine partikularisierende Trennung einzelner Erkenntnisbereiche. Exaktes Wissen und der Glaube des Philosophen stellen für ihn nicht zwei geschiedene oder gar einander ausschließende Bezirke dar, sondern Extreme, deren Annäherung und schließliche Vereinigung das Ziel der philosophischen Schule naturwissenschaftlicher Forschung sein muß. Die »Anschauung des Mystikers« mit dem »Dogmatismus des Vernunftphilosophen« verschmelzen und dadurch zu überwinden bedeutet, sich jenem »Gesetz dieses Seins« zu nähern, von dem seine Vorlesung spricht. Für Büchner wird »das ganze körperliche Dasein des Individuums nicht zu seiner eigenen Erhaltung aufgebraucht, sondern es wird die Manifestation eines Urgesetzes, eines Gesetzes der Schönheit, das nach den einfachsten Rissen und Linien die höchsten und reinsten Formen hervorbringt«. Liest man die hier im Auszug wiedergegebene Stelle in der Probevorlesung nach, so erhält man den Schlüssel nicht nur für die naturphilosophische Position Büchners – und seiner Züricher Vorbilder –, man gewinnt auch tiefen Einblick in die ästhetischen Anschauungen. Im »Lenz« erscheint der Wortlaut nahezu identisch, nun aber mit Blickrichtung auf die Möglichkeiten künstlerischer Vermittlung.

Was demnach, im Sinne der Goetheschen Homologie-Lehre, im Sinne von Carus und St.-Hilaire, für die Natur und den Menschen gilt, muß analog auf ein höheres Sein zutreffen. In Büchners Anmerkungen zur Philosophie Spinozas liest man den folgenden Kommentar: »Alles was ist, ist entweder in sich oder in etwas anderem. Das was in sich ist, kann nur durch sich selbst begriffen werden; es ist auf Grund seiner selbst, sein Wesen involviert Dasein. Es ist ewig, weil es den Grund seines Daseins in sich trägt, es ist unendlich, weil es nicht zwei Substanzen von gleicher Natur geben kann . . .« Läßt Büchner indes das Unendliche gelten, so weist er im gleichen Kommentar zu Spinozas »Propositio XI« eine Definition Gottes zurück: »Was berechtigt uns aber, diese Definition zu machen? Der Verstand? Er kennt das Unvollkommne. – Das *Gefühl*? Es kennt den Schmerz.« So wenig in den philosophischen und naturwissenschaftlichen Schriften – wie im poetischen Werk – darauf hindeutet, daß Büchner den Glauben an einen personifizierbaren Gott vertritt, so vielfältig sind andererseits die Hinweise auf ein waltendes Prinzip, das im Menschen, in der Natur und ihrer Fülle von Analogien der kleinen und der größten Formen greifbar ist. Es wäre derart falsch, Büchner als prononcierten Atheisten oder gar als Nihilisten sehen zu wollen. Die deutende Literaturwissenschaft hat gerade hier viel gesündigt und am Werk vorbeiargumentiert. Im gleichen Spinoza-Kommentar findet sich die bezeichnende Stelle: ». . . da aus *etwas* unmöglich *nichts* werden kann, so ist es auch unmöglich, daß ein Ding durch irgend etwas anderes an seinem Dasein *absolut* verhindert werden könnte. Für ein absolutes Nichts ist kein Grund oder keine Ursache möglich, denn wäre dies der Fall, so müßten Grund oder Ursache die Vernichtung eines Dinges bewirken, was unmöglich ist.« Den gleichen Gedanken spricht übrigens Danton aus, wenn er sagt: »Der verfluchte Satz: etwas kann nicht zu nichts werden! und ich bin etwas, das ist der Jammer.« Eine Etikettierung Büchners als Nihilist verbietet sich also von selbst.

Ist es die Totalität allen Seins, von der der Naturphilosoph ausgeht, so steht an zentraler Stelle für ihn der Begriff der *Form*. Schon in der Dissertation, später in der Probevorlesung rückt die Annahme in sich selbst schlüssiger, analoger Formen in den Brennpunkt der Argumentation. Wie fließend wissenschaftliches Denken und ästhetische Praxis ineinander übergehen, beweist die zentrale Funktion des *Form*-Begriffes in den poetischen Texten. Hier enthüllt sich auch der humane Kern von Büchners ästhetischem Realismus, der nicht nach Befunden und Wirkungen fragt, sondern nach der lebendigen Form, der Variationsbreite menschlicher Existenz, ihrer Nähe zu jenem »Gesetz dieses Seins« – oder ihrer gewaltsamen Entfernung und endlichen Zerstörung.

Werk und Wirkung

Sucht man nach geistigen und formalen Leitlinien im Werk Büchners, so wird man schnell gewahr, daß seine spezifische Ausprägung eines *poetischen Realismus*, wie die Texte sie zeigen, sich jedem gängigen Klischee ebenso entzieht wie der politische und ideologische Standort ihres Autors. Büchners Werk berührt den heutigen Leser – bald anderthalb Jahrhunderte nach seiner Entstehung – immer wieder seltsam »modern«. Vielleicht erfassen deshalb die Deutungen, die es erfahren hat, ein so extrem weites Spektrum, und vielleicht scheint gerade deshalb dieses gedrängte Werk es zuzulassen, daß die widersprüchlichsten Klassifizierungen an es herangetragen wurden und werden. Denn hat man einerseits die metaphysischen, ja religiösen Aspekte dieses Werks betont, so möchte man es andererseits als Ausdruck eines philosophischen Nihilismus lesen, als materialistische, sozialrevolutionäre Dichtung, als Vorläufer von Naturalismus und Expressionismus, der Moderne schlechthin. Inwieweit nun die eine oder andere Interpretation – die bibliographischen Hinweise (Seite 359ff.) geben Auskunft über eine kleine, repräsentative Auswahl – tatsächlich den Kern des Werkes treffen mag, muß an dieser Stelle dahinstehen. Klar ist, daß bereits die Vielfalt der Facetten und Erkenntnisebenen, die dieses so überschaubare poetische Vermächtnis des noch nicht Vierundzwanzigjährigen dem Leser eröffnet, ihm eine unbestreitbare Sonderstellung in der literarischen Produktion seiner Zeit – der Moderne im weitesten Sinne – zuweisen muß.

Büchner kann weder als dichtender Revolutionär noch als revolutionärer Dichter allein verstanden werden. Er ist die Synthese. Von seinen literarischen Zeitgenossen des Vormärz – denkt man an Gutzkow, Wienbarg, Herwegh und die übrigen Köpfe des »Jungen Deutschland«, ausgenommen den hochbegabten Heinrich Heine – unterscheidet ihn nicht nur die überragende Potenz des Dramatikers und Erzählers großen Stils. Auch sein politisches Bewußtsein trennt ihn scharf von der liberal-republikanischen Publizistik der frühen dreißiger Jahre. Im Gegensatz zu den Jungdeutschen versteht sich Büchner keinen Augenblick als Angehöriger der liberalen, fortschrittlichen Elite, eines aufgeklärten Bildungsbürgertums. Im Gegenteil: Seine Sympathien gehören zu allererst den leidenden Massen, den Armen, Entrechteten. Dennoch wäre es falsch, ihn als »proletarischen« Dichter sehen zu wollen: Auch hier wieder entzieht er sich dem bereitwilligen Etikett. Büchners *Dichtung* zu verstehen bedeutet aber, seine *politisch-weltanschauliche Basis* zu erkennen, und derart ist die Bedeutung des »Hessischen Landboten« als erste schriftstellerische Leistung – denn als solche wird man die Jugendschriften aus der Gymnasialzeit nicht bezeichnen können – nicht hoch genug einzuschätzen. In dieser Gemeinschaftsarbeit mit dem liberalen Weidig entfaltet sich erstmals im Ansatz das, was für den späteren Dramatiker bezeichnend wird. Vorweggenommen sind entscheidende Motive: das Leiden des Menschen an sich und am anderen, an Umständen, die außer ihm selbst liegen. Mit einigem Recht könnte man das Motiv des *Leids* als Zentralthema des dichterischen Werks überhaupt sehen. Vorweggenommen ist ebenfalls die für Büchner brennende Frage nach dem Wert, der Würde und der Möglichkeit freier Selbstbestimmung des Menschen in einer verwalteten, historisch determinierten Konstellation. Büchner wird sie im »Danton«, in seinem Lustspiel und besonders im »Woyzeck« von jeweils verschiedenem Blickpunkt aus angehen. Schließlich, ein letzter Hinweis mag genügen, antizipiert die im »Landboten« vollzogene Synthese von dokumentarisch verbrieftem Material und eigener Schöpfung das spätere Arbeitsprinzip der Dichtungen, das für Büchners Originalitätsbegriff und für die Grundlagen seiner Ästhetik so bezeichnend ist.

Das Revolutionsdrama »Dantons Tod« (wohl das erste Revolutionsdrama in deutscher Sprache) entsteht nur wenige Monate nach dem Debakel um die oberhessische Verschwörung und Büchners »Gesellschaft der Menschenrechte«. Nicht zu Unrecht hat man es auch und unter anderem als persönliches Resümee seines Verfassers verstanden, als eine Auseinandersetzung mit den Grenzen und Möglichkeiten revolutionären Handelns. Büchners eigene Situation ist sicherlich zu einem guten Teil verantwortlich für die Wahl gerade dieses Stoffes. Darüber hinaus allerdings wäre es mehr als problematisch, nach biographischen Parallelen zwischen Autor und Figur suchen zu wollen, und es würde der Sachlage nicht gerecht, das Drama als Büchners eigene, persönliche Totalabrechnung mit der Revolution zu deuten. Dem widersprechen sowohl der Text selbst als auch die weitere Entwicklung seines Autors.

An den Bauelementen erkennt man unschwer, daß das Drama den historischen Zeitraum, den es umspannt, gewissenhaft wiedergibt. Es handelt sich dabei um die Ereignisse zweier Wochen, der Tage vom 24. März bis zum 5. April 1794, vom Sturz der Hébertisten bis zur Enthauptung Dantons und seiner Anhänger. Büchner hat seine Quellen, darunter vor allem das damals populäre Geschichtswerk »Unsere Zeit«, das er in der väterlichen Bibliothek vorfand, sowie die Revolutionsabrisse von Thiers und Mignet gewissenhaft studiert und Auszüge in das Drama nahezu wörtlich übernommen, die etwa ein Sechstel der Gesamtlänge ausmachen. Montiert werden also abermals, wie im »Landboten«, Elemente der »objektiven« Realität mit der Deutung durch den Autor. Betrachtet man das Verhältnis beider zueinander, so gewinnt man unmittelbaren Einblick in die Arbeitsweise des Dichters. So ist etwa die Eingangsszene fast ausschließlich Büchners Eigentum, alle Volksszenen sind es, ebenso die große Konfrontation Dantons und Robespierres am Ende des ersten Akts. Auch wenn Büchner seiner Familie (und man erkennt abermals den Beschwichtigungsversuch gegenüber dem Vater) zu seinem Drama mitteilt: »Ich betrachte mein Drama wie ein geschichtliches Gemälde, das seinem Original gleichen muß . . .« (Brief vom 5. Mai 1835), so trifft das nur teilweise zu. Denn neben der historischen Faktentreue, die er voraussetzt, geht es ihm doch vor allem um die Durchdringung der Oberfläche von Gewußtem und Tradiertem, um die Enthüllung der lebendigen Ursachen und Motive, die hinter den Phänomenen liegen und – vielleicht am wichtigsten – um die ständige Präsenz der Teilnahme, der Sympathie (im Sinne des »Mit-Leidens«) des Autors. Ohne diese wäre künstlerische Vermittlung – wie Danton in der dritten Szene des zweiten Akts in jenem kurzen Kunstdisput Camille mitteilt – nichts als »kaltblütige« Beobachtung, der Verrat an der Natur und an ihrem Geschöpf. – Die Gleichberechtigung von historischer Wahrheit und dichterischer Schöpfung, wie sie Büchner hier erstmals im dramatischen Vollzug vorführt, gemahnt an seinen Zeitgenossen Christian Dietrich Grabbe. Dessen Drama »Napoleon oder Die hundert Tage« (1831) könnte, auch wenn ein direkter Einfluß sich nicht nachweisen läßt, als Vorläufer des »Danton« gelten. Auch Grabbe folgt getreu seinen Quellen, auch er legt besonderes Gewicht auf die Volksszenen – die wie eine Kampfansage an das klassizistische Drama wirken –, auch er zeigt seinen Protagonisten nicht auf dem Zenit seiner Bahn, sondern, ähnlich wie Büchner seinen Danton, als Fallenden, Scheiternden. Grabbes Satz »Er ist kleiner wie die Revolution, nicht er, die Revolution lebt noch in Europa« könnte auch auf Büchners Danton zutreffen.

Als erstes »modernes« geschichtliches Drama eines neuen Stils, das Brecht, Hochhuth und Kipphardt vorausahnen läßt, steht Büchners »Danton« auch formal auf der Wegscheide der Dramaturgie. Hier schon entwickelt er eine subjektive, gleichsam »innere« Chronologie des dramaturgischen Verlaufs, die die traditionelle Struktur des Dramas klassischer Bauweise zu einer neuen, »offenen« Form, einer realistischen Plausibilität hin aufbricht. Weder eine Peripetie noch eine Katharsis sind angelegt, allein das Historiogramm dieser kritischen Phase der Revolution und – ihm entgegenlaufend – das Psychogramm ihres sterbenden Exponenten. Denn um das Sterben Dantons geht es dem Drama an erster Stelle, um Schwermut, Erkenntnisekel, den tödlichen Pessimismus, die Verfeinerung und verzweifelte Genußsucht dieses vielleicht eindrucksvollsten »negativen« Helden deutscher Literatur überhaupt. An ihm bricht sich das Schicksal der Revolution, deren treibende Kraft Robespierre noch immer ist, und, auf der anderen Seite, das Schicksal des Volkes, das durch diese Revolution nicht besser, klüger oder moralischer geworden ist, das vor dem Blutgerüst der Guillotine in immer tiefere Verelendung hinabsinkt. Dantons Unsicherheit als Denkender und Fühlender, der sich – wie ein Sterbender – seiner Sache nicht mehr sicher ist, hat ihn aus der Revolutionsmaschinerie heraustreten lassen. Der erschütternde Eingangsdialog zwischen Danton und Julie thematisiert – besser, als jede dramaturgische Exposition dies vermöchte – die Substanz des Stückes. Und in dem sinnlosen Zeitvertreib des Kartenspiels klingt unvermittelt grauenhaft, in fast absurder Koinzidenz, der Ruf der Dame: »Verloren!« Und am Sterbensweg Dantons spiegelt sich die Sinnlosigkeit der Revolution, die zum leeren Tötungsritual geworden ist, die Vergeblichkeit auch der Rolle Robespierres, der – auch wenn er es nicht weiß – vor der Geschichte bereits verspielt hat. Büchner läßt beide Positionen: die der Dantonisten, die scheitern *müssen,* weil sie das elitäre Relikt einer vergangenen Epoche bilden, und die der radikalen Sozialrevolution Robespierres und St. Justs, unparteiisch Revue passieren. Eine Parteinahme ist ohnehin überflüssig, hat doch die Geschichte ihr Urteil längst gesprochen. Eine Erlösung – für Danton und die Seinen ist sie im Tod, der ewigen Ruhe – gibt es allein für die wirklich Leidtragenden des historischen Schauspiels nicht: für das Volk. Ihm ist sowohl die Einsicht wie die Pose der Dantonisten versagt, auch die kurze Spanne des Hoffens, die Robespierre vergönnt war vor der eigenen Hinrichtung am 28. Juli 1794, bedeutet ihm nichts. An Stelle der Erlösung ist und bleibt sein Dasein der »Mord durch Arbeit«.

»Dantons Tod« ist das einzige der poetischen Werke, das zu Lebzeiten Büchners veröffentlicht wurde. Der Nachhall ist bescheiden, die Aufnahme wenig günstig. Man verkennt die Substanz des Stückes und tut es ab als ein »dramatisiertes Kapitel des Thiers« (Gutzkow). Nach seinem dramatischen Erstling wendet sich Büchner ab vom Theatrum mundi, dem großen weltgeschichtlichen Tableau. Durch die befreundete Familie Stöber hatte er biographisches Material über den Sturm-und-Drang-Poeten Jakob Michael Reinhold Lenz erhalten, einen Freund Goethes, der sich in Friederike Brion verliebt hatte und später geisteskrank wurde. Lenz starb nach jahrelangem Irrweg als Einundvierzigjähriger 1792 in Rußland. Büchners einzige Erzählung (die Bezeichnung »Novelle«, die von Gutzkow stammt, ist formal unzutreffend) stützt sich vor allem auf die Tagebuchaufzeichnungen des pietistischen Pastors Johann Friedrich Oberlin, die Aufschluß über einen Aufenthalt des Dichters Lenz bei Oberlin während des Januars und Februars 1778 vermitteln. Oberlin, damals Pfarrer in Waldersbach (bei Büchner *Waldbach),* dem Pfarrsitz im Steintal, berichtet darin in nüchternem Ton von der Ankunft des seelisch Kranken, seiner vorübergehenden Erholung und der endlichen Zuspitzung der Krankheit, die Oberlin nötigte, ihn unter Bewachung nach Straßburg zu dem Schwager Goethes, dem befreundeten Johann Georg Schlosser, bringen zu lassen.

Büchner hat die Erzählung nie selbst veröffentlicht, eine Originalhandschrift hat sich nicht erhalten. Manche Flüchtigkeit und Lücken lassen darauf schließen, daß die überlieferte Textgestalt eher als letztes Konzept gelten könnte denn als eine Reinschrift: Wahrscheinlich hat sie Büchner in jenen gedrängten Herbst- und Wintermonaten des Jahres 1835 zugunsten anderer Arbeiten beiseite gelegt, und eine Überarbeitung des letzten Entwurfes ist ihm nicht mehr vergönnt gewesen. Viel spricht jedoch dafür, daß jener – von den Lücken in der Textgestalt einmal abgesehen – *kein* Fragment darstellt, daß eine *inhaltliche* Weiterführung nicht geplant war. Denn Büchners Interesse, das beweist schon die Wahl seiner Hauptquelle, gilt eben jenem Ausschnitt aus der Realität, der Aufnahme des Kranken im Steintal, der kurzen Genesung, dem Einbruch des Entsetzlichen in eine gefährdete Existenz und dem schließlichen totalen Zerbrechen der geistigen Kraft. Die Dichte des Vorgangs, die Summe eines Lebens, gepreßt in den Verlauf weniger Wochen und einiger – an der Oberfläche relativ bedeutungsloser – Begebenheiten, muß Büchner gereizt haben. – Auch »Lenz« kreist, wie der »Danton«, um das Zentralproblem des Leidens, um das Phänomen des Todes. Doch hier ist es nicht ein Gigant, ein Koloß, der aus ungeheurer Fallhöhe langsam vor der Kulisse der sterbenden Revolution herabsinkt, hier geht es um das leise Sterben einer empfindsamen, von innen bedrohten Existenz, die im ungeheuren Leiden an sich selbst und an der Umwelt zerbricht. Als Hintergrund dient die bewegte Landschaft der Vogesen. Büchner hat sie mit Bedacht gewählt. Als Gegenpol stehen Lenz der fromme, herzensgute, in sich ruhende Oberlin gegenüber, seine Frau, ihr Kind, das Gesinde, die vor dem Panorama der beseelten Berglandschaft ein einfaches, tätiges Dasein führen. In erlebter Rede – d.h. in der Verschmelzung des äußeren Vorgangs mit seinem innerseelischen Reflex – nimmt Lenz diese Landschaft auf; seine Ankunft in Waldbach zeigt ihn tief betroffen. Er findet Ruhe im Pfarrhaus. Doch drei Ereignisse führen dann den totalen Zusammenbruch herbei. Da ist einmal das Erscheinen des Freundes Kaufmann – der erste Kontakt mit der Außenwelt, mit der eigenen Vergangenheit seit langem. Kaufmann möchte ihn zur Heimkehr bewegen. Lenz weigert sich. Die nächste Störung einer empfindlichen Balance bildet die Abreise Oberlins, die letzte und entscheidende dann die Konfrontation mit dem Tode, die fehlgeschlagene Auferweckung eines toten Kindes im Nachbardorf Fouday. Mit der Abreise Oberlins verrinnt Lenz eine Gegenwart, die Geborgenheit und Ruhe, Linderung des Schmerzes bedeutete. Und mit der Einsicht in die Unwiderruflichkeit des Todes blickt er in den Abgrund einer Zukunft, die nur noch Langeweile und gefrorene Verzweiflung bereithält: das Warten auf den physischen Tod, nachdem der seelische längst eingetreten ist. So reist Lenz am Ende ab, »mit kalter Resignation«, uneins mit der umgebenden Landschaft, ja unfähig sogar zu leiden. Er hat seine Mitte endgültig verloren, die Fähigkeit der Partizipation, die ihm noch im Leiden gegeben war, vollends eingebüßt.

Die Meisterschaft des Erzählens sollte nicht vergessen lassen, daß Büchner hier – der Nachweis wurde von psychiatrischer Seite erbracht – das erst sechzig Jahre später medizinisch beschriebene Krankheitsbild einer schizophrenen Psychose exakt bis ins Detail nachzeichnet. Auch hier – wie im langen Austausch zwischen Lenz und Kaufmann über Probleme der Kunst, dem »Kunstgespräch« – greifen für den Autor naturwissenschaftliches Erkenntnisinteresse und ein ästhetischer Beziehungszusammenhang nahtlos ineinander über. Im Zentrum steht dabei immer der humane Anspruch von Büchners Kunst: das Wissen um die Schönheit und die Bedeutung der menschlichen Existenz, wie sie sich ihm auch im Leiden, der Gottferne und im Verfall noch offenbart.

Büchners Lustspiel setzt jenseits des Leidens und des Sterbens an. Hier richtet der Autor den Blick auf ein Fait accompli, und das Stück markiert einen klaren Wendepunkt im Schaffen seines Dichters. Denn »Leonce und Lena«, in dem es nur eine dürftige, gerade noch tragfähige Handlung und recht wenig zu lachen gibt, das eigentlich so wenig gemein hat mit einem *Lust*spiel, stellt für Büchner die letzte Probe aufs Exempel einer für ihn überlebten künstlerischen Epoche dar, eine, wenn man so will, Abrechnung mit der romantischen Poesie. Nicht nur für den Titel – er liefert eine Anspielung auf Clemens Brentanos »Ponce de Leon« (1801) –, auch für praktisch den ganzen Handlungsverlauf hat die literarische Tradition Pate gestanden. Geborgt sind wesentliche Handlungselemente von Tieck, Brentano, Musset – und natürlich von Shakespeare. Auch dort also, im einzigen Text Büchners, dem ein historisches Geschehen *nicht* zugrunde liegt, die gleiche charakteristische Arbeitsweise einer Montage von Bauteilen und Versatzstücken literarischer Tradition. Aber auch das Personal des Lustspiels ist, gemäß seinem romantischen Gepräge, fürstlicher Provenienz, entsprechend auch seine ganze Anlage in einem märchenhaften, frei schwebenden und von der Realität vollends geschiedenen Raum. Büchners Experiment (als Anlaß diente ihm, wie man sich erinnert, ein Preisausschreiben des Cotta-Verlags) muß – als die Realisierung einer romantischen Komödie – mißlingen. Denn weder die Handlung kann komödiantisch überzeugen, noch leben, atmen, lieben und leiden die Figuren des Lustspiels. Im Gegenteil, sie wirken wie leblose Figuranten eines Wachsfigurenkabinetts: König Peter in seiner überwältigenden Borniertheit, der aufgezogene Hofstaat, Leonce als fürstlicher Dummkopf und würdiger Thronfolger, Lena, deren Schönheit nur durch ihre Fadheit übertroffen wird – und sogar Valerio, dem die Rolle des Arlecchino nicht passen will und der sich in Platitüden erschöpft. Als Spiel in einer heilen Märchenwelt, die vorübergehend von Irrungen und Wirrungen geplagt wird, in der am Ende durch glückliche Fügung alles ins Lot gerät, kann »Leonce und Lena« nicht mehr überzeugen. Büchner hat, beabsichtigt oder nicht, mit seinem Lustspiel den Beweis erbracht, daß für den alles verklärenden Schein romantischer Kunstauffassung in seiner Welt kein Platz mehr ist.

Wie aber wird man das Lustspiel lesen müssen? Wenn nicht als Komödie, die sich dort, wo herzlich wenig Anlaß zum Scherzen ist, selbst ad absurdum führt? Wenn nicht als mehr oder minder gelungene Parodie der literarischen Tradition? Wohl als beides, zugleich allerdings auch als den endgültigen Befund, den Büchner als gesellschaftliche Pathographie seiner Zeit ableitet: den Befund der lebenden Marionette fürstlicher Geburt, der aus Langeweile geflossenen Melancholie der toten Existenz eines Daseins ohne Aufgaben, ohne Freude und Leid. Die Welt, die in der scherzhaften Verbrämung des Reiches Popo hier ersteht, ist vergleichbar dem Dasein, das der »Hessische Landbote« brandmarkt; sogar das Bild der »Drahtpuppe, an der die fürstliche Puppe zieht«, das das Lustspiel oft plötzlich ins Groteske umschlagen läßt, ist dort bereits vorweggenommen. Und die Lampen des Darmstädter Hofes, die man im »Landboten« mit dem Fett der Bauern illuminiert, lassen bereits König Peters Volk vorausahnen, dessen höchste Gunst es ist, einmal einen Braten riechen zu dürfen. Derart wird man nicht fehlgehen, wenn man in Büchners Lustspiel nicht nur die Keimzelle moderner grotesker Tragikomödien, sondern auch eine notwendige Standortbestimmung, die Zwischensumme einer dichterischen Entwicklung erblickt.

Büchners letzter erhaltener Text ist Fragment geblieben, greifbar nur in einer Reihe von Entwürfen, deren jeder eine neue Reifungs- und Verdichtungsstufe signalisiert. Dennoch gehört der »Woyzeck« zu den in sich vollendetsten und bedeutendsten Fragmenten der Weltliteratur. Inhaltlich und formal nimmt er die Moderne vorweg: den Naturalismus Hauptmanns, Tollers »Hinkemann«, vielleicht auch Borcherts »Draußen vor der Tür«. Wenn auch über Büchners letzte Entscheidung eines Arrangements der Szenen keine verläßliche Auskunft gegeben werden kann, so weiß man immerhin, daß er ein eher »offenes« Konstruktionsprinzip angestrebt hat, nicht unähnlich der subjektiven Bindung des »Danton«, doch wohl mit noch stärkerem Akzent auf der Eigenständigkeit der einzelnen Szene, der Strahlkraft von Bezugs- und Verweiselementen innerhalb der jeweiligen Situation, die ein finales Gefüge so gut wie überflüssig erscheinen lassen mußte. Auch hier verläßt sich Büchner auf historische Quellen: Der Fall des Johann Christian Woyzeck, der am 21. Juni 1821 in Leipzig seine Geliebte Johanna Christiana Woost erstochen hatte, der trotz schwerer psychischer Störungen vom Hofrat Dr. J. C. A. Clarus für zurechnungsfähig erklärt und am 27. August 1824 auf dem Leipziger Marktplatz enthauptet wurde, war Büchner aus medizinischen Fachzeitschriften bekannt. Vergleichbare Gerichtsfälle, die die forensische Medizin seiner Zeit bewegten, mögen ihm als weitere Muster gedient haben. Doch auch hier beläßt es der Autor nicht bei der Repräsentation historischer Vorgänge, im Gegenteil: Es ist seine subjektive Durchdringung dieses Materials, was die Potenz dieser tragischen Fragmente ausmacht.

Das dramatische Geschehen entfaltet sich – hierüber geben die erhaltenen Entstehungsstufen deutlich Auskunft – auf drei einander überlagernden und sich gegenseitig bedingenden Vollzugsebenen. Im Mittelpunkt steht die Gestalt des Soldaten Franz Woyzeck. Auf der obersten Schicht, und bereits angelegt in der in Büchners letztem Entwurf an erster Stelle stehenden Szene, beobachtet man den psychischen Zustand Woyzecks: seine zwangshafte Furcht, sein Getriebensein, das sich im weiteren Verlauf zur grellen Verzweiflung und zur selbstzerstörerischen Aggression hin zuspitzen wird. Auch Woyzeck ist, wie Lenz und ganz anders Danton, eine gefährdete, von innen her bedrohte Existenz. Doch wo Danton nicht mehr erkennen will, nur noch die Ruhe sucht und das Vergessen, reibt sich Woyzeck, der alles sieht und doch nichts begreift, in fanatischer Suche nach den Gründen, den Rechtfertigungen seines Zustandes auf. Sein Rekurs auf die Natur, seine Freimaurerfurcht, sein verzweifeltes, bohrendes Fragen sind erschütternde Zeichen einer Empfindsamkeit, die den Status quo der vorgegebenen gesellschaftlichen Situation zu überspringen versucht, sich dabei allerdings immer dichter in einen Knäuel von Halbwahrheit und Angst verstricken muß. Auf der zweiten Vollzugsebene entfaltet Büchner ein Eifersuchtsdrama, besser: die Umrisse einer Eifersuchtshandlung. Woyzecks Geliebte Marie, wie er zugehörig der Gruppe der Armen und Gepeinigten, hat sich mit dem Tambourmajor eingelassen. Für sie verkörpert das Offiziersleben Ansehen, Pracht, einen gesicherten Platz in der Gesellschaft. Marie bereut – doch Woyzeck hat bereits die Grenze seiner Leidensfähigkeit erreicht: Er ersticht sie. Und dort, wo eine veritable Eifersuchtstragödie nun ihr Bewenden hätte, enthüllt sich dem Leser die dritte, vielleicht wichtigste, der dramatischen Vollzugsebenen. Denn Woyzeck, wie Marie, ist letztlich nur Opfer eines Kräftespiels, das sie beide nicht durchschauen, Opfer einer gesellschaftlichen Repression, als deren Vertreter Büchner den Hauptmann, den Doktor und, entfernter, den Tambourmajor figurieren läßt. Sind diese Gestalten in ihrer fast grotesken Überzeichnung als solche eher skurril, harmlos genug in ihrer plumpen Herablassung (der Hauptmann), ihrer bizarren Alchimisten-Wissenschaftlichkeit (der Doktor) und ihrer dumpfen Triebhaftigkeit (der Tambourmajor), so erweist sich das Gesamtgefüge als fatal für die beiden menschlichen Wesen des Stückes, Woyzeck und Marie, und für ihr kleines, dürftiges Stückchen Glück. Büchner hat an zwei Schaltstellen Gleichnisse in das Drama eingearbeitet, die zu denken geben: das Gleichnis vom dressierten Pferd in der Jahrmarktsbude, von der absoluten Reduktionsstufe menschenähnlicher Existenz, und das Märchen der Großmutter, das von der letzten, schneidendsten Vereinsamung eines *armen* (und hier möchte man das Wort ruhig auch in seiner ökonomischen Bedeutung verstehen) Kindes. Und so wie das Kind im Märchen, verlassen, aller Illusionen beraubt, geworfen auf die Trümmer einer zerstörten Existenz, so bleibt Woyzeck am Ende des Dramas zurück. Er hat Marie getötet, das einzige, was ihn jede Demütigung ertragen ließ; sogar sein Kind wendet sich ab, sogar der Narr Karl. Dies scheint der Schluß, an den Büchner gedacht haben mag. Ob er darüber hinaus – das Auftreten des Gerichtsdieners wiese darauf hin – eine gerichtliche Verurteilung des Opfers Franz Woyzeck beabsichtigte, weiß man nicht. – Mit diesem eindrucksvollsten Sozialdrama deutscher Sprache hat Büchner erstmals die Existenz des Geringsten ins Zentrum einer Tragödie großen Stils gerückt. Woyzeck, der erniedrigte, der suchende und immerfort leidende Füsilier, der Unterste auf der sozialen Rangleiter, wird zur Verkörperung jener tragischen Umstände, die den Menschen in absoluter Vereinsamung seinem Schicksal entgegenfallen lassen. Büchners Sympathie, daran kann kein Zweifel bestehen, gehört dem Opfer.

Die Zeit war dem Werk Büchners und seinem literarischen Nachlaß nicht günstig. Karl Gutzkow würdigte die Leistungen des Frühverstorbenen – wie er sie sah – in einem Nachruf (»Frankfurter Telegraph« vom Juni 1837), der hier im Auszug wiedergegeben sei:

»In den letzten Tagen des Februar 1837, dieses für die Geschichte unserer neuern schönen Literatur etwas stürmischen

Jahres, war es, als ich einen gesellig verbundenen Kreis von ältern und jüngern Kunstgenossen und Wahrheitsfreunden bei mir sah. Wir wollten einen Autor feiern, der bei seiner Durchreise durch Frankfurt am Main nach Literatenart das Handwerk begrüßt und lange genug zurückgezogen gelebt hatte, um uns zu verbergen, daß er im Begriff war, Bücher herauszugeben, welche, ob sie gleich jüdischen Inhalts waren, dennoch von der evangelischen Kirchzeitung kanonisiert werden sollten. J. Jacobi war's. Kurz vor Versammlung der Erwarteten erhielt ich aus Darmstadt ein Manuskript nebst einem Briefe, dessen wunderlicher und ängstlicher Inhalt mich reizte, in ersterem zu blättern. [. . .]

Dieser Brief [. . .] reizte mich, augenblicklich das Manuskript zu lesen. Es war ein Drama: *Dantons Tod.* Man sah es der Produktion an, mit welcher Eile sie hingeworfen war. Es war ein zufällig ergriffener Stoff, dessen künstlerische Durchführung der Dichter abgehetzt hatte. Die Szenen, die Worte folgten sich rapid und stürmend. Es war die ängstliche Sprache eines Verfolgten, der schnell noch etwas abzumachen und dann sein Heil in der Flucht zu suchen hat. Allein diese Hast hinderte den Genius nicht, seine Begabung in kurzen scharfen Umrissen schnell, wie im Fluge, an die Wand zu schreiben.

Alles, was in dem lose angelegten Drama als Motiv und Ausmalung gelten sollte, war aus Charakter und Talent zusammengesetzt. Jener ließ diesem keine Zeit, sich breit und behaglich zu entwickeln; dieses aber auch jenem nicht, nur bloß Gesinnungen und Überschweifungen hinzuzeichnen, ohne wenigstens eine in der Eile versuchte Abrundung der Situationen und namentlich der aus der köstlichsten Stahlquelle der Natur fließenden hellen und muntern Worte. *Dantons Tod* ist im Druck erschienen. Die ersten Szenen, die ich gelesen, sicherten ihm die gefällige, freundliche Teilnahme jenes Buchhändlers noch an dem bezeichneten Abend selbst. Die Vorlesung einer Auswahl davon, obschon von diesem oder jenem mit der Bemerkung, dies oder das stände gerade so im Thiers, unterbrochen, erregte Bewunderung vor dem Talent des jugendlichen Verfassers.

Kaum hatte Georg Büchner einen Bescheid, so erfuhren wir, daß er auf dem Wege nach Straßburg war. Ein Steckbrief im Frankfurter Journal folgte ihm auf der Ferse. Er hatte in Darmstadt, vor seiner Familie sogar, verborgen gelebt, weil er jeden Augenblick befürchten mußte, in eine Untersuchung gezogen zu werden. Er war in jene unglückseligen politischen Wirrnisse verwickelt, die in so vielen Familien die Ruhe untergraben, so vielen Vätern ihre Söhne und Frauen ihre Gatten genommen haben. Ob ihn nur Verdacht oder eine erwiesene Beschuldigung verfolgte, weiß ich nicht; man versicherte, daß er den Frankfurter Vorfällen nicht fremd gewesen. Vielleicht hatten ihn auch nur seine in Straßburg früher fortgeführten Studien verdächtig gemacht. Jedenfalls ergab sich, daß Büchner die Partie der Flucht *gern* ergriff. Er war mit einer jungen Dame in Straßburg versprochen; das Exil, für andere eine Plage, war für ihn eine Wohltat. Er gestand mir ein, daß er die Teilnahme seiner (wahrscheinlich loyalen) Eltern durch seine tollkühnen Schritte auf eine harte Probe stelle und daß er nicht den Mut hätte, diese abzuwarten. Dies spornte ihn an, sich selbst einen Weg zur bürgerlichen Existenz zu bahnen und von seinen Gaben die möglichen Vorteile zu ziehen. Daher das verzweifelnde Begleitungsschreiben des Danton: das Pistol und die unschuldige Banditenphrase: la bourse ou la vie!

Mehrere der aus Straßburg an mich gerichteten Briefe Büchners sind mir nicht mehr zur Hand. Ich hatte indessen große Mühe mit seinem *Danton*, da solche Dinge, wie Büchner sie hingeworfen, Ausdrücke, die er sich erlaubte, heute nicht gedruckt werden dürfen. Es tobte Sansculottenluft in der Dichtung: die Erklärung der Menschenrechte wandelte darin, mit Rosen bekränzt, aber nackt. Die Idee, die das Ganze zusammenhielt, war die rote Mütze. Büchner studierte Medizin. Seine Phantasie spielte mit dem Elend der Menschen, in das sie durch Krankheit geraten; ja, die Krankheiten des Leichtsinns mußten ihm zur Folie seines Witzes dienen. Die dichterische Flora des Buches bestand aus Feld- und aus Quecksilberblumen. Jene streute seine Phantasie, diese seine übermütige Satire. Um dem Zensor nicht die Lust des Streichens zu gönnen, ergriff ich selbst dies Amt und beschnitt die wuchernde Demokratie der Dichtung mit der Schere der Vorzensur. Da fühlt ich wohl, wie gerade der Abfall des Buches, der unsern Sitten und Verhältnissen geopfert werden mußte, der beste, der individuellste, eigentümlichste Teil des Ganzen war. Lange, zweideutige Dialoge in den Volksszenen, die von Witz und Gedankenfülle sprudelten, mußten zurückbleiben. Die Spitzen der Wortspiele mußten abgestumpft werden oder durch aushelfende dumme Redensarten, die hinzuzusetzen waren, krumm gebogen. Der *echte Danton* von Büchner ist *nicht* erschienen. Was davon herauskam, ist ein notdürftiger Rest, die Ruine einer Verwüstung, die mich Überwindung genug gekostet hat. [. . .]

Weil sich Büchner mit allen Kräften auf eine akademische Stellung vorbereitete, so konnte er seine Mußezeit nur leichten Arbeiten widmen. Er übersetzte in der Serie von Victor Hugos übertragenen Werken die *Tudor* und *Borgia* mit dichterischer Verwandtschaft mit dem Original. Einen seiner Briefe, wo er die Schwächen Victor Hugos mit feinem Auge musterte, kann ich nicht wiederfinden. Alfred de Musset zog ihn an, während er nicht wußte, wie er sich ›durch V. Hugo durchnagen‹ solle, Hugo gäbe nur ›aufspannende Situationen‹, A. de Musset aber doch ›Charaktere, wenn auch ausgeschnitzte‹. Wie wenig er auch arbeitete und erklärte, für den *Danton*, der so hurtig zustande gekommen, wären ›die darmstädtischen Polizeidiener seine Musen gewesen‹, so trug er sich doch mit einer Novelle, wo Reinhold *Lenz* im Hintergrunde stehen sollte. Er wollte viel Neues und Wunderliches über diesen Jugendfreund Goethes erfahren haben, Neues über Friederiken und ihre spätere Bekanntschaft mit Lenz. [. . .]

Der Umzug nach Zürich brachte eine momentane Störung hervor. Die Habilitation beschäftigte Büchner, der übermäßig arbeitete; ich drang auf keine Nachrichten, weil ich hoffte, die Züricher Niederlassung würde gute Wege haben. Inzwischen erkrankte Büchner und starb.

Beweisen nicht schon die von mir mitgeteilten Brieffragmente, um welch reichen Geist mit ihm unsere Nation gekommen ist? Alles, was er berührte, wußte er in eine bedeutsame Form zu kleiden. Er hatte die Rede und den Gedanken in gleicher Gewalt und wußte mit einer an jungen Gelehrten *seltenen* Besonnenheit, seine Ideen abzurunden und zu kristallisieren. Seine Inauguraltionsabhandlung wird als ein Beleg von Gelehrsamkeit und Scharfsinn gerühmt. Büchner würde, wie Schiller, seine Dichterkraft durch die Philosophie geregelt und in der Philosophie mit der Freiheitsfackel des Dichters die dunkelsten Gedankenregionen gelichtet haben. Alle diese Hoffnungen knickte der Sturm. Ein frühes Grab war der Punkt, in welchem sich all die frischen, kühnen Perioden, die wir von einem Jünglinge in diesen Mitteilungen gelesen haben, endigen sollten. Zu dem Trotze, der aus diesem Charakter sprach, lachte der Tod. Der Friedensbogen, der sich über diese gärende Kampfes- und Lebenslust zog, war die Sense des Schnitters, von welcher so frühe gemäht zu werden, uns schmerzlich und fast mit einem gerechten Schein die Unbill des Schicksals anklagen läßt. Könnte ich diese Erinnerungsworte ansehen als in Stein und nicht in Sand gegraben, daß sie vom Wind nicht verweht werden! Könnte ich in künftigen Darstellungen unserer Zeit, wie sie war, rang, litt, hoffte, wenigstens den Namen *Georg Büchner* in der Zahl derjenigen, die durch ihr Leben und ihre Arbeiten die Entwicklung unserer Übergangsperiode bezeichnen, dauernd und mit goldenem Schein erhalten!

Die schönste Belohnung, die ich für diesen Nachruf erhalten konnte, waren die saubern Abschriften des poetischen Nachlasses Büchners von der Hand seiner Verlobten. Es ist ein vollendetes Lustspiel *Leonce und Lena*, in der Weise des *Ponce de Leon* von Brentano. Dann das Fragment des *Lenz* und ein Heft von Briefen, die ohne Absicht geschrieben und doch voll künstlerischen und poetischen Wertes sind.

Herwegh sagt von ihm in einem größeren schönen Gedichte:

Ein unvollendet Lied sinkt er ins Grab,
der Verse schönsten nimmt er mit hinab.«

Gutzkows Nachruf blieb ohne viel Widerhall. Auch die erste Werkausgabe unter dem Titel »Nachgelassene Schriften«, 1850 vom Bruder Ludwig Büchner besorgt und bei J. D. Sauerländer in Frankfurt verlegt, stößt auf wenig Interesse. Erst im letzten Viertel des neunzehnten Jahrhunderts beginnt, angeregt durch die Bemühungen von Karl Emil Franzos, das, was man eine bescheidene Renaissance der Werke des Vergessenen nennen könnte. Das Lustspiel wird 1885 in München, »Dantons Tod« 1902 in der Berliner Volksbühne uraufgeführt, und »Woyzeck« erlebt seine Premiere erst 1913 im Münchener Residenztheater. Zu Schrittmachern einer neuen und lebhaften Büchner-Rezeption werden Autoren wie Gottfried Keller, Gerhart Hauptmann, Georg Heym und Kurt Tucholsky – um nur einige wenige her-

auszugreifen. Der literarische Expressionismus sieht
einen geistigen Ahnherrn der eigenen Ideen, und seit
ziger Jahren gehören die Bühnentexte zum ständigen
aller größeren und kleineren Schauspielhäuser, sind di
buchstäblich alle Weltsprachen übersetzt. Der Georg-Büchner-Preis, seit seiner Reinstitution im Jahre 1951 – er ging seinerzeit an Gottfried Benn – verliehen von der Deutschen Akademie für Sprache und Dichtung, gilt heute als die vielleicht größte literarische Auszeichnung in der Bundesrepublik. Nach dem Ende des zweiten Weltkriegs setzt dann eine stürmische Neurezeption der Schriften Büchners ein, die heute keineswegs abgeschlossen ist. Die Aktualität dieses schmalen Œuvres scheint stetig zuzunehmen, seine Wirkung nicht nur ungebrochen, sondern – vor dem Erwartungs- und Erfahrungshorizont eines heutigen Publikums – unmittelbarer denn je.

Gerhard P. Knapp

Zeittafel

1813 Am 17. Oktober wird Karl Georg Büchner in Goddelau (dem heutigen Riedstadt, Ortsteil Goddelau) als Sohn des großherzoglichen Distriktsarztes Ernst Karl Büchner (1786–1861) und seiner Frau Caroline Louise, geb. Reuß (1791–1858), geboren. Als ältester von sechs Geschwistern – außer ihm Mathilde (1815–1888), Wilhelm (1817–1892), Louise (1821–1877), Ludwig (1824–1899) und Alexander (1827–1904) – verbringt er die ersten Jahre seiner Kindheit in Goddelau.

1816 Übersiedlung der Familie nach Darmstadt, wo der Vater die Position eines großherzoglichen Medizinalassessors und kurze Zeit später eines Medizinalrats übernimmt. Den ersten Unterricht erhält Büchner von der Mutter.

1822 Zu Ostern Einschulung in das private Institut des Dr. Carl Weitershausen, das Büchner bis zum 25. März 1825 besucht.

1825 Am 26. März Eintritt in das humanistische Gymnasium Darmstadt, das heutige Ludwig-Georgs-Gymnasium. Zu Büchners Lieblingslektüre gehören Homer, Shakespeare, Goethe, Jean Paul, antike und romantische Poesie sowie Volksdichtung. Erwachendes Interesse an Fichte, wenig später auch die Verfestigung eines liberal-demokratischen Engagements. Erhalten sind aus der Gymnasialzeit einige dichterische Etüden sowie die Aufsätze »Helden-Tod der vierhundert Pforzheimer« (1830), »Über den Traum eines Arcadiers« (Fragment, um 1830); die Rezension »Über den Selbstmord« (um 1830) und die »Rede zur Verteidigung des Kato von Utika« vom 29. September 1830. Zeugnisse der Schuljahre sind erhalten von den Mitschülern Ludwig Wilhelm Luck und Friedrich Zimmermann. Büchners Rede über Menenius Agrippa, die er auf der Schlußfeier am 30. März 1831 in lateinischer Sprache hält, ist nicht erhalten.

1831 Büchner verläßt das Gymnasium zu Ostern. Am 9. November Eintragung als ordentlicher Student der Medizin in das Matrikelbuch der Straßburger Akademie. Kontaktaufnahme mit der politischen Studentenschaft in Straßburg. Häufiger Gast in der Verbindung »Eugenia«; Berührung mit der Straßburger Abteilung der »Société des Droits de l'Homme et du Citoyen«. Zu Büchners Freundeskreis gehört neben den Brüdern August (1808–1884) und Adolph Stöber (1811–1892) vor allem Eugen Boeckel (1811–1896). Die Tochter des Pastors Johann Jakob Jaeglé

(1771–1837), seines Hauswirts in der Rue St. Guillaume 66, Luise Wilhelmine (Minna) Jaeglé (1810–1880), wird seine spätere Verlobte.

1833 Am 11. Juli kehrt Büchner – dem durch behördliche Verordnung ein Studium außerhalb der Landesgrenzen nur bis zu vier Semestern gestattet war – in das verarmte und von sozialer Unrast geschüttelte Großherzogtum Hessen zurück. Seine Einschreibung in das Matrikelbuch der Gießener Universität datiert vom 31. Oktober. Die Trennung von der Braut und die Rückkehr in eine ihm verhaßte Umgebung führen zur Depression und – in einem Anfall von Hirnhautentzündung – zur akuten Erkrankung.

1834 Wiederaufnahme des Studiums im Januar. Büchner hat Wohnung im Gießener Seltersweg 46 gefunden. Neben dem Medizinstudium befaßt er sich mit Philosophie und allgemeiner Naturwissenschaft. – Durch den Kontakt mit revolutionären Kreisen der Gießener Studentenschaft und mit dem Pastor Friedrich Ludwig Weidig (1791–1837) gelangt Büchner zur aktiven revolutionären Tat. Im März nimmt er an der Gründung einer Gießener Sektion der »Gesellschaft der Menschenrechte« führend teil, im April entsteht eine Darmstädter Untergruppe auf seine Initiative hin. Kurz darauf wird die erste Fassung des »Hessischen Landboten« niedergeschrieben, der – nach einer Redaktion durch Weidig – im Juli bei Preller in Offenbach gedruckt wird. – Die Verschwörung wird verraten, Büchners Mitverschworene teilweise verhaftet. Er selbst bleibt bis Jahresbeginn 1835 unbehelligt, muß aber auf Anweisung des Vaters ab September 1834 in Darmstadt bei den Eltern bleiben. Dort besucht ihn im Oktober die Braut.

1835 Büchner wird wiederholt zu Verhören vorgeladen. Er beginnt die Niederschrift von »Dantons Tod« im Januar, schickt das fertige Manuskript am 21. Februar an den Verleger Sauerländer und den Literaten Karl Gutzkow (1811–1878). Am 1. März flieht er, um sich der bevorstehenden Verhaftung zu entziehen, nach Frankreich, wo er am 9. März anlangt. Ein Steckbrief, der seine Ergreifung anordnet, wird am 13. Juni erlassen. In Straßburg (er wohnt jetzt in der Rue de la Douane 18) nimmt er seine Studien auf. Im Juli erscheint die Buchausgabe von »Dantons Tod« mit dem Untertitel »Dramatische Bilder aus Frankreichs Schreckensherrschaft« bei J. D. Sauerländer in Frankfurt. In den Sommermonaten fertigt er – auf Anregung Gutzkows – Übersetzungen zweier Dramen Victor Hugos (»Lucretia Borgia« und »Maria Tudor«) für eine Gesamtausgabe an. Im Herbst verfaßt er die Erzählung »Lenz«.

1836 Vortrag seiner Studie »Sur le système nerveux du barbeau« vor der Straßburger »Société d'histoire naturelle« am 13. und 20. April und am 4. Mai. Büchner wird zum korrespondierenden Mitglied der Gesellschaft ernannt und seine Studie in ihren »Mémoires« veröffentlicht. Von Februar bis August arbeitet er an seinem Lustspiel »Leonce und Lena«, das jedoch für die vom Verlag Cotta ausgeschriebene Preisverleihung verspätet eintrifft und zurückgesandt wird. Im Sommer erhält er Besuch von der Mutter und der Schwester Mathilde. Seine Abhandlung über das Nervensystem der Barben wird im September von der philosophischen Fakultät der Züricher Universität als Dissertation angenommen; Büchner erhält von dort den Doktorgrad. Zur gleichen Zeit dürfte er am Manuskript des »Pietro Aretino« gearbeitet haben. Der Text des Dramas – sollte er wirklich in einer Niederschrift existiert haben – ist bis heute verschollen. Am 18. Oktober reist Büchner in die Schweiz ein. Er wird in Zürich Anfang November zum Privatdozenten ernannt (Probevorlesung: »Über Schädelnerven«) und läßt sich in der Spiegelgasse 12 nieder. Seine erste und letzte Vorlesung für das Wintersemester trägt den Titel »Zootomische Demonstrationen«; sie gilt der vergleichenden Anatomie der Fische und Amphibien. Die Wintermonate 1836/37 sind der intensiven Arbeit an den »Woyzeck«-Fragmenten gewidmet.

1837 Mitte Januar zwingt eine Erkältung Büchner zur Unterbrechung seiner Lehrtätigkeit. Anfang Februar stellen sich Symptome einer Typhuserkrankung ein. Büchners Zustand verschlechtert sich derart, daß Freunde die Braut verständigen. Sie trifft am 17. Februar ein und kann noch mit dem schwer Fieberkranken sprechen. Am Sonntag, dem 19. Februar, stirbt Büchner gegen halb vier Uhr nachmittags im Beisein seiner Braut und des befreundeten Ehepaares Wilhelm und Caroline Schulz. Die Beerdigung findet am 21. Februar auf dem Züricher Friedhof am Zeltberg statt. Erst am 4. Juli 1875 wird, anläßlich einer bescheidenen Büchner-Feier, das Grab auf den »Hochbuck« (Germaniahügel) am Zürichberg verlegt.

Anmerkungen

Ausdrücke werden in der Regel nur bei der ersten Nennung erklärt.

Der Hessische Landbote (Seite 7–21)

Der Text des »Hessischen Landboten« folgt dem Wortlaut des Druckes vom Juli 1834. Offensichtliche orthographische Fehler wurden berichtigt, in die Textgestaltung wurde darüber hinaus so wenig wie möglich eingegriffen. Eine Modernisierung der Rechtschreibung erfolgte nur dort, wo sie den Lautstand unangetastet ließ. Ebenso blieben gewisse Inkonsequenzen und Eigentümlichkeiten der Orthographie erhalten.

9 *Vorbericht:* Die Anweisungen an den Leser der Flugschrift stammen von Weidig.
Friede den Hütten! Krieg den Pallästen!: Büchner übersetzt hier die Parole der Französischen Revolution (vermutlich von Nicolas Chamfort): »Guerre aux châteaux! Paix aux chaumières!«
zierliche Kleider: in der alten Bedeutung für »prächtige Kleidung«.

10 *6,363,363 Gulden:* Büchners Addition ist fehlerhaft; die Summe hätte zu lauten: 6,363,436 fl. Verantwortlich ist offenbar eine Zahlenverstellung.

11 *der Raub der Armen:* Anspielung auf Jesaja 3,14.
Sporteln: Eintragungsgebühren, die die Amtsschreiber erhoben.

12 *Die Ketten eurer Vogelsberger Mitbürger:* Zahlreiche Aufständische der oberhessischen Bauernunruhen des Jahres 1830 stammten aus der Umgebung des Vogelsberges und saßen derzeit noch im Landesgefängnis Marienschloß in Rockenberg bei Friedberg.
Mamon: übermäßiger Reichtum (Ausdruck der Bibel).
jeden Herbst einmal blind schießen: Gemeint ist die Teilnahme an den Herbstmanövern der großherzoglichen Armee, bei denen natürlich nur »blinde« Munition Verwendung fand.

13 *Kommt ja:* Kommt tatsächlich.
Ludwig von Gottes Gnaden: Ludwig II., von Gottes Gnaden Großherzog von Hessen und bei Rhein (1777–1848); regierte von 1830 bis 1848.
wenn sein Auge dunkel wird: wenn er müde ist.

14 *adliche:* hessisch für »adlige«.

es ist eine Dornenkrone: Anspielung auf Matthäus 27,27–30 u.a.
Blutigels: Blutegels.
Schröpfköpfe: Die Metapher bleibt im Bildbereich des »zur Ader Lassens«: Glasnäpfe, die man verwendete, um Blut zur Hautoberfläche zu ziehen.
das Malzeichen des Tieres: Erkennungsmerkmal des Satans in Tiergestalt (vgl. Offenbarung 16,2 und 19,20).
sich . . . lustig machen: sich . . . es wohlgehen lassen.
steinicht: ältere Form für »steinig«.
»diese Regierung sei von Gott«: biblische Anspielung (vgl. Römer 13,1); Büchner zielt damit auf das Gottesgnadentum überhaupt ab. Entsprechend *einen Gesalbten des Herrn* (Seite 15).

15 *Freistaat:* Republik.
Titel: Rechtsanspruch erblicher oder anderer Art.

16 *Der König schwur:* Gemeint ist Ludwig XVI. von Frankreich (1754–1793), der im September 1791 einen Eid auf die Verfassung ablegte, diesen jedoch alsbald brach. Er wurde am 21. Januar 1793 enthauptet.

16 *Freiheitsruf der Franken:* die Botschaft der Französischen Revolution.
reisigem Zeug: berittene Teile einer Armee, belegt ebenfalls durch zahlreiche Bibelstellen.
die dickwanstigen Bourbonen: Ludwig XVIII. (1755–1824) regierte von 1814 bis 1824.
den meineidigen König Karl den Zehnten: Karl X., König von Frankreich (1757–1836), wurde 1830 zur Abdankung gezwungen.
Louis Philipp: Louis Philippe, König von Frankreich (1773–1850), der »Bürgerkönig«, gelangte 1830 auf den Thron und regierte bis 1848.

17 *Grolmann:* der hessische Staatsminister Karl Ludwig Wilhelm von Grolmann (1775–1829), vielleicht auch sein Bruder Friedrich von Grolmann (1784–1859), Mitglied des Darmstädter Landtages. Die *zwei Millionen* beziehen sich auf private Schulden Ludwigs II., die dieser der Staatskasse aufbürden wollte.
unbedingt: ohne rechtliche Einschränkung.

18 *Die Raubgeier in Wien und Berlin:* die absoluten Monarchien Preußen und Österreich-Ungarn.
stirbt der Wurm nicht und ihre Füße sind von Lehm: biblische Anspielung (vgl. Jesaja 66,24 und Markus 9,44ff.).
daß nur Ein Gott ist und keine Götter neben ihm: Anspielung auf die Zehn Gebote.

19 *der aus der Einöde ein Paradies schaffen kann:* Anspielung auf die Genesis.

König Ludwig von Baiern: Ludwig I., König von Bayern (1786–1868), regierte von 1825 bis 1848.
Ha! du wärst Obrigkeit von Gott? usw.: modifiziertes Zitat aus dem Gedicht »Der Bauer. An seinen durchlauchtigen Tyrannen« (1773) des Sturm-und-Drang-Dichters Gottfried August Bürger.
20 *Presser:* Unterdrücker.
Reisigen: Söldner.
21 *Dienstbarkeit:* Sklaverei, Leibeigenschaft.

Dantons Tod (Seite 23–98)

Der vorliegende Text beruht weitgehend auf der Grundlage der einzigen erhaltenen Handschrift, die mit einiger Wahrscheinlichkeit jedoch nur eine Art letztgültiges Konzept darstellt. Die Textgestalt wurde gelegentlich vermittelst der Erstdrucke revidiert. Eine »Modernisierung« wurde nur dort vorgenommen, wo sowohl Büchners eigene Schreibgewohnheit als auch die Erstdrucke sie rechtfertigen, bzw. dort, wo sie keinen Eingriff in den Lautstand des Textes oder in gewisse für Büchner typische Inkonsequenzen und Eigentümlichkeiten (emphatische Großschreibung etc.) bedeutet.

Die Einteilung des Textes in Szenen folgt der heute gebräuchlichen Praxis. Sie ist nicht durch Büchner autorisiert und erscheint deshalb in [ ].

24 *Georg Danton:* Georges Jacques Danton (1759–1794), einflußreicher Vorkämpfer der Revolution, Begründer des Wohlfahrtsausschusses und des Revolutionsgerichtshofs. Widersetzte sich der Radikalität Robespierres und plädierte für Mäßigung. Verhaftet am 31. März 1794, hingerichtet am 5. April.
Legendre: Louis Legendre (1752–1797), Angehöriger des Jakobinerclubs und des Clubs der Cordeliers.
Camille Desmoulins: 1760–1794; Sekretär Dantons und Abgeordneter des Nationalkonvents. Mit Danton enthauptet.
Hérault-Séchelles: Marie Jean Hérault-Séchelles (1759–1794), Mitbegründer der Verfassung von 1791.
Lacroix: Jean-François Delacrois (1754–1794), Armeeoffizier.
Philippeau: Pierre Philippeaux (1754–1794), Mitglied des Nationalkonvents und Anhänger Dantons.
Fabre d'Églantine: Philippe-François-Nazaire Fabre d'Églantine (1755–1794), Mitverfasser des Revolutionskalenders, Lustspielautor.

Mercier: Louis-Sébastien Mercier (1740–1814), Überlebender der Revolution und Verfasser von »Le Nouveau Paris« (1799), einem der Quellentexte Büchners.
Thomas Payne: 1737–1809; britischer Philosoph und Freiheitskämpfer in Amerika, Abgeordneter des Nationalkonvents.
Robespierre: Maximilien François-Isidore de Robespierre (1758–1794), Führer der Jakobiner und Verfechter einer radikalen Sozialrevolution. Mit Saint-Just am 28. Juli 1794 hingerichtet.
St. Just: Louis Antoine Léon de Saint-Just (1767–1794), engster Anhänger Robespierres.
Barère: Bertrand Barère de Vieuzac (1755–1841), eines der schärfsten Mitglieder des Wohlfahrtsausschusses.
Collot d'Herbois: Jean-Marie Collot d'Herbois (1750–1796), Mitglied des Wohlfahrtsausschusses und Präsident des Nationalkonvents.
Billaud-Varennes: Jacques-Nicolas Billaud-Varennes (1756 bis 1819), Anhänger Robespierres, verriet ihn wenig später.
Chaumette: Pierre-Gaspard Chaumette (1763–1794).
Dillon: Arthur Dillon (1750–1794).
Fouqier-Tinville: Antoine-Quentin Fouquier-Tinville (1746 bis 1795), seit 1793 öffentlicher Ankläger.
Herman: Martial-Joseph-Armand Herman (1749–1795), Präsident des Revolutionstribunals und Innenminister. Nach dem Sturz Robespierres enthauptet.
Dumas: René-François Dumas (1758–1794), Präsident des Revolutionstribunals. Er folgte Robespierre auf die Guillotine.
Julie: Louise Danton, geb. Gély (1777–1856), zweite Frau Dantons.
Lucile: Lucile Desmoulins, geb. Duplessis; wurde am 13. April 1794 guillotiniert.
Grisetten: Dirnen.

25 *cœur und carreau:* Gemeint sind die Spielkartenzeichen »Herz« und »Eckstein« bzw. »Karo«. Anspielung auf das Sexualverhalten der Dame, *carreau* ist als Metapher für den Schoß zu verstehen.

26 *die Dame lag immer in den Wochen, jeden Augenblick bekam sie einen Buben:* Hérault greift hier Dantons Kartenspielmetaphorik auf.
rote Mütze: Kennzeichen der Jakobiner.
der heilige Jakob: Das Pariser Dominikanerkloster St. Jacques war die Versammlungsstätte der daher so genannten Jakobiner.
Guillotinieren: Erfinder des Fallbeils war der französische Arzt Guillotin.

Du parodierst den Socrates: Der griechische Philosoph Sokrates (469–399 v. Chr.) gilt als Begründer der »sokratischen« = fragend-dialogischen Methode der Erkenntnisförderung.
Alcibiades: griechischer Feldherr und Politiker, Schüler des Sokrates.
Hebertisten: Anhänger des Jacques-René Hébert (1757–1794), Begründer des Kultes der Göttin der Vernunft, am 24. März 1794 enthauptet.
Dezemvirn: »Zehnmänner«. Anspielung auf die römische Antike; gemeint sind die Mitglieder des Wohlfahrtsausschusses, der Exekutive der Revolutionsregierung.
Antediluvianer: Vorsintflutler, Relikte der Eiszeit.
Advokat von Arras: Robespierre.
Genfer Uhrmacher: der Schweizer Philosoph Jean-Jacques Rousseau (1712–1778).
27 *Fallhütchen:* gepolsterte Kopfbedeckung für Kinder, die sich beim Fallen nicht den Kopf verletzen sollten.
Marats Rechnung: Jean Paul Marat (1744–1793), Präsident des Jakobinerclubs, hauptverantwortlich für die Septembermorde. Er selbst sprach in diesem Zusammenhang von 500 bis 600 abgeschlagenen Köpfen.
Deputierte: Abgeordnete des Nationalkonvents. Die gemäßigteren Girondisten waren aus dem Konvent ausgestoßen worden.
Bacchantinnen: Tänzerinnen im Kult des römischen Weingottes Bacchus.
28 *Epicur:* griechischer Philosoph des Materialismus (um 341–270 v. Chr.).
Venus mit dem schönen Hintern: Venus Kallipygos.
Chalier: Joseph Chalier (1747–1793), Lyoner Revolutionsführer, der von den Royalisten hingerichtet und von den Jakobinern als Märtyrer verehrt wurde.
gespreizte Katone: Anspielung auf Marcus Porcius Cato den Älteren (234–149 v. Chr.), den Wahrer römischer Tradition und Sittenstrenge.
29 *Kuppelpelz:* im Sinne von »Kupplerin« zu verstehen.
Sublimatpille: Quecksilberchlorid, verbreitetes Heilmittel der Zeit gegen Syphilis.
Vestalin: Priesterin der römischen Göttin Vesta.
Virginius: Römer, der seine Tochter Virginia erstach, um ihre Reinheit, die vom Dezemvirn Appius Claudius bedroht wurde, zu erhalten. Lessing bearbeitete den Stoff in seiner »Emilia Galotti«.
30 *Lucretia:* komische Verwechslung; die Römerin Lucretia erstach

sich, nachdem sie von Sextus Tarquinius mißbraucht worden war.

Heller: kleine Münze.

das Veto: Der König besaß nach der Verfassung von 1791 dem Parlament gegenüber ein Vetorecht. Mit seinem Tod wurde auch das Vetorecht aufgehoben.

Girondisten: gemäßigtere republikanische Partei, die von den Jakobinern entmachtet worden war.

31 *wer auswärts geht:* Gemeint ist entweder die Abwanderung des französischen Adels ins Ausland oder die feine Gangart – mit nach außen gerichteten Fußspitzen – der Aristokratie.

Die da liegen in der Erden ...: aus dem Schinderhanneslied (»Kann es etwas Schöners geben ...«).

Ohnehosen: französisch sansculottes = Leute, die keine Kniehosen (wie der Adel) tragen.

vom August und September: Der Sturm auf die Tuilerien fand am 10. August 1792 statt; in der Zeit vom 2. bis 6. September 1792 wurden in Paris mehr als 1500 als Royalisten verdächtigte Bürger, Adlige und Priester ermordet.

32 *Aristides:* athenischer Feldherr und Politiker (um 550–467 v. Chr.), Inbegriff der Unbestechlichkeit.

Baucis: In der griechischen Sage sind Philemon und Baucis als Verkörperung der vollkommenen Ehe bekannt. Das Motiv wird von Goethe in »Faust II« aufgegriffen.

du sammelst Kohlen auf mein Haupt: biblische Anspielung (vgl. Römer 12,20 u.a.).

Portia: Porcia, Tochter Catos und Frau des Brutus, Sinnbild der ehelichen Treue.

Sein Wahnsinn ist ...: Vgl. Shakespeare, »Hamlet«, V, 2.

33 *die Flotten Pitts:* William Pitt der Jüngere (1754–1806), britischer Premierminister und Führer der Kriegsinitiative gegen das revolutionäre Frankreich.

31. Mai: Am 31. Mai 1793 wurden die Girondisten von den Jakobinern ihrer Vormachtstellung beraubt.

Gaillard: ein Anhänger Héberts, der durch Selbstmord endete.

der Dolch des Cato: Der Römer Marcus Porcius Cato (95–46 v. Chr.) starb in Utica durch den Dolch von eigener Hand, als Caesar endgültig die Vorherrschaft errungen hatte. Vgl. Büchners »Rede zur Verteidigung des Kato von Utika« (Seite 216ff. dieses Bandes).

Becher des Socrates: Anspielung auf den Selbstmord des Sokrates, der den Schierlingsbecher der Flucht vorzog und sich damit dem Gesetz unterwarf.

Dictionär der Akademie: Wörterbuch der Académie Française.
witzig: klug.
in effigie: vermittelst eines Abbildes, symbolisch.

34 *Medusenhäupter:* Das Haupt der Medusa verwandelte denjenigen in Stein, der sie ansah.
Faktionen: politische Gruppierungen.
affektierten Wahnsinn: gekünstelten Wahnsinn.
Diversion: Täuschungsmanöver.
noch eine andere Faktion: nämlich die Gruppe um Danton.

35 *Despotismus:* Gewaltherrschaft.

36 *schöngeistern:* sich in Geistreicheleien ergehen.
Man hat ... den Tacitus parodiert: Anspielung auf den »Vieux Cordelier« des Camille Desmoulins, in dem mit Zitaten aus den »Annalen« des römischen Historikers Tacitus (55–120) zur Schrekkensherrschaft des Kaisers Tiberius die Revolutionsregierung attackiert worden war.
mit dem Sallust antworten und den Catilina travestieren: Angespielt wird auf den Bericht des römischen Historikers Sallust (86–36 v. Chr.) über die Verschwörung des Patriziers Catilina im Jahre 63 v. Chr. gegen die römische Republik. Die Verschwörung wurde von Cicero unterdrückt.

37 *deinen Büsten:* Gemeint sind die Büsten Marats und Chaliers.
Stutzern: (zu) modisch gekleidete Bürger.
Contrerevolution: Gegenrevolution.
Minotaurus: Ungeheuer der griechischen Mythologie, das einen Stierkopf auf einem menschlichen Körper trug. Es hauste im Labyrinth des Minos auf Kreta und lebte von Menschenopfern.
die mediceische Venus: die kaiserzeitliche Kopie einer griechischen Aphroditestatue wohl des 1. Jahrhunderts v. Chr., nach ihrem früheren Besitzer benannt; seit 1677 in den Uffizien zu Florenz.
Palais Royal: der Palast Richelieus beim Louvre, der zum Vergnügungsort umgewandelt worden war.

38 *Medea:* In der griechischen Mythologie ermordet Medea, die Frau des Jason, ihren Bruder Apsyrtos und wirft die zerstückelte Leiche ins Meer.

40 *die quälten sich:* metaphorisch für den Sexualakt.
treiben's: begatten sich.
Nönnlein von der Offenbarung durch das Fleisch: Prostituierte.
gibt einer die Disziplin: sexuelle Anspielung in der Terminologie des Klosters.
einen Monat dafür zu fasten bekommen: Er wird eine Geschlechtskrankheit auskurieren müssen.

Adonis: in der griechischen Mythologie ein Königssohn, der von einem Eber getötet wird, Geliebter der Aphrodite und Inbegriff der Schönheit.
gangbaren Straße: Anspielung auf das Leben der Prostituierten.
Herdweg: Herdenweg, von der Viehherde begangener Feldweg.
41 *Quecksilberblüten, Sublimattaufe:* abermals Anspielungen auf Quecksilberchlorid als Heilmittel gegen die Syphilis.
Torso: Rumpf.
barmherzige Schwestern: Wiederum wird die Ordensmetaphorik als Umschreibung der Prostitution gebraucht.
sich in die Toga zu wickeln: Caesar verhüllte sich mit seinem Obergewand, als ihn die Dolchstöße der Mörder trafen.
Paetus es schmerzt nicht: die letzten Worte der vornehmen Römerin Arria, die ihrem Mann den Dolch, mit dem sie sich erstochen hatte, reichte. Beide wurden von Kaiser Claudius verfolgt.
terreur: Schrecken.
42 *Paris:* auch Fabricius, Geschworener des Revolutionstribunals.
Brutus: Lucius Junius Brutus, der um 500 v. Chr. die Königsherrschaft in Rom beendete und angeblich seine beiden Söhne wegen antirepublikanischer Umtriebe zum Tode verurteilte.
Skala: Leiter.
Saturn: Büchner übernimmt die Redewendung aus seinen Quellen.
Sektion der roten Mütze: einer der 48 Verwaltungsbezirke in Paris während der Revolution.
der Mann des September: Danton.
43 *Eunuch:* Kastrat.
Carmagnole: kurze Jacke der Marseiller Aufständischen, die dann zum gängigen Kleidungsstück der Jakobiner wurde.
Arsenal: Rüstkammer, Zeughaus.
mons Veneris: Venusberg.
tarpejischer Fels: im alten Rom Ort der Hinrichtung für Feinde des Staates, nahe dem Capitol.
44 *abgekitzelten Klasse:* abgewirtschafteten Klasse.
Moralphysiognomie: moralischer, selbstgerechter Gesichtsausdruck.
Fleckkugeln: zum Reinigen der Kleidung bestimmte Chemikalien.
45 *proskribieren:* ächten.
Streiche: Hiebe.
aus der Sonne gehen heißen: Der griechische Philosoph Diogenes hat angeblich Alexander den Großen, der ihm einen Wunsch zugestand, gebeten, ihm aus der Sonne zu treten.
47 *›Der alte Franziskaner‹:* »Le vieux Cordelier«, die von Camille

Desmoulins als Sprachrohr der gemäßigteren Jakobiner herausgegebene Zeitung.
Kalvarienberge ... zwischen den beiden Schächern: Anspielung auf die Passion Christi, desgleichen *Maria und Magdalena*, die Zeugen der Kreuzigung wurden. – Couthon und Collot, beide Anhänger Robespierres, hätten derart die Rolle der Schächer zu spielen.
apokalyptischen Offenbarungen: Vgl. die Schilderungen des Weltendes in der Offenbarung des Johannes.
Monstranz: in der katholischen Kirche Behältnis für die Hostie.
St. Denis: Nationalheiliger Frankreichs, der nach seinem Märtyrertod durch Enthauptung den eigenen Kopf bis zum Pariser Vorort St. Denis getragen haben soll; beliebtes Motiv der bildenden Künste der Zeit.

48 *den alten Sack:* Barères voller Name lautet Barère de Vieuzac.
das hippokratische Gesicht: facies Hippocratica, Gesichtsausdruck eines Sterbenden, benannt nach dem griechischen Arzt Hippokrates (460–377 v. Chr.).
die Fälscher: Chalot, Delaunai, Bazire und Fabre d'Églantine hatten ein Schwindelunternehmen um die Handelsgesellschaft Compagnie des Indes aufgezogen.
die Fremden: Ebenfalls verwickelt in das Betrugsmanöver waren zwei Österreicher, ein Däne und ein Spanier.
Gethsemanegarten: Anspielung auf den Aufenthalt Christi am Ölberg.

49 *die vom Tale ... die vom Berge:* Anspielung auf die Sitzordnung des Nationalkonvents: Die gemäßigteren Abgeordneten saßen unten.
Leichenbitter: derjenige, der in ländlichen Gemeinden die Gäste zur Trauerfeier bat.

50 *Cordeliers:* Angehörige des Jakobinerclubs, der sich im Franziskanerkloster versammelte.
Algebraisten im Fleisch: Anspielung auf die Erzählung »Zerbino oder die neue Philosophie« (1776) des Sturm-und-Drang-Dichters J. M. R. Lenz.

51 *Zübern:* mundartliche Form von Zubern = Bütten.

52 *Was doch ist ...:* Anspielung auf eine Volksliedstrophe.
Pike: Spieß der Fußsoldaten.
das Euter der römischen Wölfin: Romulus und Remus, die sagenhaften Gründer Roms, sollen als Säuglinge von einer Wölfin ernährt worden sein.

53 *Christinlein, lieb Christinlein mein:* wohl ein hessisches Soldatenlied der Zeit.

54 *à l'enfant:* wie ein Kind.

55 *die Erde ist eine dünne Kruste:* der von Büchner mehrfach (etwa im »Woyzeck«) gebrauchte sog. Topos abyssos, der auf existenzielle Unsicherheit verweist. Vielleicht Nachklänge der Philosophie Pascals und Feuerbachs.
in fünffüßigen Jamben: antikes Versmaß.
Sentenz: Ausspruch.

56 *Pygmalions Statue:* In der griechischen Mythologie schuf der Bildhauer Pygmalion die Plastik eines Mädchens derart lebensnah, daß er sich in sie verliebte. Auf sein Bitten wurde sie von Aphrodite belebt.
David: Anspielung auf den Revolutionsmaler Jacques-Louis David (1748–1825), der später zum Hofmaler Napoleons avancierte. Eines seiner berühmtesten Gemälde ist »Die Ermordung Marats« aus dem Jahre 1793.
Force: Gefängnis in Paris.
Hudeleien: Schlampereien.

57 *Ach Scheiden, ach Scheiden ...:* Strophe des Volksliedes »Dort droben auf hohem Berge ...«

58 *Lorgnon:* Einglas mit Griffstange.

59 *Die Könige waren nur noch ...:* Gemeint ist die 1792 gegen Paris anrückende Koalitionsarmee der Briten, Österreicher, Preußen u.a.

60 *es muß ja Ärgernis kommen:* biblische Anspielung (vgl. Matthäus 18,7), auch in »Der Hofmeister« (V, 10) von J. M. R. Lenz zitiert.

61 *Perpendikel:* Pendel einer Uhr, hier anstößige Anspielung.
Eichelkrone: Anspielung auf die Eichenkrone des Patrioten einerseits und die männliche Anatomie andererseits.

63 *Lafayette:* Marie Joseph Motier Marquis de Lafayette (1757–1834), französischer Armeeoffizier, amerikanischer Freiheitskämpfer, rettete sich 1792 durch die Flucht ins Ausland.
Dumouriez: Charles François Dumouriez (1739–1823), Befehlshaber der revolutionären Armeen. Nach anfänglichen Siegen wurde er den Jakobinern verdächtig und mußte fliehen.
Brissot: Jacques Pierre Brissot (1754–1793), Führer der Girondisten, guillotiniert.

64 *tellurischen:* aus der Erde kommenden.
Weltgeist: anachronistische Anspielung auf die Philosophie des deutschen Idealismus, die Büchner bezeichnenderweise St. Just in den Mund legt.

65 *14. Juli:* Der Sturm auf die Bastille am 14. Juli 1789 leitete die Französische Revolution ein.
die Töchter des Pelias: In der griechischen Mythologie zerstückel-

ten diese ihren Vater in der Hoffnung, ihn zu verjüngen. Medea gab ihnen den Gedanken ein, um sich an Pelias zu rächen.

66 *Das Luxembourg:* das Palais d'Orléans, das während der Revolution als Gefängnis diente.

Anaxagoras: Payne bediente sich des Namens des griechischen Philosophen Anaxagoras (um 500–428 v. Chr.).

Quod erat demonstrandum: Was zu beweisen war.

Spinoza: Baruch de Spinoza (1632–1677), niederländischer Philosoph. Büchner hatte sich mit seinen Schriften besonders befaßt.

67 *Tripper:* Geschlechtskrankheit.

Voltaire: französischer Autor und Philosoph, eigentlich François-Marie Arouet (1694–1778).

68 *sich gegenseitig heben:* sich aufheben.

Madame Momoro: Darstellerin der Göttin der Vernunft beim Fest der Vernunft.

Rosenkränze ... in den Leisten: Anspielung auf ein Symptom der Syphilis.

69 *Diese Dogge mit Taubenflügeln:* in den Quellen überlieferter Spottname Dantons.

Schlagfluß: Schlaganfall.

Leichdörner: Hühneraugen.

Das Blut der Zwei und zwanzig: Von zweiundzwanzig am 15. April 1793 aus dem Konvent ausgestoßenen Girondisten wurden am 30. Oktober einundzwanzig guillotiniert.

70 *Heckefeuer:* aus dem militärischen Sprachgebrauch übernommene Bezeichnung für die gleichzeitige Aburteilung einer Gruppe von Angeklagten.

70/71 *Leroi ... Vilatte ... Lumière ... Girard ... Renaudin:* Geschworene des Revolutionstribunals.

71 *Die Conciergerie:* ein Gefängnis beim Justizpalast.

72 *Mirabeau:* Honoré-Gabriel de Riqueti, Comte de Mirabeau (1749–1791), Jakobinerführer und Präsident der Nationalversammlung. Nach seinem Tode des Verrats beschuldigt und entehrt.

Orléans: Louis-Philippe, Herzog von Orléans (1747–1793), der sich der Revolution anschloß, später jedoch guillotiniert wurde.

Ludwigs des XVII.: Ludwig XVII. (1785–1795), Sohn Ludwigs XVI.

73 *gedenken Sie Marats:* der 1793 des Verrats beschuldigt, aber freigesprochen worden war.

am 21. Januar: die Enthauptung Ludwigs XVI. fand am 21. Januar 1793 statt.

die platten: die hirnlosen.

74 *geätzt:* gespeist.

75 *Assignaten:* Banknoten bzw. Schuldverschreibungen.

76 *Billet:* Brief.

Tertie: der sechzigste Teil einer Sekunde.

Jupiter: oberste Gottheit der römischen Mythologie, Gott des Donners.

Samson: Sanson ist der Familienname der Scharfrichter der Revolutionszeit.

77 *der hörnene Siegfried:* In der Sage wird Siegfried durch sein Bad im Drachenblut mit einem (fast) undurchdringlichen Panzer umgeben.

Septembrisierten: die im September 1792 Guillotinierten.

St. Pelagie: eigentlich Ste. Pelagie, vormaliges Kloster, während der Revolutionszeit Gefängnis.

78 *Bouteille:* Flasche.

spinne deine Perioden: bilde deine Sätze.

79 *Semele:* Zeus erschien der Semele mit Donner und Blitz, sterbend gebar sie ihm Dionysos.

Spezificum gegen die Lustseuche: eine Arznei gegen die Syphilis.

den Moderierten: den Gemäßigten.

Katheder: Pult, Lehrpodium.

Clichy: nahe Paris gelegener Ort, in dem viele der Revolutionäre Landhäuser hatten.

Haarstern: Komet.

Demahy: eine Kurtisane.

Mahomet: lange Zeit eine problematische Lesart. Bei Ludwig Büchner findet sich »Masonet«, andere Herausgeber schlugen »Masoret« vor. Mahomet = Mohammed als Sinnbild des Eiferers und Fanatikers gehört in den Wortgebrauch der Zeit. Die Lesung kann als gesichert gelten.

80 *Septembriseurs:* Vollstrecker der Septembermorde.

Pakten: Vertrag bzw. Verträge.

81 *Fibern:* Fasern, Muskelgewebe.

der ewige Jude: Ahasverus, der laut dem Volksbuch ewig wandern muß. Beliebter literarischer Stoff vor allem der Romantik.

wie es im Lied heißt: Anspielung auf Schubarts Gedicht »Der ewige Jude«.

83 *Zitadelle:* Festung.

die Raben: die Galgenvögel bzw. Unglücksboten.

84 *Wildpret:* Wildbraten.

86 *nach Platon:* Gemeint ist wohl eine Angabe der mittelalterlichen Neuplatoniker, sicherlich nicht einer der Dialoge des griechischen Philosophen Platon (427–347 v. Chr.).

87 *Picken:* Ticken.
88 *äfft:* ahmt . . . nach.
89 *Die Nachtgedanken:* »The Complaint, or Night Thoughts«, ein episches Gedicht von Edward Young (1683–1765).
die Pucelle: »La pucelle d'Orléans«, satirisches Epos von Voltaire über Jeanne d'Arc.
Bestallung: amtliche Ernennung.
sous: kleine Münze.
90 *Quarantän:* Quarantäne, Isolierung beim Verdacht einer anstekkenden Krankheit.
mit dem langen Steinrock und der eisernen Maske: Anspielung auf die Fassade des Gefängnisses und die Gitterstäbe vor Camilles Gesicht. Im weiteren Sinne auch auf den »Prinzen mit der eisernen Maske«, eine in der französischen Sage und Literatur bekannte Gestalt.
Es stehn zwei Sternlein . . .: freie Bearbeitung des Volksliedes »Stehn zwei Stern am hohen Himmel . . .«.
eine unleidliche Tracht: Vgl. oben *mit dem langen Steinrock* usw.
91 *des vers:* Wortspiel mit den Begriffen »Verse« und »Würmer«, zu verstehen als Anspielung auf die Vergänglichkeit.
Wir waschen unsere Hände: Wir lehnen jede Verantwortung ab. – Vgl. Matthäus 27,24.
Couthon: Georges-Auguste Couthon (1755–1794), gehbehinderter Anhänger Robespierres.
Clytemnestra: Klytämnestra, Gattin des Griechenkönigs Agamemnon, den sie nach seiner Rückkehr aus Troja ermordete.
fixen Ideen: Wahnvorstellungen.
fossilen: versteinerten.
92 *Simson:* Anspielung auf Richter 15,15. Simson erschlug mit den Backenknochen eines Esels tausend Philister.
Sie sind Kainsbrüder: Gemeint sind der biblische Simson und der Henker Sanson.
Nero: römischer Kaiser (37–68), ein wahnsinniger Tyrann.
mit einem guten Akzent: in der Sprache der Gebildeten.
den einen . . . zahllosen: den immer wieder gleichen.
93 *Stoiker machten die heroische Fratze:* Anspielung auf die von der Stoa vertretene Beherrschung lebhafter Gefühle.
der Zeter: das Jammergeschrei.
Molochsarmen: Der babylonische Gott Moloch verlangte ständig nach dem Opfer von Kindern.
der Äther mit seinen Goldaugen: der Himmel mit seinen Sternen.
94 *Olymp:* eigentlich Olympos, Berg in Griechenland, in der Mythologie Sitz der Götter.

Phiole: Glasbehälter.

95 *Carmagnole ... Marseillaise:* Revolutionslieder. Die Marseillaise des Rouget de Lisle (1792) ist die heutige Nationalhymne Frankreichs.

»Ihr Berge, fallet auf uns!«: Bibelzitat aus Hosea 10,8 und Lukas 23,30; die Jakobiner hießen im Volksmund auch »Bergpartei«.

Charon: in der griechischen Mythologie der Fährmann, der die Toten über den Totenfluß Styx beförderte.

Libation: Trankspende. Anspielung auf den römischen Brauch, vor dem Gastmahl etwas Wein für die Götter zu verschütten.

Das war schon einmal da ...: Ähnliche Worte sind von dem Girondisten Lasource überliefert, der am 30. Oktober 1793 verurteilt wurde.

96 *Ich sterbe doppelt:* Fabre war ein todkranker Mann, als er die Guillotine bestieg.

Korb: am Boden des Fallbeils befestigte Vorrichtung zur Aufnahme der Köpfe der Hingerichteten.

97 *Konstitutionsfest:* Am 10. August 1793 wurde die (von Hérault-Séchelles aufgesetzte) Verfassung der Revolution gefeiert.

Und wann ich hame geh ...: modifiziertes Volkslied.

Ellervater: Großvater.

Es ist ein Schnitter ...: Volkslied aus »Des Knaben Wunderhorn«.

Lenz (Seite 99–124)

Der Textgestalt von Büchners Erzählung liegt der posthume Druck von Ludwig Büchner zugrunde. Auch wenn dieser Druck offenbar auf eine gewisse Modernisierung bedacht ist, so ist ihm – als dem sorgfältigeren und im ganzen zuverlässigeren – Textzeugen der Vorzug gegenüber Karl Gutzkows früherer Ausgabe zu geben. Gewisse sprachliche Eigenheiten Büchners, die als gesichert gelten können, wurden jedoch aus dem Abdruck Gutzkows restituiert. Darüber hinaus wurde die Rechtschreibung behutsam modernisiert. Der ursprüngliche Lautstand und für Büchner charakteristische Eigentümlichkeiten blieben erhalten.

Die in der verlorenen Handschrift Büchners wie in beiden Überlieferungsträgern lückenhaften Stellen wurden durch [---] gekennzeichnet. *Kursiv* gesetzte Wörter stellen Eingriffe des Herausgebers dar, die sich auf die Tagebuchaufzeichnungen Oberlins stützen. Hierzu wird auf die nachstehenden Anmerkungen verwiesen.

101 *Januar: Januar* fehlt bei Büchner; ergänzt aus Oberlins Tagebuch. Dort lautet die Stelle: »Den 20. Januar 1778 kam er hierher.«

102 *Waldbach:* Waldersbach, der Pfarrsitz Oberlins.
Oberlin: Johann Friedrich Oberlin (1740–1826), protestantischer Pfarrer, Pietist und engagierter Helfer der Armen.
Kaufmann: Der Name fehlt bei Büchner; ergänzt aus Oberlins Tagebuch. Gemeint ist Christoph Kaufmann (1753–1795), ein Freund Lenzens aus dem Kreis um Goethe, Merck und Herder.

104 *silbernes Gespinst:* in den Textzeugen »Gespenst«.

105 *unsichtbare Hand:* in den Textzeugen »unaufhaltsame Hand«.

108 *Stilling:* Gemeint ist der Roman »Heinrich Stillings Jugend« (1777) von Johann Heinrich Jung (1740–1817).

109 *»Hofmeister« . . . »Soldaten«:* Dramen von J. M. R. Lenz: »Der Hofmeister« (1774) und »Die Soldaten« (1776).
der altdeutschen Schule: Malerei des 15. und 16. Jahrhunderts.
radotieren: reden, palavern.

110 *Apoll von Belvedere:* Plastik im Vatikanischen Museum.
Raphaelische Madonna: Raffaello Santi (1483–1520), prominentester Maler der italienischen Renaissance.
Christus und die Jünger von Emaus: Gemälde von Carel von Savoy, das Büchner aus dem Darmstädter Landesmuseum bekannt war.
ein Anderes: Gemeint ist eine Arbeit von Nicolaes Maes, der das Motiv der lesenden Frau viermal darstellte.

111 *verhunzt:* verdorben.
Lavater: Johann Kaspar Lavater (1741–1801), Pfarrer und philosophischer Denker des Kreises um Goethe und Herder.
Zurüstungen: Vorbereitungen.

112 *er habe damit gerungen wie Jakob:* Anspielung auf 1. Mose 32.

114 *neben:* daneben.
Auf dieser Welt hab' ich kein' Freund' . . .: Volkslied.
das Frauenzimmer: Gemeint ist Friederike Brion (1752–1813), in die sich Lenz ohne jeden Widerhall verliebt hatte.

115 *Fouday:* ein Nachbardorf.
das Friederike hieß: aus Oberlins Tagebuch ergänzt.

116 *die Sünde wider den heiligen Geist:* in den Textzeugen: »die Sünde und der heilige Geist standen«; gemeint ist natürlich *die* Sünde wider den Heiligen Geist: die Verzweiflung an Gott.
Pfeffel: Gottlieb Konrad Pfeffel (1736–1809), elsässischer Volksdichter.

117 *einen Andern:* Friederike Brion war eine Jugendgeliebte Goethes.

118 *Habergeise:* in den Textzeugen »Haberpfeife«; ergänzt aus Oberlins Tagebuch. Gemeint ist ein Waldvogel.

119 *Sebastian Scheidecker:* Der Name fehlt bei Büchner; aus Oberlins Tagebuch ergänzt.

120 *Hieroglyphen:* geheimnisvolle Schriftzeichen (sakraler Bedeutung).

Siehe die Briefe: Dies ist eine Anmerkung Büchners, die scheinbar zusammenhangslos in den Abschriften stehengeblieben ist. Erklärbar ist sie aus dem Charakter eines letzten Entwurfs, in dem die Erzählung überliefert ist. Offensichtlich verfügte Büchner über weiteres – briefliches – Quellenmaterial, das er einzuarbeiten plante.

121 *Zufälle:* Anwandlungen, Anfälle.

122 *Profanation:* Versündigung, Entweihung.

und ganz zitternd: In Oberlins Tagebuch schließt sich hier ein längerer Bericht über einen Selbstmordversuch an, der bei Büchner offenbar nicht aufgenommen wurde.

Leonce und Lena (Seite 125–158)

Von wenigen Entwürfen abgesehen, hat sich keine Handschrift des Lustspiels erhalten. Die Textgestalt basiert im ganzen auf dem posthumen Druck Ludwig Büchners. Man darf annehmen, daß Büchners Bruder die Originalhandschrift vorlag, man weiß jedoch, daß er bei ihrer Wiedergabe sprachlich und geschmacklich (besonders was ihm anstößig erscheinende Passagen betrifft) regelnd vorgegangen ist. Gelegentliche Besserungen und Ausfüllungen wurden deshalb aus dem Teildruck Karl Gutzkows vorgenommen. Jener scheint stellenweise, obwohl er sich nur auf eine Abschrift des Manuskripts von Minna Jaeglé stützen konnte, dem Originaltext näher. Beide Überlieferungsträger sind allerdings relativ unzuverlässig, und der vorliegende Text kann derart bestenfalls einen Näherungswert zum Original vermitteln. Eine behutsame Modernisierung, die für Büchner charakteristische Schreibgewohnheiten unangetastet ließ, wurde an der Rechtschreibung vorgenommen.

125 *Vorrede:* Mit Alfieri und Gozzi sind die beiden italienischen Bühnendichter Vittorio Alfieri (1749–1803) und Carlo Gozzi (1720–1806) gemeint. Ein genauerer Quellenbezug ist noch nicht erwiesen. – »E la fama?« = »Und der Ruhm?«; »E la fame?« = »Und der Hunger?«.

127 *O wär ich doch ein Narr . . .:* Zitat aus Shakespeares »Wie es Euch gefällt« (II, 7).

als mit mir zu wetten: »als« in hessischer Mundart = »immer«.

128 *Sie sind pressiert:* »Sie haben Eile«; in Ludwig Büchners Ausgabe: »Sie haben dringende Geschäfte«.
Parenthese: Gemeint ist hier das Satzzeichen einer Klammer.

129 *an Idealen zu laborieren:* sich mit Idealvorstellungen abzuplagen.
Hei, da sitzt e Fleig an der Wand: wahrscheinlich hessische Variation von »O du lieber Augustin . . .«. »Fleig« ist indessen sicherlich ein Lesefehler der Textzeugen, denn im Hessischen müßte die Form »Flieg« lauten.
Leibmedicus Cantharide: Aus der Kantharide, der spanischen Fliege, wurde das Kantharidin, ein vermeintliches Aphrodisiakum, gewonnen.

130 *Knopf:* Knoten.

132 *ambrosische:* duftende.

133 *O dolce far niente:* O süßes Nichtstun.
Hiatus: Unterbrechung, Innehalten (des Atems).

134 *Adio:* richtig: addio.

135 *Nankinghosen:* Baumwollbeinkleider nach Art der Zeit.
Caligula und Nero: römische Caesaren, gefürchtete Tyrannen, die beide als geistesgestört galten.

136 *Adonis:* Gestalt der griechischen Mythologie, Geliebter der Aphrodite und Inbegriff der Schönheit.

138 *Kapaun:* Masthahn.
Passion: Vorliebe.
die fünf Vokale: Liest man das V in »Valerio« vokalisch (als U), dann ist sein Name aus den fünf Vokalen gebildet.

139 *O Shandy . . . Uhr:* Anspielung auf den Roman »Tristram Shandy« von Lawrence Sterne (1713–1768), in dem die Uhr des Hauses den Geschlechtsverkehr der Eltern Tristrams reguliert.
a priori . . . a posteriori: Anspielung auf die Philosophie Kants, zugleich auf das Erbkönigtum von Leonces Vater.
Demission: Abschied.

140 *Pan:* antiker Hirtengott (in der römischen Mythologie: Faunus).
Virgil: der römische Dichter Publius Vergilius Maro (70–19 v. Chr.), Verfasser der »Aeneis«.
Tarantella: süditalienischer Tanz.
Lazzaroni: neapolitanischer Bettler.
Auf dem Kirchhof will ich liegen . . .: Schlußverse des Volksliedes »Soviel Stern am Himmel . . .«.
warum schlägt man einen Nagel . . .: Gemeint ist hier die von der Staatsraison diktierte Ehe der Königskinder.

142 *Wie ist mir eine Stimme doch erklungen . . .:* modifiziertes Zitat aus dem Gedicht »Die Blinde« von Adalbert von Chamisso (1781–1838).

144 *die Flucht der heiligen Otilia:* Anspielung auf eine elsässische Heilige.

145 *die greisen freundlichen Gesichter:* bei Ludwig Büchner: »die großen freundlichen Gesichter«.
Cymbeln: Schlaginstrument.
Ergo bibamus: Laßt uns also trinken.

147 *Vizinalwege:* (oft ungepflasterte) Landstraßen.
Scherbe: Tontopf.

148 *Totenuhren:* Gemeint sind die Holzwürmer.

149 *Serenissime:* durchlauchtigster Herr.

150 *zum ewigen Kalender:* wahrscheinlich eine Anspielung auf das kirchliche Sakrament der Ehe.
philobestialisch: »tierfreundlich«, Analogiebildung zu »philanthropisch« (menschenfreundlich).
Signalement: (amtliche) Personenbeschreibung.

152 *Vatermörder:* steifer Papierkragen.
Gradierbäume: zur Salzgewinnung verwendete Äste.
Marmormeer: Wortspiel mit dem Marmarameer und der Körperlichkeit der Hofdamen.

155 *Desperation:* Verzweiflung.

156 *akkordiert:* miteinander einig.
In effigie: im Abbild, symbolisch.

158 *morgen fangen wir . . . den Spaß noch einmal von vorn an:* komödiantische Schlußformel.
milchweiße ästhetische Spitzmäuse: Anspielung auf das Delirium tremens.
Dekret: behördliche Anordnung.
Kuratel: Vormundschaft.
kommode: bequeme.

Woyzeck (Seite 159–194)

»Woyzeck« ist Büchners letzte dichterische Arbeit. Das Drama ist, so will es die Überlieferung, Fragment geblieben. Erhalten haben sich vier handschriftliche Szenengruppen, deren sorgfältigste und sauberste (H 4) vermutlich eine Art letzten Entwurfs darstellt. Für das Arrangement eines Lese- und Bühnentexts kommt ihr daher – auch wenn sie die eigentliche Mordhandlung (noch) nicht überliefert – besondere Bedeutung zu. Sie dient als Kernstück der vorliegenden Leseausgabe und wird in ihrer Gesamtheit von 17 Szenen bzw. Szenenfetzen gemäß der handschriftlichen Überlieferung in ihrer chronologischen Anordnung wiedergegeben. Sie umfaßt alle die Szenen bzw. Szenenfetzen im vorliegenden Text, die *keinen* Stern tragen, also die Nummern 1, 2, 5, 6, 7, 8, 9, 10, 11, 12, 13, 14, 15, 17, 18, 19. Eine Ausnahme bildet die Szene 2 der Gruppe H 4, für die sich in der Handschrift lediglich die Überschrift BUDEN. LICHTER. VOLK findet. Diese Lücke war aus den früheren Entwürfen auszufüllen, und zwar derart, daß die Szene 3* des vorliegenden Lesetexts die dritte *und* die fünfte Szene des früheren Entwurfs H 2 zu einer dramaturgischen Einheit verbindet. Nachgestellt wurde dieser Szene dann die zweite Szene der frühesten Entstehungsstufe H 1 (Szene 4* in unserem Lesetext), um die dem BUDEN-Geschehen so wesentliche Handlungskomponente einer Begegnung Maries und des Tambourmajors zu sichern. Auf eine Vermengung (Kontamination) von Dialogeinheiten verschiedener Szenen wurde bewußt verzichtet, um dem Leser den freien Zugang zum Text der Entwürfe auch im Rahmen eines Lese-Arrangements noch zu sichern.

Die Szene 16* des Lesetexts greift in die Chronologie des vermutlich letzten Entwurfs H 4 ein und vermittelt eine Szene des früheren Entwurfs H 3. Über ihre Verwendung wird sich generell streiten lassen, ebenso über die hier vorgeschlagene Plazierung. Im Entwurf H 3 trägt sie den Titel DER HOF DES PROFESSORS, der »Doktor« der späteren Entstehungsstufen erscheint hier noch als »Professor«. Ob Büchner tatsächlich an eine weitere Verwendung der Szene in einer Reinschrift gedacht hat, weiß man nicht. Es läge immerhin nahe, daß er die einmal begonnene Doktor-Handlung (Szenen 9 und 10 des Lesetexts) weiterzuführen und hierdurch die soziale Motivation von Woyzecks Handeln zu verstärken dachte. Die Entscheidung *für* eine Aufnahme der Szene H 3 (2) in den Lesetext stellt jedoch zweifellos ein interpretatorisches Präjudiz dar, das der Leser keineswegs akzeptieren muß.

Nach Abbrechen der Szenenfolge des letzten Entwurfs, die direkt auf das Mordgeschehen hinleitet, war auf den frühesten Entwurf H 1 zurückzugreifen, denn allein dieser vermittelt den »Mord-Komplex«. Die Szenen 20*, 21*, 22*, 23*, 24*, 25* und 26* des Lesetexts geben den Wortlaut der Szenen 14, 15/16 (diese beiden im Lesetext zu 21* zusammengezogen), 17, 18, 19, 20 und 21 des Entwurfs H 1 im Wortlaut der Überlieferung wieder. Geändert wurden hier lediglich die Namen Louis = Woyzeck und Margreth = Marie zu der im letzten Entwurf gebräuchlichen Form. Nicht verzichtet wurde auf das Szenenfragment H 1 (21), das Szene 26* des Lesetexts bildet. Trotz seiner offensichtlichen Unfertigkeit, die gerade bei einer Bühneninszenierung besondere Schwierigkeiten präsentiert, scheint der Fetzen von Bedeutung für eine von Büchner möglicherweise geplante Weiterführung der Handlung im Sinne seiner Quellen: eines Gerichtsverfahrens mit der nachfolgenden

Aburteilung Woyzecks. Deshalb konnte das Fragment nicht vom Lesetext ausgeschlossen werden.

An den Schluß des Lesetexts wurde (als Szene 27*) die Szene DER IDIOT. DAS KIND. WOYZECK aus dem früheren Entwurf H 3 gestellt. Zu dieser Plazierung, die abermals der Deutung des Fragments vorgreift, hat sich der Herausgeber in anderem Zusammenhang bereits geäußert (vgl. Gerhard P. Knapp: Georg Büchner. Eine kritische Einführung in die Forschung, S. 71ff.). Die letzte Entscheidung liegt allerdings beim Leser.

Die Szeneneinteilung, die der Lesetext bietet, ist in dieser Form nicht von Büchner vorgesehen. Daher erscheint die Numerierung einzelner Szenen in [ ]. Der Stern hinter der Szenennumerierung dient der Kennzeichnung der Tatsache, daß diese Szene *nicht* dem letzten Entwurf H 4 entstammt. Szenenüberschriften, soweit sie sich in der Überlieferung finden, erscheinen ohne Klammern. Die Szenenüberschriften in [ ] sind nicht durch die Handschriften abgesichert, sondern gehen entweder auf die gängige Editionspraxis oder die Entscheidung des Herausgebers zurück.

Szenen, die in den vorliegenden Lesetext *keine* Aufnahme gefunden haben und die nicht bereits von Büchner im Lauf der Entstehung des Dramas überarbeitet bzw. gestrichen wurden, sind dem Lesetext nachgestellt. Es handelt sich dabei um die Szenen bzw. Szenenfragmente 1, 8, 9, 10 und 11 des ersten Entwurfs H 1 und um die Szenen 7 und 8 des zweiten Entwurfs H 2. Die Szenen bzw. Bruchstücke 12 und 13 des ersten Entwurfs H 1 sind ebenfalls eingeschlossen, da sie gerade Büchners Arbeitsprinzip an dieser Nahtstelle des Texts erhellen. – Abermals wurden die Namen Louis bzw. Margreth in Woyzeck bzw. Marie verändert. Ansonsten folgt der Druck auch hier dem Wortlaut der Handschriften. Der Lautstand der Handschriften bleibt in der vorliegenden Ausgabe erhalten. Lediglich dort, wo orthographische Konvention dies erlaubte, wurde die Rechtschreibung modernisiert. Erhalten bleibt ebenfalls die Interpunktion der Fragmente.

161 *Saßen dort zwei Hasen . . .:* Volkslied; die Strophe beginnt: »Zwischen Berg und tiefem, tiefem Tal . . .«.
Sie trommeln drin: Gemeint ist der abendliche Zapfenstreich.

162 *Frau Jungfer:* gebräuchliche Anrede für eine unverheiratete Frau, hier sicherlich ironisch gemeint.
honette: anständige, ehrenhafte.
mit deim unehrliche Gesicht: mit deinem unehelichen Gesicht.
Mädel was fangst du jetzt an? . . .: hessisches Volkslied.

163 *Verles:* Appell.

vergeistert: behext, verwirrt.
scheint doch als: scheint doch immer.
Auf der Welt ist kein Bestand ...: Variation eines mittelalterlichen Gesanges von der Vergänglichkeit.
Canaillevogel: Kanarienvogel.
Societät: Gesellschaften.
164 *Repräsentation:* Vorstellung.
commencement: Beginn.
165 *Viehsionomik:* Wortspiel mit den Begriffen »Vieh« und »Physiognomie«, ferner eine Anspielung auf die Physiognomik (Lavaters), die Lehre von den menschlichen Gesichtsausdrücken.
expliciere: explizieren, erklären.
Mädel mach's Ladel zu ...: modifiziertes elsässisches Volkslied.
166 *das Schlafengelchen:* eine Entsprechung zum Sandmännchen.
168 *Anglaise:* ein Gehrock, verbreitet beim Beamten- und Kleinbürgertum der Zeit.
der Diskurs: die Diskussion.
169 *Sapperment:* Kraftausdruck.
hirnwütig: geistesgestört.
Mich sehen lernen?: hochdeutsch: »Mich sehen lehren?«; gemeint ist wohl: »Willst du mich sehen lehren?« Sehr unsichere Lesart.
170 *musculus constrictor vesicae:* der Schließmuskel der Harnblase.
Akkord: Übereinkunft.
Wenn es noch ein Proteus wäre, der einem blessiert!: Proteus = Olm; *blessiert:* unsichere Lesart; denkbar wäre auch »krepiert« (Lehmann). Im ganzen als Parodie der Pseudowissenschaftlichkeit und des Medizinerjargons zu verstehen.
171 *von der doppelten Natur:* Büchner spielt hier auf die historischen Quellen des Falles Woyzeck an: Aberglaube, Geisterfurcht.
aberratio bzw. *aberratio, mentalis partialis:* Gemeint ist eine temporäre oder partielle psychische Störung.
Menage: Haushalt.
casus: Fall.
172 *apoplektische Konstitution:* Neigung zum Schlaganfall.
apoplexia cerebralis: Hirnschlag.
Exerzierzagel: nicht ganz verständliche Kombination aus »exerzieren« und »Zagel« = Zopf.
173 *Im Rössel und im Stern:* Gasthäuser.
174 *Ein Jäger aus der Pfalz ...:* modifiziertes Volkslied.
laßt uns noch über's Kreuz pissen ...: im Volk verbreitete (antisemitische) Vorstellung, die hier ironisch verwendet wird.
175 *Zickwolfin:* nicht ganz verständliche Kombination aus »Ziege«

(Zicke) und »Wölfin«; gemeint ist wohl die Vorstellung Woyzecks von der animalischen Natur Maries, die in dieser Bildung Gestalt gewinnt.

176 *centrum gravitationis:* Zentrum der Schwerkraft.

177 *ei ökonomische Tod:* einen preiswerten Tod.

178 *brüst sich:* streckt sich. Unsichere Lesart.

179 *Kamisolche:* Kamisol = (Unter-)Hemd.

ist nit zur Montur: gehört nicht zur Uniform (ist also Woyzecks Eigentum).

Leiden sei all mein Gewinst ...: Vgl. »Lenz« (Seite 107).

Wehrmann, Füsilier: gemeiner (Infanterie-)Soldat.

die Hobelspän: In ländlichen Gemeinden wurde ein Verstorbener auf Hobelspänen aufgebahrt.

180 *Neuntöter:* ein Singvogel, der von freier Warte auf lebende Beute stößt und sie bei Nahrungsüberfluß auf Dornen spießt, um später vom Vorrat zu zehren.

182 *Ins Schwabeland das mag ich nicht ...:* Aus dem Volkslied »Auf dieser Welt ...«.

Und da hat der Ries gesagt ...: Zitat aus dem Märchen der Gebrüder Grimm »Die sieben Raben«.

193 *aufgerecht:* aufgeregt.

zuckelt: hessisch für »trottelt« (hinterdrein).

Jugendschriften/Über Schädelnerven/Büchners Briefe
(Seite 195–294)

Die Rechtschreibung der Jugendschriften, der Probevorlesung »Über Schädelnerven« und der Briefe wurde behutsam modernisiert und, von charakteristischen Ausnahmen abgesehen, den heute gebräuchlichen Normen angepaßt. Vor allem in bezug auf die Briefe Büchners legitimiert sich diese Entscheidung schon dadurch, daß praktisch alle Texte nur in Abschriften aus erster oder zweiter Hand vorliegen. Festgehalten wurde jedoch fast durchgängig an der Interpunktion der Textzeugen, im Falle der Briefe auch an den Hervorhebungen und Auslassungszeichen, so wie sie die Überlieferung (vor allem die Abdrucke von Ludwig Büchner) bietet.

Bibliographische Hinweise

Zeitgenössische und posthume Ausgaben

Der Hessische Landbote. Offenbach, Juli 1834. Ein zweiter, veränderter Druck erfolgte in Marburg im November 1834

Dantons Tod. Dramatische Bilder aus Frankreichs Schreckensherrschaft. Frankfurt/Main 1835

Lucretia Borgia – Maria Tudor. Deutsch von Georg Büchner. In: Victor Hugo: Sämtliche Werke VI. Frankfurt/Main 1835

Sur le système nerveux du barbeau. Mémoires de la Société d'histoire naturelle de Strasbourg 1836

Leonce und Lena. Teilausgabe von Karl Gutzkow. In: Telegraph für Deutschland 1 (1838), Mai-Nummern

Lenz. Eine Reliquie von Georg Büchner. Herausgegeben und kommentiert von Karl Gutzkow. In: Telegraph für Deutschland 2 (1839); Nr. 5; S. 7–11; 13/14

Georg Büchner: Nachgelassene Schriften. Herausgegeben von Ludwig Büchner. Frankfurt/Main 1850

Moderne Ausgaben

Georg Büchner: Werke und Briefe. Gesamtausgabe von Fritz Bergemann. Leipzig 1926 ff. Wiesbaden/Leipzig [8]1958 ff.

Georg Büchner: Sämtliche Werke und Briefe. Historisch-kritische Ausgabe mit Kommentar. 4 Bände. Herausgegeben von Werner R. Lehmann. Bisher erschienen: Band I: Hamburg 1967 (Dichtungen und Übersetzungen mit Dokumentationen zur Stoffgeschichte); Band II: Hamburg 1971 (Vermischte Schriften und Briefe)

Georg Büchner: Woyzeck. Kritische Lese- und Arbeitsausgabe von Lothar Bornscheuer. (Reclams UB 9347) Stuttgart 1972. Dazu: Georg Büchner: Woyzeck. Erläuterungen und Dokumente. Herausgegeben von Lothar Bornscheuer. (Reclams UB 8117) Stuttgart 1972

Georg Büchner / Friedrich Ludwig Weidig: Der Hessische Landbote. 1834. Neudruck beider Ausgaben mit einem Nachwort von Eckhart G. Franz. Marburg 1973

Bibliographien

Werner Schlick: Das Georg-Büchner-Schrifttum bis 1965. Eine internationale Bibliographie. Hildesheim 1968

Klaus-Dietrich Petersen: Georg Büchner-Bibliographie. In: Philobiblon 17 (1973) S. 89–115

Gerhard P. Knapp: Kommentierte Bibliographie zu Georg Büchner. In: Text + Kritik (erscheint 1978)

Forschungsberichte und Kommentare

Richard Thieberger: Situation de la Buechner-Forschung (1) und (2). In: Etudes Germaniques 23 (1968) S. 255–260; 405–413

Bo Ullmann: Der unpolitische Georg Büchner. Zum Büchner-Bild der Forschung, unter besonderer Berücksichtigung der »Woyzeck«-Interpretationen. In: Stockholm Studies in Modern Philology N. S. 4 (1972) S. 86–130

Gerhard P. Knapp: Georg Büchner. Eine kritische Einführung in die Forschung. (Fischer-Athenäum-Taschenbücher 2069) Frankfurt/Main 1975

Gerhard Schaub: Georg Büchner. »Der hessische Landbote«. (Literatur-Kommentare 2) München 1976

Walter Hinderer: Büchner-Kommentar zum dichterischen Werk. München 1977

Aufsatzsammlungen

Wolfgang Martens (Herausgeber): Georg Büchner. (Wege der Forschung 53) Darmstadt [2]1969. (Enthält 25 Arbeiten zum Thema)

Text + Kritik: Georg Büchner (erscheint 1978)

Biographien und größere Studien zu Leben und Werk

Hans Mayer: Georg Büchner und seine Zeit. Wiesbaden 1946ff. In der Neuausgabe: (suhrkamp taschenbücher 58) Frankfurt/Main 1972

Karl Viëtor: Georg Büchner. Politik, Dichtung, Wissenschaft. Bern 1949

Walter Höllerer: Georg Büchner. In: W. H.: Zwischen Klassik und

Moderne. Lachen und Weinen in der Dichtung einer Übergangszeit. Stuttgart 1958, S. 100–142

Ernst Johann: Georg Büchner in Selbstzeugnissen und Bilddokumenten. (rowohlts monographien 18) Hamburg 1958; [9]1972

Günther Penzoldt: Georg Büchner. (dtv / Friedrichs Dramatiker des Welttheaters 9) Hannover 1965

Walter Hinck: Georg Büchner. In: Benno von Wiese (Herausgeber): Deutsche Dichter des 19. Jahrhunderts. Ihr Leben und Werk. Berlin 1969, S. 200–222

Ronald Hauser: Georg Büchner. (Twayne's World Authors Series 300) New York 1974

Herbert Anton: Büchners Dramen. Topographien der Freiheit. Paderborn 1975

Gerhard Jancke: Georg Büchner. Genese und Aktualität seines Werkes. Einführung in das Gesamtwerk. (Scriptor Taschenbücher S 56) Kronberg/Taunus 1975

Maurice B. Benn: The Drama of Revolt. A Critical Study of Georg Büchner. (Anglica Germanica S 2) Cambridge / New York / Melbourne 1976

Gerhard P. Knapp: Georg Büchner. (Sammlung Metzler 159) Stuttgart 1977

David G. Richards: Georg Büchner and the Birth of the Modern Drama. Albany, New York 1977

Monographien und Einzelstudien

Ingeborg Strudthoff: Die Rezeption Georg Büchners durch das deutsche Theater. (Theater und Drama 19) Berlin 1957

Wolfgang Martens: Zum Menschenbild Georg Büchners. »Woyzeck« und die Marionszene in »Dantons Tod«. In: Wirkendes Wort 8 (1957/58) S. 13–20 (ebenfalls in dem oben verzeichneten Sammelband von Martens)

Ders.: Ideologie und Verzweiflung. Religiöse Motive in Büchners Revolutionsdrama. In: Euphorion 54 (1960) S. 83–108 (ebenfalls in dem oben verzeichneten Sammelband von Martens)

Jochen Golz: Die naturphilosophischen Anschauungen Georg Büchners. In: Wissenschaftliche Zeitschrift der Friedrich-Schiller-Universität Jena 13 (1/1964) S. 65–72

H. P. Pütz: Büchners »Lenz« und seine Quelle. Bericht und Erzählung. In: Zeitschrift für deutsche Philologie 84 (1965), Sonderheft S. 1–22

Hans Peter Herrmann: »Den 20. Jänner ging Lenz durchs Gebirg.« Zur

Textgestalt von Büchners nachgelassener Erzählung. In: Zeitschrift für deutsche Philologie 85 (1966) S. 251–267

Jürgen Schröder: Georg Büchners »Leonce und Lena«. Eine verkehrte Komödie. (Zur Erkenntnis der Dichtung 2) München 1966

Dietmar Goltschnigg (Herausgeber): Materialien zur Rezeptions- und Wirkungsgeschichte Georg Büchners. (Skripten Literaturwissenschaft 12) Kronberg/Taunus 1974

Ders.: Rezeptions- und Wirkungsgeschichte Georg Büchners. (Monographien Literaturwissenschaft 22) Kronberg/Taunus 1975

Ulrike Paul: Vom Geschichtsdrama zur politischen Diskussion. Über die Desintegration von Individuum und Geschichte bei Georg Büchner und Peter Weiss. München 1974

David G. Richards: Georg Büchners Woyzeck. Interpretation und Textgestaltung. (Abhandlungen zur Kunst-, Musik- und Literaturwissenschaft 188) Bonn 1975

Walter Hinderer: Pathos oder Passion: Die Leiddarstellung in Büchners »Lenz«. In: Alexander von Bormann (Herausgeber): Wissen aus Erfahrung ... Festschrift für Herman Meyer. Tübingen 1976, S. 474–494

Gerhard P. Knapp: Die Demontage des Humanen. Büchners Lustspiel – ein instruktiver Fehlschlag. In: Text + Kritik (erscheint 1978)